商务馆对外汉语专业本科系列教材

总主编 赵金铭 齐沪扬 范开泰 马箭飞

审 订 世界汉语教学学会

世界文化通论

马树德 编著

商務印書館
创于1897
The Commercial Press

图书在版编目(CIP)数据

世界文化通论/马树德编著．—北京：商务印书馆，2010(2023.1重印)
(商务馆对外汉语专业本科系列教材)
ISBN 978-7-100-07013-3

Ⅰ.①世… Ⅱ.①马… Ⅲ.①文化交流—高等学校—教材 Ⅳ.①K103

中国版本图书馆CIP数据核字(2010)第043686号

SHÌJIÈ WÉNHUÀ TŌNGLÙN
世界文化通论
马树德　编著

商 务 印 书 馆 出 版
(北京王府井大街36号　邮政编码100710)
商 务 印 书 馆 发 行
北 京 冠 中 印 刷 厂 印 刷
ISBN 978-7-100-07013-3

2010年10月第1版　　开本 710×1000　1/16
2023年1月北京第3次印刷　　印张 25　插页 6

定价：98.00元

印度绘画《五位追随者陪同释迦太子苦行林中修行图》

日本浮世绘・铃木春信作
《孝女雪中为母觅笋图》

泰国曼谷·大皇宫远景

古希腊雕塑《拉奥孔》（局部）

古罗马遗迹：圆形竞技场

波提切利《维纳斯的诞生》

马萨乔壁画《逐出乐园》

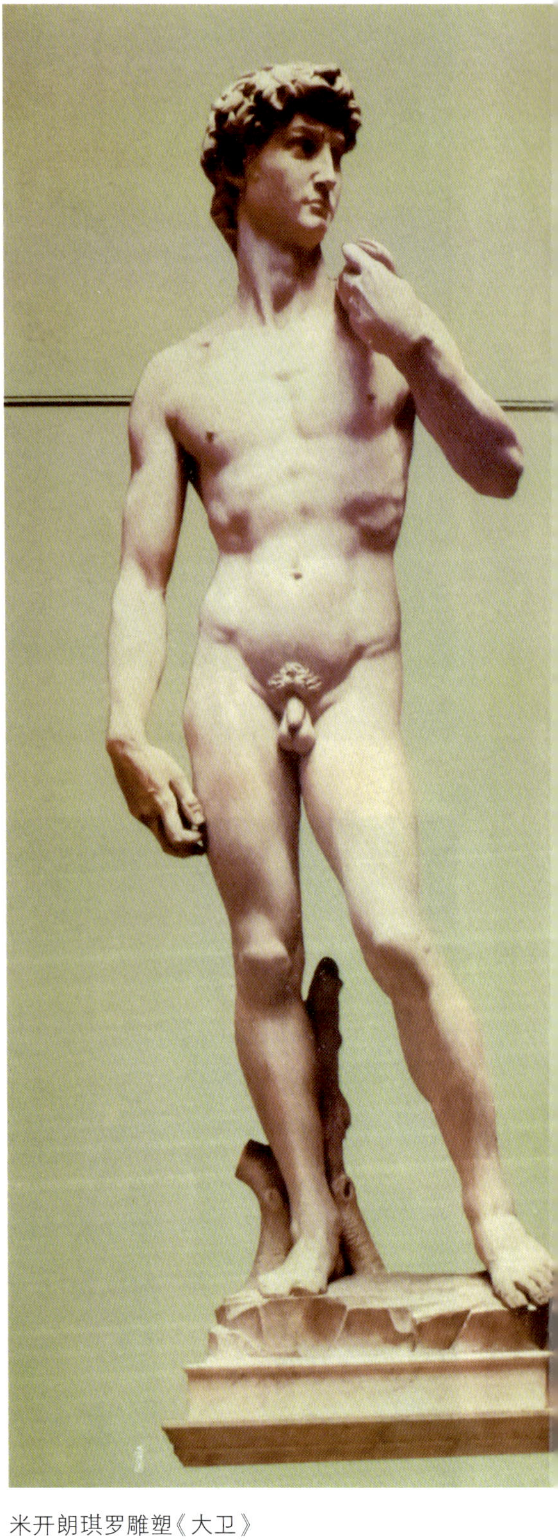

米开朗琪罗雕塑《大卫》

达·芬奇《蒙娜丽莎》

庚斯博罗《蓝衣少年》

安格尔《泉》

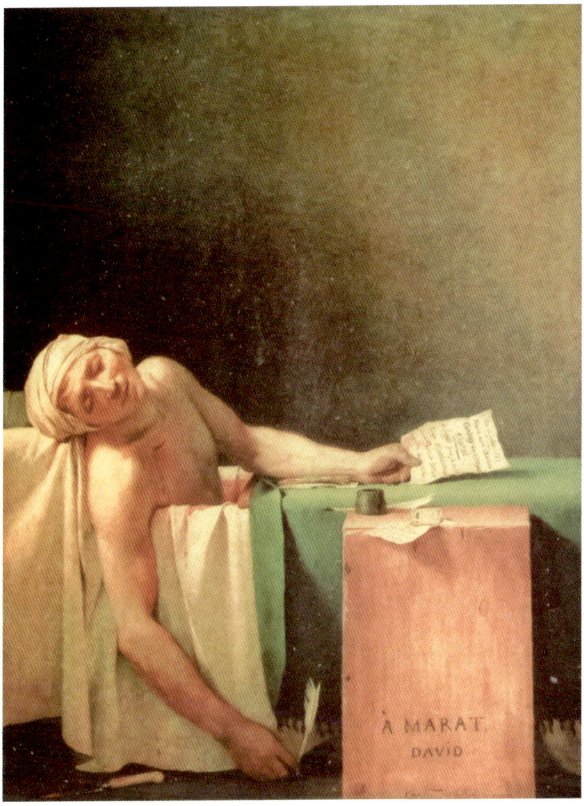

大卫《马拉之死》

德拉克洛瓦《自由引导人民》

米勒《拾穗者》

雷诺阿《浴后》

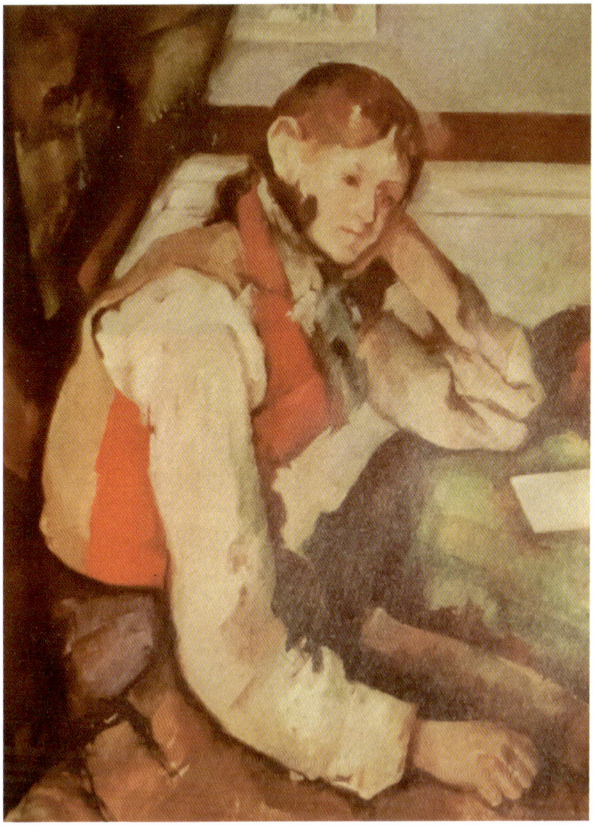

塞尚《穿红背心的男孩》

歌德像

巴赫像

鲁本斯《劫夺吕西普斯的女儿》

凡·高《向日葵》

毕加索《坐在圈手椅中的女人》(又名《梦》)

卓别林·电影《城市之光》中的一个镜头

土耳其伊斯坦布尔·圣索菲亚大教堂

麦加·坐落在一座大清真寺庭院中的“天房”

内容简介

本教材依据对外汉语专业（本科）的教学目的和课程设置的实际需要编写，是世界文化通论性教材，以对外汉语专业本科生为主要对象，也可供中文系及相关院系选用。

本教材是关于世界文化的“通论”，而不是“世界文化史”或“世界文明史”，因此，在写法上并不依历史的先后次序一一加以叙述和阐释，而是基本按洲分国（地区）来写，不便于归入其中的重要文化体系则单独加以叙述与评说。同时，针对对外汉语专业的特点，教材还对中国与世界各国、各民族间的文化交流史做了简要的、概括性的描述。总的来说，本教材对5000多年的世界文化进行了比较全面、概括的介绍与评说，并力图从杂乱纷繁的历史表象中寻得一些带有规律性的东西，让读者在阅读过这本教材后对世界文化发展的大致脉络、对各种不同的文化体系及其丰硕成果和丰厚遗产、对2000多年来的中外文化交流，有一个全景式的了解与把握，从而达到认识世界、开阔视野、积累知识、学习借鉴的目的。

前　言

对外汉语教学专业的设立已经有二十多年的历史了。早在1983年经教育部批准北京语言学院在外语系内就设置了对外汉语教学专业，以培养对外汉语教师为主要目标。不久，北京外国语大学、上海外国语学院和华东师范大学也相继开设了类似的专业。

此后几年，该专业一直踽踽独行，没有名日。直至1988年，教育部颁布《普通高等学校本科专业目录》和《普通高等学校本科专业设置规定》，在一级学科中国语言文学类(学科代码0501)下，设"对外汉语"(学科代码050103)二级学科，这一专业才正式确立。

当初，设置这一专业，是为招收第一语言为汉语的中国学生，培养目标是将来能从事对外汉语教学及中外文化交流等工作。故该专业特点是，根据对外汉语教学对教师知识结构和能力的要求设计课程和确定教学内容。在1989年"对外汉语教学专业会议"(苏州)上，进一步明确了这个培养目标，并规定专业课程应分为三类：外语类、语言类和文学文化类。1997年召开"深化对外汉语专业建设座谈会"，会议认为，根据社会需要，培养目标可以适当拓宽，要培养一种复合型、外向型的人才，既要求具有汉语和外语的知识，又要求有中国文化的底蕴；既要求懂得外事政策和外交礼仪，又要求懂得教育规律和教学技巧。这一切只能靠本专业的独特的课程体系、有针对性的教材以及特定的教学方法才能完成。

近年来，世界风云变幻，中国和平崛起。随着汉语加快走向世界，对外汉语教学事业获得蓬勃发展。目前开设对外汉语专业的高等学校已有一百三十多所。大发展带来了丰富多彩,也伴随着不规范。对外汉语作为一个专业,既无统一的教学大纲,也无标准的课程设置,更无规范的教材。在业内对对外汉语教学的学科内涵,也还存在着不同的认识。目前,设立本专业的院校只能本着各自的理解,依据本单位的教学资源与教学条件设置课程,自编或选用一些现成的教材。

有鉴于此,在国家汉办的指导下,商务印书馆以其远见卓识,决定组织全国各高校对外汉语教学资深人士,跨校协商,通力合作,在初步制订专业课程大纲的基础上,编写一套对外汉语专业系列教材,以适应目前本专业对教材的迫切需求。

本教材以赵金铭、齐沪扬、范开泰、马箭飞为总主编,教材的编者经多次协商讨论,决定本着下列原则从事编写:

一、总结以往的经验,积成多年来对外汉语教学成果,以课程在教学计划中的地位、性质、任务和作用为依据,规定课程的基本内容,划定教学范围,确立教学要求。

二、密切关注语言学,特别是汉语语言学研究的最新进展,全面吸取汉语作为第二语言/外语教学研究的最新成果,着重体现语言规律、语言教学规律和语言学习规律。

三、教材的教学内容力求贯彻“基础宽厚,重点突出”的原则,注重基本理论、基本知识和基本技能,既要加强基础理论的教学,更要加强实践能力的培养。对课程的实践性教学环节应有明确、具体的要求,并有较强的可操作性。

四、教材要全面显示汉语作为第二语言/外语教学的性质、特点和规律,为加快汉语走向世界,为汉语国际推广,培养外向型、复合型的人才。

五、谨守本科系列教材的属性,注意教材容量与可能的课时量相协调,体现师范性,每一章、节之后,附有思考题或练习题。特别要注意知识的阶段性衔接,为本—硕连读奠定基础,留有空间。

基于上述考虑,我们对对外汉语专业的教学内容作了权衡与取舍。本着培养目标所要求的内涵,教材内容大致围绕着四个方面予以展开,即:基础知识、专业知识、教学技能和教师素质。我们把拟编的对外汉语专业本科系列教

材组成五大板块,共22册。每个板块所辖课程及教材主编如下:

一、语言学、应用语言学和汉语

1.现代汉语	齐沪扬(上海师范大学)
2.古代汉语	张　博(北京语言大学)
3.语言学概论	崔希亮(北京语言大学)
4.应用语言学导论	陈昌来(上海师范大学)
5.汉英语言对比概论	潘文国(华东师范大学)

二、中国文学文化及跨文化交际

6.中国现当代文学	陈思和(复旦大学)
7.中国古代文学	王澧华(上海师范大学)
8.中国文化通论	陈光磊(复旦大学)
9.世界文化通论	马树德(北京语言大学)
10.跨文化交际概论	吴为善(上海师范大学)

三、汉语教学理论、第二语言习得理论与实践

11.对外汉语教学导论	周小兵(中山大学)
12.第二语言习得研究	王建勤(北京语言大学)
13.对外汉语本体教学概论	张旺熹(北京语言大学)
14.对外汉语教学课程论	孙德金(北京语言大学)
15.双语与双语教育概论	关辛秋(中央民族大学)
16.华文教学概论	郭　熙(暨南大学)
17.世界汉语教育史	张西平(北京外国语大学)

四、对外汉语教材、教学法与测试评估

18.对外汉语教学法	吴勇毅(华东师范大学)
19.对外汉语教材通论	李　泉(中国人民大学)
20.语言测试概论	张　凯(北京语言大学)
21.对外汉语教学模式概论	马箭飞(国家汉办)

五、现代教育技术在对外汉语教学中的应用

22.对外汉语教育技术概论	郑艳群(北京语言大学)

本系列教材主要是为对外汉语专业本科生编写，也可供其他对外汉语教学工作者、研究者参考，同时也可以作为大专院校语言文学类专业的课外参考书。

目前，汉语国际推广正如火如荼，汉语作为第二语言/外语教学也面临着巨大的机遇与空前的挑战。我们愿顺应时代洪流，为汉语国际推广尽绵薄之力。大规模、跨地区、跨学校地组织人力进行系列教材的编写，尚属首次，限于水平，疏忽和不妥之处在所难免，敬祈专家、读者不吝指正。

赵金铭　齐沪扬

2007年6月5日

目　　录

第二编 欧 洲

第三编 美 洲

第四编 非洲及影响了世界的其他文明

绪　论

当我们站在中国人的角度谈及“世界”与“世界文化”的时候，其范围所指，通常就是除了中国和中国文化之外的世界与世界文化。这本《世界文化通论》也不例外。不同的只是，在介绍世界文化的同时，我们还对中国与世界各国、各民族间的文化交流做简要的、概括性的历史描述。这对我们更加全面地了解和认识世界文化，或许可以提供一些有益的参照。

一　为“文化”定义：文化名人论文化

首先需要明确的是，我们今天普遍使用的“文化”概念与古汉语中的“文化”不同，它源于拉丁文 cultura（英语、德语、法语中的“文化”一词也都取自拉丁文），是晚清时期中国学者从日语借用过来的，而日语中的“文化”一词，又是明治维新后日本学者在译介西方人文科学和自然科学著作时从古汉语中借用过去的，只是改造了它的原意罢了。

“文化”是一个众说不一、见仁见智的概念。国际学术界对“文化”一词的解释有两三百种之多，但时至今日，似乎仍然没有一个权威得为世人所共同认可的“文化”定义。尽管如此，我们还是可以从中国近现代许多文化名人的相关论述中寻得有关“文化”真义的一些启示和认知。

近代维新派领袖梁启超在题为《什么是文化》的讲演中给“文化”下的定义是：“文化者，人类心能所开释出来之有价值的共业也。”他对自己的定义做了这样一番解释，用的是宜兴茶壶的比喻：

“共业”两个字，用的是佛家术语。“业”是什么呢？我们所有一切身心活动，都是一刹那一刹那的飞奔过去，随起随灭，毫不停留，但是每活动一次，他的魂影便永远留在宇宙间，不能磨灭。勉强找个比方，就像一个老宜兴茶壶，多泡一次茶，那壶的内容便生一次变化：茶吃完了，茶叶倒了，洗得干干净净。表面上看来什么也没有，然而茶的“精”渍在壶内；第二次再泡新茶，前次渍下的茶精便起一番作用，能令茶味更好。茶之随泡随倒随洗，便是活动的起灭，渍下的茶精便是业。茶精是日渍日多，永远不会消失的，除非将壶打碎。这叫做业力不灭的公例。在这种不灭的业力里头，有一部分我们叫他做“文化”。①

他又对“文化”的内容做了概括：“文化是包含人类物质精神两面的业种业果而言。”他的解释是：

文化是人类以自由意志选定价值，凭自己的心能开释出来以进到自己所想站的地位。既如前述，价值选定，当然要包含物质、精神两面。人类欲望最低限度，至少也想到“利用厚生”，为满足这类欲望，所以要求物质的文化，如衣食住及其他工具等之进步。但欲望决不是如此简单便了，人类还要求秩序，求愉乐，求安慰，求拓大，为满足这类欲望，所以要求精神的文化，如言语、伦理、政治、学术、美感、宗教等。这两部分拢合起来，便是文化的总量。②

有学者进一步把梁启超所谓“共业”的范围确定为：

这“共业”包括众多领域，诸如认识的（语言、哲学、科学、教育）、规范的（道德、法律、信仰）、艺术的（文学、美术、音乐、舞蹈、戏剧）、器用的（生产工具、日用器皿以及制造它们的技术）、社会的（制度、组织、风俗习惯）等等。③

以上的内容被归于广义的“文化”范围之内。相对于“广义文化”而言，自然就有所谓“狭义文化”。“文化”之有广义与狭义之分，是许多文化学者的共识。

哲学家梁漱溟对“文化”做了这样的界定：

---

① 梁启超《饮冰室书话》，时代文艺出版社，1998，第524页。

② 梁启超《饮冰室书话》，时代文艺出版社，1998，第528页。

③ 张岱年、方克立主编《中国文化概论》，北京师范大学出版社，2004，第3页。

文化，就是吾人生活所依靠之一切。如吾人生活，必依靠于农工生产。农工如何生产，凡其所有器具技术及其相关之社会制度等等，便都是文化之一大重要部分。又如吾人生活，必依靠于社会之治安，必依靠于社会之有条理有秩序而后可。那么，所有产生此治安此条理秩序，且维持它的，如国家政治，法律制度，宗教信仰，道德习惯，法庭警察军队等，亦莫不为文化重要部分。又如吾人生来一无所能，一切都靠后天学习而后能之。于是一切教育设施，遂不可少；而文化之传播与不断进步，亦即在此。那当然，若文字、图书、学术、学校，及其相类相关之事，更是文化了。

俗常以文字、文学、思想、学术、教育、出版等为文化，乃是狭义的。我今说文化就是吾人生活所依靠之一切，意在指示人们，文化是极其实在的东西。文化之本义，应在经济、政治，乃至一切无所不包。①

哲学家任继愈在《民族文化的形成与特点》一文中，也对两种"文化"的范围做了概括，他认为：广义的文化包括文艺创作、哲学著作、宗教信仰、风俗习惯、饮食器具，等等；而狭义的文化则专指能够代表一个民族特点的精神成果。

历史学家周一良在《中外文化交流史》一书的"前言"中对"文化"给出了类似的概括：

依我看，文化应当包含一个民族通过长期体力和脑力劳动所取得的物质的、精神的全部成就。……一般说起文化，就想到哲学、文学、美术、音乐以至宗教等主要与精神文明有关的东西，这可以说是与政治、经济相对而言的狭义的文化。其实，政治生活中的典章制度，经济生活中的生产交换，社会生活中的衣食住行、婚丧嫁娶等风俗习惯，以及与衣食住行有关的物质条件如生产工具、服饰、房屋、饮食、车船等等生活用具，也莫不都是一个民族通过长期劳动和经验所取得的精神的或物质的成就，是人们体力和脑力劳动的结晶，应该说是广义上的文化。②

从上面有限的引述中，我们对"文化"或许能有一个较为深刻的认识与理

① 梁漱溟《中国文化要义》，学林出版社，1994，第1页。

② 周一良主编《中外文化交流史》，河南人民出版社，1987，第2页。

解，或许在我们每个人的心中，本来早就有着一个自己的"文化"定义。

二 提倡"汉唐气魄"，实行"拿来主义"：文化名人论文化交流

历史上，世界文化曾经给予中国文化以巨大而深远的影响，而"夷狄"诸国，也从中国文化中吸取过丰富而有益的营养。就是说，文化交流曾给中国文化注入了无限的生机与活力，同样，文化交流也使中国文化惠及异域友邦成为可能。

对外来文化的态度，鲁迅提倡的是"汉唐气魄"，主张实行"拿来主义"。在《坟·看镜有感》一文中，他赞扬了汉唐的雄大魄力，而正因有魄力，也才更有自信：

> 宋的文艺，现在似的国粹气味就熏人。然而辽金元陆续进来了，这消息很耐寻味。汉唐虽然也有边患，但魄力究竟雄大，人民具有不至于为异族奴隶的自信心，或者竟毫未想到，凡取用外来事物的时候，就如将彼俘来一样，自由驱使，绝不介怀。一到衰弊陵夷之际，神经可就衰弱过敏了，每遇外国东西，便觉得仿佛彼来俘我一样，推拒，惶恐，退缩，逃避，抖成一团，又必想一篇道理来掩饰，而国粹遂成为孱王和孱奴的宝贝。[①]

鲁迅主张"即使并非中国所固有的罢，只要是优点，我们也应该学习"[②]。他觉得，"虽是西洋文明罢，我们能吸收时，就是西洋文明也变成我们自己的了"[③]。他于是高喊"拿来"，并解释了什么是"拿来主义"：

> 他占有，挑选。看见鱼翅，并不就抛在路上以显其"平民化"，只要有养料，也和朋友们像萝卜白菜一样的吃掉，只不用它来宴大宾；看见鸦片，也不当众摔在毛厕里，以见其彻底革命，只送到药房里去，以供治病之用，却不弄"出售存膏，售完即止"的玄虚。只有烟枪和烟灯，虽然形式和印度，波斯，阿拉伯的烟具都不同，确可以算是一种国粹，倘使背着周游世

① 鲁迅《鲁迅全集》第一卷，人民文学出版社，1982，第 198 页。

② 鲁迅《从孩子的照相谈起》，《鲁迅全集》第六卷，人民文学出版社，1982，第 82 页。

③ 鲁迅《关于知识阶级》，《鲁迅全集》第八卷，人民文学出版社，1982，第 192 页。

界，一定会有人看，但我想，除了送一点进博物馆之外，其余的是大可以毁掉的了。还有一群姨太太，也以请她们各自走散为是，要不然，“拿来主义”怕未免有些危机。

总之，我们要拿来。我们要或使用，或存放，或毁灭。那么，主人是新主人，宅子也就会成为新宅子。然而首先要这人沉着，勇猛，有辨别，不自私。没有拿来的，人不能自成为新人，没有拿来的，文艺不能自成为新文艺。①

鲁迅先生论述的，似乎只是文化交流中“我们”一方应持的态度、应用的方法，但他实际上也告诉了我们：文化交流不仅是必要的，而且非常重要。

季羡林曾经不止一次地强调文化交流的重要。在为《20世纪中外文学交流史》一书所写的“序言”中更是提出了“文化交流是推动人类社会前进的重要动力之一”的论断：

近若干年以来，我逐渐形成了一个颇为自信的观点：文化交流是推动人类社会前进的重要动力之一。我们简直无法想象，如果没有历史上的文化交流，我们今天的社会是一个什么样子。②

张岱年、方克立主编的《中国文化概论》设专章论述了“以迁徙、聚合、贸易、战争为中介”的中华各民族的文化融合与中外文化的交汇。在这一章的一开头，作者就强调了文化交流的巨大作用：

人类历史的前进，离不开文化的交流和融合，对于任何一个民族文化而言，拥有文化输出与文化接受的健全机制，方能获得文化补偿，赢得空间上的拓宽和时间上的延展。③

周一良在《中外文化交流史》的“前言”中，首先指出了中外文化交流的特点与意义：

当然，事物的发展是不平衡的，中国与外国的文化交流，也不排除中外的某一方，某一时期中，某一领域内单方面影响较大或较深。但千百年

① 鲁迅《拿来主义》，《鲁迅全集》第六卷，人民文学出版社，1982，第39—40页。

② 季羡林《文化交流推动人类社会前进》，《中华读书报》2000年3月8日。

③ 张岱年、方克立主编《中国文化概论》，北京师范大学出版社，2004，第87页。

> 来中外文化交流的总趋势是互相影响，互相促进，总的成果是共同提高。一个国家，一个民族，只有与外界交流，从各方面吸取营养，以丰富充实自己，才能在政治、经济、文化各方面辉煌发展。历史上气象恢宏的汉唐盛世就是如此。[①]

为了对真正意义上的文化交流做更深入的探讨，周一良还提出了一个新概念——"深义的文化"。他认为，这是除了狭义文化和广义文化两个层次之外的又一个层次。"就是说，在狭义文化的某几个不同领域，或者在狭义和广义文化的某些互不相干的领域中，进一步综合、概括、集中、提炼、抽象、升华，得出一种较普遍地存在于这许多领域中的共同的东西。"[②]这是一个民族文化中最为本质或最具特征的部分，是民族精神的结晶，是近乎民族性的东西。他的观点是：要了解一个民族，只了解它的政治经济制度是不够的，只通晓它的历史语言也是不够的，更重要的是要了解它的文化——不仅了解其狭义文化和广义文化，还要了解其深义的文化，即一个民族的灵魂深处。他认为：在文化交流中，狭义和广义的文化是可以相互学习、引进的，且可以在对方国家生根、发芽、开花、结果；而深义的文化，由于是长时期在特定的、自然的、历史和社会的条件下所形成，是肉眼看不见的东西，所以不容易移植引进，也不可以简单地拿过来为己所用。但尽管如此，还是可以通过相互交流，学习借鉴，加深彼此间的理解。

周一良教授的论述对我们全面、正确地理解文化交流显然是大有裨益的：它开阔了我们的思路，延展了我们的目光，同时也提高了我们在与他人交流时的文化自觉。

三 认识世界，开阔视野，积累知识，学习借鉴

走过漫长的蒙昧与野蛮之路，人类终于在5000多年前步入了文明时代。有学者认为：文字、城市、阶级和国家的出现是"文明"最为重要的外在标志。

---

① 周一良主编《中外文化交流史》，河南人民出版社，1987，第1页。

② 周一良主编《中外文化交流史》，河南人民出版社，1987，第2页。

也有学者把“文明”归结为：“一方面是管理机构、写作、艺术和科学；另一方面则是战争、社会不平等和压迫。”①在这5000年的文明史中，世界各民族创造并积累了极其灿烂的文化。尽管由于各种各样的原因，在我们所知道的诸多文化体系中，有的已经中断，有的已经衰败，有的已经消亡，但它们毕竟灿烂过，辉煌过，而且为人类文明的发展做出过巨大贡献，留下了丰硕的成果，留下了清晰的印迹，留下了不朽的精神。这些文化菁华，已经成为整个世界最可宝贵的精神财富，它对我们今天的人类依然有着重要的现实意义——它是我们心灵的慰藉、精神的支撑、情感的寄托、思想的归依。

本书的宗旨，就是要对5000多年的世界文化做一全面、概括的介绍与评说，并试图从杂乱纷繁的历史表象中寻得一些带有规律性的东西，使学习者对世界文化发展的大致脉络，对各种不同的文化体系（或曰“类型”）及其丰硕成果和丰厚遗产，对2000多年来的中外文化交流，有一个全景式的了解与把握，以达到认识世界、开阔视野、积累知识、学习借鉴的目的。需要说明的是：这里的文化，因为题义和篇幅的限制，主要取狭义；对广义文化所包含的内容，因为需要，有时也会有所涉及。这应该是可以理解的。

因为所写不是“世界文化史”或“世界文明史”，所以本书在写法上也就不那么“按部就班”，即依历史的先后次序一一加以叙述和阐释，而是基本按洲分国（地区）来写，虽然也依托历史按时序讲述，但却是截取其中无数个横断面，同时又不割断它们彼此之间的关联。这或许可以作为编者如此编排的依据；其他不能或不便归入其中的重要文化体系，则单独加以叙述与评说。

编者所关注的，首先当然是史实的准确，即书中所涉及的一切，都应有所依据；其次是材料的组织与选择——世界文化名人多如繁星，世界文化成果浩如烟海，我们这本小书不可能包容全部，因此，书中所涉及的人物就须是影响了整个世界或局部世界的文化人物，书中所介绍的成果便须是影响了整个世界或局部世界的文化成果，等而下之（相对而言）的，只好舍弃；再次是表述，即语言力求简洁、自然、明白、晓畅，绝不似是而非、模棱两可，或者故作高深、忸

① ［美］罗伯特·E.勒纳等《西方文明史》第一卷，王觉非等译，中国青年出版社，2003，第1页。

忸作态——这最后一点，既是编者的自律，也是编者的追求。

思考与练习

1. 对“文化”这一概念，中外学术界众说纷纭，见仁见智，你的看法如何？

2. 文化的内容极其繁杂，依表现形态（结构）可分若干层次，按人类认识世界的不同方式又可分为若干组成部分。请谈谈你的理解。

3. 如何理解“深义的文化”这一概念？请举例加以说明。

4. 我们今天使用的“文化”概念与古汉语中的“文化”不同。请说明其区别何在。

5. 如何理解和看待国家与国家、民族与民族之间的文化交流？请以实例加以阐述。

第一编　亚　洲

亚洲全称亚细亚洲，位于东半球的东北部，东濒太平洋，南临印度洋，北滨北冰洋，西靠大西洋的属海地中海和黑海。亚洲面积4400万平方公里，约占全球陆地总面积的29.4％，是世界七大洲中最大的一洲。亚洲大陆与欧洲大陆彼此相连，合称“亚欧大陆”。

第二次世界大战后，亚洲绝大部分国家和地区相继取得独立，现在，已有国家近50个。习惯上，人们把亚洲分为东亚、东南亚、南亚、西亚、中亚和北亚。东亚指的是亚洲东部地区，包括的国家有中国、朝鲜、韩国、蒙古和日本；东南亚指的是亚洲东南部地区，位于中国以南、印度以东，中国古籍中称之为南海或南洋，该地区包括的国家有越南、老挝、柬埔寨、泰国、马来西亚、新加坡、印度尼西亚、菲律宾和文莱；南亚指亚洲南部地区，地理上分为北部大陆（常被称为南亚次大陆）和南部岛屿两部分，所包括的国家有巴基斯坦、印度、孟加拉国、斯里兰卡、尼泊尔、不丹、锡金、马尔代夫；西亚也称西南亚，指亚洲西部，包括的国家有阿富汗、伊朗、亚美尼亚、阿塞拜疆、格鲁吉亚、土耳其、塞浦路斯、叙利亚、黎巴嫩、巴勒斯坦、以色列、约旦、伊拉克、科威特、沙特阿拉伯、也门、阿曼、阿拉伯联合酋长国、卡塔尔和巴林；中亚指中亚细亚地区，狭义讲只包括塔吉克斯坦、吉尔吉斯斯坦、土库曼斯坦、乌兹别克斯坦和哈萨克斯坦；北亚指的则是俄罗斯亚洲部分的西伯利亚地区。

亚洲是世界文明古国——中国、印度、巴比伦、亚述——的发祥地。历史上，由于地理位置的彼此接近，中国与亚洲诸国很自然地就有了这样那样的联系，也很自然地产生了或多或少的文化上的交汇与交流，特别是与南亚、东亚和东南亚诸国之间。

第一章　印　度

第一节　古印度文明概述

在古代，“印度”并不是一个统一的国家的名称，而是一个地理概念，它包括了今天的印度、巴基斯坦、孟加拉国、尼泊尔、锡金和不丹在内的南亚次大陆诸国。“印度”之名源于梵文 Sindhu 一词，本义为河流，后用以专指今天的印度河。公元前 6 世纪，波斯人侵入印度河流域之后，便以印度河之名来称呼印度河流域及其以东的那片土地。后来此名逐渐演变为外民族对整个次大陆的总称。

《史记》、《汉书》称印度为“身毒”，《后汉书》、《三国志》、《宋史》等称之为“天竺”、“贤豆”等，直到唐代玄奘才将其译成“印度”，此后该名就成了对南亚次大陆的通称。在《大唐西域记》中，玄奘对“印度”之名做了解释：“详夫天竺之称，异议纠纷，旧云身毒，或曰贤豆，今从正音，宜云印度。印度之人，随地称国，殊方异俗，遥举总名，语其所美，谓之印度。印度者，唐言‘月’。月有多名，斯其一称。”[①]玄奘以为，用月亮来譬喻印度，是因为这片土地上圣人贤士相继出现，引导世人，统御万物，就如同月亮照临大地一样。至于其疆域，其时有“五印度”之称，即指东、南、西、北、中五部，又称“五天竺”。

印度河流域是人类文明的发祥地之一。根据古印度文明发展的特点，研究者多将其划分为这样几个历史时期，即哈拉帕文化时期、吠陀时代、列国时代、孔雀

① 季羡林等《大唐西域记校注》(上)，中华书局，2000，第 161 页。

帝国时代以及其后的小国分立和外族入侵时期，直至公元4世纪笈多王朝兴起。

一 哈拉帕文化时期

大约在公元前2500年或稍晚一些，印度河流域的旁遮普地区和信德地区，就已经出现了城市国家，产生了哈拉帕文化（一译“哈拉巴文化”，也称印度河文化）。哈拉帕文化是已进入青铜时代的文化，其特征就是城市文明。其国家形式是以一个或几个城市为中心，再辅以周围的村社。考古发掘表明，这一时期，以哈拉帕为代表的两三个大城市已颇具规模，其周长不少于4.8公里，居民不少于3万。其时，除了文明的基础——农业经济之外，手工业和商业也很发达。哈拉帕文化遗址出土的石像、陶像、青铜像等，已显示出高超的工艺水平；商人们不仅从事内陆贸易，而且与两河流域等地也有较为密切的贸易往来，占有着大量财富。

哈拉帕文明时期的文字主要保存在石头、陶土、象牙等制成的印章上，迄今人们所见到的符号约有500个。在出土的印章上，文字和图画并见，多为单行，而且很短，基本符号至多不超过26个（一说只有22个）；这些符号似乎多是发音符号，也有些是表意字。至今，这些“铭文”人们仍未能成功释读。

哈拉帕文化存续的时间并不是很长，大约在公元前2000年前后便迅速走向了衰落。[①] 至于其衰落的原因，学者们依据考古发掘以及后来的史料做出了各种推测，其中较为普遍的一种说法是由于外族的入侵，导致居民遭杀戮，城市被摧毁。也有学者认为哈拉帕文化的衰败可能有地质、生态环境变化的原因，该文明自身的局限性也是导致其衰亡的重要因素。尽管如此，作为早期文明，哈拉帕文化不仅在印度文明史上占有重要地位，而且对于古印度文明的发展也产生过重要影响。

二 吠陀时代

哈拉帕文化衰亡后，城市消失，居民都只在小型的村落中生活，从事农业

① 一说在公元前18世纪，即公元前1750年前后。

生产和牲畜驯养，生产力水平大幅度下降，印度历史出现了倒退。从这时到雅利安人到来后的吠陀时代，古印度的历史几乎是一片空白。直到大约公元前1000年初期，印度次大陆才有了自己的文字体系，就是说，印度历史从吠陀时代开始，才有了文献记录。

雅利安人本是游牧民族，最初生活在外高加索一带。从公元前3000年起，他们开始向中亚迁徙；公元前2000年后又继续向南迁住阿富汗高原。从这里，一些部落进入印度，另一些部落迁往伊朗。大约在公元前1500年左右，雅利安人大规模进入南亚次大陆，通过残酷的战争征服了当地的土著人，占据了那里的土地，并逐渐定居下来，印度的历史进入了所谓的吠陀时代（公元前1500—前600）。征服次大陆的雅利安人自称为“雅利安人”（意即出身高贵的人），称被征服的土著居民为“达萨”（意即敌人）。

吠陀时代因雅利安人的宗教文献《吠陀》而得名。公元前1500年至前900年，史称“早期吠陀时代”或“梨俱吠陀时代”，这一时期雅利安人主要分布在印度北部地区，并没有超出哈拉帕文明的地理范围。公元前900年至前600年，史称“后期吠陀时代”，这一时期雅利安人开始向东方的恒河流域扩张，这一时期也是雅利安人国家产生、雅利安文化形成的时代。

“吠陀”是梵文 Veda 的音译，意思是“明”，即知识。它其实是印度最古的宗教文献和文学作品的总称，约成书于公元前2000年至前1000年间。吠陀主要指《吠陀本集》，包括：《梨俱吠陀》（颂诗）、《娑摩吠陀》（歌曲）、《耶柔吠陀》（祭祀仪式）和《阿闼婆吠陀》（巫术咒语）。《吠陀》被雅利安人视为史诗一般的圣书，其中以《梨俱吠陀》形成最早、价值最高，内中收诗1028首，反映了公元前15世纪至前10世纪期间印度河上游人们的社会生活。

随着社会经济的发展，在后期吠陀时代，以吠陀梵语（即吠陀文献的语言）、婆罗门教和种姓制度为核心内容的雅利安文化基本形成。雅利安文化的形成虽然受到了土著文化的影响，但由于雅利安人占据统治地位，其文化也就逐渐成为印度次大陆的主导文化。

梵语被视为古今印度文字的本源，由51个字母构成，诞生于公元前9世纪。学者认为，古典梵语是游牧民族统治者的语言，从来不应用于口头。附属于《吠陀》的《梵书》、《森林书》、《奥义书》以及经书和史诗使用的语言，同古典梵语的差别很小。广义地说，其所使用的都是梵语。

婆罗门教约形成于公元前7世纪，因崇拜婆罗贺摩（即梵天，婆罗门教、印度教主神之一，创造之神）而得名，以《吠陀》为最古的经典。该教主张《吠陀》天启、祭祀万能、婆罗门至上以及善恶有因果、人生有轮回之说，认为人和一切有生命的东西都有灵魂。

在雅利安人从部落向阶级社会过渡时期，形成了一种“瓦尔那制度”。“瓦尔那”（中国古文献中称为“种姓”或“族姓”）是梵语 Varna 的音译，意为肤色、品质。根据古印度历史资料《摩奴法典》[①]记述，始祖梵天为了世界的繁荣，用自己的口、双手、双腿和双脚相应地创造了婆罗门、刹帝利、吠舍和首陀罗四个种姓，并规定了他们各自的义务和职业。这是古印度种姓制度的起源。这种严格的等级种姓制度萌芽于早期吠陀时代。当雅利安人进入南亚次大陆时，他们用“雅利安人瓦尔那”和“达萨瓦尔那”把入侵者与土著人区分开来。随着氏族制度的瓦解和社会分化的加剧，四个不同的等级才逐渐形成。第一等级是婆罗门僧侣，他们是古印度人民精神生活的统治者；第二等级刹帝利是武士贵族，他们是古印度世俗的统治者；第三等级吠舍是自由民，即农牧民、手工业者和商人，是古印度社会的基本生产者；第四等级首陀罗多为佣工和奴隶，由战败的雅利安人和被征服的土著民组成，他们没有任何权力，是被奴役者。在雅利安人国家形成的过程中，种姓制度起到了保护氏族贵族利益的作用。前三个等级被认为是“再生族”，他们有权参加各种宗教活动；第四等级首陀罗被认为是“非再生族”，无权参加宗教仪式。除了这四个种姓之外，古印度社会还有一种被视为“贱民”的旃陀罗[②]，他们的社会地位更低。种姓制度的基本特点就是职业世袭、内部通婚、宗教界限森严以及法律面前不平等。

① 古印度法律、宗教与哲学汇编之一，传说由人类始祖摩奴制定，约在公元前2至公元2世纪间陆续编成。诗体，共12卷。

② 被征服的山林部落的居民，或是不同种姓的人通婚所生的子女。

三 列国时代

公元前6世纪初，次大陆的许多部落发展为国家，形成诸国林立的局面，史称列国时代。列国时代的国家最初都是城市国家，也称为城邦，都是以一个或几个城市为中心、联合周边部族或村社形成。国家之间彼此征伐，战争不断，在这个过程中，小国逐渐被大国吞并。至公元前4世纪后半叶，位于恒河中下游的摩揭陀国(今比哈尔邦)征服了次大陆北部的大部分国家，为孔雀王朝的建立奠定了基础。

列国时代频繁的战争、剧烈的社会分化和婆罗门教森严的种姓压迫激起了极大的民怨，也形成了一股反婆罗门教并要求社会革新的新思潮，即所谓“沙门思潮”。新思潮派别极多，据佛经记载，当时有“六师”、“六十二见”、“九十六外道”，各派竞相表达自己的学说和见解，在思想领域形成了“百家争鸣”的局面。佛教就在这样的大背景下应运而生。

随着政治、经济和文化中心的东移，地处西北的印度河流域也就逐渐失去了其在政治舞台上的重要地位。公元前6世纪至前4世纪，先后有波斯帝国和马其顿帝国亚历山大入侵并占领了印度河流域。所以有学者认为，在政治上，印度河流域是有别于印度其他地区独立发展的。

公元前346年，摩揭陀国的摩诃帕德摩·难陀推翻了希苏那伽王朝，建立难陀王朝。初建的难陀王朝开始向南印度扩张，进而扩大了它的版图。难陀王朝向南方的扩张在古印度文明史上具有重要意义，因为此时南印度的许多地区在经济上还相当落后，南扩加强了南北印度政治上的联系，这对于后来南北印度的统一产生了积极影响。

难陀王朝的军事力量相当强大，但这个王朝的末代君主丹那·难陀是个十足的暴君。他凶恶残忍、横征暴敛，引起了人民的极大不满。在极度的动荡中，有一个名叫旃陀罗笈多的人在人民起义中自立为王，并于公元前321年(一说前324年)推翻了腐朽的难陀王朝，成为摩揭陀国新王朝的统治者。旃陀罗笈多建立的王朝史称“孔雀王朝”。

难陀王朝的覆灭，标志着古印度列国时代的终结；而孔雀王朝的建立，则标志着古印度进入了一个中央集权的大帝国时代。

四 孔雀帝国时代

孔雀帝国时代，南亚次大陆实现了历史上的第一次大统一，它标志着古印度文明进入了一个新的发展阶段。

公元前305年左右，塞琉古侵入印度，但不久便被迫与孔雀帝国媾和，并割让今阿富汗和俾路支一带。此时，君主专制比以前更为加强，国王掌握着国家的军事、行政、司法等最高权力。帝国拥有庞大的军事力量，据说，旃陀罗笈多在战时能征集步兵60万、骑兵30万、战象9000头，但由雇佣兵组成的常备兵则会少一些。军队是孔雀王朝对外扩张、对内维护专制统治的重要工具。在旃陀罗笈多时期，孔雀王朝已经建立起了一套较为完备的奴隶制国家机构和军事制度，巩固了奴隶主阶级的统治。

孔雀王朝传至第三世阿育王时代，对南印度进行了大规模征讨，统一了除半岛南端以外的印度全境。至此，古印度已形成一个强大的君主专制帝国。征服南方之后，阿育王的思想和统治政策发生了重大变化，他皈依了佛教，在帝国境内的许多地方开凿岩壁，树立石柱，在上面刊刻佛教经典以及诏令，宣称征服不应依靠战争，而应依靠佛法。诏令还规定人民必须服从官府，官吏不得贪污渎职。约在公元前253年，阿育王召集佛教僧侣，在华氏城举行了佛教史上的第三次“结集”①，编成一部《论事》，以解决各派之间的论争。阿育王不仅崇奉佛教，而且也利用婆罗门教和耆那教，对它们采取宽容态度。其时，印度同周围的一些邻国如缅甸、锡兰等都有联系，阿育王不断派僧侣到那里宣扬佛教，使佛教开始外传。阿育王还曾采取一系列社会经济措施，如扩大灌溉工程、修建道路、建立医院等等，以巩固在印度广阔土地上的专制统治。尽管如此，他却无法消除阶级间的尖锐矛盾和各地区发展的不平衡，也就是说，庞大的帝国缺少统一的基础。阿育王死后不久，安达罗和羯陵伽便独立成为南印

① “结集”指佛教徒集会，对佛陀所说之法进行会诵，经过讨论、甄别、审核，将其确定下来。此前已有两次。

度大国，西北喀布尔河等地区后来也脱离了孔雀王朝。

公元前185年前后，普沙密多罗·巽伽推翻了孔雀王朝的统治，在摩揭陀建立了巽伽王朝，但其领土却只限于恒河的中下游地区。公元前73年，巽伽王朝又被甘婆王朝取代。甘婆王朝时期的摩揭陀更加衰落，终于在公元28年为安达罗所灭。南亚次大陆四分五裂。

五 贵霜帝国时代

公元1世纪中叶，中亚细亚兴起了一个由大月氏人所建立的强大帝国——贵霜帝国。贵霜帝国南侵印度，首先取得了对恒河流域的统治权，接着，又扩大了在北印度的统治，几乎包括了整个恒河和印度河流域。这时(约从公元120年起)的贵霜帝国，西起咸海，东至葱岭，疆域十分广阔。帝国国都建于富楼沙(今巴基斯坦白沙瓦)。

贵霜帝国的中心是横贯中亚细亚的“丝绸之路”的枢纽，商业兴盛。中国的丝绸、漆器、铁器，印度的珠宝、香料，埃及和西亚的玻璃，在东西贸易中都要经过贵霜，贵霜商人从中获取了巨大利润。各方面的经济活动促进了奴隶制的发展，接连不断的战争也扩大了战俘的来源。

贵霜统治者对所统治的广大地区内的各种文化和宗教信仰，采取了包容、保护甚至鼓励的政策，其文化是古印度、伊朗和希腊文化的混合。在宗教方面，印度的湿婆[①]和佛、伊朗祆教的神以及希腊的神，都同时受到崇拜。艺术上，东西文化的混合也很明显，呈现出贵霜文化的独特风格。

贵霜帝国迦腻色迦时期以印度为其统治中心，于是贵霜也就成了佛教中心，对于佛教的发展及其向中国的传播起了极大的作用。据说迦腻色迦曾在今克什米尔召开佛教的第四次“结集”，成为佛教史上的一件大事。迦腻色迦信奉大乘佛教，据说从此印度佛教便以大乘为主，小乘则流行于锡兰、缅甸等地。

贵霜帝国的统一其实并不巩固。被它征服的广大地区，一般都保留了原来的国王，对其称臣纳贡。正因如此，迦腻色迦死后，帝国便逐渐衰落，疆域逐

① 婆罗门教和印度教主神之一，即毁灭之神、苦行之神和舞蹈之神。

渐缩小。至公元3世纪,次大陆已分裂成若干小国,贵霜帝国瓦解。

六 笈多王朝

公元4世纪前半叶,摩揭陀的一个小国渐渐强大起来,国君旃陀罗·笈多一世建立起了笈多王朝。从国王一世到国王二世,笈多王朝的疆土不断扩大,在征服了恒河上游和中印度的许多小国之后,又向南印度进行掠夺性扩张,逐渐走向了极盛。5世纪初旃陀罗·笈多二世在位时,中国东晋僧人法显曾旅居印度。从5世纪中叶起,西印度的许多部落与部族开始摆脱笈多王朝统治,其他地区也有地方官吏成了独立的统治者。日益尖锐的内部矛盾已使笈多王朝政权难以维持。就在此时,外族侵入,笈多王朝开始土崩瓦解。至公元6世纪,这个印度古代奴隶社会最后一个强大的王朝已经不复存在。

七 补说:中世纪——印度封建制度形成后的历史变迁

公元6世纪末年,德里北方的一个名为坦尼沙的小邦逐渐强大起来,战胜了邻近的小国,扩大了自己的领土。公元606年,戒日王即位,国势日盛,逐渐统一了北印度,并迁都恒河西岸的曲女城。其版图大致与笈多王朝相当。

玄奘在《大唐西域记》里对公元7世纪的戒日王国家有较为详细的描述。其经济以农业为主,畜牧业也很发达。首都曲女城周长30多里,护以深沟高垒。曲女城内有佛寺百余座,也有很多婆罗门寺院,商业也很兴盛。戒日王不但利用武力,而且还利用佛教来巩固自己的统治。他诏令每五年召开一次无遮大会,北印度各地的藩臣、佛教徒和婆罗门都去参加。公元643年,在曲女城召集的大会上,玄奘法师说法18天,令所有听者折服。

公元5世纪至7世纪是印度封建制度形成的时期。戒日王统治时,国王仍是全国土地的最高所有者,臣属只有封地。随着封建制度的形成,农村的生产力得到提高,城市手工业繁荣发展,商业更加兴盛。此时,古代的瓦尔那制度也有了新的发展。婆罗门教与佛教长期融合的结果是印度教的产生。印度教吸取佛教不抵抗、禁欲以及作"业"获报等教义,并把释迦牟尼当作毗湿纽(主神之一)的化身列入印度诸神之内。佛教也承认印度教关于种姓的划分,不许下层人民加入教团。到公元 9 世纪时，印度教开始建立寺院，组织正式的印度教修道团。一个世纪后，印度教在全国获得优势，佛教日渐衰落。

从公元 7 世纪中叶起，各地领主割据称雄，印度境内的分裂局面一直持续到 11 世纪。其间，曾有阿拉伯侵略者入侵印度，后因战败退出。10 世纪末，印度又遭到信奉伊斯兰教的突厥人的侵略。新兴于阿富汗境内的伽色尼王朝统治者马穆德，从 1001 年起的 26 年间，先后 17 次入侵印度，破坏城市，蹂躏乡村，劫掠居民和财富。1019 年，曲女城被攻陷，几乎夷为平地。侵略者还同时用武力传布伊斯兰教。许多印度封建主也由此改奉伊斯兰教，逐渐与定居下来的突厥人、阿富汗人同化。

13 世纪初，突厥人库特布—乌德—丁·艾巴克自立为苏丹，统治了以德里为中心的广大地区。此后的 300 多年，历史上称为德里苏丹国(1206—1526)。这期间，印度曾遭受并打败过蒙古人的三次入侵；这期间，广大农民和城市中的下层人民曾为反对压迫与剥削进行了不懈的斗争；这期间，军事封建采邑制不断扩大；这期间，居民中信奉伊斯兰教的人数大增，伊斯兰教和印度教之间的矛盾日见激烈，语言和文化也发生了很大变化——波斯语和印地语长期混合，开始形成乌尔都语；北印度的建筑、音乐、绘画等艺术，也受到伊斯兰艺术的深刻影响。

蒙古帖木儿帝国分裂后，其子孙和部将各据一方。帖木儿的六世孙巴布尔在中亚遭驱逐，便率军南下阿富汗，占领了喀布尔和伽色尼等城。1525 年，乘印度分裂，巴布尔侵入印度，很快攻占了德里。第二年，曾被印度的伊斯兰教和印度教诸侯联军打败。1527 年，巴布尔整兵再战，击溃印度诸侯联军。此后数年内，巴布尔把政权扩大到了北印度大部分地区，奠定了莫卧儿帝国(1526—1857)的基础。这个帝国在名义上一直存在到 19 世纪中叶。

第二节 古印度文明的伟大成果

印度人民早在哈拉帕时期就创造了自己的文化。考古中发现的图画文字和音节符号，成为存在于梵文出现之前的所谓布拉赫米文字的基础。从吠陀时代直至笈多王朝时期，印度文化更是丰富多彩。除了自然科学，在语言文字、文学、艺术、宗教、哲学等许多方面，印度文化也都对世界文化的发展做出了巨大贡献。

一 语言文字

对于哈拉帕文字，许多学者都发表了自己的看法，不过到目前为止，这些看法还没有得到学术界的公认。

雅利安人进入印度后，其语言逐渐占据了支配地位。雅利安人最古的语言是吠陀梵语。随着时代的变迁和语言的变化，古老的吠陀梵语越来越难懂。约公元前4世纪，语文学家波尼尼所著《波尼尼经》（又称《八章书》）用3996条规则，描写梵语语音、形态变化、构词和句法；后来，又有语言学家著书对波尼尼的书进行了注释，从而使梵语的语言体系愈加完备。梵语典雅，语音、语法复杂，主要为婆罗门种姓和婆罗门教所使用。在民间，雅利安人讲的多是梵语的各种方言，统称为俗语。现代印度的不少语言都是从俗语演变而来的。

婆罗门教的《吠陀》、佛教和耆那教等教派的教义，最初都是口耳相传。梵文及俗语文字最早大概出现在列国时代之初。现存最早的文字是阿育王的铭文，是用俗语写成的。雅利安人的语言在次大陆流行时，南方的一些土著居民仍然保留了自己的语言，其中以达罗毗荼语和孟达语使用的地区最广。孟达语没有书面语，达罗毗荼语的书面语又分为泰米尔语、马拉亚达姆语、泰卢固语和坎纳达语四种，以泰米尔语发展最快。公元初的几个世纪，就已经出现了泰米尔语的诗文集，还出现了一部包含有语法和文学内容的著作《朵伽比亚姆》，对古泰米尔语的规律进行了总结。现在，使用泰米尔语的人数约有6800万，分布地区也很广，它还是新加坡官方语言之一。

二 文学遗产

古印度的文学成就，主要表现在吠陀文学、两大史诗、佛教文学、寓言童话、戏剧与戏剧理论等诸多方面。

（一）吠陀文学

印度最古老的文学作品是《吠陀》。吠陀四部基本上都是宗教文学，虽然充满着神话幻想和宗教气息，但也反映了当时的社会经济状况和知识水平。《梨俱吠陀》是对雅利安诸神的赞歌，也有一些世俗的诗；《沙摩吠陀》主要是按音韵歌唱的诗，也有一部分散文；《耶柔吠陀》收集的是祭祀时低声祈祷的文辞，大多为散文；《阿闼婆吠陀》则是有关医病、祈寿等的咒语。

《梨俱吠陀》是婆罗门教颂神的诗歌，逼真地反映了雅利安人的生活。由于生产方式落后，人们对变幻莫测的自然现象感到惊异和恐惧，对种种复杂的社会现象也难以做出正确的解释。因此，他们崇拜、赞美神灵，更乞求神灵的护佑。《梨俱吠陀》诗中出现的神灵一般都具有拟人化的特点。除了颂神，《梨俱吠陀》中也有一些赞美大自然的诗句，而且采用了比喻和夸张的艺术手法，较为真实地反映了作者的心理、审美意识和描绘能力。

（二）两大史诗

早期印度文学中最珍贵的遗产是《摩诃婆罗多》和《罗摩衍那》两大史诗。它们起源于人民的口头创作，基本内容于公元前 5 世纪（一说公元前 10 世纪初）就已形成，在不断的流传中屡经增润，大约到笈多王朝时期才用梵文编辑定型。两部史诗形式优美、内容和谐，对印度后世文学影响极大。

《摩诃婆罗多》的书名意为“伟大的婆罗多的故事”或“伟大的婆罗多王后裔”，长达 10 万余颂（一颂两行，一行 16 个音），是世界文学中最长的史诗。诗中主要描写婆罗多族的两支后裔般度族和俱卢族争夺王位的斗争，反映了印度奴隶社会的生活。除了核心情节外，史诗中穿插了许多神话传说、寓言故事、哲学、宗教、政治、伦理和法律方面的内容。史诗的主线故事表现了作者宣扬正义、抨击邪恶的思想。

《罗摩衍那》的书名意为“罗摩传”或“罗摩的漫游”，篇幅较《摩诃婆罗多》小，约 24000 颂。其主要情节是关于一个神化了的英雄罗摩及其远征锡兰的故事，以罗摩与妻子悉多悲欢离合的故事为主线，反映了列国时代错综复杂的斗争。史诗的主线故事情节生动，扣人心弦。在艺术上，除了成功的人物塑造，还有对自然景色的细腻描绘，达到了情景交融的境地。同《摩诃婆罗多》一样，《罗摩衍那》采用的也是框架式结构，在主线故事推进时，插入了许多小故事。故事结局则带有悲剧色彩。据统计，《罗摩衍那》的手写本共有200多种，光梵文注释就有50多种。其影响早已超出了纯文学的界限，进入音乐、舞蹈、绘画、雕刻等各个领域，深入到广大人民群众的生活之中。

（三）佛教文学

佛教文学是古印度文学的重要内容之一。佛教的典籍有巴利语和梵语两大类，因此佛教文学也可分为巴利语佛教文学和梵语佛教文学两大部分。

巴利语佛教文学中，最著名的是《佛本生经》。佛教僧侣利用民间故事和寓言附会为佛的前生事迹来说教，所以《佛本生经》就是印度古代民间故事和寓言故事的汇集。该书共收故事547个，结构基本相同，分"今生故事"、"前生故事"、"偈颂"、"注释"和"对应"五个部分。《佛本生经》讲的虽然是佛陀的故事，但其内容却十分广泛，涉及政治、经济和文化等诸多方面，同时也反映了佛教徒对淳朴世风的赞美和对丑恶社会现象的鞭挞。

早期佛教梵文文学除了佛陀生平传记外，另一类题材是譬喻经。譬喻经多是通俗故事，其主人公既有佛陀，也有佛陀弟子以及其他人。现存最早的一部譬喻经是《百喻经》，为小乘佛教经文。该书采用寓言譬喻的形式来说明佛教教义，号称"百喻"。这些故事阐扬了佛教因果报应、弃恶修善、布施持戒等思想，较为著名的篇章如《三重楼喻》、《磨大石喻》、《蛇头尾共争在前喻》等。书中还有一组比较完整的有关阿育王的传说，不少内容都是真实的，对于研究阿育王的生平有重要的参考价值。

约公元1世纪至2世纪时，古印度出现了一位佛教理论家，名马鸣。他出身于婆罗门家庭，最初受的是婆罗门教育，后来皈依佛教。他的主要论著是《大庄严论经》，相传《大乘起信论》亦为其所撰。马鸣同时也是一位诗人和戏剧家，流传于世的作品有叙事诗《佛所行赞》、《美难陀》以及戏剧《舍利弗所行》三部。《佛所行赞》既为佛传，又为古印度文学名著，叙述的是佛陀从诞生到涅槃的整个生平；《美难陀》讲述的则是佛陀度化异母兄弟难陀的故事。为了颂扬佛陀，两部叙事诗都运用了夸张的手法，也都采用了一些神化佛陀的传说。诗的结构严谨，语言纯净，讲究韵律，重视遣词炼句，因此对后世梵文文学的发展产生过较大的影响。据说马鸣的三部剧本均发现于中国吐鲁番,《舍利弗所行》讲的是婆罗门青年舍利弗与知交目犍连因闻佛所说缘生偈而开悟,最终皈依佛陀的故事。

(四) 寓言童话

笈多王朝时期是印度梵语文学的繁盛期。很多民间流传的故事、寓言和童话,在这一时期被汇编成集。这些作品揭露和讽刺国王、大臣、婆罗门祭司等人的虚伪、愚蠢和丑恶,歌颂普通人的勇敢、机智和正直。

《五卷书》是这些汇编作品中最为著名的一部。该书包括五六十个小故事,卷首有个《楔子》,故事被分成五卷,故此得名。《楔子》中说明,该书是古代印度人民知识和智慧的结晶,主要目的是向王子传授治国安邦的方略,当然对平民也有教育意义。书中多以动物作为故事的主要形象,而各种动物又都体现出人格化的特征。第一卷的主题"朋友的决裂",讲牛跟狮子交朋友,狮子的大臣——两个豺狼被疏远,以此谈到绝交的问题。第二卷的主题是"朋友的获得",骨干故事是乌鸦、老鼠、乌龟和鹿结成朋友,共度危难,表明弱者只要团结起来,同心协力,就能战胜强者。第三卷的主题跟"和平与战争"紧密联系,骨干故事是猫头鹰和乌鸦两族结怨,乌鸦大臣诈降,结果猫头鹰的老巢被焚,乌鸦得胜。目的是教训人们不要轻信敌人。第四卷的主题也跟交友之道相关,骨干故事是讲海怪与猴子交友,海怪变心,猴子用计脱险。第五卷的主题与"不思而行"相关,讲的是商主摩尼婆多罗的故事,它告诉人们:追求钱财是可以的,但不要贪得无厌,否则就会招来祸患。《五卷书》的内容主要是教给王子和人民一些治世做人之道。这本书有别于那些佛教或印度教或其他教派的书,它否定传统刻板的教育方式和烦琐的经院哲学,主张用生动活泼、别开生面的方式启发教育人,使受教育者在轻松娱乐的同时获得切实的知识,因此没有那种腐朽的宗教气味。《五卷书》不仅是印度古典文学中的奇葩,也是世界文学宝库中的杰出作品。

(五) 戏剧与戏剧理论

戏剧方面,最负盛名就是笈多王朝时期的迦梨陀娑和他的戏剧作品。迦梨陀娑生卒年月不详,据推算大约生活在公元 350 年至 472 年之间。他一生创作了大量的作品，涉足文学的诸多领域，其中最有影响的是剧作和诗歌。广为人知的剧作有《优哩婆湿》、《沙恭达罗》和《摩罗维迦和火友王》，从艺术价值上来看，《沙恭达罗》居首，《优哩婆湿》次之。《沙恭达罗》是一出七幕剧，取材于史诗《摩诃婆罗多》，描写的是国王豆扇陀和净修女沙恭达罗曲折的爱情故事。豆扇陀和沙恭达罗在净修林里自由恋爱，自愿结合。临分手时，豆扇陀交给沙恭达罗一个戒指作为信物。后来，由于大仙人达罗婆娑的诅咒，再加上沙恭达罗遗失了戒指，豆扇陀拒绝接受沙恭达罗。最后，因为戒指失而复得，豆扇陀恢复了记忆，终于与沙恭达罗在仙界重逢。《沙恭达罗》剧中有散文，也有诗歌，交相穿插，自然流畅。剧中人物包括了社会的不同阶层。国王、贵族等角色的台词用梵语，其他角色则用各种俗语。文字不仅绚丽动人，而且明白易解。1789 年，英国梵文学者把《沙恭达罗》译成了英文；两年后，又有人把它译成了德文。在欧洲文学界，特别是德国，《沙恭达罗》受到了令人难以想象的好评。大诗人歌德和席勒都对它赞不绝口。歌德曾写过好几首诗对它加以赞美，其中一首这样写道："春华瑰丽，亦扬其芬；秋实盈衍，亦蕴其珍。悠悠天隅，恢恢地轮；彼美一人，沙恭达纶。"（苏曼殊译）

伴随梵语戏剧的发展，大约在公元前后，印度出现了一本戏剧理论著作——《舞论》，被认为是现存印度最早的文学理论著作。此书的作者相传为婆罗多，现在我们能够见到的大概是公元 4 世纪至 5 世纪的本子。《舞论》比较全面地论述了戏剧的理论与实践：它对戏剧的起源做了解释，认为戏剧乃神的创造，但同时又说戏剧表演方面的因素最初取自于《吠陀》，是供神、人（包括首陀罗）娱乐的方式；它讨论了戏剧的性质，认为戏剧能为人提供有益的教训、丰富的知识和高尚的道德伦理；它还论述了剧场、剧本、角色、表演、服饰、化装、音乐、舞蹈等方面的问题，其中不乏深刻见解。

三 艺术成就

古代印度的艺术以绘画、雕塑和建筑最为突出，这些艺术形式都与宗教尤其是佛教有着密切的关联。

印度绘画艺术最早可以追溯到史前时期的岩洞壁画，所绘多为动物，反映了原始时代的生活情景。哈拉帕文化时期，艺术有了进一步的发展，雕刻艺术占有重要地位。吠陀时代和列国时代的造型艺术品没有保存下来，因为这期间所用的雕刻材料都是木料、象牙或黏土，极易毁坏。

根据文字记载可知，阿育王非常重视绘画艺术，因而当时的绘画艺术达到了相当高的水平。阿育王在世时，在各地树立了 30 多根石柱，这些石柱既是重大事件的见证，又是雕刻艺术的代表作。其中最著名的是鹿野苑的四狮石柱和劳里亚·南丹加尔石柱。四狮石柱上端雕有四只背对背蹲踞着的雄狮，威武生动，象征王权的强大与威严。石柱中间部分刻有马、牛、象、虎四兽浮雕，并饰以其他图案，象征佛法威力无边。石柱下部是钟形倒置的莲花，花瓣齐整，用以表明佛陀心灵的神圣与纯洁。劳里亚·南丹加尔石柱高12 米，顶端雕有一头巨狮，居高临下，雄视一切。这根石柱坐落于印度比哈尔邦与尼泊尔交界的地方，约建于公元前 242 年左右。

巽伽王朝时期，佛教艺术有了很大的发展，主要表现为佛教雕刻以及大量表现佛陀形象的艺术品。佛教雕刻一般出现在佛塔(梵语称“窣堵波”)等建筑物上，其中尤以始建于阿育王时代、完成于巽伽王朝时代的桑奇大佛塔最为有名。该佛塔是一座半圆形建筑物，塔身及其附属建筑物(如塔门牌坊)上的雕刻，记录了佛陀的生平传说与日渐普及的本生故事。在这里，人们既可以看到早期平实朴拙的浅浮雕，也可以看到生动活泼的深浮雕，还可以看到成熟立体的圆雕。

古代印度艺术的另一成就是洞窟艺术，其中以阿旃陀石窟最为有名。石窟始凿于公元前 3 世纪，至公元 7 世纪时完成。阿旃陀石窟位于印度德干高原，凿于一个新月形的崖壁之上，共有 29 个洞窟。这些洞窟，有的是带门庭的佛殿，有的是僧徒的住所。该石窟是印度的一座艺术宝库。阿旃陀石窟的雕塑代表作是第十九窟门廊前庭左侧的《蛇王与蛇后》，这是笈多王朝时期的雕塑精品。除了雕塑，阿旃陀石窟最引人注目的是壁画，这些壁画都富有艳情味以及佛教的慈悲精神。

代表古代印度雕塑艺术最高成就的是犍陀罗雕刻。犍陀罗是古印度列国之一，位于今巴基斯坦北部及与其毗连的阿富汗东部一带。公元前 4 世纪末马其顿亚历山大入侵后，受到希腊文化影响。公元前 3 世纪阿育王派僧人到此传布佛教，又使佛教的影响日渐扩大。佛教艺术与希腊艺术逐渐融合的结果，便产生了独特的犍陀罗艺术。犍陀罗艺术基本上是一种宗教艺术，其最高成就表现在雕刻上。犍陀罗雕刻以佛教为内容，以希腊艺术为形式，风格与印度传统雕刻迥异。它直接刻画释迦牟尼与其他菩萨形象，基本按照实际的人形面貌进行创作，带有明显的欧洲人特点。雕像的脸部和身体的线条分明，表现出人物心灵深处蕴涵着的巨大力量，气韵生动，工细传神。犍陀罗的佛陀塑像以《悉达多王子像》、《佛陀立像》等最具代表性。《悉达多王子像》的悉达多，盘腿而坐，须发苍然，骨瘦如柴，眼窝深陷；他神态安详，端坐于地上，思考着人生真谛。其消瘦的身形与其面部表情形成极大的反差，具有震撼人心的表现力。雕像底座四周刻有佛教徒礼拜的浮雕，或站或跪，神情肃然。《佛陀立像》则是希腊太阳神阿波罗与佛陀特点相结合的艺术杰作：佛陀身着罗马式袈裟，额头高起，深目薄唇，脸呈椭圆形，形象古朴、庄重，其站立的姿势则是印度人所特有。此外，在佛塔的式样上，犍陀罗佛塔也与印度内地有很大的差异，它们结合了希腊神庙的特色，在塔的四周设置柱廊。

四 宗教与哲学

（一）宗教

在古代印度，宗教十分盛行，无论是下层百姓还是上层统治者，几乎没有人不信奉宗教；宗教派别林立，主要有婆罗门教、耆那教、佛教等。

1. 婆罗门教

早期雅利安人盛行自然崇拜，他们相信一切都受自然的支配，因而崇拜天神、火神、日神、雷神、风神、雨神等。至后期吠陀时代，随着社会经济的发展，雅利安人的多神崇拜发生了很大变化。在众神中，出现了三位大神，即梵天（创世之神）、毗湿奴（保护世界之神）和湿婆（破坏之神）。这三位大神的职能所表现的恰是宇宙万物的创造、生存和灭亡。

婆罗门祭司以《吠陀》为经典，还写出了诠释《吠陀》的《梵书》、《森林书》、《奥义书》等。在诠释中他们提出新的教义，主要有下面相互联系的两个方面：

第一,"梵"或宇宙灵魂是唯一的真实,自我或个人灵魂来自"梵",整个客观物质世界都不过是一种幻觉。第二,自我造了"业",死后就要转生为较低的瓦尔那,甚至牲畜;只有认真遵守统治者制定的"达磨"(即对各瓦尔那的社会地位、权利、义务和生活方式的规定),才能转生于较高的瓦尔那以至最后归于"梵"。婆罗门教把奴隶制度、瓦尔那制度、奴隶制国家政权都加以神圣化。实际上它是奴隶主阶级的精神统治武器。

作为雅利安文化的重要组成部分,婆罗门教不仅是一种宗教,而且也是有着广泛影响的社会生活方式。后来,婆罗门教经过改造,逐渐演变为印度教。直至今日,印度教仍是印度最重要的宗教之一。

2. 耆那教

在奴隶制的发展和奴隶制大国的崛起中,婆罗门教遭到了日益强烈的反对。低等瓦尔那的人民群众反对婆罗门教及其所维护的等级制度,逐渐强大起来的军事行政贵族也不愿接受婆罗门的特权地位。耆那教和佛教就是在这样的形势下出现的。

耆那教几乎与佛教同时产生。在阿育王大兴佛教之前,耆那教是沙门思潮中最大的宗教派别。相传耆那教的教主是瓦尔达玛那(又译"筏驮摩那"),后称大雄。据说他 30 岁时出家为苦行者,12 年后得道成"耆那"或"尼犍多"。"耆那"的意思是"战胜情欲者"(也有说意为"胜利者"、"完成修行者"),"尼犍多"的意思是"超脱红尘"。耆那教由此得名。

耆那教反对《吠陀》的权威,否定婆罗门祭司在解脱轮回中的导引作用,反对杀生献祭,反对把瓦尔那神圣化;但同时也接受婆罗门教关于"业"与"轮回"的思想。耆那教认为要不造业,避免轮回,就必须奉持"三宝",即正信、正觉、正行。意思就是:除要虔诚地信仰、正确地理解该教教义外,还必须实行"五戒",即不杀生、不妄语、不偷盗、不奸淫、无所得(不追求私财)。其与佛教的不同之点是耆那教强调苦行,甚至主张舍身,以肉体的苦换取灵魂的乐。

公元 1 世纪时,耆那教分裂为天衣(裸体)派和白衣派。白衣派流行于西北印度,天衣派的影响更大些,在印度中部和南部有众多信徒。从公元 13 世纪起,耆那教走向衰落。公元 17 世纪后,耆那教内部进行了多次改革,主张用人道主义、博爱等观点解释该教古老教义，其力量逐渐恢复。现在，该教教徒虽少，但在印度社会仍有影响。

3. 佛教

在古印度列国时代的沙门思潮中，以佛教的发展为最快，在社会各阶层中都有不少信徒。自阿育王时代起，佛教开始向境外传播，逐渐成为与基督教和伊斯兰教并立的世界性宗教。

佛教的创始人是乔达摩·悉达多（公元前565—前486）[①]，系古印度迦毗罗卫国[②]净饭王之子，属于释迦部落。悉达多天资聪颖，又接受了良好教育，很小就掌握了多种学问，佛经中说他通晓“六十四种书”。悉达多身为王子，自幼养尊处优，也曾结婚生子，其子罗睺罗后来在父亲的影响下出家成为佛祖十大弟子之一。据说悉达多出游时遇到老者、病者、死者和修道者，深深感到人生的痛苦与无常，于是决心寻找人生真谛，寻求解脱人生苦难的正法，并在29岁时毅然弃家走上修行之路。此后他到处访师求道，还在尼连禅河（今印度比哈尔邦法尔古河）畔的树林中苦修了六年，但一无所得，于是决定放弃苦行，别求新法，终于在菩提伽耶[③]附近的一棵菩提树[④]下得道成佛，创立了佛教。“佛”是“佛陀”的略称，意思是“觉”、“觉者”[⑤]。人们尊称他为“释迦牟尼”，意思就是“释迦族的圣人”。得道后，释迦牟尼在恒河中下游地区奔走传教达45年之久，吸引了众多的信徒，80岁时在拘尸那迦附近的娑罗树林中辞世。

佛教不承认《吠陀》为经典，否认婆罗门祭司有存在的必要，反对婆罗门在等级制度中的特权地位。佛教不主祭祀，不拜偶像；传教用语通俗，不排斥低级瓦尔那人入教，主张一切众生在灵魂上平等；佛教修行以“五戒”为主，即戒

---

① 关于佛祖的生卒年代，据说有60余种说法。最早为西藏传说的公元前1041—前961年，汉传为公元前1027—前953年。南传佛教国家一般传为公元前624—前544年。中国近代学者从南齐《善见毗婆沙律》后的“众圣点记”和阿育王即位年代推算出的公元前565—前486年，目前已被普遍采用。

② 在今尼泊尔境内，一说在今印度北方邦北部距尼泊尔边境1公里处的庇浦拉瓦。

③ 也称菩提道场、伽耶城，印度佛教四大圣迹之一。

④ “菩提树”译自梵文，意译为“道树”、“觉树”。本名“毕钵罗树”、“阿沛多罗树”、“贝多树”或“阿输陀树”。

⑤ 这里的“觉”有自觉、觉他、觉行圆满三义，意谓圆满地觉悟了宇宙人生的实相，并能指导众生皆达圆满觉悟的大圣人。

杀、戒盗、戒淫、戒妄语、戒饮酒。佛教的基本教义是“四谛”(“谛”是真理的意思):一是“苦谛”,即认为人生有“八苦”——生、老、病、死、求不得、怨憎会、爱别离、五盛阴(色、受、想、行、识),“一切皆苦”;二是“集谛”,探讨造成痛苦的各种原因或根据,指出诸苦的根源是人的欲望;三是“灭谛”,指出断灭世俗诸苦得以产生的一切原因,其中最关键的是必须灭除一切欲望,才能达到理想的无苦境界,也就是摆脱轮回、不生不灭的涅槃境界;四是“道谛”,阐明达到解脱诸苦、进入涅槃所应遵循的方法和途径,也就是所谓的“八正道”。“四谛”的要领被佛学家概括为“知苦、断集、证灭、修道”。

与“四谛”同时悟出的还有所谓“十二因缘”说,这是对众生生成过程的解释,是在“四谛”基础上推演出来的“三世轮回”的基本理论。“因缘”的意思就是产生结果的原因和条件。佛陀认为,世界上的一切事物和现象都是依缘(互为条件)而生灭的,即所谓“诸法从缘生,诸法从缘灭”。佛教修习的终极目标,就是要摆脱“十二因缘”的束缚,跳出“三世轮回”,从而进入涅槃。

最初,佛教采用的是口口相传的形式传布,并未留下任何文字。为了整理编辑佛教经典,使之永传于世,释迦牟尼逝世的当年,在弟子大迦叶的主持下,召开了佛教史上的第一次“结集”,由阿难诵出“经”(经文),由优波离诵出“律”(戒律)。后又逐渐形成“论”(对经的注解和论述),这“经、律、论”就是佛教所说的“三藏”(即佛教经典的总称)。第二次结集于释迦牟尼逝世 100 年后,在毗舍离城举行,由长老耶舍主持,审定律藏,宣布戒律“十事”(由印度东部跋耆族比丘提出来的十条戒律)非法。阿育王时期在华氏城举行的第三次结集是在佛陀逝世 236 年之后,由目犍连子帝须长老召集,除编成一部《论事》外,还对《阿含经》重新整理定稿。第四次结集前面也已提到,据北传佛教记载,是在迦腻色迦王时期,由胁尊者比丘建议召开,对“三藏”进行了注释。除了这四次结集,据南传佛教说,公元前 1 世纪在斯里兰卡的阿卢寺也曾举行过结集,首次将巴利文“三藏”记录成册,编为《巴利文三藏经》,至今保存无缺。

公元 1 世纪时,印度佛教出现了一种叫“摩诃衍那”(Mahayana)的教派,也就是所谓的“大乘佛教”。“大乘”,意思是“大的载物”。他们自比为一只巨大的船,可以运载无量众生从此岸抵达菩提涅槃的彼岸。于是便把公元 1 世纪以前形成的原始佛教和部派佛教全都贬称为“希那衍那”(Hinayana),即所谓“小乘佛教”。从教义上看,大乘佛教与小乘佛教的区别除了表现在对世界万物的认识上和修行果位上,还表现在修道途径上:小乘主张“自度”,即获得自我的解脱;而大乘则强调“兼度”,即不仅解脱自己,还要普度众生。大乘佛教诞生后,在印度次大陆的影响逐渐扩大,并向中亚、中国、朝鲜、日本和越南等地传播;小乘佛教虽未消失,但影响要小得多,主要流行于斯里兰卡、泰国、缅甸、老挝、柬埔寨等东南亚国家。佛教和佛教艺术的传播,对以上这些国家的文化产生了重要而深远的影响。

随着印度教的兴起,佛教一步步地走向了衰落。自公元10世纪末叶起,由于伊斯兰教的侵入,佛教最终在13世纪的印度次大陆消亡。

(二)哲学

古代印度的哲学思想是十分丰富的,但受宗教的影响很大,这是古代印度哲学的一个显著特征。其主要的哲学流派除顺世论外,其他多是以宗教形式表现出来的,因此也可以称之为宗教哲学。

顺世论是沙门思潮的重要派别之一,也是古代印度哲学中的唯物主义学派。该派所宣扬的思想观点易为大众接受,曾在下层劳动人民中广为流传。根据其他各派著作中的引证可知,该派在公元前4世纪至前2世纪间形成,其主要观点是:世界由地、水、火、风四种物质元素组成,否认有脱离身体的灵魂(“我”)存在,也否认死后世界(即所谓“天堂”)、轮回、报应、解脱等。正因如此,该派反对祭祀和宗教迷信,充分肯定人们追求幸福的欲望,提倡积极而乐观的入世态度。由于与婆罗门教以及其他沙门学派对立,所以该派曾长期受到压制和攻击。

史诗《摩诃婆罗多》中也出现了一些重要的唯物主义观点,如“自然说”、“自性说”和“转变说”。自然说认为物质世界是永恒的,不受任何规律或宇宙精神的支配,也非神所创造。该说具有鲜明的唯物主义和无神论倾向。自性说肯定客观世界的规律性,认为一切有生或无生的事物都因内部自性的作用而或动或止。转变说则不仅肯定了物质的第一性,而且认为物质世界转变和发展的原因在于它内部喜乐、忧苦、痴暗三者之间的相互作用。这三种观点都否认了婆罗门教关于灵魂不灭和轮回的说法。

婆罗门教各派之间尽管有分歧和矛盾，但有一个共同的根本观点，即宇宙精神或“梵”是第一性的本体，它在自我发展中创造了神和世界。当婆罗门教受到猛烈抨击时，为了维护其地位，婆罗门教思想家对教义做出了许多新的解释，逐渐形成了以《吠陀》为根据的几个正统的哲学派别，其中最积极的是吠檀多派。吠檀多派提出了一套完整的一元论客观唯心主义体系，认为“梵”是唯一的本体和世界的基础；“梵”以幻法创造了世界。一般人凭感性知识和逻辑论断不可能认识这个真理，只有通过《吠陀》和《奥义书》的启示并由此达到“出神”状态，才能领悟。吠檀多派对后世印度唯心主义哲学有很大影响，并且成为封建时代印度教的哲学基础。

耆那教哲学的一个基本概念是“实体”。该教认为有五种永恒的存在范畴，总起来构成存在的“实体”。这五种范畴是“法”、“非法”、“空”、“补特迦罗”和“命”。按照该教的特殊解释，“法”是运动的媒介，“非法”是静止的媒介，这二者造成事物的运动与静止。“空”是万物借以存在的空间，而这种空间又分为两种：一是世界空间，一是非世界空间，后者比前者要无限地大，然而空洞无物。前面的这三个范畴是独特的和不活跃的。“补特迦罗”(物质)和“命”(灵魂)则是活跃的、无限的，但它们的数目又是稳定的。人们只能感觉到“补特迦罗”，而只有“命”才有灵魂。学者认为，耆那教是把物质和精神彻底分开的最古老的印度哲学学派。后来人们又给“实体”加上了第六个范畴，即“时”(时间)，时间是永恒的但不是普遍的，因为在世界最外面的一些层次里不存在时间。

在佛教史上，佛教分较为正统的“上座部”和较为自由的“大众部”两派，史称“根本分裂”。公元3世纪时，从这两派中又分裂出一些部派，史称“枝末分裂”。从此，佛教呈现部派大纷争局面。各部派对佛教教义都有自己的解释，因此出现了一个思想争鸣时期。原始佛教反对神创世说，认为释迦牟尼作为佛教始祖，不是神而是引导众生脱离现世苦海的导师。佛陀死后，大众部派开始神化佛陀，其目的是为了树立一个可供人们顶礼膜拜的偶像，以扩大自己的影响。后来，大乘佛教兴起，神化佛陀成为其教义的重要内容之一。上座部则一直坚持早期佛教对佛陀的看法，认为佛陀也是因前世有“业”才降临人间的，寿命有限，同样有过苦乐之情感，但他有高超的智慧、坚定的信念和坚强的毅力，因而最终摆脱了一切情欲而悟得人生真谛，并引导众生脱离苦海。这一思想为后来的小乘佛教所继承。

佛教讲“法”，泛指认识中的一切事物和现象，包括物质的、精神的、概念的、存在的和不存在的一切。原始佛教认为，“法”由五蕴（色蕴、受蕴、想蕴、行蕴、识蕴）依缘聚合而成，“五蕴”分“名”（精神）和“色”（物质）两大类，即名法和色法。佛教各部派基本上都继承了这一思想，一般把“法”区分为“有为法”和“无为法”①。

佛教的基本思想是“四大皆空”。佛教所称“四大”也叫“四界”，除“地、水、火、风”的意义之外，主要指的是“坚、湿、暖、动”四种性能。由于四种属性是从功能上来意识它的存在，并没有形象可以认识，所以称为“能造四大”，称有形有质、可通过视觉见到的地、水、火、风为“所造四大”。佛教认为，世界上一切存在的东西，都是由“所造四大”和合所形成的，四种元素能产生世界，因而称“大”。人的身体是物质，但人有思想，所以人就是物质现象与精神现象的综合体。可如果单从身体的组织来说：皮肉筋骨属于地大，精血口沫属于水大，体温暖气属于火大，呼吸运动属于风大。佛教认为，“四大”和合而身生，分散而身灭，成坏无常，虚幻不实。正是因为人的身体是四大的组成物，“四大”最终分离而消散，所以人也就根本没有一个真实的本体存在。于是就有了“四大皆空”之说。依此类推，宇宙万物也是由“四大”暂时聚合而成的，所以也没有一样是永恒不变的。“四大”合则生，“四大”散则灭，因此也就没有创造万物的“神”，更没有被创造的“万物”。由此也可以说“四大皆空”。

第三节 中印之间的文化交流

中国和印度是文化传统极为悠久的两大文明古国，彼此间的文化交流早

① “有为法”指一切不依条件而生灭的事物和现象。“无为法”指不依条件、不生不灭的事物和现象。

在先秦时代就已经开始了。比如古代中国和印度，还有古代埃及、波斯和阿拉伯，都对天体有细致的观察，都有所谓“二十八宿”的划分，而古代中国和印度的二十八宿每一个都有具体的名字。中国和日本学者研究认为星座的划分与命名起源于中国，并提出了确凿可信的证据。这是中国文化影响印度之一例。再比如在文学方面，学者考证，先秦时期已有外国文学传入中国的痕迹，主要是印度文学，如《战国策》中“狐假虎威”的故事、《楚辞》中《离骚》的色彩与词句、《天问》中荒诞的神话等。到了汉代，印度的佛教与文化相继传入中国，对中国文化的发展产生了积极而深远的影响。因此有人说，古代中印之间的文化交流，主要是围绕佛教进行的。

一　印度佛教的传入及其中国化进程

历史上有记载的第一位与佛教有关的帝王是汉明帝。史籍记载，汉明帝永平七年(公元64年)派遣使者前往西域访求佛法。公元67年，使者与两位印度高僧回到洛阳，带回佛像和经书。次年，明帝建白马寺，两位印度僧人将一部分佛经译成汉文，相传就是现存的《四十二章经》。于是人们便将这作为佛教正式传入中国的标志。也有人认为，西汉哀帝元寿元年(公元前2年)，大月氏王使臣伊存口授《浮屠经》就已经标志着佛教传入了中国。可以肯定的是，早在西汉时期，佛教就已经传入中国的新疆地区，至西汉末年，则已逐渐传入中原。

佛教传入中国之前，中国社会并没有发展出现代意义上的宗教，只有当佛教传入之后，中国才有了真正的宗教。

佛教自传入中国的第一天起，就因受中国社会历史条件的制约，走上了中国化的道路。佛教初传中国，主要是作为神仙道术的一种流行于民间。某些大城市建起的少数寺庙，主要供从西域或印度来的僧人和商人参拜使用，汉人出家为僧者很少。东汉末年以后，西域来到内地的僧人增多，而且译出了不少佛教经典。至两晋时，佛教才逐渐为中国广大知识分子所接受。魏晋时，玄学盛行，人们常用老庄的哲学术语如“无”、“道”等来翻译佛教概念，许多僧人和士大夫还用老庄思想解释佛教经典。自东汉末年月氏国人支娄迦谶译出《般若道行品经》起，此类经论陆续传入。以般若学说为基本内容的大乘空宗（即中观派，为大乘佛教两大学派之一），因在思想上与玄学有相似之处而得以迅速传播，研习阐述者甚众。后鸠摩罗什(344—413)曾系统传译阐释，成为般若学正宗。般若学（魏晋时是与禅学并行的两大学派之一）不但是佛教三论宗、天台宗等宗派的理论渊源，而且还成了当时社会上的流行思潮。“般若”意思是智慧，特指佛教所言超越性的、殊胜无比的智慧，是一种超越世俗认识的特殊认识，非俗人所能获得。《般若经》将整个宇宙分为“色”（物质世界）与“心”（精神世界）两个部分，该学派认为“色”与“心”皆为假名，没有实体，因此说“自性为空”。后来，由于对《般若经》解释的不同，般若学又分成“六家七宗”。

西晋末年，特别是进入东晋时期以后，阶级矛盾加剧，连年的战争给人民带来了巨大灾难，但同时也为佛教的传播和迅速发展提供了条件。

东晋僧人道安(314—385)是西域高僧佛图澄(232—348)的弟子，他大力提倡般若空宗理论，对汉译佛经进行了初步整理，并为僧侣团体制定了必须遵守的轨范仪式，为后来汉族地区的寺院制度打下了基础。道安的弟子慧远(334—416)于公元381年到庐山，住东林寺传法，门下聚集了众多弟子，形成江南讲学中心。慧远除传播般若理论外，还宣扬死后转生阿弥陀佛“净土”（所谓“极乐世界”）信仰，直接影响了后来中国净土宗的建立。

南北朝时期，佛教与中国传统文化进一步融合，出现了许多以研究某一部分佛典为中心的佛学派别。此时，寺院经济也开始逐渐形成，僧尼日众，寺院林立。晚唐诗人杜牧(803—852)曾写过一首题为《江南春》的绝句：“千里莺啼绿映红，水村山郭酒旗风。南朝四百八十寺，多少楼台烟雨中！”描绘了江南建康（今南京）一带春日风光的秀美壮丽，从中也可看到南北朝时佛教的兴盛。至此，佛教已在中国扎下根来，为隋唐时期具有中国民族色彩的佛教宗派的建立准备了条件。

隋唐时期，在经历了300年的分裂之后，中国又一次出现了大统一的局面，政治、经济和文化空前发展。由于统治者重视文治，对儒、释、道一律予以扶持，佛教也便进入了它的鼎盛时期。随着寺院经济的发展，佛教僧侣开始采取世俗地主宗法制度的传法方式，就是说，师父在传授佛法的同时，也把寺产传给弟子。在这样的大背景下，出现了在佛教理论和寺院经济方面都相对独立的佛教宗派。隋唐时期形成的主要佛教宗派有天台宗、三论宗、法相宗、华严宗、律宗、禅宗、净土宗、密宗。其中，在中国历史上影响较大的宗派有天台宗、法相宗、华严宗、禅宗和净土宗。天台宗是中国第一个佛教宗派，因其发祥于浙江天台山而得名。法相宗即"法相唯识宗"，也称"慈恩宗"，由玄奘法师创建，忠于印度佛教原义。华严宗以《华严经》作为佛教的根本经典，其创始人企图包容天台宗、唯识宗等其他宗派思想，创立最为圆满的大乘圆教。禅宗始自六祖慧能(638—713)，《坛经》是其纲领，也是佛门最常见的读物。慧能的主要思想是：顿悟见性，一念悟时，众生是佛。该宗信仰者极众，至今还是非常活跃的宗派，有时几乎成了"佛教"的代名词。净土宗主张众生要通过阿弥陀佛的帮助才能往生西方极乐世界，突出了念佛的重要性，其所尊崇的经典是《阿弥陀经》、《无量寿经》和《观无量寿经》。因为念佛法门简便易行，所以受到百姓欢迎。在中国佛教史上，净土宗也是影响较大的宗派。

有学者把佛教在中国的传播及中国化进程大体划分为四个历史阶段，基本勾画出了中国佛教的发展脉络：第一阶段从东汉到南北朝结束，历时约500年。这是中国佛教产生和初步发展时期。在这期间，不断有外域高僧来到中国内地，如安世高、支娄迦谶、昙柯迦罗、竺法护、鸠摩罗什、真谛等，他们把大、小乘的经典陆续介绍到中国，弘法说教，建立戒规，培养出数代中国僧人。就在他们东来的同时，中国僧人则西去求法。随着佛教义理研究的深入，中国出现了道安、慧远等一批佛学大师，中国佛教走上了独立发展的道路。第二阶段是隋、唐、五代，历时约400年，这是中国佛教的鼎盛时期。隋及唐代前期，在国家政权的大力支持下，译经事业盛况空前。同时出现了众多经典的注疏，还出现了中国僧人创写的论著、僧传、教史、地志等。这期间，善无畏、金刚智及其弟子不空等相继来华，翻译密教经典，灌顶传法，开创中国密宗(也称"真言宗")。中国佛教八大宗派形成，不但各自拥有众多信徒，而且还向海外传播。到唐朝末年和五代时，佛教受到统治者抑佛政策及战乱的影响，势力大减。八宗之中，除不尚经典的禅宗和专倡念佛的净土宗得以继续发展外，其他宗派均一蹶不振。第三阶段从宋代到清末，历时约千年，是中国佛教停滞和衰落的时期。其间，中国佛教各宗派之间的差异趋于消失，并且被迫与道教和儒学相融合，一些主要佛教宗派的基本观点为宋明理学所吸收。这期间，虽然也有个别高僧因为受到皇室推崇而声名显赫，也有名寺大殿在国家资助下被修缮一新，但佛教本身的处境已远非昔比，大规模的译经或各派学说争鸣的局面也已一去不返。第四阶段由近代(1840 年鸦片战争爆发标志中国近代社会的开始)开始直到现在。这一时期，佛教基本上成为了信徒自办自存的事业。需要指出的是：在今天的中华人民共和国，正常的宗教活动受国家宪法保护，公民有宗教信仰的自由；佛教信徒有自己的组织——中国佛教协会；佛教也有自己的研究和培养人才基地——佛学院；国家投入大量的人力物力财力对佛教文化遗存进行保护、维修和重建。佛教文化作为中国传统文化的一部分，受到学术界的广泛关注，研究佛教的学者越来越多，研究成果也越来越丰富。特别值得一提的是：鉴于中国过去雕印的众多版本《大藏经》皆不完美，20 世纪末，在国家的大力支持下，由上百位学者参与校勘整理的汉文佛教典籍全集《中华大藏经》，历 12 年之努力，终于编纂完成并正式出版，从而为读者提供了一个“会同诸本”的机会，为研究者提供了空前的方便。如今，在佛教的诞生地印度次大陆，佛教原典已荡然无存，佛教的一些重要典籍借助汉文译本才得以保存下来，这是中国文明对世界文化做出的一大贡献。

二　西去求法高僧的事迹及其贡献

三国时期，僧人朱士行曾在洛阳讲授《道行般若经》(《小品般若经》的同本异译)，有感于经中文句艰涩，难以理解，决意西行探求梵本，成为内地僧人前往西域取经的先驱。公元 260 年，他西渡流沙，至于阗(今新疆和田一带)取得梵本《放光般若经》，并于公元 282 年遣弟子送回洛阳。相传中国僧人讲经也始自朱士行。自朱士行西行取经始，西去求法的中国僧人日多。其中著名的主要有法显、玄奘和义净。印度现代历史学家马宗达这样评价法显、玄奘和义净：

> (他们)把自己的经历写成了相当厚的书，这些书有幸都完整地保存了下来，并且译成了英文。三个人都在印度呆了许多年，学习了印度语

言，法显和玄奘广泛游览，几乎游遍全印。在这些方面，他们比希腊旅行家有无可怀疑的有利之处。①

印度当代历史学家阿里在写给季羡林教授的信中说："如果没有法显、玄奘和马欢的著作，重建印度史是完全不可能的。"②

（一）法显

法显（约337—422），俗姓龚，平阳武阳（今山西襄垣）人，3岁出家，20岁受大戒。因慨叹于律藏残缺，成年的法显决心去印度求法。公元399年，他与慧景、道整、慧应、慧嵬等从长安出发西行。因为志向不同，同伴中，有的半路折回，有的择路他去，也有的死在了路上。法显矢志西去，终于越过葱岭，进入印度次大陆。他走遍了北、西、中、东天竺，参拜佛陀圣迹，苦求佛教经律。在求得若干梵文经律之后，他离开印度，搭乘商船至狮子国（今斯里兰卡），以了解独盛于那里的佛教小乘学系。在狮子国，法显逗留了两年，后经由海路回国。公元412年，法显抵达青州，第二年到建康。他携带回国的佛教经典主要有《弥沙塞律》、《长阿含经》、《杂阿含经》、《杂藏》、《摩诃僧祇律》、《萨婆多部律》、《杂阿毗昙心经》等。在建康的道场寺，法显与天竺僧人佛陀跋陀罗等一起，共译出经律6部63卷，其中，尤以《大般泥洹经》（"泥洹"为"涅槃"的旧译之一）和《摩诃僧祇律》影响甚大。

除了翻译佛教经典，法显还将自己西行求法的行程记录了下来，写成《佛国记》（又称《法显传》、《历游天竺记传》），对所经约30国的山川风物都有扼要记载。这本书不仅是公元5世纪时亚洲的佛教史料，也是中国与古印度的交通史料，因此受到中外学术界关注。19世纪时，法、英等国出版了该书译本。

（二）玄奘

玄奘（600—664），俗姓陈，名祎，唐代洛州缑氏（今河南偃师缑氏镇）人。父亲陈惠曾任县令，隋亡便弃官不做，隐居乡间。哥哥陈素十几岁时出家，在洛阳净土寺为僧。玄奘10岁时，父亲病故，于是便随哥哥到了洛阳，三年后正

① 转引自季羡林等《大唐西域记校注》，中华书局，2000，第137页。

② 季羡林等《大唐西域记校注》，中华书局，2000，第137页。

式在净土寺出家。公元618年，玄奘随哥哥至益州(今四川成都)参访名师，从道基、宝暹等修习经论，很快便崭露头角。为开阔视野，他不久便离开成都，顺长江而下，游历至今湖北、河南、安徽、江苏等地求学问难。后来玄奘到了长安，住大庄严寺。在对佛教经论的研习中，玄奘广泛接触了各派理论，深感中国的佛经太少，许多疑难问题无法得到解决，同时也怀疑所译经论中多有讹误，于是他决心西行到佛教的发源地去广求异本，以为参验。

公元629年(一说627年)，玄奘离开长安，经秦州、凉州，穿越沙海，到达高昌国，而后经阿耆尼、龟兹，越凌山，过铁门(突厥关塞，今乌兹别克斯坦南部布兹嘎拉山口)，入吐火罗(今阿富汗北部)，再经克什米尔，进入北印度，接着又从北印度进入中印度，四处参访。630年，玄奘终于来到了位于今印度比哈尔邦巴腊贡附近的那烂陀寺(公元5世纪至12世纪印度佛教的中心)。在此后的五年中，该寺住持戒贤大师为玄奘讲了《瑜伽师地论》(也称《十七地论》、《瑜伽论》)、《顺正理论》(全称《阿毗达摩顺正理论》)、《显扬圣教论》、《中论》(全称《中观论》)、《百论》以及有关因明学的多部重要经论。这期间，玄奘几乎穷究了该寺所藏的全部经典。之后，玄奘赴古印度各地游历，并于640年重回那烂陀寺。此时的玄奘，已经研习过大小乘佛教的各种学说，成了当地学问最高的佛学家。他曾在戒日王主持下，参加了在曲女城举行的一次盛大集会(无遮大会)，并登上会场宝座，为在场的六七千人宣讲他的《真唯识量颂》。

公元645年春天，玄奘在经历了10余年的西游之后，携带佛经657部以及佛像、花果种子等回到了长安。唐太宗命人选拔高僧，设立译场，大力支持玄奘开展译经工作。在归国后的19年间，玄奘共译出佛教经论75部，1335卷，他也因此成为了中国佛教史上四大译经家[①]之一。在佛教理论方面，玄奘着重传播的是古印度的瑜伽宗，主张唯识论，认为“识”(人们内心存在的真理种子)是一切自然事物和心理现象的起源，成为中国法相宗的创始人。

译经同时，玄奘还口述旅途所见所闻，由辩机笔录，于公元646年完成了

① 中国佛教史上四大译经家有不同说法，一说是鸠摩罗什、真谛、玄奘、不空，一说是鸠摩罗什、真谛、玄奘、义净。

《大唐西域记》一书。全书12卷，对沿途所见的城邦、地区和国家，逐章描述，并用“行”和“至”把目睹的与耳闻的区别开来。其内容涉及各地的地理形势、水陆交通、气候、物产、民族、语言、历史、政治、经济、宗教、习俗等各个方面，特别是对各地宗教寺院的状况和佛教的故事传说，书中更有详细记载。随着岁月的更迭，《大唐西域记》愈来愈显示出其巨大的史料价值。对此，季羡林教授曾做过这样的评论：

> 印度民族是一个伟大的非常有智慧的民族，在古代曾创造出灿烂的文化，哲学、自然科学都有很高的造诣，对世界文化做出了巨大的贡献。但是印度民族性格中却有一个特点：不大重视历史的记述，对时间和空间这两个方面都难免有幻想过多、夸张过甚的倾向，因此马克思才有“印度没有历史”（马克思在《不列颠在印度统治的未来结果》一文中说：“印度社会根本没有历史，至少是没有为人所知的历史”——编者注）之叹。现在要想认真研究印度历史，特别是古代史，就必须依靠外国人的记载。[①]

在这方面，《大唐西域记》的价值就显得相当独特。书中有关释迦牟尼生卒年份的记述，对于印度历史年代的确定，起到了关键作用。此外，这部书还是中亚和印度次大陆考古时不可或缺的参考文献，像著名的那烂陀寺遗址，就是根据这部书提供的线索发掘和复原的。

（三）义净

义净（635—713），俗姓张，字文明，唐代齐州（今山东济南市）人，祖籍范阳（今河北涿县）。14岁出家为僧。公元671年，37岁的义净离开长安，经广州取海路赴印度求法。两年后抵达东印度的耽摩立底国。他先在印度各地游访佛教圣迹，后到那烂陀寺，在那里学习了10年。685年仍取海路东归，途中在南海一带滞留了将近10年，695年携梵本佛典约400部回到洛阳。据说女皇武则天曾亲自迎接他。此后，他便在洛阳、长安两地主持译事，直至逝世。据史料记载，义净共译出佛经60余部300余卷，成就卓著。

义净的功绩除译经外，还表现于他的著述。所著《大唐西域求法高僧传》

① 季羡林等《大唐西域记校注》，中华书局，2000，第123—124页。

成书于691年。其时他正在归途，停留在南海室利佛逝国(公元7世纪兴起于印度尼西亚苏门答腊的一个古国)。该书以僧传的形式，记述了唐初从贞观十五年(641年)至武后天授二年40余年间57位高僧[①]到南海和印度游历、求法的事迹。书后附《重归南海传》，又记载了四位中国僧人事迹。书成之后，义净将它从室利佛逝寄归长安。一起寄归的，还有他同时写成的《南海寄归内法传》及其翻译完成的其他一些经论。

义净赴印和著书时间略晚于玄奘，其所闻所记，许多地方正可与《大唐西域记》相补充。比如对那烂陀寺的建筑情况、寺院管理制度，玄奘所记比较简略，义净所记则较翔实。《大唐西域求法高僧传》成了研究中印关系史、交通史以及中国佛教史的重要资料。他的另一部重要著作《南海寄归内法传》，也记述了当时印度和南海一带的许多情况，虽以佛教为主，但从中也可看到不少有关当地社会经济生活和文化发展的内容，甚至还有医药卫生方面的资料。

三 古印度文化对中国文化的影响

古代印度文化对中国文化的影响，主要是佛教。佛教东传中国，是一种外来宗教向另一个文化已经高度发达的国家的传入，这就决定了佛教思想对中国人的意识不可能是“征服”，而只能是“融会”。融会的结果是：自魏晋南北朝始，佛教就已经逐渐成为中国传统文化的一个重要组成部分。其影响也渐渐及于哲学、文学、语言、音乐、舞蹈、雕塑、绘画、民俗等各个领域，要把如此广泛而深刻的东西说清楚，实在不是一件容易的事情。这里，我们只能择其要者进行概括性描述。

(一) 哲学

赵朴初(1907—2000)先生曾在《佛教与中国文化的关系》一文中这样评价佛教哲学：

> 佛教哲学本身蕴藏着极深的智慧，它对宇宙人生的洞察力，对人类理性的反省，对概念的分析，有着深刻独到的见解。……在世界观上，佛教

① 其中包括义净本人，也包括朝鲜半岛的新罗、高丽以及今属越南的交州、爱州等地的僧人。

否认有至高无上的"神",认为事物是处在无始无终、无边无际的因果网络之中。因此,在西方学术界中有人认为佛教是唯一的"无神论"的宗教。……在人生观上,佛教强调主体的自觉,并把一己的解脱与拯救人类联系起来。佛学和中国古典哲学的交互影响,推动了哲学提出新的命题和新的方法。它以独特的思想方式和生活方式,给予人们以新的启发,把人的精神生活推向一个新的世界。①

任继愈先生则在《佛教与儒教》中讲到了佛教哲学给予中国古代哲学家的启示与影响:

研读中国哲学史的人,都会发现宋、元、明理学家们,如周、程、张、朱、陆、王诸大家,在青少年时期都有"出入于佛老"的治学经历。已出版的中国哲学史中,不少的书也曾提到过,如朱熹的"理一分殊"的概念,"月印万川"的比喻,来自佛教,有的指出来自佛教的华严宗。陆象山指斥朱学近"道"(道教),朱指斥陆学近禅(佛教)。王夫之也指出朱熹的学术来自佛教。……

唐宋以后的哲学家中,不但唯心主义者继承了佛教,唯物主义者如柳宗元、刘禹锡、王夫之、戴东原也都是佛教心性论的继承者,只是他们的讲法有所不同。②

佛教不仅影响了儒家学说,也同样影响了中国道教的发展。在儒、释、道三家中,道教出现得最晚,因此从它形成的时候起,就不得不与儒家和佛教发生关系,或者说,不得不向儒家特别是佛教学习,以克服自己在组织形式和认知水平上的原始性缺陷。佛教"教"、"学"一体的宗教形态有着强大的生命力,因此为道教提供了一个样板。研究者断言:没有佛教,道教的形成和发展几乎是无法想象的。

就总体而言,中国传统的哲学重视经验认识,轻视理论思维;注重对生活本身的探究,缺少对"彼岸"问题的思考。而佛教哲学恰恰对这些方面给予了

① 《文史知识》编辑部编《儒、佛、道与中国传统文化》,中华书局,1990,第133页。
② 《文史知识》编辑部编《儒、佛、道与中国传统文化》,中华书局,1990,第137—140页。

补充。仅以“彼岸世界”问题为例：大乘佛教中有阿弥陀净土和弥勒所居兜率天宫两个彼岸世界，为许多僧俗所信仰。对中国哲学影响较大的，则是其哲理化了的彼岸世界，即所谓“涅槃”、“法身”和“佛性”。

以“涅槃”为例。“涅槃”一词的本义为熄灭、吹散而显发的功果，是佛教全部修行所达到的最高境界——那是一种不生不灭、超离生死烦恼、永恒安乐的境界。《阿含经》用“毕竟寂静”、“究竟清凉”、“实极安乐”等语言描述涅槃，大乘经则将涅槃的功德归纳为“常、乐、我、净”四德：“常”指永恒，“乐”指幸福，“我”指自由，“净”指高洁。这样的解释一直影响到中国近代的社会思想，梁启超就曾以涅槃的“四德”作为“大同”世界的说明。

宋明理学是中国哲学发展史上的一个重大转变，它在很大程度上是受了华严宗、禅宗理论的刺激和影响而产生的。宋明理学从儒家立场出发对佛教哲学进行了系统改造，由此成为了中国后期封建社会的统治思想。直至近现代，中国知识界仍有人热衷于佛学研究，竟至成为一时风气，一些资产阶级改良派如康有为、梁启超、谭嗣同、章太炎等，都曾采用佛教的一部分教理作为他们的思想武器。甚至早期的马克思主义活动家瞿秋白(1899—1935)，在走上革命道路时，也曾受过佛教思想的影响。由此可见，佛教的慈悲、平等、无常、无我的思想，在中国近现代知识界是起过一定的启发和鼓舞作用的。

（二）文学

中国文学历史悠久，传统深厚，成就辉煌。但不容否认的是，这中间有着印度佛教的巨大影响。从文学理论到创作技巧，从文体到题材，佛教的影响随处可见。

1. 汉译佛教经典

数千卷由梵文翻译过来的佛教经典，其中有相当一部分本身就是瑰丽、典雅的文学作品，比如《维摩诘经》、《法华经》、《楞严经》、《百喻经》等，都可以作为纯粹的文学作品来阅读欣赏。

佛典中讲述的有关佛祖释迦牟尼的生平故事，不但情节生动，而且运用了多种技巧。佛典中的另一类作品叫“本生故事”，讲佛祖前生若干世中的一次次转生，具有很强的文学性。此外还有一批寓言故事，极富哲理且有一种机智的幽默感，正如鲁迅先生 1926 年在《〈痴华鬘〉题记》一文中所言："尝闻天竺寓言之富，如大林深泉，他国艺文，往往蒙其影响。即翻为华言之佛经中，亦随在可见……"①

2. 小说

佛教和佛经故事给中国人带来了一些新的时空观念、新的思维方式、新的神怪人物和新的理念境界，这些东西启发了人们的思维，激发了人们的想象力，直接鼓舞了魏晋南北朝小说尤其是志怪小说的创作，如晋人干宝的《搜神记》、王嘉的《拾遗记》、荀氏的《灵鬼志》以及南朝宋东阳无疑的《齐谐记》等。

在佛教一整套人生观和道德观的影响下，魏晋南北朝志怪小说中还出现了大量宣扬前生与来世、因果报应等观念的作品，如南朝宋刘义庆的《幽明录》、南朝齐王琰的《冥祥记》、北齐颜之推的《冤魂志》等。

到了唐代，中国文人开始有意识地创作小说，唐传奇便在前人志人志怪小说的基础上兴起且达到了一个全新的境界，从而为后世白话小说的创作奠定了基础。唐传奇中，佛教的影响既表现在形式上——如王度的《古镜记》，也表现在内容上——如沈既济的《枕中记》、沈亚之的《秦梦记》、李公佐的《南柯太守传》、陈玄祐的《离魂记》、李冗的《独异志》、李朝威的《柳毅传》等。对此，鲁迅先生在其《中国小说史略》中已做过精辟论述，季羡林教授在其所著《佛教与中印文化交流》一书中也有过详尽的分析。

元明清时期，不管是文言小说还是白话小说，其中有不少作品都受到了佛教的影响。文言小说如元代无名氏的《湖海新闻夷坚续志》、明代瞿佑的《剪灯新话》、清代蒲松龄的《聊斋志异》以及纪晓岚的《阅微草堂笔记》等。白话小说如明代吴承恩的《西游记》、许仲琳的《封神演义》以及清代曹雪芹的《红楼梦》等。《西游记》以其充满浪漫主义的取经故事在中国家喻户晓，《红楼梦》则因其思想性和艺术性的高度结合站在了中国古典现实主义小说的巅峰。

3. 变文

唐代还出现了一种散文与韵文相间的说唱体文学作品——变文，这是在

① 鲁迅《鲁迅全集》第 1 卷，人民文学出版社，1982，第 101 页。

僧人们“俗讲”的基础上形成的新的文学体裁。其内容大体分为两类:一类讲述佛经故事,宣扬佛教教义;另一类则讲述历史传说或民间故事。取材于佛经的作品有《目连救母变文》、《降魔变文》、《维摩诘经变文》、《阿弥陀经变文》、《妙法莲华经变文》(《妙法莲华经》为《法华经》全称)等;取材于中国历史传说和民间故事的作品有《伍子胥变文》、《王昭君变文》、《孟姜女变文》等。这些作品是研究中国古代说唱文学和民间文学的重要资料。

4. 诗歌

早在魏晋南北朝时期的诗歌中,佛教的影响就已显露出来。这种影响在东晋诗人陶渊明和南朝宋诗人谢灵运的创作中表现得尤为明显。此外,这一时期还出现了一些僧人诗人,比如东晋僧支遁、南朝梁释智藏、南朝陈释惠标、北周释亡名等,他们创作了不少僧诗。

唐宋时代,般若和禅宗的思想影响了像王维、杜甫、白居易、韩愈、王安石、苏轼等许多大诗人的诗歌创作。以王维为例:他的诗歌代表了盛唐山水田园诗的最高成就,其后期诗歌的特点之一就是以禅入诗,把佛家清静脱俗的理趣融入自然景物之中,充满了如画的诗意。比如其五言组诗《辋川集》二十首中的第四首《鹿柴》:“空山不见人,但闻人语响。返景入深林,复照青苔上。”这首诗以偶然的人语反衬大山的幽静,以瞬间的光亮反衬深林的幽暗,画出了一种空寂的境界,透出了无限的禅趣。

从唐代起,走进诗歌创作行列的僧人越来越多,有的人甚至成了诗僧大家,仅以唐时为例,著名的诗僧就有寒山、拾得、灵一、灵澈、无可、皎然、栖白、贯休、齐己等,他们立意新颖、感受独特的诗作,为唐代百花齐放的诗坛增添了色彩。

人们把宣扬佛理或具有禅意禅趣的诗称为“禅诗”,这类诗自佛教传入中国的时候起就已应运而生。历代僧人、文人及诗人所创作的禅诗,数量在三万首以上,是中国古典诗歌遗产中的一个重要组成部分,许多优秀禅诗至今仍然散发着诱人的魅力。除了“以禅入诗”,还有一种说法叫“以禅喻诗”,这是禅对诗渗透的另一个方面。有学者认为,“以禅喻诗”应包括三个方面的内容,即用参禅的态度和方法去阅读欣赏诗歌作品,用禅家的某些说法来品评诗歌作品的高下,用佛教禅宗的一些观点论述诗歌创作的奥妙。禅与诗的关系由此可见一斑。

古人诗歌中,除了"学诗浑似学参禅"的著名诗句外,还有很多表现禅与诗关系的名句,形象而准确地说明了诗与禅是怎样如"怨偶情鸳"般彼此交融。这里仅举几例:"诗思禅心共竹闲,任他流水向人间。"(唐·李嘉祐《题虔上人壁》)"暂借好诗消永夜,每逢佳处辄参禅。"(宋·苏轼《夜直玉堂,携李之仪端叔诗百余首,读至夜半,书其后》)"欲参诗律似参禅,妙趣不由文字传。"(宋·戴复古《论诗十绝》)"学诗元不离参禅,万象森罗总现前。"(宋·杨梦信《亿亚愚江浙纪行集句诗》)"诗为禅客添花锦,禅是诗家切玉刀。"(金·元好问《赠嵩山隽侍者学诗》)

(三)语言

1. 词汇

随着佛教的传播和佛经的翻译,佛教的许多用语进入了汉语,不少佛经故事和佛教典故也转化为成语或俗语成为了汉语的固定表达形式。

除了反映佛教教义、佛教制度、佛教礼仪以及各种称呼、概念的名词术语如"佛"、"佛陀"、"浮屠"、"大乘"、"小乘"、"和尚"、"塔"、"涅槃"等之外,源自佛教的日常用语可以说俯拾皆是,如"世界"、"因果"、"平等"、"瞬间"、"刹那"、"烦恼"、"解脱"、"因缘"、"知识"、"唯心"、"相对"、"绝对"、"悲观"、"泡影"、"火坑"等。源自佛教的汉语成语也是数不胜数,如"一针见血"、"三生有幸"、"不即不离"、"隔靴搔痒"、"五体投地"、"心心相印"、"不可思议"、"三头六臂"、"昙花一现"、"水到渠成"、"水泄不通"、"安身立命"、"顶天立地"、"想入非非"、"不了了之"、"举手投足"、"打成一片"等。此外,还有"解铃还须系铃人"、"无事不登三宝殿"、"种瓜得瓜,种豆得豆"、"善有善报,恶有恶报"、"上天无路,入地无门"、"百尺竿头,更进一步"等。

2. 声韵学

印度佛教徒必须学习的五种学问,称为"五明"①。"五明"也伴随着佛教

① "五明"基本上概括了当时所有的知识体系:"声明",即声韵学和语文学;"因明",即逻辑学;"医方明",即医药学(包括体育、养生);"工巧明",即与物质生活有关的如工艺、技术、历算、占相、咒术等学问;"内明",即佛教教义。

进入了中国，而且也都产生过不同程度的影响。这里仅以“声明”的影响为例。汉语的特点之一，就是有四声，这是汉语言所固有的，但意识到它们的存在并明确地将其定为“平、上、去、入”，则是受了印度“声明”的影响。在此之前，中国文人只注重汉字的形象和意义，并不十分重视汉字的声音。印度人则相反。南朝齐时，住在建康的域外僧人很多，他们用自己本来娴熟的声调来转读佛经。建康的土著和尚学习了这一套本领，成为善声沙门。居住在建康的音韵学家周颙(？—485)、文学家沈约(441—513)等人受其启发，发现并确定了汉语的“四声”(周颙撰有《四声切韵》，沈约著有《四声谱》)。四声的确定，对诗歌的平仄律产生了重要影响。由沈约、谢朓、王融等开创的南齐“永明体”，要求严格遵照“四声八病”之说，极力强调声韵格律，为古体诗向近体诗(即格律诗)的转变开了先河。

思考与练习

1. 古印度文明是人类最古老的文明之一，极具东方魅力。请分析一下它有哪些独特性。

2. 请谈谈你对佛教的认识与理解。

3. 佛教自传入中国的第一天起，就走上中国化道路。请谈谈佛教中国化的大致进程，并分析一下其所以能在中国立足并获得发展的社会历史原因。

4. 中国西去求法高僧对佛教在中国的传播发展发挥了怎样的作用？你如何评价他们的历史功绩？

5. 请以具体的作品为例，谈谈古印度文学对中国文学的影响。

6. 梁启超说：由于佛教的传入，至少给汉语言增加了35000多个新词汇，等于增加了35000多个新的观念，其结果，一方面促进了文章意念的表达、境界的提升，另一方面通过语言文字的力量，阐明因果业报的道理，对于社会人心的净化也有很大的助益。对于这种影响你是如何理解的？

7. 据统计，源自佛教的汉语成语总有七八十个之多，请通过查找将其一一列出。

第二章　朝鲜半岛、日本和越南

第一节　朝鲜半岛

朝鲜半岛位于亚洲大陆东缘，东滨日本海，西临黄海，南部隔朝鲜海峡与日本相望，北面隔鸭绿江、图们江与中国为邻。总面积 21.4 万平方公里，海岸线长约 8700 公里。半岛北部多山，南部则较平坦。岛上现有两个国家：北部为朝鲜、南部为韩国。

一　朝鲜半岛历史文化概述

朝鲜半岛上最初的居民大概是从北面大陆移来的，属蒙古人种。考古发现表明，他们移入时，人类可能已经进入新石器时代。后来，朝鲜各族逐渐形成了几个部落联盟，北有高句丽、沃沮、涉貊；南有马韩、辰韩、弁韩。

从很早的时候起，中国北方的居民便不断地移居朝鲜半岛。《史记》、《汉书》、《三国志》等史书中都有关于殷末周初箕子及其"去之朝鲜"的记载。后来，朝鲜的一些史籍中也记有箕子的传说。从公元前 3 世纪末开始，关于古朝鲜就有了较为可靠的史料记载。约当中国的秦末汉初，燕人卫满率领移民到朝鲜，于公元前 194 年推翻半岛北部原来的政权，建立了"卫氏朝鲜"。公元前 108 年，汉武帝发兵朝鲜，灭卫氏，设立乐浪、玄菟、临屯和真番四郡，其中的乐浪郡就在卫氏统治的中心地带。后来，汉王朝被迫撤销临屯和真番郡，玄菟郡治也北移辽东。公元 196 年，占据了辽东的公孙氏又分乐浪南部为带方郡。

公元4世纪初，高句丽向南发展，将乐浪收归其统治之下。

（一）高句丽、百济、新罗三国及其文化

因为受到西面鲜卑族燕国的打击，从公元4世纪中叶起，高句丽进一步向南部扩张，与半岛南部的百济、新罗展开了长期的战争，把领土扩展到了半岛中部。公元5世纪时，高句丽将其都城迁到平壤。

百济兴起于公元3世纪末半岛南部原马韩部落所居之地，先以汉山城（京畿道）为中心，并于4世纪初占领了带方郡。在与高句丽的战争中，因处于劣势，不得不把都城一再南移。公元474年移都熊津，公元538年又移都泗沘。公元五六世纪以后，百济又受到新罗攻击，国势日衰，终于7世纪中叶灭亡。

新罗是由半岛东南部辰韩部落联盟中的斯卢部落发展而成的，其奴隶社会的形成要比高句丽、百济晚。公元4世纪以后，新罗以都城庆州为中心，不断向周围扩展，继而加入三国的混战之中。5世纪以后，新罗逐渐形成了一整套的政权机构。至6世纪中叶真兴王时，新罗的领土已扩大到半岛中部汉城一带，往北甚至到达了现在的咸镜南道。公元562年，新罗还赶走了倭人在半岛南端的侵略势力。这一时期，其生产力获得了较大的发展。6世纪末真平王统治时，其官僚体制、爵位制度、军事组织和地方行政系统已经相当完善。

三国中，高句丽的文化发展最早，其受中国文化的影响显而易见。儒家学说很早就传入了高句丽，公元4世纪时，中央即设置了太学，招收贵族子弟，讲授儒家经典。佛教传入后，对其统治秩序的巩固起了积极作用。高句丽王公贵族墓室中的壁画具有鲜明的民族风格。早期壁画多以现实生活为题材，晚期壁画又增加了龙、虎等四神像和日、月、星、辰。高句丽的都城宫殿和寺院建筑留下的一些砖瓦上，绘刻有优美的花纹和祈祷吉祥的文字。

百济文化的发展略迟于高句丽，其文化自然也受到了中国文化的影响。在建筑、壁画、砖瓦花纹等方面，百济的风格与高句丽相类似；其手工艺品细致精巧。定林寺内的平济塔，共5层，高约10米，构造严整，形式精美，代表了百济建筑的成就。百济文化还曾对日本文化产生过影响。

新罗文化的发展又较高句丽、百济晚。新罗文化与中国文化的关系也相当密切。其时佛教兴盛，僧人的社会地位很高。学术方面，公元545年居柒夫等人编修《国史》,说明新罗此时已开始进行史学研究。其文学作品主要还是口耳相传。《三国史记》和《三国遗事》中所收录的诗歌、寓言、神话,可能就是这一时期的作品。

(二)新罗统一时期的朝鲜文化

公元7世纪初,高句丽联合百济不断南侵,并断绝了新罗与日本和中国的交通。新罗向唐求援,公元660年,唐朝出水陆军10万联合新罗攻百济,百济王投降。接着,唐军和新罗军队又全力攻击高句丽,公元668年,高句丽灭亡。不久,新罗统一了整个半岛,定都庆州。统一的局面为朝鲜半岛的经济文化发展创造了有利条件。

公元8世纪中叶,新罗开始全面采用唐朝封建集权的国家制度。中央设执事省,下设部和府。全国分为九州,下设郡、县、乡、部曲。实行征兵制,各州中心之地配置军队。为改革官吏录用的弊端,公元788年,新罗正式建立科举制度。

新罗文化继承了三国的传统,同时进一步吸收唐文化。此前传入半岛的儒家思想和学说得到了进一步的传播。公元682年,在庆州设立国学,授儒家经典,定《论语》、《孝经》为必修科目,《礼记》、《周易》、《左传》、《毛诗》、《尚书》、《文选》为选修科目,以培养贵族子弟。科举实行后,原来的按骨品制[①]和花郎制选用官吏的旧法即被废除,取而代之的是"读书三品科"制。

以前的朝鲜并没有自己的文字。相传新罗统一后,有一位名叫薛聪的人发明了一种汉语朝鲜语混合文字,以辅助汉文书籍的阅读。这种文字形式上都是汉字,文句中实词多用汉语,虚词多用朝鲜语(以汉字记音),句法从朝鲜语,被称为"吏读"(也作"吏吐"、"吏道")。作为一种正式的通用文字,"吏读"为传播中国封建文化提供了工具。这种文字一直使用到20世纪初李朝末年。

因与唐朝关系密切,新罗时期的汉文学取得了长足发展。文学家崔致远在留学中国期间所著汉诗文集《桂苑笔耕集》,是朝鲜现存最古老的汉诗文集之一。与此同时,民间流行的朝鲜语文学也有一定发展。诗人们用"吏读"写

---

① 骨品制是新罗贵族的等级制度,即按血统确定等级身份及相应官位,分为圣骨、真骨、六头品、五头品和四头品。骨品世袭,不同骨品间不通婚。

的“乡歌”，描写了人民的生活，表达了他们的思想情感，具有丰富的抒情内容。

新罗统治者提倡佛教，因此出现了一些很有学问的僧人，如圆光、慈藏、义湘等，他们为朝鲜佛教的发展做出了贡献。新罗的造型艺术也主要是佛教艺术，其寺院的建筑、佛像的雕塑和佛堂上的绘画，都反映出新罗艺术已达到相当高的水平。建于公元751年至770年间的庆州土含山石窟庵，其花岗岩石壁上的佛像浮雕，气韵生动，是当时佛教艺术的代表性作品。

（三）高丽王朝时期的朝鲜文化

新罗王朝末期的百年间，此起彼伏的农民起义波及全国。公元9世纪以后，国家又重新分裂成后百济、摩震（后改国号为“泰封”）和新罗三国，史称“后三国”。公元918年，王建杀泰封国王弓裔自立，国号高丽。高丽先后灭百济和新罗，统一半岛南部。统治者竭尽全力巩固国家的统一并加强专制集权。建国之初，高丽朝便改变了新罗的骨品制，吸收地方豪族充任官吏，至公元11世纪时，其专制统治机构已臻于完备。统治者还实行了新的土地制度。公元10世纪下半叶，国家颁布新法令——田柴科，对所有耕地和山林进行登记，同时把文武官吏和兵士分成若干品，按品分配耕田和樵采之地。田柴科实施后，国家基本上控制了全国的农民和土地，加强了王权。高丽建国后，乘渤海国衰落之机向北扩张，把疆界延伸到鸭绿江下游南岸。此后，又连续与辽、金两国发生战争。金灭北宋之后，高丽难以与之对抗，不得不于1127年承认为金之属国。在与辽、金两国的战争中，高丽军人贵族的势力兴起，并于1170年和1173年两次发动政变，推翻了统治将近200年的旧贵族势力，高丽出现了武人专权的局面。从这时到13世纪初，农民、奴婢和贱民的起义始终未断，其地区范围之广、斗争之猛烈，为朝鲜史上所罕见。

高丽王朝时期，佛教相当兴盛。王建以后的历代国王和许多贵族都是佛教信徒。他们把土地和奴婢施舍给寺院，以致当时的“饭僧”常达数万人。寺院还兼营高利贷，并拥有自己的僧兵，僧侣中的上层过着贵族生活。这是高丽时期佛教文化的一个特色。显宗时，由僧人义天主持开雕大藏经印版，先后用了60年的时间，共刻经1040部，4740卷。

中国的朱子学是在13世纪末引入朝鲜高丽王朝的。1290年，高丽学者安珦来到中国学习并搜寻朱熹的著作。归国后，他建议恢复国子监，招收学生，热心传授朱熹的学说，从而奠定了高丽朱子学的基础。此后，朝鲜出现了不少朱子学者，他们不仅知识渊博，而且还在政坛上占据了重要地位。朱子学的引入和发展，为整顿高丽王朝的封建体制和李朝的建立提供了重要的理论根据。

13 世纪前期，高丽人在中国活字印刷术的基础上创造了金属活字，比德国人谷登堡使用铅活字印刷早了 200 年。金属活字的使用，对朝鲜文化学术的发展起了很大作用。

金富轼(1075—1151)是高丽时期的著名学者，1145 年，他奉命撰成《三国史记》50 卷，其中包括高句丽、百济、新罗三国“本纪”28 卷，“年表”3 卷，“志”9 卷，“列传”10 卷。《三国史记》记述了三国建立至高丽统一这千年间的兴亡史，是现存有关朝鲜三国时代唯一的史书。书仿中国《史记》、《汉书》，以纪传体形式写成，所据史料有朝鲜《海东古记》、《三韩古记》、《新罗古记》、《新罗古事》、《旧三国史》、《留记》等古文献以及中国《资治通鉴》、《三国志》、《南史》、《北史》等诸史。

僧人一然(1206—1289)是高丽中期著名史学家、散文家。他于 1285 年著成古朝鲜史《三国遗事》。该书以新罗史为中心，历述高句丽、百济、新罗三国遗事。朝鲜三国以上之历史资料、神话传说、文学作品等，多赖此书才得以保存。《三国遗事》不仅是研究朝鲜古代语言文学和历史，而且也是后世研究朝鲜佛教史的重要参考资料。

（四）李氏朝鲜时期的历史文化

从 1231 年起，蒙古军队多次进攻高丽，半岛遭受很大破坏。1258 年，高丽国王降服。蒙军的入侵和元朝的控制遭到高丽人民的英勇反抗。元末农民大起义后，高丽开始摆脱元朝的统治。1392 年，李成桂篡夺高丽王位自立，改国号朝鲜，即李氏朝鲜。李朝是朝鲜史上的最后一个封建王朝，共传 26 代，历时 500 余年。

李朝建国后，为巩固政权，首先进行了田制改革，颁布科田法，销毁原有田籍，按新贵族、两班[①]官僚的等第分科(等)，在京畿道各授以相应数量的科田；

① “两班”初为文武官员的总称，后成为朝鲜封建统治阶级的代称。

京畿以外的土地，另有“军田”分配给兵士和当地的中小两班。科田法的实施，不仅阻止了大土地私有制的发展，也扩大了国家的税收和兵源，加强了王朝的集权统治。1400 年，国家废除私兵制度，对原属大封建主和寺院的武装进行整编，使军队的统帅权完全集中于中央。15 世纪前期，《经国大典》编成，对中央和地方的行政机构与财政、军事、教育制度以及各种刑律等做出了详细规定。《经国大典》规定的制度大都通行到李朝末年。李朝建立并加强海军，于 1419 年进攻对马岛，摧毁了倭寇的巢穴。另外，在北方对女真的战争也取得了胜利，从而开拓了北部疆土。15 世纪初时，正式确定了以鸭绿江和图们江为界的国境线。15 世纪至 17 世纪，外族（日本和后金）的不断入侵使李朝的生产力受到严重破坏。16 世纪末，壬辰卫国战争爆发。朝鲜人民组织义兵打击日寇。李舜臣等爱国将领在明朝军队的支援下，最终赶走了入侵者。1627 年，后金侵入朝鲜，占领义州、平山等地。1636 年，后金改国号清，要求李朝纳贡称臣，遭到拒绝；同年 12 月，清太宗再次率军入侵朝鲜，迫使李朝国王投降，签订和约。从 18 世纪起，贵族、官吏、土豪以及高利贷商人等强占土地，致使国有制瓦解，新地主阶级出现。广大农民被束缚在各类土地上，过着农奴一样的生活。阶级分化严重，阶级矛盾加剧。加之朋党倾轧，统治阶级腐化，李朝国势渐衰。19 世纪 60 年代，大规模的农民暴动出现在半岛南部，尽管起义最后多被政府所镇压，但还是给了封建统治阶级以沉重打击。19 世纪 60 年代后，欧美列强把侵略矛头对准朝鲜半岛。1866 年，法国军舰侵入汉江，美国商船侵入大同江，但都被朝鲜人民击退。1876 年，日本侵入江华岛一带，强迫朝鲜签订了不平等的《江华条约》，朝鲜从此沦为半殖民地。1910 年，日本完全侵吞了朝鲜，将半岛划入了自己的版图，李朝灭亡。

李朝从一开始就采取了崇儒抑佛政策，积极提倡程朱学说。15 世纪，其在文化方面取得的一项重大成就就是创造了“谚文”。此前，虽然已有吏读，但因使用的仍是汉字，不易在民众中推行。世宗时，宫中设谚文局，诏命郑麟趾、崔恒、朴彭年等集贤殿学者创制谚文。学者们研究朝鲜语音，参考中国韵书，制成包括母音和子音的 28 个字母，于 1443 年公布，定名为“训民正音”。从此，朝鲜有了自己的文字，并为后世所沿用。

李朝重视历史的记载。以纪传体史书《高丽史》为例:此书的编纂工作从1392年就开始了,至1451年完成。全书有“世家”46卷、“志”39卷、“表”2卷、“列传”50卷、“目录”2卷,所记上起高丽太祖元年(918年),下至恭让王三年(1391年),是研究高丽史最为系统的史书。此前,已有学者权近奉敕编撰完成编年体朝鲜通史《朝鲜史略》,记事始于檀君、箕子时代,终于李朝太祖六年(1397年)。卷一记檀君、箕子、卫满、四郡、二府、三韩、三国;卷二记新罗;卷三至卷六记高丽。全书略记大事,颇类纲目体,“所记国之兴替、君之贤否、官属之忠邪、灾祥之互异,均绳贯珠连,堪为佳作”[①]。世祖时,李朝初年的编年史《国朝宝鉴》也开始编纂,同时,又编古代至高丽末年的编年体通史《东国通鉴》。此外,记录李朝历代大事的《实录》也于此时开始编修。除最后二王高宗和纯宗外,李朝历代国王皆设史馆,撰写前一代的实录。各王实录修成后,一般缮写五部,分藏于庆尚道、江原道、平安道、江华岛、全罗道的五处山中。最终形成的《李朝实录》,记载太祖至哲宗历代诸王事迹及有关政治、经济、外事、文化史事,共1893卷。该书是研究李朝历史以及明清之际中朝关系史的重要文献。

李朝初期文臣、学者、诗人徐居正(1420—1488),除奉敕编《东国通鉴》外,还编著有《东文选》、《笔苑杂记》、《东人诗话》、《三国史节要》等。《东文选》为朝鲜历代(上自新罗、下至李朝肃宗年间)用汉文写成的优秀诗文选集,分正、续编,共150余卷。此书后来也曾流传于中国。

李朝的开国功臣郑道传、权近等都是程朱理学的忠实信徒,他们著书立说,正面阐述理学思想精要,理学的官方哲学地位得以确立。16世纪前期,出现了以徐敬德(1489—1546)、李彦迪(1491—1553)为代表的一批著名理学家,推动了李朝“性理学”[②]的发展。徐敬德首创“气不灭”说,认为“气”是世界的起源,一切事物、包括人与精神在内,都不过是“气”的不同的凝聚状态。他的哲学主张,特别是其中有关自然界的学说,对朝鲜唯物主义哲学的发展影响很大。李彦迪是朝鲜性理学的奠基者,哲学上主张“太极”乃“道之本体”、“万化

① 李仙竹主编《古代朝鲜文献解题》,北京大学出版社,1997,第38页。

② 即“程朱理学”,本于程颐“性即理也”,以与陆九渊、王守仁“心即理也”之说相区别。

之领要”，认为“理”与“气”虽不可分，但“有理而后有气”，精神先于物质。他的重要著述有《求仁录》、《中庸九经衍义》等。稍后一些出现的理学大家以李滉和李珥最为知名，他们的学说是朝鲜理学发展史上的两座丰碑。李滉（1501—1570）号退溪，尊崇朱熹的客观唯心主义，认为“天地之间有理有气”，但“理在气先”，“理为气之帅，气为理之卒”。在知行问题上，他还修正了朱熹“知先行后”和“知轻行重”之说，创造性地提出“知行互为先后、相为轻重”的观点。其主要著作有《退溪集》、《朱子书节要》、《朱子书节要记疑》等，其学说被称为“退溪学”，其人被誉为“朝鲜的朱子”。李珥（1536—1584）号栗谷，是李滉的学生。哲学上，他持“理气兼发”之说，认为世界由“气”和“理”所构成，“理气浑沦无间”，“实无先后之可言”。但他又认为“以理为先”，万化之生，为理所决定。他的学说被后人称为“栗谷学”，有《栗谷全书》传世。

理与气的论争无益于社会问题的解决，而且还常常演化为政治上的朋党之争。于是，从17世纪中叶起，李朝兴起了一种实学思潮。倡导实学的是没落两班中不满现实的知识分子，他们排斥程朱学派空泛而迂腐的议论，提倡数学、天文、医学等实用科学，强调儒学中的“经世致用”和“利用厚生”思想，以期改良社会、救国救民。实学派的创始者是曾参加过朝鲜壬辰卫国战争的哲学家李睟光（1563—1627）。他曾三次出使过明朝，首先提出要用实证方法探求真理，要结合实际研究学问，并主张吸收外国文明、发展海外通商、改变闭关锁国政策。他的这些观点后来被人们称为“实学”。继之，实学思想被不断发扬光大，其重要代表人物当推柳馨远（1622—1673）和李瀷（1681—1763）。柳馨远批判李朝的腐败，反对嫡庶差别和歧视工商，倾毕生精力研究各种现实问题，在其所著《磻溪随录》中提出了以土地制度改革为根本的一系列改革主张，为朝鲜实学的确立和发展奠定了基础。李瀷继承了柳氏之学，并将其发展为星湖之学。在对整个社会进行周密考察的基础上，他也提出了自己的改革主张。他还曾将蓄婢、两班、科举、僧侣、浪费、怠惰斥之为“六蠹”，认为它们是导致民生凋敝、国家贫困的主要原因。李瀷弟子中，有不少也成为了颇有成就的实学学者。18世纪后半期，李朝出现了一批主张向中国学习的实学思想家，他们与中国关系密切，曾为中朝之间的文化交流做出了积极贡献。李朝后期，文学家丁若镛(1762—1836)发展了前人思想，成为了李朝实学派思想的集大成者。他反对迷信，强调科学技术的重要；他反对腐朽的封建统治和等级差别，倡导“统治者为人民而存在”的民本思想；他反对贵族兼并和占有土地，建议实行土地公有制，以村庄为单位，大家共同耕作，按劳分配。他还主张自由发展工商业，开采矿山，发展交通等。实学派的主张其实只是空想，并未能得到实施，但实学思想却反映了李朝封建统治的危机，其对封建统治者的抨击及其合理建议起到了启蒙和先导作用，在当时的历史条件下具有进步意义。

二　中朝之间的文化交流

中国与朝鲜半岛山水相连，唇齿相依。据史书记载，中朝间的政治联系和文化交流可以追溯到商末周初。中国文化与朝鲜文化水乳般的交融，从前面我们对朝鲜历史文化的叙述中即已看出。有一首曲名为《公无渡河》(又名《箜篌引》)的汉乐府，曾在民间广为传唱，被认为是中国与古朝鲜文化交流与交融的见证：“公无渡河，公竟渡河，堕河而死，将奈公何!”西晋学者崔豹《古今注》曰：“《箜篌引》，朝鲜津卒霍里子高妻丽玉所作也。子高晨起刺船而濯，有一白首狂夫，披发提壶，乱流而渡，其妻随呼止之，不及，遂堕河水死。于是援箜篌而鼓之，作《公无渡河》之歌，声甚悽怆，曲终，亦投河而死。子高还，以其声语妻丽玉。丽玉伤之，乃引箜篌而写其声，闻者莫不堕泪饮泣。丽玉以其声传邻女丽容，名曰《箜篌引》焉。”①

(一) 中朝之间的文学交流

中朝之间的文学交流，表现在诗歌、散文、辞赋、小说等诸多方面。限于篇幅，这里仅以诗歌交流为例简要陈述。

诗歌是中国最早的文学样式之一，在没有文字之前，就有歌谣流传了。中国诗歌何时传入朝鲜，史书中并没有明确记载，但可以肯定的是：早在朝鲜三国时代，高句丽、百济的大学机构就已经把《诗经》作为他们的基本教材了。据

① 引自《李太白全集》上册，中华书局，1977，第160页。学者考证：《公无渡河》产生的时间，大体是在汉四郡设置之后；故事中的“朝鲜津”，大体位于今平壤市大同江南岸乐浪区土城附近。

《三国史记》记载，朝鲜现存最早的一首汉文诗是高句丽琉璃王（公元前19年—公元17年在位）于公元前17年所创作的《黄鸟歌》，诗云：

翩翩黄鸟，雌雄相依。

念我之独，谁其与归。

这里，无论是诗的形式还是诗的表现方法，《诗经》的影响明显可见。

唐代，中国的诗歌创作达到了顶峰。唐诗传入新罗，广受新罗知识阶层的欢迎。唐朝的不少诗人都曾写过赠与新罗友人的作品。如张籍《送新罗使》诗，表达了对新罗友人的关切与惜别之情：

万里为朝使，离家今几年？

应知旧行路，却上远归船。

夜泊避蛟窟，朝炊求岛泉。

悠悠到乡国，还望海西天。

又如晚唐诗人皮日休题为《庚寅岁十一月新罗弘惠上人与本国同书请日休为灵鹫山周禅师碑将还以诗送之》诗，其最后两句是："二千余字终天别，东望辰韩泪洒襟。"真可以说是意切情真。

一些在唐求学、求法的新罗留学生和留学僧也创作过许多汉文诗歌，其中崔致远、金立之、金可纪、金云卿等人的诗作还被收入《全唐诗》中。在这些新罗文人中，崔致远①是最为杰出的一个。崔致远诗才卓著，无论是在唐朝还是在返国后都有许多佳作。《全唐诗》"逸卷"中收其诗一首、句七联；《全唐诗外编》第三编中收其诗60首。其中有一首题为《将归海东巉山春望》，写出了诗人对故国的殷殷思念和一片归心：

目极烟波浩渺间，晓乌飞处认乡关。

旅愁从此休凋鬓，行色偏能助破颜。

---

① 崔致远生于公元857年，幼时便"颖慧绝伦"。他12岁时随海舶入唐。在其《桂苑笔耕集·序》中，他这样叙述自己入唐时的情景："右臣自年十二，离家西泛，当乘舟之际，亡父诫之曰：'十年不第进士，则勿谓吾儿，吾亦不谓有儿。'"致远牢记父亲教诲，勤奋向学，18岁时即举进士。其后，他进入中国官场。28岁时，崔致远以唐使身份归国，被新罗王封为侍读兼翰林学士、兵部侍郎等官职。令人痛惜的是：无论是西事唐朝，还是东归新罗，致远所逢皆为衰世。因痛恨新罗朝政腐败，又慨叹自己命运不济，他很快便断绝了仕进之念。晚年，致远举家隐居伽倻山海印寺，直至逝世。

浪蹙沙头花扑岸，云妆石顶叶笼山。

寄言来往鸱夷子，谁把千金解买闲？

其《桂苑笔耕集》为朝鲜现存最古的汉诗文集，所录表、状、启、檄、书等，均以四六骈俪行文，其中以《檄黄巢书》最为有名。该集录目于《新唐书·艺文志》。东归后，崔致远在新罗倡导汉文学，“始启朝鲜文学圣贤道统之曙光”[①]。因此，他被尊为“东国儒宗”。

（二）中国佛教在朝鲜的传播与影响

中国佛教还没有形成宗派之前就已经作为中国文化的一部分传入了朝鲜半岛。据史料记载，佛教传入朝鲜的时间是在公元4世纪后半叶。其时，朝鲜半岛正是三国鼎立时代，而中国也已处于南北分裂、对峙状态。北边的高句丽与中国北方政权关系密切，受北朝佛教影响较大；西南边的百济与中国南朝通过海路保持联系，较多地受到南朝佛教影响。地处朝鲜半岛东南的新罗虽然直到公元5世纪时才有中国佛教的传入，但其发展却较高句丽和百济迅速。

1. 传播

公元372年，前秦（北方十六国之一）世祖苻坚派遣使者及僧人顺道给高句丽送去佛像与佛经，高句丽第十七代君主小兽林王也遣使者答谢，并建肖门寺、伊佛兰寺供顺道讲经说法。两年后，僧人阿道也奉命前往高句丽弘法。从这时起，佛教传入了高句丽，顺道与阿道成为了高句丽佛教的奠基人。

佛教传入百济的时间稍晚于高句丽，约在公元384年。当时，印度僧人摩罗难陀从东晋渡海到达百济国都城，受到枕流王礼遇。次年，摩罗难陀在南汉山建佛寺，度僧10人。佛教从此开始在百济传布。

佛教大约在公元417年至418年就已传入新罗，但因有人反对，佛教在新罗并没有马上传播开来。直到公元6世纪初法兴王当政后，朝廷才正式允许人们信仰佛教，并先后建起了兴轮寺、皇龙寺等寺院，佛教也才得以在新罗站稳了脚跟。据史书记载，法兴王之后的几代国王都笃信佛教，国家还设立了专门机构负责寺院行政事务。

---

① 李仙竹主编《古代朝鲜文献解题》，北京大学出版社，1997，第211页。

中国南北朝的统治者不断向朝鲜半岛输送佛教，并以此作为通好的表示。公元541年，南朝梁武帝应百济王的请求，给百济送去《涅槃经》和造寺工匠，推动了百济佛教的发展。公元549年，梁武帝遣使者偕同来华求法的新罗僧觉德送佛舍利到新罗，新罗真兴王为了表示对佛的虔诚，亲自率领朝廷官员到兴轮寺迎接。公元565年，南朝陈文帝也曾派遣使者和僧人到新罗，送去佛教经论上千卷。

佛教传入朝鲜半岛后，不断有三国僧人到中国或取道中国前往印度"求法参学"。据统计，从公元5世纪末到7世纪末的200年间，有名号的来华僧人就有数十名。他们学成归国后，全身心地在朝鲜半岛弘扬佛法，也有人继续向东，将佛教传往日本，其中影响较大的人物主要有玄光、圆光、慧灌、慈藏等。玄光是新罗僧人，他来到中国南岳衡山，拜天台三祖慧思(515—577)为师，学习法华义理，归国后在熊州翁山"结庐"传教，"广开法门"。圆光自幼修习儒学，公元578年从新罗到南朝陈，在金陵庄严寺听讲佛法后，出家潜心研习佛教经典，公元600年返回新罗后开创涅槃宗，受到朝野的普遍敬重。慧灌是高句丽人，公元7世纪初来到长安，在三论宗实际创立人吉藏大师(549—623)门下研习三论，回到高句丽后又转赴日本，成为日本三论宗的创立者。慈藏出身于新罗贵族，唐初来华，曾游学于五台山、终南山等地，回到新罗后致力于戒律的传扬，建立了新罗第一座戒坛，并主管全国僧尼一切事务，被人尊为新罗佛教"十圣"之一。

新罗统一半岛后，经济文化得到了迅速发展。因与唐朝友好且仰慕大唐文化，新罗开始向唐派遣留学生，其中也有不少僧人。学成回国之后，这些僧人大力传播佛学知识，并相继建立了与中国佛教宗派相呼应的、具有朝鲜民族特色的佛教宗派。在朝鲜半岛开创华严宗的是元晓和义湘。在朝鲜佛教史上，元晓是一个承前启后的人物。因仰慕玄奘、窥基，公元650年，他与义湘结伴入唐，因半路遇雨，悟"心外无法，胡用别求"，遂携囊返国。他发愤钻研佛教经论，曾为《金刚三昧经》作疏，疏成开讲，颇受僧众赞赏。后著有《华严经疏》、《大乘起信论疏》、《无量寿经宗要》等。义湘于公元650年乘船来到中国，投终南山至相寺智俨法师门下学习《华严经》。公元671年，义湘回到新罗，奉旨在太伯山(在今庆尚北道)建浮石寺传华严教义,因此成了“海东华严初祖”。在义湘门下,有悟真、智通、真定等十大弟子,另外还有许多信徒,华严宗于是成了新罗一大宗派[①]。

除了华严宗,中国隋唐时代兴起的各佛教宗派也相继传入朝鲜半岛,并最终形成了“五教九山”(也有人称之为“五教一禅”)。“五教”指的是涅槃宗、戒律宗、华严宗、法性宗和法相宗(也有戒律宗、法相宗、法性宗、圆融宗、涅槃宗一说);“九山”指的则是中国禅宗传入后在朝鲜半岛出现的禅(寂)宗内部的九个派别,即所谓“禅门九山”。

从唐代中期起,中国佛教的各大宗派就已逐渐走向衰落,只有禅宗逐渐兴盛起来,成为了中国佛教的主流。在朝鲜半岛,从公元 780 年起的 100 多年间,王位争夺激烈,佛教宗派也在动荡中开始走向没落。正是在这个时期,中国禅宗传入了朝鲜半岛并很快发展起来。

在“禅门九山”出现之前,曾有新罗僧法朗、神行师徒先后入唐学习禅法。据说,法朗于贞观年间来到中国,在跟中国禅宗四祖道信学得禅法后返回新罗,将禅法传给弟子神行。神行学习禅法后,感到有责任让禅法在朝鲜半岛广为传播,便于公元 704 年来到中国,在高僧志空门下学习北宗禅,回国后在智异山传道。后来,又有不少新罗僧人相继入唐学禅,为禅宗在朝鲜的传播创造了条件。在新罗灭亡之前,朝鲜禅宗已进入全盛时期;到高丽王朝初期,“禅门九山”先后形成,并成为了当时朝鲜佛教的主流。

高丽王朝把佛教立为国教,历代诸王都信仰佛教。王室中有不少人出家,其中最有名的是文宗王四子义天。义天 11 岁出家,修习华严理论,小小年纪就常跟其他宗派的僧人辩论佛法。他很早就打算来中国学习,但遭到朝廷上下反对,75 岁时方成行。义天公元 1084 年来到中国,曾先后拜 50 多位高僧为师,主要修习天台禅法。回国后,义天宣扬天台教义,开辟了朝鲜天台宗。在他的号召下,“禅门九山”的不少禅僧,纷纷改投天台宗,使天台宗与“禅门九山”并称“禅门二宗”。13 世纪后,朝鲜所有的禅宗合并改为曹溪宗——“曹

① 新罗华严宗本身又分两派,一是元晓所创海东宗,一是义湘传承于智俨的浮石宗。

溪”是六祖慧能居住的山名，这表明他们的禅法源于中国禅宗六祖慧能。

宋代，中国佛教出现了禅教合一，儒、佛、道合流思潮，高丽佛教也提出“教禅一致”、“禅教一致”的说法。中国佛教在元朝以后几乎停滞不前，其对朝鲜佛教的影响也就十分微小了。

2. 影响

佛教在朝鲜半岛的传播与流行，不仅影响到其国家制度和社会格局，也影响到人们的意识和日常生活。在这个过程中起重要作用的主要是曾经来到中国求法的僧人，比如前面提到的高僧圆光。圆光归国传法时，国内战争不断，社会也不够稳定，他深感佛教过多的清规戒律不能很好地适应自己国家需要，便对佛教的戒律加以变通。他参考儒家的“修齐治平”思想，提出了“世俗五戒”：事君以忠，奉亲以孝，交友以信，临战不退，杀生有择。这“五戒”是专为世俗居士订立的，出家人也可参照实行。“五戒”的订立，使佛教更加合乎新罗王朝的需要，它不光为人们制定了行为准则，也促进了社会进步以及佛教在新罗的发展。

隋唐时期的佛教早已融入了许多中国传统文化因素，比如有人常把“不杀生、不偷盗、不邪淫、不饮酒、不妄语”的“佛家五戒”与儒家“仁、义、礼、智、信”的“五常”相提并论。正因如此，传入朝鲜半岛的佛教自然带有鲜明的中国文化色彩。新罗王朝通过佛教僧众大力宣扬“忠孝护国”和“慈悲为怀”思想，从而奠定了朝鲜半岛三国统一后的思想意识形态，成功地维护了国家的统一。

高丽王朝时代，朝廷还实行了选拔僧侣的僧科考试制度，参加考试的僧人先在寺庙里进行预考，及格后可以参加全国的统一考试，如果统一考试及格，就可以获得官方授予的等级不同的各种僧职，有的甚至被朝廷奉为王师或国师。另外，管理僧人的僧官制度也在这个时期完备起来。受中国雕刻《大藏经》的影响，从公元 11 世纪初开始，在几十年的时间里，高丽朝廷刻刊了《高丽版大藏经》。1232 年，藏经雕版被入侵的蒙古军烧毁，于是高丽朝廷又于 1236 年起“倾尽国力”重新雕刻，终于在 1251 年雕刻完成，共收经 1521 部，6589 卷。这套雕版至今仍保存在伽倻山海印寺。

今天，佛教仍然是韩国最重要的宗教之一。据统计，信仰佛教的韩国人占全国总人口的35%以上，约有1300万人。另外，韩国还有一个全国性组织——“韩国佛教宗团协议会”，主要职责是弘扬佛法，推行教化，进行教义学术研究，发展佛教文化，振奋民族精神，推动社会救护，推进国际佛教交流等。

历史上，在中国佛教东传影响了朝鲜文化的同时，朝鲜佛教也同样对中国佛教产生过影响。比如新罗僧元晓的《华严经疏》和《大乘起信论疏》传入中国后曾影响到中国华严宗创始人法藏，法藏在其所著《起信论义记》中就曾一再引用元晓的疏解作为自己立论的依据。另外，元晓的注疏也对中国华严宗四祖澄观(738—839)著述《华严经疏》(全称《大方广佛华严经疏》)产生过影响。

在中国佛教的发展进程中，来华求法的一些朝鲜僧人也做出过独特的贡献，比如为人们所熟知的圆测和金乔觉。圆测(613—696)15岁时来到唐代都城长安，跟随中国高僧学习佛教经论，并精通汉、梵、藏等六种语言。后成为了玄奘法师的入室弟子，大师向他传授《瑜伽师地论》、《成唯识论》等。后来，他被诏为西明寺大德[①]，为《成唯识论》、《解深密经》、《仁王经》等注疏，成为中国唯识学派之一的“西明派”理论的奠基人。唐高宗后期和武则天初期，圆测被选入译经馆，帮助中天竺高僧地婆诃罗翻译《大乘密严经》、《大乘显识经》等。696年，圆测在长安圆寂。金乔觉(706—803?)很早就出家为僧，后“泛海入唐”，因喜欢九华山的幽翠，便栖于此山修行。他端坐山头数十载，于803年(一说794年)夏圆寂。据说他的肉身三年不腐，与佛经中所记载的地藏菩萨极为相似，佛教徒便认为他是地藏菩萨的化身，因此称他为“金地藏”。当时的居士、僧众在他的葬地修建了“地藏塔”，供人朝拜，并大规模建筑寺宇。后历经宋、元、明、清日益兴旺，鼎盛时，佛寺多达300余座，僧众4000余人，香烟缭绕，经年不绝。九华山由此成了地藏的道场，成为中国佛教四大名山之一[②]。

(三)“北学派”与中朝文化交流

所谓“北学派”，指的是李氏朝鲜时期主张向中国学习的一个实学派别。所谓“实学”，就是崇尚实际，讲求实行、实证、实用、实效的学问。明末清初，在

---

① “大德”是对僧中乃至佛弟子中有德者的尊称。隋唐时称朝廷所任命统管僧尼的高僧。

② 其他三座名山分别是：文殊菩萨道场五台山、普贤菩萨道场峨眉山、观音菩萨道场普陀山。

社会危机日益加深、社会迫切需要新的学风和新的理论的情况下，一些学者从儒家的“经世致用”思想出发，开始批判理学的“空疏误国”，从而逐渐形成了实学的社会思潮。在李朝，以洪大容、朴趾源、柳德恭、朴齐家等为代表的实学学者，主张学习清朝的优秀文化。由于北京位于汉城之北，因此主张从北京引进生产技术、效法中国以促进朝鲜工商发展的意见，被称为“北学”，持这种主张的一派人物被称为“北学派”（亦称“利用厚生派”）。

1. “北学派”几位代表人物的生平事迹

(1) 洪大容。洪大容（1731—1783），字德保，号湛轩、洪之，出身于农民家庭。洪大容从小就受到良好的家庭教育，养成了简朴的生活习惯，不尚奢华。从四五岁起，他便开始读《千字文》、《小学》、《唐音》以及四书等经典，至 12 岁时，大容已经是一个满腹诗书的少年了。从 12 岁起，洪大容就抛弃了科举，走上了一条专心于学问的求学之路。洪大容在石室书院苦读 10 余年，打下了坚实的学问基础。离开书院后，他全身心地投入到自然科学研究当中。29 岁时，他结识了科学家罗景绩，二人的相识，在朝鲜科学史上具有重大意义。洪大容拜罗景绩为师学习技艺，二人携手制造了一架浑天仪，并在洪大容家乡建了一座天文台。尽管洪大容也曾以“气”解释宇宙的起源，但作为科学家，他还是首先提出了科学的地转说，明确指出是因为地球自转才产生了白昼与黑夜。此前，直到 18 世纪前半期，朝鲜的许多学者还在坚持“九重天”的观点。洪大容所宣扬的科学观，打开了国人的视野。

(2) 朴趾源。朴趾源（1737—1805），字仲美，号燕岩，幼年丧父，由祖父朴弼均抚养成人。潘南朴氏属“冠冕大族”，其先祖中，有著名学者，也有朝廷功臣。祖父曾任京畿道观察使，祖父的刚正廉洁对朴趾源个性的形成影响很大。16 岁成婚后，他便拜妻叔李亮天为师学习《史记》和作文之法。他曾模仿《项羽本纪》笔法写过一篇《李忠武公传》，大受岳父李辅天赞赏，说他的文章已达到班固和司马迁的境界。青年时代，朴趾源便开始了小说创作。30 岁时写成洪大容《会友录》序文，此时的他，在整个朝鲜都有文名，受到人们仰慕，号称“汉学四家”（也称“朝鲜诗文四大家”）的李德懋、李书九、柳得恭和朴齐家都拜在他的门下。朴趾源学富五车，才华横溢，但蔑视仕途，不愿与权贵和“俗儒”

打交道，长期过着孤高的处士生活。人到中年仍无一官半职，生活穷困潦倒。正祖即位后，为了躲避迫害，朴趾源曾到黄海道金川郡燕岩山峡中隐居。1780年，政敌洪国荣被流放，他才有了行动的自由，并因此有机会在这一年随使团访问了中国。1786年，50岁的朴趾源得到朝廷赏识，做了官（缮工监监役）。55岁时，朴趾源被任命为汉城判官，接着又改任安义县监，此后几年一直致力于安义县的治理。1797年，正祖下令求农书，朴趾源写了《课农小抄》和《限民名田议》，受到正祖青睐。1801年，65岁的朴趾源跟弟子柳得恭一起再一次北行，重游北京。1805年，69岁的朴趾源辞世。

（3）柳得恭。柳得恭（1749—1807），字惠风、惠甫，号冷斋、冷庵、古云裳，为李朝后期四大检书官之一。柳得恭从小就表现出了文学天赋，他常作诗抒发自己的情感。20岁后，柳得恭开始与“北学派”人士交游，由此开阔了自己的视野，增长了自己的见识。从1773年初春开始，柳得恭与朴趾源、李德懋等从汉城出发，经开城到平壤和公州等地旅游。每到一地，他们都留下了纪行诗和遣怀诗。第二年春天，柳得恭成为了生员。在自己的诗中，他回顾自己走过的道路，表达了一种灰暗的心情。30岁时，他编了《中州十一家诗选》，后又撰成《二十一都怀古诗》。1778年秋天，在李德懋和朴齐家从中国归来之后，柳得恭访问了中国沈阳。1779年，柳德恭被任命为检书官，开始了他的官僚生涯。37岁时，他出任抱川县监，做起了地方官；后曾历任郡守、府事、府使、主簿等职。10年后，他又回到了检书官的位置。1801年，母亲的去世给了他沉重打击。此后，世上似乎再也没有了他的行迹。1807年9月1日（这一时间尚有存疑），柳德恭离开了人世，终年59岁。

（4）朴齐家。朴齐家（1750—1805），字次修、在先、修其，号楚亭、贞蕤、苇航道人，祖籍密阳。19岁时，他拜在朴趾源门下，开始研究实学。公元1776年，他与李德懋、柳得恭和李书九四人合作的诗集《韩客巾衍集》出版。此书曾被介绍到中国，受到中国诗界好评。为了富国，朴齐家提出了较为系统的振兴朝鲜工商业和农业的理论。倡导“北学”，与自己的老师朴趾源比起来，他的态度是一点儿也不逊色的。

2.“北学派”几位代表人物所体现的中朝文化交流

从历史记载与文献中我们看到:“北学”思想的产生,其实是中朝文化交流的结果,而这种交流,又是通过“北学派”的几个代表人物来体现的。

(1) 洪大容所体现的中朝文化交流。洪大容的中国之行,是公元 1765 年。洪大容在北京逗留了近三个月,曾以笔谈方式结交了 20 多位中国学者。其中,浙江杭州学者陆飞、严诚和潘庭筠与他后来的道路有密切关系,甚至对他的思想产生过一定影响。归国后,洪大容把自己三个月的燕行记录,以日记体形式整理为朝文本《乙酉燕行录》,接着又按主题重新编辑了中文版的《燕行记录》。《乙酉燕行录》是按时间顺序编排的,有助于人们对洪大容燕行体会的理解。在乙酉年 12 月 19 日的日记中,记录了他对从山海关起始的东部长城的印象以及他见到长城时的感叹,但他感叹的不是长城的雄伟,也不是秦始皇的功业,他崇敬的是传说中哭倒了长城的孟姜女。他还十分钦佩南宋民族英雄文天祥,曾一边诵读文天祥的诗句,一边回顾历史;他曾专程到文天祥祠叩拜,默默感受文天祥视死如归的精神。在交往中,洪大容与中国学者特别是江南三书生之间建立了深厚的情谊。1766 年,在接到严诚关于科举落榜的来信后,洪大容特意给严诚寄去了四册《圣学辑要》,同时还在回信中向他表示祝贺,认为考不中那种毫无实用价值的科举是值得庆幸的事。1768 年,洪大容遵潘庭筠嘱,编选并出版了四卷本的《海东诗选》(与闵顺之合编,所收多是朝鲜的古诗佳作),并写了一篇跋文。跋文中记述了选诗的过程,可以帮助读者理解中朝之间汉诗的交流。此外,洪大容还编选了来自民间的《大东风谣》12 册,并把它送到了中国。潘庭筠十分钦佩洪大容的渊博,曾作《湛轩记》记述他与洪大容的君子之交。作为“北学派”的先驱,洪大容对朝鲜实学思想的贡献广为人知。在他写的《医山问答》一书中,以“虚子”与“实翁”对话的形式,借实翁之口批判了当时朝鲜的形式主义的虚无学风,进而阐述了自己的实学思想。在另一本重要著作《林下经论》中,洪大容明确主张废除封建身份制度,提倡“万民皆劳”和“万民同乐”的理想。

(2) 朴趾源所体现的中朝文化交流。朴趾源被认为是“北学派”代表人物中“最为卓越者”。公元 1780 年,朴趾源堂兄朴明源率领使团来中国参加乾隆皇帝 70 寿辰庆贺活动。朴趾源应堂兄之邀,以观光客身份随使团一起行动。

三个多月后，朴趾源随使团一起离开北京回国。回到汉城后，朴趾源便把自己在中国的所见所闻所思整理成书，这就是影响了当时也影响了后世的《热河日记》。“这是一部百科全书式的介绍中国的巨著。他主张向中国学习利用厚生的学问，以改善朝鲜人民的生活。他认为满族统治的中国土地，仍是产生过汉、唐、宋、明等朝代的华夏大地。生活在这块土地上的人民，仍是三代以来汉、唐、宋、明之遗民。学习中国不等于学习夷狄。”[①]在这本书中，朴趾源详细介绍了中国的城市建筑、山川风物、政治制度、交通工具、商业、农牧业、宗教、文学……内容极其丰富，风格也十分独特，在李朝众多的“燕行文学”中，当是最为突出的一部作品。从《热河日记》中读者可以看到，朴趾源到中国来，不是为了游山玩水，而是为了真正了解中国、考察中国，从中国社会中找到自己国家可以借鉴的东西。从《热河日记》中，读者更可以看到朴趾源深厚的古汉语修养和广博的汉学知识。他描写自然景物所使用的语言简练、形象、生动，比如全书开头，写自己随使团过鸭绿江的情景：

> 十日，方物尽到，行期甚促。而一雨成霖，两江通涨。中间快晴亦已四日，而水势益盛，木石俱转，浊浪连空，盖鸭绿江发源最远故耳。[②]

这样的例子在《热河日记》中可以说是不胜枚举。读《热河日记》的时候，读者还会发现，处在“康乾盛世”的中国，在朴趾源眼中也不是一点儿缺点都没有的。在热河期间，他曾有机会跟几位中国学者用笔交谈，除了交流各方面的情况和知识，也讨论了中朝两国的历史、制度等问题。讨论中，朴趾源批评了汉族妇女缠足的陋习。他认为，女人缠足不仅影响人的身体健康，而且也不便于下田劳动，还破坏了女人天然的美，实不可取。《热河日记》的内容、语言和见解引起了人们的广泛注意和极大兴趣。喜欢《热河日记》的人通过阅读，加深了对中国的认识和了解，看到了自己国家可以效法的榜样；同时，人们更钦佩作家的眼光和才情。当然也有人不喜欢《热河日记》的文体和表现形式，指责它违背了“为文必须醇正”的宗旨。正祖王同样不喜欢《热河日记》，认为它带坏了李朝的文风。由此可

---

① 蒋非非、王小甫等《中韩关系史》（古代卷），社会科学文献出版社，1998，第367页。

② 朴趾源《热河日记》，朱瑞平校点，上海书店出版社，1997，第1—2页。

以见到《热河日记》在当时李朝社会产生的巨大反响。

(3) 柳得恭体现的中朝文化交流。柳得恭曾四次访问中国。第一次是1778年的秋天，但他只到达了沈阳。第二次是1790年，柳得恭被选为祝贺乾隆皇帝80寿辰朝鲜使团成员，与朴齐家等一起来到了北京。其间，他访问了热河，归国后写了《滦阳录》以记这次行程。第三次是1794年，柳得恭以检书官身份访问了北京。第四次是1801年，为求朱子书的善本，柳得恭再一次来到了北京，并在北京逗留了32天。同年6月中旬，他回到汉城，著成《燕台再游录》。柳得恭和朴齐家、李德懋等都是当时朝鲜有名的检书官。检书官在北京采购图书，琉璃厂自然是他们必去的地方。在书店里，朝鲜检书官有机会结识不少中国文人，并与其中的某些人结下深厚情谊。1801年柳得恭在琉璃厂的书店里结识了一个名叫陈鳣的语言文字和版本学家。两人用笔谈的形式讨论学术问题，曾讨论过明清之际思想家顾炎武的思想与成就，并对他的渊博学识表示钦佩。二人谈得十分投机，曾连日相约会于琉璃厂的"五柳居"书店。讽刺画《鬼趣图》的作者罗聘是"扬州八怪"之一，柳得恭于1790年出使北京时在琉璃厂与他结识。当时，罗聘住在琉璃厂的观音阁。柳得恭曾多次去拜访过他，罗聘就画了一幅柳得恭的小照，并在旁边画了一枝梅花，还题了一首诗："驿路梅花影倒垂，离情别绪系相思。故人近日全疏我，折一枝儿赠与谁?"画家对朝鲜友人的一片真情，跃然纸上。柳得恭临回国时，罗聘写诗相赠，柳得恭也写诗酬答。赠诗中有这样两句："才逢欲别意迟迟，后会他生或有期。"答诗中有句云："榆关黄叶若为情？秋雨秋风信马行。"依依惜别之情都在诗中表现了出来。柳得恭学识渊博，1790年、1801年出使北京时曾受到大学者纪晓岚的热情接待。柳得恭听说纪晓岚嗜烟，1801年再访京师时特地带来了朝鲜上等的关西烟送给纪晓岚。柳得恭赠送给纪晓岚的还有他自己的著作，比如《二十一都怀古诗》，颇得纪晓岚赞赏。

(4) 朴齐家体现的中朝文化交流。朴齐家曾分别于1778年、1790年和1801年三次随朝鲜使团来到中国，到过北京、热河等地，结识了纪晓岚、李鼎元、翁方纲、孙星衍、阮元等百余位中国文人、学者，并与其中的一些人结下了深厚友谊。看到当时清朝的繁荣，再看看自己国家的贫穷，朴齐家内心产生出了一种民族危机感。他撰写了《北学议》、《北学辩》等著作，坦率地承认朝鲜在很多方面落后于中国，因此应该向中国学习。在《北学议·财赋论》中，他这样写道：

> 器用之不利，人可以一日，而我或至于一月、二月，是失天。耕种之无法，费多而收少，是失地也。商贾不通，游食日众，是失人也。三者俱失，不学中国之过也。①

他因此向朝廷建议：急选有才能的人到中国学习制砖、弹棉、织布、种田、积肥、造车、造船、养蚕等各种生产技术；利用朝鲜三面环海的有利条件，先发展与中国沿海各省的海上贸易，等到国力稍强，民业已定，再慢慢与他国通商。朴齐家大声疾呼结束闭关锁国政策，使朝鲜走向世界。

尽管“北学派”的主张跟朝鲜其他许多实学家的主张一样，并没有引起李朝当权者的重视，也没有被采纳，但“北学派”学者的思想和精神，却不失为后人的榜样，值得研究和思考。

第二节　日　本

日本是亚洲东北部太平洋上的一个群岛国家，隔日本海、朝鲜海峡、东海与亚洲大陆相望。日本国由本州、九州、四国、北海道四大岛和一些小岛组成，其海岸线总长约3万公里，国土面积约为37.76万平方公里，其中76%为山地。北海道和本州北部的山脉多为南北走向，四国和本州南部的山脉则呈东西走向，两者相汇于本州中部，称“中央山结”，为全国地势最高地区，其中有著名的富士山。富士山是日本国的象征。

一　日本国家历史文化概述

（一）最早的文化形态——绳纹文化与弥生文化

研究表明，可能从新石器时代开始，日本岛上才有了居民。日本新石器时

① 转引自蒋非非、王小甫等《中韩关系史》（古代卷），社会科学文献出版社，1998，第368页。

代的遗址中,出土有一种黑色陶器,手制,外部饰有草绳样的纹,被称为“绳纹式”陶器。因此,从公元前12000年到公元前300年左右,考古学上称之为“绳纹文化”时代。绳纹文化遗址以本州的中部和东北部为中心,遍布于九州、四国、北海道各岛。采集和渔猎是这种文化的基本经济形态。在绳纹文化遗址中,发现有女性土偶,可能是代表丰收的女神像。对女子形象的尊崇,说明这里存在过母权制。但直到绳纹文化晚期,还没有贫富分化和人剥削人的迹象,从墓葬遗址可以看出,此时也还没有出现享有特权的氏族贵族。

从公元前3世纪到公元3世纪是新石器时代末期,即所谓金石并用时代。此时青铜器的铸造方法已从中国和朝鲜传入日本,但主要用来制作镜和剑等,其生产工具仍然以石器为主,且已开始种植水稻。这时的陶器多为褐色,形制趋向一致,花纹比绳纹式陶器简单,器身薄硬,烧焙技术亦较进步。因其最初发现于东京弥生町,故被称为“弥生式”陶器,考古学上称这一时期为“弥生文化”(也有学者将这一文化定义为“日本早期铁器时代文化”)时代。弥生时代开始出现贫富分化,原始社会渐趋瓦解。在中国史书《三国志》中保存了一些关于日本古代社会最早的史料。公元1世纪至2世纪时,日本岛上小国林立,彼此间战争不断,至3世纪时,九州北部出现了一个较为强大的邪马台国(一说在本州大和),在长期的部落战争中取得了胜利。女王卑弥呼,统辖狗奴、伊都等20余小国;居民万余户,种稻麻且植桑养蚕。邪马台国还没有完备、稳固的国家机构,被认为是大和朝廷的前身。

(二)公元4世纪至7世纪:古坟文化时代

公元4世纪初至7世纪上半叶,是日本原始国家形成和发展时期,这个时期出现了规模庞大的贵族坟茔。因文字史料缺乏,史学家便依考古学上的划分法,将其称为“古坟文化”时代。

古坟有方、圆和前方后圆等形状,并有装饰品、武器、甲胄、马具、陶器和陶俑等随葬品,另外还发现有中国汉、三国、六朝的铜镜。这一时期,水田农耕、灌溉技术进一步发展,铁器得以普及,生产力提高,阶级分化和对立日益加剧。政治上,以大和地区(今奈良之南)为中心的中央豪族逐步扩展其对地方豪族的统治,基本上统一了日本全境,日本古代国家——大和国家形成。

这一时期，大量中国大陆移民（日本史学界称之为"渡来人"或"归化人"）来到日本列岛，为推动日本古代国家的形成以及生产力的进步起了重要作用。一般情况下，中国大陆移民多是通过朝鲜半岛辗转来到日本的。公元3世纪末到4世纪初，社会动乱使许多汉人逃亡至朝鲜半岛，而朝鲜半岛此时也是争战不休。从4世纪中叶起，大和朝廷派军队侵入朝鲜半岛，导致了半岛4世纪至7世纪300年的动乱。这种动乱直接影响了移民的流向。移民中既有自动的逃亡者，也有被"掳掠者"——日本需要掌握先进技术和文化的人才。

日本最初并没有自己的文字。邪马台国时，女王曾遣使向魏"上表答谢"，但未见原文，无法确证。大约到公元5世纪，儒家经典也从朝鲜半岛输入日本，人们这才开始用汉字和汉文作为记录工具。考古发掘提供了这方面确凿的证据，比如一些出土器物上的汉字铭文。特别是公元478年，倭王武向南朝刘宋顺帝所上表章，完全按南朝风格写成，辞藻华丽，行文流畅，对仗工整。据说，有人曾用汉文撰有史书《帝记》和《帝皇日继》，另外，许多大贵族奴隶主也开始用汉文编纂族谱。这些东西虽然没能留传下来，但却为公元8世纪时完成的史书《古事记》和《日本书纪》提供了重要依据。汉字作为日本的官方文字，一直持续到近世。

《古事记》与《日本书纪》记载：应神朝，百济博士王仁受邀到日本，带去《论语》和《千字文》，并向太子传授。此说遭到许多史家置疑。但自公元6世纪起，百济确曾向大和国家派出五经博士，并轮流更换；同时派出易博士、历博士、医博士等，为汉文化在日本的传播起了重要作用。

有记载称：公元522年，南朝梁人司马达止携家人移民日本，并带去佛像加以礼拜，由此，佛教开始在日本民间流传。一般认为，公元538年朝鲜百济王遣使者赠送佛像、经文，为佛教正式传入日本之初始。佛教传入之前，古代日本人相信万物有灵，认为日、山、河、海都有神，山里的蛇、海里的鳄鱼也会成为精灵；巫女则是神与人之间的中介，代表神的意志。另外，祖先崇拜在宗教信仰中也占有很重要的位置。佛教流行的结果，使万物有灵的信仰逐渐退居次要地位。

(三) 以飞鸟文化为起始标志，日本封建制度的形成与发展

公元6世纪末，苏我氏排斥物部氏，拥立推古天皇，皇侄厩户被立为太子，称“圣德太子”。圣德太子摄政(593年)后，提倡佛教，尊崇儒学，并以儒家学说与佛教教义为指导进行改革。公元603年制定了“冠位十二阶”[①]，次年颁布《十七条宪法》[②]。圣德太子移植中国的封建制度和文化，其改革的目的是削弱旧贵族势力，缓和阶级矛盾，以加强皇权，巩固自己的统治。历史上，这一时期被称为“飞鸟时代”，这一时期的文化被称为“飞鸟文化”。飞鸟文化中特别引人注目的首先是佛教的兴盛。公元594年，天皇下兴隆佛教之诏，为佛教的传播和发展打开了方便之门。公元596年，苏我氏率先建成飞鸟寺(法兴寺)，接着，圣德太子在斑鸠建法隆寺。因此有人认为，飞鸟文化就是佛教文化。与弥生文化和古坟文化相比，飞鸟文化无论在思想、艺术上都具有更高的水平，内容也更加丰富多彩。

圣德太子死后，苏我氏专政，社会矛盾日益加剧。皇室和新兴贵族在经济与政治上强烈要求变革。新旧贵族之间的斗争集中表现为“大化改新”运动。大化改新发端于宫廷政变。公元645年，中大兄皇子联合中臣镰足，推翻了当权的苏我氏，拥立孝德天皇即位，自己则以太子身份摄政，改元大化。次年颁布“改新”诏令，其主要内容包括：土地收归国有，废止皇室和豪族的私田以及部民制；施行班田收授法，规定凡公民皆可受田，受田者必须负担租庸调；确立行政机构，中央设二官、八省、一台，地方设国、郡、里，废除世袭氏姓贵族称号。这一革新使氏族和奴隶主的统治走向崩溃，使部民变成了班田农民，从而促进了社会经济的发展，以天皇为首的中央集权国家因此得以形成，日本社会也由此开始向封建制社会过渡。

公元710年，日本奠都平城京(今奈良)，奈良时代(710—794)自此开始。在这一时期的社会各阶层中，班田农民是主要生产者，他们的法律身份是公

---

① 即以不同颜色的冠来标志官位的制度，以德、仁、礼、信、义、智各分大小，组成十二级官衔；冠位不能世袭，只能凭借个人才能和功绩取得。

② 这是日本最早的成文法，是朝廷为各氏姓豪族规定的政治道德规范，主要包括这样几个观点：尊君思想，“背私向公”，“以礼为本”，“笃敬三宝”(三宝者，佛、法、僧也)，强调仁政。

民，但却仍受皇室、贵族、官吏的剥削和奴役。除班田农民外，社会上也还存在着奴隶和贱民。这一时代，中央政权逐渐巩固起来，公元718年，朝廷修成《养老律令》（"养老"为天皇年号），此后又陆续颁布了一些格和式，形成了一套完整的维护封建统治的成文法[①]。官僚贵族掌握着有关律令格式的知识，形成所谓"公家"的贵族集团。作为"公家"首脑和核心的藤原氏，在消灭了旧贵族的势力之后，完全控制了中央政权。公元8世纪中期，班田农民开始迅速分化，大部分人因为负担不起高额的租赋和债务而破产。与此同时，贵族不纳租的私有土地却日渐多了起来，至该世纪末，乡间已有庄园形成。庄园中的直接生产者庄民称为"作人"、"寄人"、"百姓"，主要是破产了的班田农民。

这一时代，出现了用汉字作为音符的"万叶假名"[②]，用万叶假名写作能更好地表达日本人的思想情感，因而出现了不少好作家和好作品。比如编成于公元8世纪末的第一本和歌集《万叶集》20卷，收录诗歌4500余首，不论在形式上，还是在内容上，都深深地打上了中国文学的烙印，具有较高的文学价值。与和文文学并行的另一系统是汉文文学，现存最早的日本汉诗集是编成于公元751年的《怀风藻》。《怀风藻》中的诗作模仿中国六朝和初唐诗歌，不仅表现了儒家思想，也表现了佛家和道家思想。史学方面，奈良时代完成了日本现存最早的史书：公元712年，太安麻吕用万叶假名编成《古事记》；公元720年，舍人亲王和太安麻吕等又用汉文编成《日本书纪》。此外，这一时期，政府还令诸国编撰记述地方风习和民间传说的《风土记》，是为日本最早的地方志。

公元794年，日本桓武天皇将都城从奈良迁至平安（今京都），史称"平安时代"（794—1192）。平安时代初期，班田制逐渐被庄园制度所取代，拥有强大庄园经济势力的公卿贵族，在朝廷中的地位日益显要。尤其是藤原氏一族，其庄园遍布各地且掌握朝政，公元858年至1086年间，该家族随意废立天皇，蛮横专权达230年之久。平安时代政治腐败，民不聊生，百姓中有人反抗、有人

① 即所谓"律、令、格、式"。"律"即法典；"令"即国家的行政制度；"格"是令以外用诏、敕等形式随时公布的制度或办法；"式"则是政府机关的规章细则。

② 假名，意为假借之字，自然是相对于汉字的本字而言。

流亡,流亡者中有的成为了“浪人”。庄园主纷纷蓄养武装力量,地方武士的势力逐渐抬头,且逐渐形成了一个阶层,在社会上取得重要地位。平安时代末期,武士阶层中以宗室出身的地方豪族源、平两氏为中心,形成关东和关西两大集团。两大集团相互争斗,最初关西平氏获胜,当权20余年;1185年,关东武士集团首领源赖朝灭平氏夺得政权,并于第二年在镰仓建立幕府,日本社会从此进入幕府政治时代。

平安时代逐渐摆脱对中国文化的模拟,形成独特的日本文化。天历年间(947—956),用汉字的草体改写成的“平假名”形成,再后,又形成了取汉字的某一部分改写成的“片假名”。“假名”字母的形成,对日本文化意义重大。平安时代的文学已很发达,用假名写作的故事小说“物语”成就尤为突出。初期的代表作品如短篇小说《竹取物语》,利用日本、中国和印度的素材,讲述贵族少年向仙女求婚的故事,揭露贵族的卑鄙、狡诈和怯懦。公元1000年前后,出现了一部近百万字的长篇“写实小说”——《源氏物语》[①]。小说的作者紫式部(978?—1016?)是藤原氏家族的一个才女,有着极高的汉文化修养。小说前41章写源氏公子的故事,后10余章写薰大将的故事。小说深刻反映了宫廷贵族生活的腐化以及精神的堕落,结构宏大,文字优美,情调缠绵,人物形象鲜明生动,被视为“物语文学”的典范,对日本后世文学影响深远。此外,在这一时期还出现了《凌云集》、《文华秀丽集》和《经国集》等汉诗集。在历史编纂方面,这一时期修成的史书有《续日本书纪》、《日本后纪》、《续日本后纪》、《文德实录》和《三代实录》,与《日本书纪》并称《六国史》。

(四)镰仓、室町幕府时代及其文化

1192年,消灭了平氏势力的源赖朝又从京都朝廷那里取得“征夷大将军”称号,成为了日本的实际统治者,自此,日本进入了“镰仓时代”(1192—1333)。从这时起直到德川幕府灭亡的近700年间,日本完全处于军事贵族独裁政权的支配之下。这个政权的社会基础是武士地主阶级。源赖朝死后,幕府实权落入北条时政之手。北条氏政权获得武士拥护。1221年,北条时政之子义时

① 共55章,第42章只有题名“云隐”而无文字,研究者认为此章应写源氏之死。

曾攻陷京都，另立天皇。北条义时之子泰时当政时，幕府曾根据武士的习惯和先例，于1232年颁布武士法典《贞永式目》(也称《御成败式目》)，初时只适用于幕府势力范围之内，后扩大到全国，成为武士政治的基本法规。

镰仓幕府末期，地方割据势力发展起来，农民中发生了反对幕府的暴动，敌视北条氏的封建主乘机支持后醍醐天皇。1333年，北条氏的部将足利尊氏等倒戈勤王，镰仓幕府覆亡。后醍醐天皇在京都亲政，政权虽然复归皇室，但天皇并没能得到武士地主的支持。1335年，足利尊氏在镰仓起兵，进攻京都，拥立光明天皇，自任征夷大将军，同时建立幕府，史称"北朝"。后醍醐天皇逃至奈良吉野建立朝廷，史称"南朝"。南北朝间征战60余年，在这期间，各地的守护割地自雄，称为"守护大名"①。最后足利义满统一政权，并在京都室町施政，史称"室町幕府"，守护大名成了室町幕府的社会基础。日本历史上称这一时期为"室町时代"(1338—1573)。自15世纪后半叶起，日本社会战乱不断，直到1573年幕府为织田信长所灭时为止。

幕府和武士的封建主从关系反映为武士道理论，它是从中国传入的宋代儒学和佛教禅宗思想相结合的产物。武士道要求忠义守信，不事二主，重名轻死，其目的完全是为了培养维护封建统治的"佩刀奴才"。

镰仓时代的文学反映武士的性格和生活，出现了以描写战争为主的小说，如《保元物语》、《平治物语》、《源平盛衰记》等。这种小说不仅取材于宫廷故事，而且还有为武士等各阶层所熟悉的生活内容，因而在社会上广为流传。室町时代，文学形式有了新的发展，特别是喜剧"狂言"②，用通俗的日常用语表现市民的日常生活，讽刺社会上的丑恶现象，诙谐幽默，广受下层百姓喜爱。

室町时代的绘画吸收中国宋元明的画风，开创了日本的狩野派、土佐派和云谷派。其中，云谷派的创始人雪舟(1420—1506)，原名小田等杨，是禅宗僧人，曾到过中国，游历过江浙和北京一带，并曾与著名画家李在切磋画艺。雪

---

① "大名"实际上就是日本封建时代的大领主，得名于大量占有名田即登记的垦田。后世有不同称呼的大名，如"战国大名"、"亲藩大名"等。

② "狂言"也称"能狂言"，有"大藏流"、"和泉流"、"鹭流"三派。

舟所作水墨山水画，使日本画风为之一变。

（五）从德川幕府时代到明治维新的历史演变及其文化成果

1. 历史演变

室町末期，有实力的大名割据一方，16 世纪后半叶出现了统一天下的“战国大名”。1573 年，中部尾张国（今爱知县名古屋一带）的织田信长灭室町幕府。1582 年，织田信长被人刺死，部将丰臣秀吉平定叛乱实现全国的统一。1592 年、1597 年丰臣秀吉两次入侵朝鲜，1598 年在失败中病死。丰臣秀吉死后，拥有强大实力的德川家康在关原之战中击败丰臣集团的军队，统一了日本。1603 年，德川家康就任征夷大将军并在江户（今东京）建立幕府。从此直到明治维新，德川幕府（亦称“江户幕府”）维持了两个半世纪的专制统治，史称“江户时代”（1603—1867）。

初期，因重视对外贸易获取的利益，德川幕府曾默许天主教的传播。但因受到西方强国的挑战，又害怕遗民武士利用农民信徒举兵反抗，德川幕府逐渐采取禁教和锁国政策，驱逐各国的教士和商人。18 世纪中叶以后，日本出现了资本主义生产关系，商业资本渗入农村，农民丧失土地，阶级分化加剧。手工工场的出现和发展，开始触动封建制度的基础。

从 18 世纪末至 19 世纪后半叶，饱受封建剥削和高利贷压榨的农民以及城市小手工业者、小商人和贫民不断暴动，矛头直指政府、大商人和高利贷者。1837 年，大盐平八郎领导大阪市民暴动，捣毁米店，焚烧富商住宅，声势浩大，成为 19 世纪上半叶规模最大的一次“米骚乱”。1868 年前 30 年间的几次农民大起义都发生在幕府直辖地区，农民起义沉重打击了幕府的威信，动摇了幕府的统治。

幕府末期，日本出现了多种社会思潮，其中的多数思潮在推翻幕府、反对封建制度的斗争中起了积极作用。18 世纪中叶，安藤昌益提出乌托邦思想，主张消灭一切剥削与统治，使社会回到自然而食、自织而衣的“自然世”。19 世纪初，从事西方科学技术研究（日本称之为“兰学”）的人不断增多，范围也不断扩大。比如商人出身的医师高野长英，除西方医学之外还研究政治学和经济学，并组织“尚齿会”作为传播兰学的中心。佐藤信渊则传习兰学中的理化之学，兼治农学、历史、地理等。其他一些兰学家，也纷纷提出效法荷兰以改革日本的主张。兰学家朴素的民主平等思想和富国强兵主张，对维新派人物产生了很大影响。

从19世纪初开始，西方的殖民侵略便日甚一日，终于用武力迫使日本开港开国。19世纪中叶，日本政府不得不与美、荷、俄、英、法等国签订了一系列不平等条约，日本面临沦为半殖民地的危险。国内阶级矛盾日趋尖锐，民族危机日益加深。改革派倡导"尊皇攘夷"，开展倒幕运动。德川幕府最后一任将军德川庆喜见大势已去，不得不于1867年10月14日提出辞去将军职位，还政于天皇。至此，掌握政权达265年的德川幕府宣告灭亡。

1868年1月3日，即位不久的明治天皇颁布"王政复古"诏书，宣布废除幕府制度，改元明治，将都城由京都迁往江户，改名东京，维新运动由此开始并由此得名。一系列改革的实行以及《帝国宪法》的颁布，使近代天皇专制政权得以在全国建立。"版籍奉还"（各藩交还领地及户籍）和废藩置县消灭了封建割据势力，"地税改革"则确认了土地私有权。通过维新，日本摆脱了殖民地化的危机，建立了近代的民族国家，走上了资本主义道路。

新的日本国家带有浓厚的封建性和侵略扩张性。1894年，日本发动了中日甲午战争，侵占了中国领土台湾；1904年至1905年又进行了日俄战争；1910年入侵并吞并了朝鲜半岛。

2. 文化成果

这一时代的文化成果，主要体现在文学和绘画两个领域。

（1）文学成果。文学领域的主要成就是俳句。俳句是日本韵文学的传统形式，是由3句17音组成的一种短诗，首句5音，次句7音，末句5音，因此又称"十七音诗"。俳句的渊源为传统的31音节短诗（和歌）的前3行，是俳谐连歌的发句，也因此，俳句最初称"发句"。17世纪时，经诗人松尾芭蕉提倡，它才成为一种独立的诗体。俳句在日本文学史上的地位，犹如唐诗在中国文学史上的地位一样重要。

松尾芭蕉是日本文学史上具有划时代意义的诗人。松尾芭蕉及其弟子的主要句作大多收录在《冬日》、《春日》、《旷野》等集子之中，后世称为《芭蕉翁七部集》（或名《俳谐七部集》、《蕉门七部集》）。在松尾芭蕉之前，虽也有不少俳人对俳句的形式、内容、格律、技巧等做过探索，但俳句却始终没能走上“正道”。正是松尾芭蕉的创作实践，才使俳句真正步入了艺术殿堂。松尾芭蕉的俳句是日本文学史上的一座丰碑，许多句作被刻成“句碑”，耸立于日本各地，他也因此被尊称为“俳圣”。从松尾芭蕉的作品中，我们可以看到其高超的艺术技巧及其俳句所达到的艺术境界，当然也可看到他的俳句创作与中国诗歌的渊源。这里略举几例：

长夜充耳闻，风打芭蕉雨打盆，辗转梦难寻。（《茅屋有感》）

晚秋少生机，萧索枯枝寒鸦栖，惨淡夕阳西。（作于 1680 年）

朦胧马背眠，远处淡淡起茶烟，残梦晓月天。（作于 1684 年）

客居送流光，江户十年意未央，他乡是故乡。（作于 1684 年）

古池碧水深，青蛙“扑通”跃其身，突发一清音。（作于 1686 年）

樱花如常年，往事历历浮眼前，沧海变桑田。（作于 1688 年）

俳句被介绍到中国始于五四运动期间，但直到中日两国邦交正常化之后，这一文学样式才为中国读者所熟悉。中国的一些学者和诗人如赵朴初、钟敬文、林林等，也曾按五、七、五的格式用汉字创作了一些“俳句”，隽永而典雅，被称为“汉俳”，读起来也是颇有趣味的。比如 1980 年 4 月，唐招提寺森本孝顺长老带着日本国家级重要文物鉴真和尚坐像访扬州，在返回奈良之际，赵朴初先生作汉俳《送鉴真大师像返奈良并呈森本长老》为之送别：“看尽杜鹃花，不因隔海怨天涯，东西都是家。”

（2）绘画成果。绘画领域的主要成就则是浮世绘。浮世绘是日本民间的一种版画艺术（主要为木版画，也有少量手绘作品），为德川时代最重要的一个美术流派，其画风既有本土风格，也有外来的写实主义特色。浮世绘诞生于民间，流行于民间，所表现的主要是老百姓的日常生活与情趣。浮世绘屏风画是该流派最早的作品，所绘人物服饰华丽，多为下层社会妇女或娼妓。很快，比屏风画更重要的木版画迅速发展起来，其发展得益于广大市民阶层对风俗画的浓厚兴趣及由此形成的市场需求。最初，浮世绘版画只作书籍插图之用，题材也很单纯,只有“美人绘”和“役者绘”(一种戏剧人物画)两种类型。后来逐渐出现了以相扑、风景、花鸟以及历史故事等为题材的作品,画面着色也从最初的黑白两色逐步发展为多色的“锦绘”。

菱川师宣被认为是浮世绘的创始人和第一位大师。他不但创作了这种反映人民生活的版画,而且大大提高了版画的印制技术,使印出的版画几与绘画无异。随着浮世绘艺术的发展,大师相继涌现,其中最著名的有铃木春信、喜多川歌麿、葛饰北斋、安藤广重等,后三人并称“浮世绘三大家”。铃木春信一生致力于彩色版画的创作,所描绘的形象多是茶室女侍、售货女郎和艺伎等。受中国明末清初“拱花”印法的影响,他也尝试拓印的改革,能压出一种浮雕式印痕,自成风格(被称为“春信式”)。铃木春信开创了浮世绘的黄金时代。喜多川歌麿的作品用传统的手法描绘民间风俗和妇女生活,极富情趣,被誉为“美人绘”大师。作品传世较多,主要有《妇女人相十品》、《缝衣图》等。葛饰北斋的作品题材广泛,长于工笔人物,擅写自然景色,其构图设色及笔墨技法既继承了日本民族绘画传统而又有所革新,因此自成流派,被誉为写实绘大师,代表作品有《富岳三十六景》组画等。安藤广重的作品多描绘风景名胜,并将风景绘技巧推向了顶峰,代表作有《东海道五十三景》、《江户名胜百景》及《近江八景》等。

德川时代,日本传统绘画艺术走到了终点。浮世绘不仅是该时代最具特色的绘画,在西方,它甚至成为了整个日本绘画的代名词。浮世绘曾对西方现代美术产生过重大影响。19 世纪后半叶,浮世绘被大量介绍到西方,当时西方的许多前卫画家,都从浮世绘中获得过极有意义的启示。明治维新前后,浮世绘逐渐退出了历史舞台。尽管如此,在世界美术史上,浮世绘却依然占有着光辉的一页。

二　中日之间的文化交流

回顾中日之间的文化交流,值得重点书写的当是两个历史阶段:一是中国的隋唐时代,日本全面学习并努力吸收中国文化,从而形成了中日之间文化交流的第一个高潮;一是近代,中国先进的知识分子满怀热情地向明治维新后的日本文化学习，形成了中日之间文化交流的又一个高潮。

（一）隋唐时代的中日文化交流

公元6世纪末至10世纪初，正是中国历史上的隋唐时代。与唐朝的历史相比，隋朝的历史过于短暂；相对于辉煌灿烂的大唐文化来说，隋朝的文化仅仅处于“序幕”阶段。但隋统一的中央集权国家的建立，包括官制、兵制、田制在内的一系列改革的完成，以及大运河的开凿，与边疆少数民族关系的改善等，都使社会经济得到了较大的发展，为此后300年的统一繁荣奠定了基础。唐继承并发展了隋的统一事业，沿用隋制，进一步完善中央与地方官制，完善封建法律制度，加强中央集权，奖励农耕，至开元、天宝年间，已经建立起了一个政治、经济、文化高度发展，法制相当完备的封建大帝国。对内，实行比较开明的民族政策；对外，在大多数时间内，对绝大多数国家也均采取和睦相处、友好往来的政策。中日之间的文化交流，正是在这样的大背景下进行的。

这一时期的日本，正处在大和时代后期、奈良时代和平安时代前期。其与中国进行文化交流的主要形式或曰主要特点，是遣隋使、遣唐使以及留学生和留学僧的派遣。在这样的背景下，中国佛教也传入了日本，中日两国间的佛教文化交流同样进行得有声有色。

1. 遣隋使和遣唐使的派遣

圣德太子摄政时已开始向中国派出遣隋使，除了求取佛法，也是为了学习隋的典章制度。至唐代，从公元630年派出第一次遣唐使起，到894年决定停派为止的200年间，日本共任命遣唐使18次。

遣唐使团由大使、副使、判官、录事等组成，有时在大使之上又任命执节使或押使。押使（执节使）、大使、副使多由具备汉文化修养且通晓中国事务的官吏担任。随官员一同赴唐的还有译语（翻译）、水手、医师、画师、乐师、工匠、杂役等，每次均达数百人。有时与船同行的还有留学生、留学僧及其侍从。

在长安，遣唐人员多请求参谒孔子庙堂，礼拜寺观；有时还被允许参观府库及三教殿。有的使团人员拜唐儒为师，学习儒家经典；也有的向通晓各种技艺的人士学习技艺。在唐期间，使团成员还尽量搜罗中国的文物古籍。遇好书，或雇人抄写，或接受唐人赠送，或自己出资购买。使团成员也利用各种机会与中国文人、学者交游,彼此间结下跨越国界的友谊。

遣唐使团的另一项重要任务是把随团来唐的留学生介绍给中方,并帮助他们安排好在唐的学习与生活。当时的大部分留学生都被安排到国子监所辖官方学府就读。随使团来华的留学僧们则可云游各地,参谒寺院,寻师问法。

以引进中国典章制度和文物知识为主要目的的遣隋使、遣唐使的派遣,被视为历史上中日两国友好往来和文化交流的盛举。

2. 入唐留学生的杰出代表——吉备真备与阿倍仲麻吕

据日本有关学者的研究统计,确知姓名的日本入唐留学生约有20余人、留学僧约在百人上下。日本史籍说:来唐留学生中"播名唐国者"只有吉备真备和阿倍仲麻吕。此二人分别代表了留学生中归国效命和终老唐土这样两种类型。

吉备真备公元716年与阿倍仲麻吕等一起随第八次遣唐使团入唐。在唐17年,他潜心于学业,不仅钻研儒家经典,而且还修习算术、音韵、书法、天文、历学、礼仪、建筑等各种实用之学。734年,吉备真备随后来的遣唐使团归国。归国后,他被任命为大学寮助教,后又任东宫学士,为皇太子(后来的孝谦天皇)讲授《礼记》、《汉书》等。750年(一说752年)被任命为遣唐副使,再次来到中国,并于754年返日。返日后,任太宰大贰等军政要职,最后升任右大臣(正二位),声名显赫。

阿倍仲麻吕(汉名"晁衡")是仰慕大唐文化而终身仕唐的另一类日本留学生代表。公元716年,他作为留学生随第八次遣唐使团入唐。在国子监太学学习之后,阿倍仲麻吕以进士科及第,并被任命为春宫坊司经局校书,后擢为左拾遗。753年,他随第十次遣唐使团踏上归国之途。不料使团船队遭遇风暴,他随船漂到安南,再从安南辗转回到长安,继续他的仕途,后擢为左散骑常侍、镇南都护。770年病逝并葬于长安。阿倍仲麻吕在唐50余年,与大诗人李白、王维等交谊甚厚。他海上遇险,消息传他已溺水而死,李白闻后,写下《哭晁卿衡》诗以寄哀思,感情真挚,令人欷歔:"日本晁卿辞帝都,征帆一片绕蓬壶。明月不归沉碧海,白云愁色满苍梧。"

3. 中日两国间的佛教文化交流

中国佛教得以在日本传播，圣德太子功不可没。除了将“笃敬三宝”写进“十七条宪法”，圣德太子还学习、研究佛教义理，并撰写有《三经义疏》[①]。“大化改新”之初，朝廷便颁布“兴隆佛法”之诏，任命颇负盛名的十位高僧为“十师”，担当教导僧众、宣传佛教教义工作。“大化”期间，还在各寺设置寺主、寺司和法头，寺司负责寺院的经营和修缮，法头负责管理僧尼纪律。与中国不同的是，这二者皆由俗人担任。至奈良时代，中国佛教的三论宗、法相宗、华严宗、律宗以及成实和俱舍等宗派与学派，已直接或间接地传入日本，使佛教在日本的发展进入了一个新阶段。日本佛教史称其为“奈良六宗”，也称“南都六宗”。

最早将三论宗传入日本的是高丽僧人慧灌。慧灌曾入隋求法，师从中国三论宗大师吉藏。公元629年，慧灌东渡日本传法，开日本三论宗。其弟子智藏也曾入唐游学，研习三论奥义。701年，智藏弟子道慈奉诏入唐，入元康（吉藏的再传弟子）之室学习三论，兼修法相、律、华严等。道慈在唐18年，回国后大弘其所学。他将长安西明寺建筑图样带回日本，后依此图建成奈良大安寺。法相宗是由日本僧人道昭从中国直接传入日本的。道昭于653年随遣唐使入唐，受教于玄奘法师门下，学习法相唯识和《俱舍论》。归国后住元兴寺，大力弘扬慈恩学说，为日本法相宗初传。贤首大师的弟子新罗僧审祥，于729年赴日，住大安寺，后在金钟寺开讲《华严经》，被推为日本华严宗初祖。唐僧人道睿应邀于736年携华严章疏渡日，对华严宗在日本的传播起了推动作用。律宗是奈良六宗中最后传入的宗派，鉴真为其初祖。成实和俱舍二“论”虽也被称“宗”，实际上并未开创寺院独立弘传，只是附在其他宗派之内宣讲：《成实论》附于三论宗内，《俱舍论》附于法相宗内。平安时代，中国佛教的天台宗和密宗（也称“真言宗”）经日本入唐僧人最澄和空海传入日本，史称“平安二宗”。

隋唐时代为中国佛教东传日本做出了重要贡献且影响巨大者，一是中国和尚鉴真，一是日本僧人空海。

鉴真（688—763）俗姓淳于，唐广陵江阳（今江苏扬州）人。14岁出家，17

① 即《法华经义疏》、《胜鬘经义疏》和《维摩经义疏》。

岁受菩萨戒，公元708年在长安实际寺从当时的律宗大德弘景律师受具足戒，取法名“鉴真”。713年，鉴真回归扬州，在大明寺讲律传法，并开始在以扬州为中心的江淮一带授戒度人，成为名满一时的授戒大师。742年日本留学僧荣睿和普照敦请鉴真东渡授律。但因受到官府干预，又受季风影响，鉴真一行先后五次渡海均告失败。鉴真自己双目失明，但东渡弘律的决心从未动摇，终于在753年渡海成功。抵达日本后，鉴真先在奈良东大寺设坛传授戒律，后又在药师寺和观音寺各建一坛，合称日本三大戒坛。759年，在孝谦天皇支持下，鉴真及弟子们自行设计、建造了唐招提寺，作为训练僧侣执行受戒制度的专门寺院。除佛教外，鉴真还把中国的建筑、雕塑、医药、书法、园林等介绍到日本，为中日间的文化交流做出了重要贡献。唐招提寺更是为后来日本佛教寺院的建筑提供了样板。鉴真不但受到中国人民的尊敬，更受到日本人民的推崇。1964年，日本著名的前进座剧团排演了历史剧《天平之甍——鉴真东渡》，并于1966年携此剧来华演出。该剧再现了鉴真矢志东渡的勇气和艰辛，颂扬了他超越国界传播文明的理想和精神。2003年10月，值中日和平友好条约缔结25周年暨鉴真东渡1250周年之际，前进座剧团再次访华，公演《天平之甍》，受到中国观众好评。

空海(774—835)出生于奈良时代末期，赞岐国多度郡(今日本香川县)人。从少年时代起，空海便学习汉文文章和儒家经典，稍长即对佛教产生兴趣。20岁前后出家，两年后在东大寺受具足戒。公元804年与最澄一起随遣唐使入唐。同年底到长安，初住西明寺，后入青龙寺，投密教名僧惠果门下，修习胎藏、金刚二部密法。806年，空海遵师嘱，携带惠果圆寂前所赠密教经典、密教祖师画像以及各种法器等回国。回国后，初住京都高雄山寺，后开创高野山金刚峰寺，再后以京都平安东寺为根本道场传法，由此开创了日本真言宗(也称“东密”)。空海对密教理论加以发挥、演绎、论证，使其后来在日本的法脉延续及影响远胜过中国的密宗。密教思想还渗透到其他宗派，使得日本平安时代以后的佛教几乎都受到了它的影响。凭借坚实的汉文字功底和深厚的汉文化修养，空海也涉足其他领域。文学上，他撰有《文镜秘府论》，意在介绍汉语汉诗，为日本第一部有关汉诗文的理论著作。还编有《篆隶万象名义》，为日本最早的一部论述中国文字的辞书。空海还是当时著名的书法家，与嵯峨天皇、桔逸势并称平安“三笔”，是把中国书法艺术传给日本的第一人。

（二）近代中日之间的文化交流

按照中国学术界对中国历史的分期，从1840年鸦片战争至1919年五四运动被称为“近代”。这一时期，无论是中国社会，还是日本社会，都经历了巨大的震荡和变革。西方列强的入侵和压榨，使中国一天天走向贫弱；明治维新的最终成功，使日本一天天走向富强。因此，这一时期中日文化交流的主潮是中国向日本学习。

尽管近代初期，中国知识分子所写的介绍西方史地以及有关鸦片战争等方面的书籍曾由中国商人载入日本且曾广为流传（比如魏源的《海国图志》，仅1854年至1856年日本就出版了翻刻本、训点本和日译本达21种之多），并对日本人认识世界、加强海防以及开国维新思想的形成产生过影响，但因中日之间还没有建立外交关系，中日人士之间少有直接的交流往还。

从初期到中期再到后期，近代中日之间的文化交流呈现出的是由少到多、由冷到热、由单一到全面、由个体到群体的一个渐进过程。

1. 近代中日文化交流的先驱罗森

罗森是广东南海人，从幼年起即就学于香港。他曾于1854年1月作为汉文翻译官随美国培理舰队赴日，参与了美日之间的一些外交活动，同年6月返回。罗森在日期间，除接触日本官员外，还与日本各界人士（文人、学者、僧人等）交往，通过笔谈、书画互赠以及诗词唱和等交换对一些问题以及国际形势的看法。比如罗森向日本人士介绍当时中国的政治形势，特别是日本人颇为关心的太平天国农民战争的情况，还把自己记述太平天国的著作《南京纪事》等借给日本人看。在与日本人士用汉文进行笔谈时，他还回答了对方提出的许多有关这场战争的问题，纠正了不少误传。

比较起来，罗森的思想和眼界要比当时的某些日本人士开阔。比如在下田，有一位日本人问罗森，作为一个中国人为什么要给西洋人做翻译，罗森写了一首诗作答，抒发了自己面向世界的抱负与胸怀，表达了自己要适应新的时代潮流的远大志向。诗中有句云：“乘风破浪平生愿，万里遥遥若比邻。”

回到香港后，罗森把自己在赴日期间所写的日记冠名为《日本日记》，交由中文月刊《遐迩贯珍》于 1854 年 11 月号、12 月号和 1855 年 1 月号上分三期发表，《遐迩贯珍》编者按云：发表该日记的目的是“广读者之闻记，庶几耳目为之一新”①。罗森在自己的日记中，生动地描述了所到之地的山水、人情、风俗、物产以及转型期的日本风貌，文字中颇多溢美之词。日记还记录了访日期间所进行的与两国文化交流相关的各种活动，收录了与日本友人唱和的诗歌多首，因而成为研究近代初期中日文化交流的珍贵资料，具有较高的文学和史学价值。

2. 黄遵宪和他的《日本国志》、《日本杂事诗》

1871 年，中日两国订立了《中日修好条规》和《中日通商条约》，正式建立外交关系，并于几年后互设公使馆。中国首届驻日使团中有不少文人学者，如曾为美国传教士丁韪良所译《万国公法》写序的副使张斯桂，诗人、参赞官黄遵宪等。

黄遵宪(1848—1905)，字公度，广东嘉应州(今梅县)人。作为驻日使团的核心人物之一，黄遵宪要参与处理各种日常外交事务，使团与日本方面的交涉照会，使团提交给清政府的奏章、报告等，多为他的手笔。为改变国人对日本模糊而且错误的认识，黄遵宪把写作《日本国志》看成是自己作为一名外交官的责任。写作从 1879 年开始，1882 年完成初稿，1887 年夏天完成全部书稿，但直到 1895 年才得以正式刊刻出版。

《日本国志》全书 40 卷，50 万言，除年表外，又分国统、邻交、天文、地理、职官、食货、兵事、刑法、学术、礼俗、物产、工艺等，共 12 志。书中全面、系统地研究了日本的历史与现状，特别是明治维新后所实行的各种制度，同时也从各个方面阐述了应学习西方、效法日本，在中国实行变法维新、发展资本主义的思想，堪称晚清中国研究日本的集大成之作。维新派领袖康有为、梁启超等都曾受其影响。

作为诗人，黄遵宪一生都没有中断过诗歌创作。他还是“诗界革命”的

---

① 王晓秋、大庭修主编《中日文化交流史大系·历史卷》，浙江人民出版社，1996，第 257 页。

积极倡导者和实践者，反对盲目尊古与模仿，主张“我手写我口”。驻日期间，他陆续创作了许多“杂事诗”。1879年，《日本杂事诗》初刻刊行，收诗154首。1890年，在伦敦中国驻英公使馆任参赞期间，黄遵宪又把它增订为收诗200首的本子，后于1898年由长沙富文堂刊印。《日本杂事诗》分上、下两卷，形式比《日本国志》活泼得多，从日本的远古传说到明治维新，从山川景致、风土人情、文化教育到中日两国间的文化交流，诗中都有生动形象的反映。《日本杂事诗》出版后，受到中日两国学者文人的欢迎，有学者把这本书看成是《日本国志》的诗歌版。在认识和学习日本方面，《日本杂事诗》为人们提供了新视角。

3. 王韬和他的日本情缘

王韬(1828—1897)是晚清著名的政论家和改良思想家，江苏长洲(今吴县)人，原名利宾，字兰卿，号弢园。他曾受雇于英国伦敦会传教士麦都思所办的墨海书馆，协助翻译宗教和科学书籍，帮助编辑中文杂志《六合丛谈》，从而有机会广泛接触西学。后在香港协助英国传教士理雅各翻译中国经书，1867年至1870年间随理雅各赴英，协助理雅各译出了中国儒家和道家的几乎所有经典。译书之余，王韬游览了伦敦、爱丁堡等城市，并曾到牛津大学等处作学术演讲，向西人介绍中国文化。此外，他还游历了法、俄等国。1871年普法战争爆发不久，王韬就编撰了《普法战纪》一书，详细叙述了战争爆发的起因和经过，分析了交战双方的胜败得失，并预测了战后国际形势的变化。从1874年起，王韬在香港创办《循环日报》，大力宣传变法自强。1888年，王韬定居上海，翌年出任上海格致书院山长(书院主讲兼总院务)。1897年在上海逝世。

因《普法战纪》在日本翻刻印行，王韬在日本学者中备受关注。1879年王韬应邀赴日。在日本，王韬一共游历了4个月，计128天，所到之处均受到了热烈欢迎和盛情款待。抵达东京时，日本友人设宴为其接风洗尘，包括小野长愿、鹫津宣光、冈千仞在内的22位日本文人学者出席，场面热烈。王韬即席赋诗:“天借因缘非偶然，今朝何幸集群仙。一帆海外飞来会，作赋吾家记昔年。”日本诗人小野长愿依韵和诗:“虽云殊域岂其然，文字相通兴欲仙。蓬岛风光尚如旧，迟来徐福二千年。”

王韬在日期间坚持写日记，并录下与日本友人酬唱和答的诗文，最终形成了一部文笔优美的日记体诗文集《扶桑游记》。全书三卷，近四万言。王韬在《扶桑游记》中记下了自己所游之地的名胜古迹，描述了自己在神户游千鸟瀑，在京都登华顶山，在东京上野赏樱花，在东京墨江看烟火以及瞻朱舜水墨宝，谒德川氏家庙，吊源赖朝墓冢等许多情景。该书还记下了作者在与友人畅论天下大势、比较东西文化时的许多政治见解，思想深刻，看法独到。《扶桑游记》中提到的日本友人不下百人，对其中的许多人，作者还做了恰切的介绍与评论。书出版后，中日学者竞相阅读，日本友人皆以名列其中为荣耀，中国文人则从中了解了日本最为现实的社会风貌。

4. 近代后期——留学日本的热潮

清廷的北洋舰队在中日甲午战争中全军覆灭，以日本明治维新为样板的戊戌变法仅仅推行了103天便遭失败，这使得忧愤与失望中的中国知识分子不得不对日本刮目相看。师法日本并通过日本学习西方近代文化以挽救民族危亡，成了20世纪初声势浩大的留日热潮之所以出现的根本动力。中国留日学生自己所编《留学生鉴》中清楚地阐明了他们的留学动机：

> 吾人不远千里，乘长风，破巨浪，离家去国，易苦以甘，津津然来留学于日本者，果何伟业哉？留学者数千人，问其志，莫不曰：“朝政之不振也，学问之不修也，社会之腐败也，土地之日狭也，强邻之日薄也，吾之所大惧也。吾宁牺牲目前之逸乐，兢兢业业，以求将来永远无暨之幸福，此则吾之所大愿也。”①

1903年，留日学生刊物《游学译编》第6期发表的《劝同乡父老遣子弟航洋留学书》也明确宣称：“惟游学外洋者，为今日救吾国惟一之方针。”

当然，清政府的鼓励、提倡对留日热潮的形成也起了重要的推动作用。另外，留学日本比起留学欧美来，有着更多的便利条件：中日两国“一衣带水，一苇可航”，来往方便；留学费用相对节省；两国文字习俗相似等。据史书记载，

① 王晓秋、大庭修主编《中日文化交流史大系·历史卷》，浙江人民出版社，1996，第317—318页。

首次向日本派出留学生是甲午战败后的1896年。当时，驻日公使缘于使馆工作的需要，从国内选拔了13名学生赴日留学。20世纪初，留日学生人数激增。据清廷官方统计，中国在日留学生，1902年573人，1903年约1300人，1904年2406人，1905年至1906年增至约8000人。[①] 此后，留日学生人数开始下降，1908年至1909年降至5000余人，1910年降至4000人左右。辛亥革命爆发后，许多留日学生纷纷归国投身革命，留日学生人数锐减，到1912年仅余1000人左右。

在日本，留学生们所学专业十分广泛，从政治、文史、外语、师范、军事到理工、农医、商业乃至音乐、美术、体育等，可以说是应有尽有。除了发愤读书之外，留学生们还通过创办报纸杂志、翻译日文书籍等手段，把源自西方和日本的新思想、新文化、新知识，经过自己的消化改造，向中国国内知识界传播。

留日热潮不仅促进了中日文化交流，而且对于近现代的中国革命运动、对中国思想文化的发展都产生了很大影响。毋庸讳言，留日学生中，固然有不少胸无大志、碌碌无为的平庸之辈，但特殊的历史条件、特殊的使命意识，却也造就了一大批中国近现代史上的杰出人物，他们中既有革命家、思想家、军事家，也有文学家、学问家、教育家和艺术家，其中的杰出代表如孙中山、秋瑾、陈独秀、李大钊、周恩来、鲁迅、郭沫若、郁达夫、王国维、陈寅恪、陈望道、章士钊、李叔同、欧阳予倩等。

5. 近代日本文化对中国文化的影响

近代日本文化对中国文化的影响，最大却又极易为今人所忽略的是在语言文字方面，即日语词汇向现代汉语的输入——日语“外来语”[②]。

明治维新开始后，日本如饥似渴地汲取西方近代思想文化，欧美各国的学术名著和文学名著差不多都由日本学者译成了日文。这些在20世纪初很快

---

① 据日本官方的调查统计，1906年中国留日学生数是7283人，其中在国立学校学习的为262人，在私立学校学习的为7021人。

② 有学者把近代从日本输入的汉字词名之为日语“外来语”，并称之所以要给“外来语”三字加引号，是为与西文的外来语如“沙发”、“咖啡”、“逻辑”等相区别。为了表述的简便，我们也如是用，因为这两者实际上是不同的，日语“外来语”绝大部分只是汉字词，就是说汉语所借的只是其书写形式而非其读音。

又成了求知若渴的中国留日学生追寻的“宝贝”。西方的政治经济学、史学、哲学、法学、社会学以及社会主义等众多新学科、新理论、新思想、新知识，通过中国留日学生的转译，源源不断地传入了中国；与之同时传入的自然就是数不胜数的日语“外来语”。这些进入了汉语的“外来语”，不仅大大丰富了汉语的词汇，同时也促进了汉语文体的改变，为中国的现代化运动奠定了丰厚的基石。

今天，已有不少学者关注并研究这一现象：古代，先是汉字和汉语词汇进入日本，并由此形成了日本的书面语；而当日本在近代与西方相遇之后，日本学者便大量使用古代汉语的词去翻译相应的西方名词、术语；出自日本学者之手的这些新词语，在清末又潮水般涌入中国，并在汉语中站稳了脚跟。这是一个复杂的过程，又是一种耐人寻味的现象。

日本近代学者在译西文概念时，大体采用以下几种方式：一是向中国学习。从时序上讲，中国接触西方文化远比日本早，特别是明末清初，利玛窦等来华，西文汉译的工作就已开始，200 年间，传教士与中国知识分子合作，共译出人文科学书籍和自然科学书籍计 180 种。再后来，至近代前夕，又译出了完整的《圣经》。另外，19 世纪上半叶，传教士们还编辑出版了类似《汉英词典》那样的工具书。这些，自然为日本学者在翻译西文概念时提供了借鉴。二是对汉语的词汇加以利用、改造，使之适用于西方概念。通过这种方式产生的词语很多，如“艺术”、“文化”、“文明”、“文学”、“阶级”、“国家”、“演说”、“自由”、“民主”、“经济”、“社会”等。日本学者改造汉语词的途径主要包括：将汉语词的意义抽象化，如“阶级”；将汉语词的词义缩小，只取其一部分，如“文学”；只借其字，不取其义，甚至赋予其完全相反的意义，如“革命”、“民主”等。三是新造汉字词。当实在找不到相应的词来作译语时，日本学者便利用汉字组成新词，具象的如“电话”、“俱乐部”等，抽象的如“宗教”、“科学”、“哲学”等。

第三节 越 南

越南位于中南半岛东部。北部与中国云南、广西接壤，西部与老挝、柬埔寨为邻，东部和南端临海——北为北部湾，南为南中国海，西南为暹罗湾。越南国土狭长，南北长约1650公里，东西最宽600公里，最窄50公里。其海岸线长约3260公里，国土面积32.95万平方公里。北部主要是红河三角洲，中部绵亘着长山山脉，南部则是湄公河三角洲。现代越南是一个多民族国家，以越族（京族）为主，另外还有岱、泰、侬、芒、苗、土、瑶等少数民族。

一　越南历史概述

（一）封建王朝建立前的越南

约在公元前4世纪，雒越人占据了红河流域，在那里创造了东山文化①。约公元前3世纪中叶，瓯越人部落在蜀王子泮率领下打败文郎部落，建立了越南历史上第一个阶级国家"瓯雒国"。但好景不长，公元前218年，秦统一中国不久便征服了少数民族所居的百越之地，两年后在今广东、广西、湖南西部和贵州东部一带分别设立南海、桂林、象三郡。秦末汉初，秦朝派往南海的地方官赵佗割据三郡，并于公元前207年称王，建立南越国。据说南越国曾和瓯雒发生过战争，公元前180年，瓯雒臣服，归属南越。赵氏南越政权把瓯雒分为交趾、九真两郡，并派驻使者加以控制。公元前111年，汉武帝发兵消灭了赵氏的割据势力，其所属交趾、九真二郡使者投降。汉又分其地为交趾、九真、日南三郡，派遣太守，设置都尉。汉代封建制度的影响，加速了古代越南的社会发展进程；中国先进的生产技术和生产工具的不断传入，促进了古代越南社会生产力的大幅度提高。但在汉朝统治下，越南人民所受的阶级剥削和民族压迫也日益深重。民族矛盾与阶级矛盾的发展和尖锐化最终导致二征起义②。起义军击败汉朝驻军，占领了许多城池，还得到九真、日南两郡人民的响应，声势浩大。公元42年起义被东汉伏波将军马援镇压。起义军被镇压以后，马援一面修城治郭，设官驻守，一面下令兴修水利，穿渠灌溉，借以发展生产，施惠于民。

---

① 遗址在今清化省的东山，故名。精美的铜鼓是这种文化的代表。

② 公元1世纪中期，东汉交趾太守苏定任意加重对人民的压榨盘剥，并于公元40年处死雒将（部落的军事领袖）诗索。诗索的妻子征侧与妹妹征贰举兵起义。

公元2世纪至3世纪间，苍梧广信人士燮曾任交趾太守。士燮"学问优博"，"达于从政"，在中原大乱之时，他不但能安土守境，而且能礼贤下士，既让百姓过安定生活，还使交州有一股浓浓的学术气息。越南历史学家对士燮向有很高的评价，尊其为"士王"；历代统治者对他也很尊重，先让其入越南帝王庙，后改入孔庙，并尊其为"南交学祖"。

公元679年，唐王朝在越南北部设立"安南都护府"，其下分设若干州，由刺史统治。公元7世纪至9世纪时，越南曾爆发过多次反对唐朝统治的起义，其主力是农民，领导者则多半是要求恢复民族独立的封建主。公元9世纪后半叶，唐王朝的统治已岌岌可危，对越南的统治自然也难以维持。906年，越南封建主曲承裕掌握了政权，唐王朝不得不承认既成事实，委任他为节度使，而实际上对他已无力控制。唐朝灭亡后，939年，越南封建主阶级的代表吴权以爱州(在今清化省境内)为根据地，在白藤江击败南汉的驻军，自称为王，建立吴朝，越南从此独立。

(二) 越南封建王朝的兴替更迭及其社会发展

新政权开始时极不稳固。公元944年吴权死后，当地12个大封建主各霸一方，相互征伐，年年混战，史称"十二使君之乱"。968年，十二使君中最强大的丁部领战胜其他封建势力，统一安南，建立"大瞿越国"。981年，大瞿越国将军黎桓取代丁朝，建立前黎朝。1009年，前黎朝军队殿前指挥使李公蕴取得帝位，建立起了越南历史上第一个稳固的封建王朝——李朝。

李朝(1010—1225)建都升龙(今河内)。1042年，李朝颁布"刑书"，是为越南第一部成文法。1054年，李朝圣宗改国号为"大越"。仁宗时，在中央设文、武大臣，称两班，并将原来全国的10道改分为24路(府)，由文官知府治理。路下有州，设有州牧，最基层的地方单位为社，设社官。李公蕴即位之初，曾下令免税三年，豁免贫户积欠捐税；又开凿沟渠，以利灌溉。后世诸帝亦多采取措施，恢复并发展农业生产。与此同时，商业也发展起来，并由国家垄断。平原地带将食盐、铁器、酱油等运往山区，换回水果、象牙、犀角、香料等。国外贸易同样十分兴盛，除与中国的传统贸易外，李朝也开始与暹罗及南洋通商。1075年，李朝效法中国的科举制度，首次开科取士。当然，士子并非其官员的唯一来源，据载，由僧入官的也不少。12 世纪末至 13 世纪初，李朝政治腐败，封建统治者加紧对人民的盘剥，加之连年天灾，瘟疫不断，于是在许多地方接连爆发农民起义。其时李朝女主年少，被迫让位给她的丈夫陈日煚。1225 年，李朝结束，陈朝建立。

陈朝(1225—1400)时期，统治者强化了中央政权，朝中高官皆由王族充任。朝廷仿中国宋制，分全国为 12 路，由宗室、外戚镇守。军事上实行寓兵于民的政策，同时在京城置禁卫军。1253 年，陈朝设立习武学校以培养军官。这一时期，越南的科举制度渐趋完备。随着社会经济的进一步发展，独立已 200 余年的越南，其民族文化在此时也有了显著进步。黎文休撰成《大越史记》30 卷，是为越南第一部正史。13 世纪初，越南人创造了自己的文字"字喃"(也称"喃字"，意为"南方之字")。此后的几个世纪，越南出现了许多用字喃写作的诗人和作家，如韩诠、阮廌等。13 世纪下半叶至 14 世纪末，越南人民抵挡住了外族的多次入侵。1400 年，外戚胡季犛推翻陈朝，建立胡朝。胡朝短命，只维持了七年便为明军所灭，此后，越南被迫置于明朝的直接统治之下。1418 年，清化地主黎利在蓝山起兵反明，1427 年迫使明军退出越南。黎氏建立大越国，史称后黎朝，定都河内。

后黎朝(1428—1789)废丞相，设六部。全国分为 13 道，各道长官由中央任命，分掌军、政、财权和司法大权；同时设监察御使对其加以监督，并禁止训养私人军队，借以加强中央对地方的控制。这一时期，越南封建王朝发展至鼎盛，最终用武力把南面的占婆全部纳入自己的版图。圣宗之后，后黎朝的几代统治者滥取民财，恣意享乐，引发了大规模的农民起义，并造成国家分裂。16 世纪至 17 世纪间，越南政权愈加动荡，战乱不断。从 17 世纪末年起，越南再次出现持续了近百年的南北对峙局面。1778 年，农民起义领袖阮文岳在南方自称中央皇帝，自立国号，接着北伐，并于 1786 年占领河内，后黎朝由此终结。

与此同时，广南阮氏家族后裔阮福映在暹罗军队和法国军队帮助下，率军于 1788 年攻占西贡，并在占领了南方之后，大举北进，于 1799 年攻占归仁。1802 年，阮福映攻克河内，自立为帝，同时迁都顺化，建立起了越南的最后一个封建王朝——阮朝,并于第二年正式改国号为“越南”。至18世纪末,整个湄公河三角洲地区也为越南所吞并,形成了大致相当于现代越南的领土格局。对内,阮福映采取一切手段加强君主专制制度,订立所谓“四不”原则,即不设宰相、不选拔状元、不立皇后、不给皇族以外的人封王爵。对外,阮朝维持了与中国清朝名义上的宗藩关系,对西方资本主义国家则采取“闭关锁港”政策。

1858年,法国殖民者发动了侵略越南的战争。1884年,越南沦为法国“保护国”。第二次世界大战中,越南曾被日本侵略者占领。1945年,越南人民胜利地举行了“八月革命”,9月2日,胡志明发表“独立宣言”,正式成立越南民主共和国。此后,越南又曾遭受帝国主义侵略,直至1975年才取得民族解放战争的彻底胜利,并于第二年实现全国统一,定国名为越南社会主义共和国。

二　中越之间的文化交流

独特的历史渊源造就了中越两国间独特的文化联系。中国文化对越南文化的影响,悠久而深远。这种影响表现在汉字、习俗、医药、历法、姓氏、文学、意识形态以及典章制度等诸多方面。正因如此,日本历史学界一向认为,越南最初的历史和文化属于“中国的文化圈”。胡朝胡季犛曾写过这样四句诗:“欲问安南事,安南风俗淳。衣冠唐制度,礼乐汉群臣。”这里只从汉字、文学和意识形态等方面对此加以陈述。

(一)汉字在越南的传播与影响

汉字是随着汉文化在越南的传播而传播的。汉字,在越南称为“儒字”,约在公元前2世纪传入越南,是越南使用的第一种文字。有学者把汉字在越南的传播分为两个阶段:一是10世纪中叶前,为初播阶段。那时,因为是“北属”时期,汉字是越南的官方文字。二是10世纪中叶后,越南虽已独立,但仍沿用汉字,直至19世纪末,此为借用阶段。尽管如此,独立后特别是李朝之后的越南,汉字在其社会和文化中的作用较之独立之前,似乎显得更为重要。汉字以及越南人在汉字基础上创制的喃字,是越南古代文化大厦的基本构成因素和承重框架;在古代越南吸收以儒家学说为主的中国传统文化的过程中,汉字起了关键性作用;越南古代的文化传统在很大程度上是通过汉字长期且广泛的使用而得到继承和发展的。

10 世纪之后的越南，无论是官方文告或者科举考试，都通用汉字；重要的史学、经学、刑律、医学、文学等方面的著作，使用的都是汉字。如李太宗的《刑书》，陈太宗的《国朝通礼》、《刑律》，陈裕宗的《陈朝大典》，陈国峻的《兵家要略》，陈仁宗的《中兴实录》，黎文休的《大越史记》，朱文贞的《四书说约》以及后黎朝时期的《大越史记全书》、《大越通鉴》、《国史实录》、《安南一统志》、《易经肤说》、《春秋管见》，阮朝前期的《大南会典》、《大南实录》、《大南列传》、《大南一统志》、《历朝宪章》、《明命政要》、《一统地舆志》、《安南志》等。至于用汉字创作的文学作品，更是数不胜数。由此可见，汉字不仅是传播文化信息的主要载体，而且也成为了创造性地发展越南民族文化的一个重要基础和工具。

13 世纪初叶创制成功的字喃，是一种仿照汉字结构且采用形声、会意、假借等造字方法的、越语化的象形文字，在经历了逐渐系统化的过程之后，到 17、18 世纪时，字喃已盛行于越南全国。越南史书中记载的第一篇用字喃创作的作品是陈朝韩诠[①]的《祭鳄鱼文》(已失传)。韩诠依平仄律创作的喃诗，被称为“国音诗”。胡朝历时虽短，但却把字喃规定为官方文字，促进了字喃的推广。后黎朝时，字喃文学得到了一定的发展，最具代表性的人物是阮廌，其《国音诗集》是越南最古老的字喃诗集之一。这一时期还出现了第一部用字喃写成的历史演义《天南语录》。至 19 世纪上半叶，字喃作品在越南文坛上已占优势。诗人阮攸创作了著名的长诗《金云翘传》，被视为越南古代诗歌艺术的代表作，对越南诗歌的发展产生过重要影响。18 世纪至 19 世纪初，越南还出现了一批用字喃进行创作的、颇有才华的女诗人，如段氏点、胡春香等。字喃的缺点是明显的：它书写繁复[②]，又不能表音，掌握起来困难，使用起来也颇费精力。音与形相互脱节，字喃逐渐走向衰微。19 世纪时，法国殖民政府下令，规定拉丁化的新文字为越南“国语”，于是字喃便成为了历史上的一种“死文字”。

---

① 韩铨原名阮诠，因中国唐代文学家韩愈早就写过一篇有名的《祭鳄鱼文》，陈仁宗便赐其韩姓，阮诠也因此名韩诠。

② 笔画比汉字还多，往往是两个汉字拼成一个字。

随着汉字的传播,能充分展示个人才华的汉字书法艺术也在越南扎下了根。直到今天,尽管越南社会已经经历了无数重大变迁,汉字书法艺术依然有人传承。每当春节来临之际,有着相当汉文化修养的老学究们便走上街头,铺开红纸,挥毫泼墨,为人们书写汉字对联——过节时,家家都喜欢把汉字对联贴在自家的墙上或柱子上,以增加节日气氛。另外,人们还喜欢用写有"心"、"福"、"德"等字的书法字幅庆祝生日,或祝贺乔迁之喜,或作为礼物送给亲人。

(二)中越间文学上的密切关联

中越文学上的渊源最突出地表现在两个方面:一是古代越南文学家深厚的汉文化修养,二是古代越南文学家在其创作活动及其作品的题材、风格等方面与中国文学的特殊关联。10 世纪中叶至 19 世纪中叶的越南文学,是在深受中国文化多方面影响下发展起来的。比如儒家思想、老庄哲学和由中国传入的佛教(尤其是禅宗),就曾深刻地影响了越南文学家的创作思想。这一时期的书面文学作品,几乎找不到完全不受儒、释(汉传佛教)、道思想影响的作品。这就使得越南古代文学在思想上明显地区别于东南亚其他国家同一时期的文学。除了思想上的影响,中国古典文学在题材、形式、风格乃至表现方法等诸多方面,也给越南文学打上了深深的印记。

李朝时,由于受中国佛教禅宗及禅诗的影响,佛门诗僧曾雄踞越南文坛。他们借诗谈禅,以禅入诗,创作了不少七言或五言"禅诗",其中不乏禅趣盎然清新隽永之作。如满觉法师的《告疾示众》诗:"春去百花落,春到百花开。事逐眼前过,老从头上来。莫谓春残花落尽,庭前昨夜一枝梅。"

陈朝前期的文学,仍以佛学作品和禅诗为主,其特点之一是几代帝王均擅禅诗,比如陈圣宗和陈仁宗。陈圣宗诗虽不多,却洒脱清逸,如题为《宫园春日怀旧》诗:"门空尘掩径生苔,白昼沉吟少往来。万紫千红空烂漫,春花如许为谁开?"陈仁宗诗中时有佳句,他还著有《僧伽碎事》、《石室寐语》、《禅林铁匙》等。陈朝中后期,儒家学说日益受到推崇,儒家知识分子主宰了文坛,越南的文风诗风,均为之一变。朱安、陈忠彦、张汉超、莫挺之等都是这一时期颇有成就的文学家。朱安著有《樵隐集》,陈忠彦著有《介轩诗集》。张汉超的《白藤江赋》是越南文学史上的名篇,发出了"念豪杰之已往,叹踪迹之空留"的感慨。

莫挺之最为仰慕的是中国东晋诗人陶渊明，曾作诗对其品格大加称赞，诗中云："扶疏五株柳，冷淡一篱菊。寥寥千载后，清名可叹服。"他还作有一篇《玉井莲赋》，以"非桃李之粗俗，非梅竹之孤寒，非僧房之枸杞，非洛土之牡丹，非陶令东篱之菊，非灵均九畹之兰"盛赞太华峰头玉井之莲，哀怨之中有骚音，穷极越南汉语文学之美。陈朝末期的代表作家是陈元旦，其诗多为忧时伤世之作，抒写"致君尧舜"的儒生抱负，表达无力回天的伤感情绪。他的律诗注重锤词炼句，对仗也颇工整，留有不少佳句，如"晚菊早梅新富贵，青灯黄卷旧生涯"、"归舟未稳江湖梦，分取渔灯照古书"。在中国六朝志怪小说和唐宋传奇的影响下，陈朝还出现了第一部以越南社会为背景的小说《越甸幽灵集》，被视为汉语文学的一个新发展。该书成书于陈宪宗开佑元年(1329 年)，由李济川编著，讲述自士燮以来越南历史上英雄豪杰、烈士义女的故事，颂扬"生而为英，死而为灵"的精神。

后黎朝时，越南古代文学走向成熟，一批优秀作家(如阮廌、黎思诚、阮秉谦、郑陈琨、阮嘉韶)的出现，是这一时期文学成熟的显著标志。阮廌(1380—1442)有越南古代"文圣"之称，后黎朝初期的大多数文献均出自他手，辑为《军中词令集》、《蓝山实录》等。所作《平吴大诰》，气势磅礴，具有强烈的民族主义色彩，被誉为"千古雄文"。他著有越文诗集《抑斋遗集》、《国音诗集》，后者收诗 254 首，是流传至今最早的一部字喃诗集。他还著有汉文诗集《抑斋诗集》以及记叙越南地理概况的《舆地志》，其汉文诗感情充沛深沉，语言清新流畅。帝王中，圣宗黎思诚(1442—1497)文学成就最高。他醉心于中国文化，喜好文学，曾建立"骚坛会"，自称"骚坛元帅"，该会有 28 个成员，称为"骚坛二十八宿"。黎思诚所著汉文诗集包括《琼苑九歌》、《珠玑胜赏诗集》等。其诗声律严谨，格调清新，描写细腻，曾对越南古代文学产生过很大影响。

阮朝前期，即 18 世纪末至 19 世纪中叶法国侵占越南之前，越南古代文学继续有所发展，除汉诗汉文外，字喃文学渐趋成熟。这一时期最为杰出的诗人是阮攸(字素如，1765—1820)，他汉文造诣很高，作品有《清轩前后集》、《南中杂吟》等，被越南人尊为"诗圣"。1813 年，阮攸作为阮朝贡使出使中国，并写出了汉文诗集《北行杂录》，赞美沿途风光，品评历史人物，抒发个人情怀。集中的《吊三闾大夫》和《耒阳杜少陵墓》诗，表达了作者对这两位伟大的中国诗人的真诚景仰。在杭州，他听到了才女冯小青的悲剧故事，读到了她凄怨哀婉的诗篇，曾吟成七律《读小青记》以写自己的心境："西湖梅花尽成墟，独吊窗前一纸书。脂粉有神怜死后，文章无命累焚余。古今恨事天难问，风韵奇冤我自居。不知三百余年后，天下何人哭素如？"阮攸还以青心才人（即清初文学家余怀）的长篇小说《金云翘传》为蓝本创作了一部长达3254行的字喃长诗《金云翘传》。《金云翘传》通过对女主人公翠翘沦落青楼的悲惨境遇的描述，暴露越南封建社会的种种矛盾以及统治阶级的罪恶。长诗结构严谨，在语言运用和人物塑造上都达到了极高的水平，被推崇为越南最伟大的古典文学名著。这一时期的重要作家还有阮辉似、阮文超、高伯适等。阮辉似（1743—1790）借鉴中国同名小说，创作了字喃长篇叙事诗《花笺记》。该诗长达1886句，在熟练运用中国典故的同时，还保持了18世纪越南语的精华，也是越南古代文学史上的名篇。阮文超、高伯适以及阮朝宗室松善王、绥理王四人颇负文名，阮朝嗣德皇帝曾写诗对他们大加称颂，其中两句云："文如超适无前汉，诗到松绥失盛唐。"可见四人文名之盛，也可见中越古代文学的水乳交融。

（三）中国在意识形态领域对越南的影响

从10世纪至19世纪的整个封建时代，越南社会在意识形态方面的最大特点是儒、释、道并存，而其总的发展趋势是：儒家学说的影响不断增强，至末期达到鼎盛；佛教的地位虽然渐次低落，但一直有着广泛影响；道家的作用和影响则始终次于儒、佛。

10世纪之前，儒家学说、中国佛教和道家思想早已先后传入越南。但直到李朝，随着统一的封建国家的巩固，越南才开始重视意识形态建设。

李朝的意识形态状况可以概括为：佛儒并重，各得其所。统治者以儒家学说作为确定朝制和社会制度、维持君臣关系和统治秩序的思想武器，而倡导佛教似乎只是为了给人民以心灵上的安慰，从而维护社会的稳定和自己的统治地位。因为开国皇帝以及后世诸帝都是佛教信徒，所以佛教在李朝初期宫廷中的地位比儒家更高，在社会上的影响也比儒家更大。李太祖李公蕴建国后即在宫中修万岁寺，并在各地广建佛塔；李太宗李佛玛曾于1034年举行隆重仪式，接受中国宋王朝赠送的汉文《大藏经》；李圣宗则有“越南的阿育王”的称誉。李朝时，佛塔寺院遍于越南各地。李朝佛教中，影响最大的宗派是禅宗，主要派别有灭喜禅派、无言通禅派和草堂禅派。灭喜禅派创始人毗尼多流支是印度僧人，公元574年来华，师从禅宗三祖僧璨，580年往住越南河东省法云寺，译《总持经》等，开创灭喜禅派。前黎朝的万行禅师，是灭喜第十二代弟子，被奉为前黎朝国师，后辅助李公蕴建立李朝，曾亲度千余人为僧。无言通禅派由中国唐代僧人无言通于公元820年创建于越南北宁省富东村建初寺，所传为中国禅宗南派禅法。李太宗即位前曾出家，后成为无言通派第七代禅师。该派递传18代至竹林派开山祖陈仁宗，400年间一直为越南禅宗主流。草堂禅派11世纪中期由旅居升龙开国寺的中国草堂禅师创立。当时的越南皇帝李圣宗希望以草堂派统一佛教各派，尊草堂禅师为国师，并令其在宫中向百官传授该派教义。在尊崇佛教的同时，出于巩固封建统治、建立统治秩序的需要，李朝朝廷逐步提高了儒家学说的地位。李太宗时，朝廷规定百官每年必须到铜鼓神庙（河内安泰村）行盟礼，用儒家的忠、孝伦理思想约束臣民。李圣宗时，朝廷在京城建文庙，塑周公、孔子及先贤之像以祀之。1075年，越南首度开科，取士10余人；1076年，又在京城设国子监，以授儒家之学。

陈朝是儒、佛地位开始发生变化的时期。前期，佛教依然兴盛，诸帝尤不信奉佛教，出现了“帝与僧共治天下”甚至帝亦为僧的情况。但佛教思想只能从消极方面为统治者服务，而儒家所宣扬的礼教纲常、尊卑有序等思想才能真正在维护封建制度和统治秩序方面发挥积极作用。正因如此，这一时期，科举制度日趋制度化，儒学和孔子的地位也进一步提高。陈太宗元年（1253年），朝廷立国学院，塑孔子、周公、孟子像，画七十二先贤像。后期出现了以朱安、张汉超等为代表的大儒，他们得到朝廷的支持，极力提倡儒学，排斥佛教。《越史总论》中以“穷理、正心、除邪、拒孽”来概括朱安的思想；张汉超则视佛教为异端，主张独尊儒术，被史家称为“儒宗”。

胡朝和中国明朝的（直接）统治尽管短暂，但这两个时期却对越南封建意识形态的发展产生了较大影响，其所采取的一些措施，使科举更加适应封建国家的需要，同时也使儒生的地位进一步得到提高，儒学特别是程朱理学得到了更加广泛的传播。

后黎朝时，统治者从一开始就崇奉孔子，明确地以儒家学说作为统治思想。黎圣宗在位时，规定每年春秋两季丁日举行祭孔典礼，还曾几次扩修京城的文庙。黎显宗时，文庙内的孔子像始用王者之服。据记载，圣宗在位的38年间，曾12次开科，共取士511名；宪宗2年(1499年)科考，应试者多达5000余人。科举之盛、应试者之多真实地反映了儒学影响的深广。15世纪后，随着印刷术的传入，越南官方开始大量翻刻儒家经典，特别是朱熹注《四书大全》和“五经”。后黎朝士大夫无不深受儒家学说熏陶。所谓“六经之外无他道”、“学问同尊孔氏书”(阮公沆诗句)，正是当时儒学兴盛的真实写照。士人阮秉谦(1491—1585) 45岁中状元，曾任吏部尚书，他深研理学，也习老庄，著有汉字和字喃诗文千余篇，晚年在家乡授徒，从学者甚多。黎贵惇(1726—1784)是儒学大家，其在经学方面的著作就有《四书略解》、《书经演义》、《易经层说》、《春秋略论》、《群书考辨》等。

阮朝前期，儒学发展至极盛。第一，孔子地位空前提高。阮世祖阮福映统一越南后，首先命各地建文庙。1808年，首都顺化的文庙建成，立“至圣先师孔子”牌位，世祖亲率群臣前往参拜。第二，儒学教育更加系统化。朝廷十分重视学校教育，除了设立国子监，还为王室子弟教育乃至乡间儿童教育制定了学规；教材均以儒家经典为主。第三，科举考试已独试儒学，并且引入了八股制。科考中，不再像李、陈、黎诸朝那样儒、释、道三教并试，而是“唯儒一家，别无他教”，反映出统治者更想依靠儒学和儒生“治国平天下”的理念；引入八股，则是阮朝封建社会在政治思想上的专制主义达于极点的反映。第四，颁行国策、端正风俗，皆以儒学为指导。比如嘉隆11年所颁国策的内容是：敬天、法祖、亲亲、体臣、求贤、审官、勤政、爱民、重农、崇俭、礼乐、教化、制民、慎刑、财赋、法度、崇文、奋武、广言路、固封守、抚边、柔运。由此不难看出儒家学说影响之深之广。

思考与练习

1. 试从语言、宗教、社会制度等方面归纳一下朝鲜历史文化的特点。

2.“训民正音”是朝鲜人自己的拼音文字,其成功创制与使用对朝鲜的历史文化产生了怎样的影响?

3. 请谈谈“北学派”与中朝文化交流及其意义。

4. 俳句在日本文学史上占有重要地位,请谈谈它的艺术特色及其形式所反映的日本文化特质。

5. 浮世绘是德川时代产生的一个重要美术流派,你如何评价它的艺术成就及影响?

6. 隋唐时代,日本全面学习并努力吸收中国文化;近代,中国先进知识分子又满怀热情地向日本文化学习。从这两个时期中日文化交流的成果中,你得到了怎样的启示?

7. 有学者把日本、朝鲜半岛和越南划归为“汉文化圈”(或称“汉字文化圈”,或称“中国文化圈”),这样划分的根据是什么?你对此有何见解?

8. 试述越南文化的特色。

9. 历史上,中越间文学上的关联表现在哪些方面?试举例加以说明。

第三章　缅甸、泰国、柬埔寨、老挝及东南亚海岛地区国家

早在公元前 3 世纪古印度阿育王时代，佛教就已传到了锡兰岛（今斯里兰卡，其时也称“僧诃罗”）。将佛教传入锡兰岛的是阿育王之子摩哂陀。其所传的是上座部佛教，又称南传佛教或巴利佛教，是小乘部派佛教之一派。佛教在斯里兰卡的影响至深至远。这个国家的整个文化可以说都是从佛教产生的：佛教的巴利文成了该国的文学语言；建筑、雕刻、绘画等艺术，也均从印度佛教文化中发展而来。斯里兰卡也对佛教的发展做出了重大贡献：巴利文三藏经典在这里保存无缺；在全面接受佛教教义的同时，这里还产生了许多佛学论著。正因如此，它成为了上座部佛教的“根据地”。更为重要的是，斯里兰卡佛教还曾对今天的缅甸、泰国、柬埔寨和老挝产生过巨大影响。缅甸、泰国、柬埔寨和老挝属于小乘佛教文化圈。这个地处东南亚的文化圈在公元 11 世纪至 14 世纪最终形成。研究者认为这一文化圈形成的重要原因之一是这几个相互毗连的、各自统一的封建国家的建立需要相应的宗教意识形态。从 11 世纪起，南传上座部佛教先后被这几个国家奉为国教。从 14 世纪这一佛教文化圈最终形成直到殖民主义势力入侵之前，在缅、泰、柬、老诸国，一直没有出现过足以与上座部佛教相抗衡的别的宗教体系或其他有影响的思想体系，该教派在这一地区始终保持着“独尊”的地位。也正因如此，东南亚小乘佛教文化圈在相当长的时间内较为完整地保持了自身的特点，显示了其独特的文化个性。

几乎与东南亚大陆（中南半岛）缅甸、泰国、柬埔寨、老挝诸国文化转型——由印度教和大乘佛教文化转向小乘佛教文化——同时，东南亚海岛

地区国家也开始了宗教文化上的转型，即由原来信奉印度教和佛教转而信奉伊斯兰教。这一地区国家指的主要是今天的马来西亚、菲律宾（南部）和印度尼西亚。东南亚海岛地区的伊斯兰教基本上是以和平的方式传播的，先是传到苏门答腊北部，然后向马六甲、爪哇等地传布。其得以传播的原因主要是穆斯林商人为这一地区带来了实际的经济利益，使得统治者愿意并主动地接受伊斯兰教；除此之外，能够吸引各阶层人士的还有伊斯兰教徒所宣传的伊斯兰教教义、主张以及包含于其中的利益承诺——真主会赐给每个信奉者（教徒）一份耕地，耕地可以自由使用和买卖；居民的商业利益受到保护并限制高利贷等。再有就是伊斯兰教教义中浓厚的神秘主义色彩与印度教一脉相通，极易为原来信奉印度教的居民所接受；许多穆斯林商人定居了下来并与当地人通婚，为伊斯兰教的广泛传播创造了有利条件。和平的传播方式及其来源的多样性和复杂性，使得东南亚海岛地区的伊斯兰教具有一种宽容的品格。这里，原有的印度文化遗产被保存了下来，并且仍然影响着人们的思想乃至性格；另外，保留在民间的，还有古代农村公社、母权制以及原始宗教的影响，这些东西又与外来的伊斯兰教相互融合。正因如此，许多传统的东西得以流传至今，如皮影戏、傀儡戏以及舞蹈、绘画、雕刻艺术乃至建筑风格等。

第一节 缅 甸

缅甸位于中南半岛西部，东北与中国相邻，西北与印度、孟加拉国接壤，东南与老挝、泰国交界，西南濒临孟加拉湾和安达曼海，是中南半岛上面积最大的国家。

一 缅甸国家历史文化发展概述

缅甸很早就通过商人和僧侣接受了印度文化的影响。大约在纪元前后，下缅甸孟人的勃固国所采用的就是南印度文字；中缅甸骠国的雕像和铜器等，也多与印度笈多王朝的风格相似。

从公元8世纪中叶起，骠人渐与缅人融合。公元849年，缅人在原骠国首都卑谬以北建立蒲甘城，蒲甘王朝(1044—1287)逐渐兴盛。11世纪中叶蒲甘吞并骠国，统一了上下缅甸大部分地区，建立了缅甸历史上第一个统一的封建国家。蒲甘王国持续了200多年，于1287年灭亡。此后，统一的缅甸陷于分裂。掸族控制了北方以阿瓦(今曼德勒附近)为中心的地区(史称阿瓦王朝)，南方的孟人以勃固为中心建立了勃固国，东部的缅人建立了东吁政权，西面的阿拉干王国也重新独立。这一时期，南方的孟人国家经济发展，对外贸易活跃，北方的掸人则接受了缅族文化，与此同时，伊斯兰教传入了西部的阿拉干。由是，缅甸各地的文化，较之蒲甘王朝时期，似乎更为丰富多彩。16世纪初期，东吁国势力渐强，开始了统一缅甸的战争。1555年攻占阿瓦，接着又征服了北部掸族诸小国，使缅甸重新归于统一。为巩固其统治，新王朝根据勃固国的《伐丽流法典》编成两部律书，并统一全国的司法制度和度量衡。这一时期，缅甸的手工业如炼铜、冶铁和制造玻璃、漆器等，都取得了不小进步。统一的缅甸不断发动对外战争。16世纪后半期，缅甸多次发兵暹罗，缅王莽应龙曾两次占领暹罗首都阿瑜陀耶，两国之间由此展开了旷日持久的侵略与反侵略的斗争。随后缅甸外战内乱不断，19世纪起又陷入了英国殖民统治的水深火热之中。直至20世纪中叶(1948年)才最后取得独立，成立缅甸联邦。

11世纪既是缅甸历史发展的一个转折点，也是其宗教发展史上的一个至关重要的时期。从这个时期起，小乘佛教成为了缅甸居于统治地位的宗教，而且成为了包括孟族、缅族、掸族在内的全民性信仰。蒲甘王朝建立后，首都蒲甘便成为了缅甸的佛教中心。从阿奴律陀起的历代国王都信奉佛教，积极扶持佛教的发展。蒲甘王朝僧侣并非原封不动地接受来自印度或锡兰的小乘佛教，而是对它进行了改造，以使其适应统治阶级需要和蒲甘社会自身的特点。与此同时，印度教、大乘佛教和原始宗教对蒲甘社会也仍有一定影响。蒲甘时期小乘佛教的主要特点是主张“积功德”，其核心是“业”。该教派认为个人能否得救主要靠他的“业”，而不是佛的恩赐。对于统治阶级来说，“积功德”正是显示其宗教虔诚的一条捷径，于是他们出钱为僧侣提供食宿，或捐出大片土地为其修建寺塔。历代国王修寺建塔，有时也是为了赎罪，当然也是信奉佛教理论的一种实践。其理论认为：世界上没有什么东西是永恒的，人一生积累起来的财富并不永远属于自己，不如把它奉献出来，以求涅槃。除了“积功德”这一观念，小乘佛教的轮回观念也同样深入人心，二者相互关联。其影响之一就是：蒲甘时期的缅甸人时间观念很强，比如人的生辰、国王的登基、寺庙的建立以及给予寺庙的捐赠等，几乎都有准确的年、月、日、时的记载。大乘佛教在蒲甘时期的影响则表现在：一是塑有或绘有大乘佛教佛像如文殊、普贤的寺庙在缅甸仍然可见；二是大乘佛教普度众生的观念，为蒲甘的国王所接受；三是大乘密宗作为蒲甘佛教的一派始终存在。蒲甘王朝瓦解，但它的宗教传统却未中断，小乘佛教仍是各地居于统治地位的宗教。直到 14 世纪中叶，蒲甘城仍然是缅甸重要的宗教中心之一。1365 年阿瓦成为国都后，便迅速发展为上缅甸的政治和宗教中心，蒲甘在宗教史上的中心地位逐渐丧失。1537 年，掸人领袖思洪发攻占阿瓦，焚经杀僧，使缅甸佛教经历了一次浩劫，此后，阿瓦佛教一度衰落。与之同时，南方孟人国家的佛教盛极一时。14 世纪中叶，有孟族僧侣赴锡兰求法，回国后在下缅甸复兴小乘佛教。其时，有僧侣作《世灯精要》，论述佛教的世界观。1369 年，勃固因被建为国都而成了下缅甸的佛教中心。东吁王朝时期，伴随着军事征服和统治范围的扩大，小乘佛教得以在更广泛的地区传播。莽应龙在征服掸邦之后，即在当地大兴土木，广建寺塔，并禁止以人、象、牛做礼拜用牺牲。此外，王朝还加强了与佛国锡兰的各方面联系。从 17 世纪下半叶起，缅甸开始用光漆印三藏经，这种方法一直为后世所沿用，成为古代缅甸抄写佛经的重要手段。正因如此，许多佛经得以保存、使用和传播。这一时期，缅甸僧侣曾分裂为若干相互对立的派别，派别间的斗争始终没有停止。雍籍牙王朝前期，小乘佛教在缅人、孟人和掸人居住的地方已经深入人心。雍籍牙称王后，其国师曾派五名高僧到钦人地区传教；后来的国王孟云也曾派高僧到全国各地传教，以扩大小乘佛教的影响。孟云还采用行政干预手段，于 1784 年下令取缔阿顶派，放逐该派首领和一大批僧侣，封闭其寺院，由此，与阿顶派对立的阿云派在缅甸取得了独尊地位。孟云执政时期建立起了严格的僧侣考试制度。考试分高、中、初三级，通过考试者方可获得僧侣身份，通不过者一律还俗。为了加强对佛教势力的控制和利用，孟云还通过对寺院土地的调查和登记使寺院经济问题得到了较好的解决。这样，僧侣不仅政治上完全听命于封建君主，经济上也受到封建国家的控制。尽管僧侣的政治作用有所减弱，但在文化教育方面，僧侣们仍然是垄断者和传播者——僧侣就是缅甸社会的知识分子、教师，寺院就是学校和教育场所。所有的男性儿童，必须在寺院里接受时间或长或短的教育，除了佛教教义，孩子们也学习语文和简单的算术。

缅甸古代文学在两个方面受到其历史发展特点的影响：一是由于小乘佛教一直居于统治地位，其思想深入人心而且渗透到缅甸社会的各个方面，因此使得缅甸古代文学始终与小乘佛教有着不解之缘，文学作品多由僧侣创作且具有强烈的宗教色彩；二是由于缅甸封建社会的基础在村社，社会结构相对比较简单，所实行的又是中央集权制，国王地位显赫，因此就使得其古代文学作品写的多是宫廷生活，而且多为国王歌功颂德。后来，随着缅甸封建社会经济的发展，缅甸文学的内容也逐渐丰富起来，出现了不少直接反映社会生活的作品。此外，缅甸的历史著作，也大多具有文学色彩，被人们当成古典文学作品看待。

二　中缅之间的文化交流

中缅两国有长达 2000 多公里的共同国境线，真可以说是山山相依，水水相连。喜马拉雅山余脉延伸入缅，分两支南下，在西部形成阿拉干山脉，在东部形成掸邦高原。缅甸的伊洛瓦底江和萨尔温江全都发源于中国，伊洛瓦底江的上游是大盈江和龙川江，萨尔温江的上游是怒江。伊洛瓦底江流域是缅甸古代文化的摇篮，其中下游土地肥沃，物产丰富，是缅甸人民赖以生息的“鱼米之乡”，也是历代的政治、经济和文化中心。1957 年，时任中国国务院副总理的陈毅元帅(1901—1972)在访问缅甸时，写下了一组题为《赠缅甸友人》的诗，歌颂了中缅之间的“胞波”(缅语，意思是一母所生的同胞)情谊。其第一首就这样写道：“我住江之头，君住江之尾。彼此情无限，共饮一江水。”

缅甸位于亚洲两大文明古国——中国和印度之间，上缅甸自古就是中国通往印度、阿富汗乃至欧洲罗马的陆路要道，下缅甸又是中国古代航行到南亚和西亚各国的海上中转站，在东西方友好往来和文化交流中起过重要的媒介作用。在中国的不少古籍中，都留有有关缅甸以及中缅关系的记载，具有很高的史料价值。

公元69年，东汉在靠近中缅边境地区设永昌郡（郡治在今保山市东北）。这里物产丰富，商业发达，因此成为了对外通商要地，与掸国、天竺、大秦等进行铜、铁、毛织物、象牙、犀角、珠宝等贸易。公元120年掸国国王雍由调遣使带乐队和幻人（魔术、杂技演员）到洛阳，其精彩表演和精湛技艺，一时轰动京师。第二年，汉安帝封雍由调为汉大都尉，并赐印绶、金银、彩缯等。研究者认为，这是中缅两国建立邦交之初始。

公元225年，三国蜀相诸葛亮举兵南征，把汉民族的先进文化带到了中缅边境。诸葛亮号召那里的人民“筑城堡，务农桑”，向他们传授汉族的生产经验和技术知识，促进了那里的农业生产。与之毗邻的缅甸北部地区自然也受到了影响。诸葛亮的历史功绩，赢得了中缅人民的尊敬。今天，在缅甸境内，仍然流传着有关诸葛亮的传说。据中国史书与古籍记载，缅甸境内曾建有诸葛武侯庙、武侯南征碑、孔明城等。

在佛教文化传播上，缅甸同样起过重要的桥梁作用。中国云南傣族地区盛行的小乘佛教就是从缅甸传入的。据载，1569年，西双版纳最高封建主召片领娶缅甸东吁王朝的公主为妻，随公主一同前来的一批缅甸僧侣，就在那里传播小乘佛教，并在景洪建立了第一座寺院——缅寺。中国的佛教文化也传到了缅甸。据学者考证，从很早的时候起，就有中国僧侣在缅甸讲经布道；缅文中有些佛学名词也转译自汉语，如“南无”、“罗汉”、“喇嘛”、“涅槃”等。

唐代，史书中有“骠国献乐”的记载。《新唐书·骠国传》中详细记述了骠国的乐器、乐曲、演奏形式以及伴乐舞蹈的动作与姿态，被中外学者认为是最有价值的历史文献，更是今人研究缅甸古代史、音乐史和中缅文化交流史的珍贵史料。公元802年，骠国王子舒难陀受命率领一个包括许多乐工和舞者在内的使团到中国，在长安宫廷中演出，受到人们的欢迎和关注。大诗人白居易曾为此赋《骠国乐》诗，生动而逼真地描写了缅甸乐人演出时的情景：“骠国乐，骠国乐，出自大海西南角。雍羌之子舒难陀，来献南音奉正朔。……玉螺一吹椎髻耸，铜鼓千击文身踊。珠缨炫转星宿摇，花鬘斗薮龙蛇动。”可见在唐人眼中，来自异域缅甸的乐舞是如何的陌生与新奇。

公元10世纪至11世纪，对中缅两国来说，都是重要的转折期。在结束了五代十国的分裂局面之后，宋王朝统一了中原和东南沿海地区，同时也加强了与东南亚、南亚和西亚诸国的经济文化联系。缅甸蒲甘王朝在控制了地处东西方海上要冲的沿海地区之后，便开始了与宋朝的海上贸易。中国古代文献中就有福建市舶司与蒲甘进行贸易的记载。据缅甸《琉璃宫史》记载，蒲甘王阿奴律陀执政后不久，便亲率其子江喜陀和四员大将到云南大理，为的是求取一颗神圣的佛牙。阿奴律陀一行在大理逗留了三个月，尽管未能得到佛牙，却得到了大理王赠送的一尊碧玉佛像。这尊佛像被供奉在蒲甘王宫中，被认为是中缅两国有着共同信仰的象征，成了历代国王顶礼膜拜的圣物。在缅甸民间，蒲甘王阿奴律陀亲至中国求取佛牙，受到中国大理国王隆重接待的故事，可以说是家喻户晓。宋人周去非《岭外代答》[①]中“蒲甘国”条记曰：“蒲甘国，自大理国五程至其国……蒲甘国王、官员，皆戴金冠，状如犀角。有马不鞍而骑。王居以锡为瓦，以金银裹饰屋壁。有寺数十所，僧皆黄衣。国王早朝，其官僚各持花献王，僧作梵语祝寿，以花戴王首，余花归寺供佛。徽宗崇宁五年二月曾入贡。”[②]

13世纪下半叶，尽管元缅之间先后发生过三次战争，但中缅两国间的官方联系却明显比以前增多。据统计，在元朝统治期间，缅甸至少13次遣使入元，元朝也曾向缅甸派出使者，先后约6次。政治上联系的加强，又促进了两国间的经济文化交流。

明朝与阿瓦王朝关系密切，相互间往来频繁。1407年，明朝在京师正式

---

① 该书内容丰富，具有多重史料价值，既是广西地方史中内容较全面且时代较早的重要文献，也是研究宋代中西海上交通和12世纪南海、南亚、西非、东非、北非等地古国史的珍贵资料。尽管周去非从未走出过国门，但他却在任内留心外域情况，通过勤访博问，借助舶商和译者之口，记下了40余国之名，还记述了其中20余国之地理位置、国情与通达线路，给读者以身临其境之感。

② 杨武泉《岭外代答校注》，中华书局，1999，第84页。

成立四夷馆，并在馆内设缅甸馆，同时还在云南昆明设立缅字馆，以培养翻译、接待缅商。中缅之间贸易繁荣，尤其是玉石珠宝贸易更是盛极一时。缅甸产的名贵宝石，一直是输入中国的主要商品；而中国输入缅甸的则主要是丝绸。当时，中国商人在缅甸地方政府的许可下，在缅甸北方开采玉石，每年赴缅采玉的工人多至千人，在缅甸经营玉石珠宝的商店多至百余家。①

清初，南明永历帝朱由榔被清兵追逼逃入缅甸，从者约 1500 人。后来永历帝及其家眷被吴三桂押回云南处死，但随永历帝进入缅甸的未死官兵多不愿再返回做“亡国之民”，遂流落于缅甸乡间。后来，清缅间还曾发生过战争，战争结束后，也有中国战俘滞留于缅甸。这些新“移民”有的原是农民，有的原是工匠，他们把中国的种植、手工制造等多种技艺传入缅甸，为缅甸社会的进步做出了贡献。

至缅王孟云时期，中缅两国之间的友好关系有了进一步的发展。1787 年，孟云遣使入清，携金叶表文、金塔及驯象、宝石、檀香、象牙、绒毡等献于乾隆皇帝，乾隆皇帝则以佛像、珍玩器皿等作为回赠。此后的 30 余年间，两国使节往来不断。乾隆皇帝满足了缅方提出的“开关互市”的要求，规定十年一贡。后来，即使是在缅甸被英军侵占之后，中缅间的朝贡贸易也未曾中断，直至清光绪元年(1875 年)的最后一次。

第二节 泰 国

泰王国位于中南半岛中南部。东北部与老挝接壤，东部与柬埔寨为邻，西部和西北部与缅甸交界，南部则与马来西亚相毗连；其东南临泰国湾，西南濒安达曼海。国土面积 51.4 万平方公里，有长约 2600 公里的海岸线。泰国原名暹罗。

① 缅甸玉石是雕刻玉佛的珍贵材料。随着两国间交流的增多和贸易的发展，传入中国的缅甸玉佛不计其数。至今，在中国的许多名刹古寺，仍可见到缅甸玉佛千姿百态、造型别致的“身影”。这是中缅两国佛教文化交流的历史见证。

一 泰国历史文化发展概述

泰国北方最早由泰人建立的国家名兰那①。13世纪后，兰那文化昌盛。兰那芸莱王当政时，创造了兰那文，制定了“芸莱法典”。该国曾长期保持独立。16世纪中期沦为缅甸东吁王朝的附属国。1774年摆脱缅甸统治。1804年正式纳入曼谷王朝版图。

兰那的南邻也是一个由泰人建立的国家，名素可泰②。素可泰建国于1238年，兴起后迅速向四方扩张，征服了湄南河中游及其附近地区的许多部落和小国。到第三代国王兰甘亨统治时(1275—1317)，国势达于鼎盛，其疆域已包罗了现在泰国中南部的大部分地区。素可泰王国属初期的封建国家，其对各地的统治是不巩固的。兰甘亨死后，其王国开始衰落，原在其统治之下的乌通强大起来。1350年，乌通王拉玛铁菩提一世建立阿瑜陀耶王朝(也称“大城王朝”)，并出兵攻打素可泰，于1378年将其完全吞并。

阿瑜陀耶王朝(1350—1767)共持续了417年，是吴哥王朝之后东南亚历史上统治时间最长的封建王朝。前期，它曾四处用兵，不断扩大自己的版图，入侵过柬埔寨，攻占过吴哥，攻击过兰那；另外，还先后同缅甸发生过20多次战争。中期，阿瑜陀耶王朝在行政上确立了中央集权制，国王的权力至高无上，被宣布为全国土地、财富和臣民的主人，此外，他还垄断了对外贸易。缅甸东吁国王莽应龙在位时，曾几次进攻阿瑜陀耶城，并曾于1565年将其攻占。雍籍牙王朝建立后，缅王于1765年出兵入侵暹罗，在将阿瑜陀耶城攻陷后，掳走国王和政府高官，劫走大批珍贵财物，然后夷平城墙，填平护城河，将全城付之一炬。阿瑜陀耶王朝至此灭亡。

为反对缅甸的占领和统治，暹罗人民在英雄郑信领导下展开了恢复暹罗独立的斗争。1767年，郑信进军阿瑜陀耶，接着又扫清了各地割据势力，统一了全暹罗。1768年，郑信称王，迁都吞武里(位于湄南河西岸)，建立吞武里王

---

① 也有称“兰那泰”或“清迈王国”的。“兰那”的意思是百万稻田，中国元、明、清三朝史籍中称之为“八百媳妇”。其地在今缅甸掸邦东部萨尔温江以东、湄公河以西地区。

② 一译“速古台”，《元史》中称“暹国”。

朝。1782 年，郑信部将却克里推翻吞武里王朝，建立却克里王朝，号称拉玛一世王。因为该王朝建都曼谷(位于湄南河东岸)，所以一般又称其为曼谷王朝(此王朝一直延续至今)。曼谷王朝前期(1782—1855)，封建专制进一步得到加强，在 1855 年英国殖民者迫使曼谷王朝签订《鲍林条约》之前，暹罗一直是一个独立的封建专制国家。

高度的封建君主专制是泰国封建社会的一个显著特点。15 世纪上半叶，印度教的王权神授思想被阿瑜陀耶统治者全面接受，成了泰国封建社会君主专制政体得以建立的思想理论基础。曼谷王朝前期进一步发展了这种封建主专制政体，国王被尊为再生的湿婆神[①]，甚至被视为佛陀的化身。国家的一切法律、政令都要由国王颁布，一切行政事务都要以国王的名义进行处理，一切大事国王都要亲自过问并做出决定。

有学者认为：泰国文化，从根本上说，可以用一个词来概括，那就是“宗教”。这里的宗教所指主要是小乘佛教，但它在传播过程中所体现出的一个重要特点却是与印度教、大乘佛教和祖先崇拜等原始宗教的相互结合。泰国古代宗教以及以这种宗教为根本的文化带有较大的包容性。这种包容性与泰族在历史上与越族的关系以及泰国文化深受印度和中国两大文化影响密切相关。公元 10 世纪之前，小乘佛教就已传入泰国南部地区，但直到 12 世纪，大乘佛教与印度教的影响仍然存在且居于主导地位，只是到了 13 世纪以后，小乘佛教才迅速成为泰国占统治地位的宗教。

素可泰三世王兰甘亨即位后，首先进行文字改革，创造了古泰文，从而为民族宗教的传播与发展打下了基础。据记载：1292 年，素可泰从斯里兰卡请来三藏经，还请来上座部佛教高僧担任僧王，弘扬大寺派佛教。从此，巴利文三藏经典便逐渐取代了梵文佛典，寺院和佛塔也开始采用斯里兰卡风格。1362 年，立泰王(素可泰第五代国王)舍身出家，开创了泰国国王出家的先例；所著《三界经》所依据的也主要是巴利文经典，显示了当时素可泰的佛学成就，对后世泰国宗教和文化的发展产生过重大影响。

---

① 婆罗门教和印度教主神之一，即毁灭之神、苦行之神和舞蹈之神。

与此同时，泰国北方以清迈为中心的兰那王国，小乘佛教也迅速兴起。兰那国紧临缅甸，14 世纪末至 15 世纪中叶，那里的僧侣曾不断前往蒲甘和斯里兰卡学法取经。1477 年，当时的国王还请来 100 多位上座部高僧，进行了为时一年的三藏结集，这也是泰国历史上第一次的佛经结集。此后，泰国北部的小乘佛教日趋兴盛。

位于湄南河中下游的阿瑜陀耶王朝兴起后，很快便进行了宗教改革，国王曾于 1361 年遣使节到斯里兰卡迎来小乘佛教经师，并对僧侣组织加以整顿。15 世纪下半叶，阿瑜陀耶戴莱洛加纳王又从斯里兰卡引进巴利文经典，他本人也曾剃度出家，并贡献出王宫一角兴建寺塔。拉玛铁菩提二世在位时，更兴大建寺塔之风，至今犹存的阿瑜陀耶“三佛塔”中的两座，就是二世王为存放其父、兄骨灰而修建的。

曼谷王朝前期，泰国佛教进入鼎盛时期。拉玛一世大建佛寺，曼谷的一些著名佛寺，不少都是这一时期修造完成的。一世王还采取一系列措施，提高佛教的地位，加强王权对佛教的控制。1788 年，他邀请了 218 名高僧和 32 名佛教学者，共同结集三藏，历五个月时间，修订完成一部新的三藏经。拉玛二世、三世继承了一世王的佛教政策，并继续大建寺塔，仅拉玛三世时建造的佛塔就达 100 多座，其中就有著名的阿伦寺。

泰国古代文化中，值得称道的还有佛教建筑与雕刻艺术。素可泰五世王立泰时期，其建筑与雕刻艺术就已达到了高峰，立泰王因此被誉为“泰国艺术始祖”。阿瑜陀耶王朝时期，建筑与雕刻艺术进一步繁荣。当时的大城府，寺院佛塔林立，共有 350 余座。从现有的古建筑遗存中可以看到，那一时期的建筑，除寺院外，还有王宫，风格较素可泰时期更为多样。现存最壮观的古寺名越帕南佛寺（又称三宝佛寺），大殿巍峨雄奇，殿内佛像高约 19 米，是泰国最大的殿内佛像；殿前的那座白色圆尖佛塔，高可 15 米，是典型的阿瑜陀耶时期泰式佛塔。这一时期的雕塑，前期多为青铜佛像，17 世纪后，石雕佛像逐渐取而代之。

曼谷王朝前期的建筑与雕塑集中见于泰国首都曼谷。自建都之初起至 19 世纪中叶，这里陆续建起了王宫和佛寺数百座，宏伟壮丽的大皇宫，金碧辉煌的玉佛寺，当是其中最具代表性的建筑群落。曼谷寺院佛塔的建筑与雕塑，正是泰国佛教兴盛的体现。其规模之宏阔、风格之独特、工艺之精湛，装饰之华美，相信每一个到过这里的参观者都会留下永难磨灭的印象。

二 中泰之间的文化交流

自素可泰王朝以来，泰国成为了东南亚各国中与中国关系最为密切的国家。从 1289 年到 1869 年的 600 年间，素可泰王朝、阿瑜陀耶王朝、吞武里王朝和曼谷王朝，共向中国元、明、清三朝派遣使节至少在百次以上，其目的除了加强彼此的官方联系之外，主要是为了进行“朝贡”贸易；在明、清两代，不断有华人（主要是海商和破产的农民、手工业者）进入泰国，其人数之多[①]也超过了东南亚地区的任何一个国家。

中泰之间在佛教方面的交流，起步更早。公元 5 世纪时，泰国境内的各土著民族已信奉佛教和婆罗门教。其中的吉蔑族居于东南部蒙河、湄公河流域，自 5 世纪起，便不断有其地僧人来中国讲经弘法，中国僧人和佛教团体也不断前往该地进行交流。

建于今泰属马来半岛和湄南河下游地区的一些国家，中国史书中称之为盘盘国、赤土国、狼牙修国、堕和罗国。公元 5 世纪至 7 世纪间，盘盘国王曾不断遣使到中国，送来画塔、沉香、檀香、菩提国舍利、菩提树叶等；公元 607 年，隋炀帝遣常骏等访问赤土国，受到隆重接待；该国也遣王子来隋，赠送芙蓉冠、龙脑香、铸金多罗叶表等；狼牙修国在今泰南北大年及其附近一带，6 世纪时，曾多次遣使至南朝梁、陈通好，贡献方物。中国西行求法僧人常途经于此，均受礼遇。元、明、清时，中泰间往来愈加频繁，不断有龙涎香、陈香、降香、檀香等从泰国输入中国，中国清朝乾隆皇帝曾赠铜与泰国，作为造寺塑佛之用。

中国古代文化影响于泰国的，除了衣、食、住、行，还表现在干支历法、语言文字、建筑艺术乃至医药、文学等许多方面。

---

① 据统计，19 世纪 20 年代至 30 年代，那里的华侨人数就已达到 45 万，占全暹罗人口的 16%。

从后世发现的刻于1292年至1518年间的20块素可泰碑铭中可以看到，其中有7块使用了中国的干支纪年、纪日之法，这是中国历法南传以及素可泰王朝吸收中国古代文化的见证。其法与和泰国毗邻的中国广西壮侗语族少数民族及云南西双版纳傣族使用的干支纪年、纪日法完全相同。据考证，素可泰人、兰那国的泰人以及中国的傣族人，都借用古汉语词来称呼干支。

在日益频繁的友好往来中，泰人十分注意吸收中国语言中的词汇来丰富自己的语文。明清之际，闽、粤籍华人大批移居泰国，很自然地带去了闽、粤之地的各种方言。泰语中大量汉语词汇的出现，加大加深了中泰两个民族间的思想、文化交流。早在元人周致中的《异域志》中，就已提到中国文字备受暹罗国人重视的情形，指出“其名姓皆以中国儒名称呼”。为了学习汉语，1371年，泰国就派出留学生入中国的国子监学习。清人谢清高《海录》一书中谈到了他在阿瑜陀耶的所见所闻：“土人多力农，商贾多中国人。颇知尊中国文字，闻客有能作诗文者，国王多罗致之，而供其饮食。”

为了培养翻译人才，明朝廷在南京设四夷馆，并选留暹罗来使一二人为四夷馆教习。教习来馆先学汉语，然后教授暹罗语文。1577年，明廷聘通事握文源和暹罗使者握闷辣、握文铁、握文贴来京教授暹文，并介绍暹罗风土、物产、国情。第二年，张居正建议在四夷馆增设暹罗馆，招收马应坤等学员12名。《暹罗馆译语》是当时馆内使用的教材，它是中泰师生心血的结晶，也是中国最早的一部暹（泰）汉对照词典。

中国的建筑艺术是随着大批华人移居暹罗而传入其国的。据史书记载，曼谷王朝拉玛一世的王宫和城墙都是由中国工匠负责建造的。围绕王宫的是龙城，龙城之外还有城墙，其所效仿的就是北京的内城和外城建筑。王宫有四个宫门，门口各设置一对比人还高大的、由中国工匠雕刻而成的石狮；门顶还镶嵌有潮州工匠用碎瓷片拼接而成的龙飞凤舞图案。湄南河畔还有其他一些佛寺和宫殿建筑也是潮州工匠的杰作，至今依然光彩照人，辉煌如初。在泰国，人们可以看到许多与建筑相关的中国石雕艺术品。一般认为，这些石雕品是泰国王室从中国订购的，主要用于王宫和寺院的点缀。

据记载，从拉玛一世起，许多来自宁波的颇有价值的物品中就有石狮和石雕人像。这些石雕品形象地显示了当时的社会和文化状况，具有较高的艺术价值。拉玛三世统治末期，中国大帆船从远航贸易中退出，标志着中国石雕艺术品出口泰国的终结。

中医中药也是随着华人的不断迁入而传入泰国的。早在阿瑜陀耶城建立之初，迁居于此的华人就开始出售中国的药材药品了。当时，阿瑜陀耶城最受人尊敬的医师来自中国，国王的御医也是中国人。中国医药界人士推断，中医使用泰国药物已有500年以上的历史。在两国长时间的朝贡贸易中，许许多多的泰国物品运进了中国，其中，除了香料之外，还有不少东西是被当成药物加以使用的。中国明代杰出医学家李时珍所著《本草纲目》一书中，收载药物1892种，其中就有出自暹罗的药物。中国的针灸术也流行于泰国，从事这种职业的绝大多数是华侨和华裔中的医务工作者。

文学方面，对泰国影响最大的是中国的古典小说。19世纪初，遵照拉玛一世的指令，在精通暹中两国文字的大臣本隆主持下，中国四大古典小说之一的《三国演义》被译成了泰文。泰文本《三国》译笔流畅，行文优美，用语通俗，形象生动，因而自成一种文体，即“三国文体”，在泰国文学史上颇有地位。小说经人们广泛传抄，成为了家喻户晓、妇孺皆知的作品。从拉玛二世起，又先后有几十部中国古典文学作品被译成了泰文，主要如《西汉通俗演义》、《水浒传》、《西游记》、《红楼梦》、《金瓶梅》、《聊斋志异》、《说岳全传》等。早期，被译成泰文的中国古典小说多以手抄本流传。19世纪中期，西人在泰国创办了印刷公司，才第一次印出《三国演义》95部，在上层社会传看。直到20世纪初，泰文报纸、杂志大量发行，中国古典小说的译文才被各种报刊竞相刊登而得以在整个泰国社会流传。中国古典小说内容的丰富有趣且富于哲理，给予了泰国文学以巨大影响。曼谷王朝前期诗人舜通蒲(1786—1855)根据民间故事创作的长篇叙事诗《帕阿派玛尼》便是深受中国古典文学影响的一个极好范例(当然它也受到《佛本生故事》和印度传奇的影响)。全诗2500余行，以王子帕阿派玛尼的经历及与公主苏婉玛丽的爱情故事为主线，塑造了男女主人公的鲜明形象，同时也向读者展现了一个光怪陆离的大千世界，极富浪漫主义色彩。

第三节 柬埔寨

柬埔寨位于中南半岛东南部，地处湄公河三角洲。其东面和东南面紧临越南，北面和西北面与老挝、泰国接壤，西南滨泰国湾。国土面积 18.1 万余平方公里。该国有 20 多个民族，其中高棉族约占总人口的 80%，因此习惯上柬埔寨又称“高棉”。高棉语为其官方语言。

一 柬埔寨历史文化发展概述

历史上，柬埔寨曾属中南半岛古国扶南。扶南辖境大约相当于今柬埔寨以及老挝南部、越南南部和泰国东南部一带，公元 1 世纪建国，3 世纪初时扶南王范蔓向外扩张，势力达马来半岛。《南齐书·东南夷·扶南传》中有对扶南历史与文化以及扶南人生产与生活的描写。公元 7 世纪中叶，扶南为北方属国真腊所灭，真腊王国取代扶南王国成为柬埔寨史上的第二个王朝。真腊王国曾一度辉煌，但后来四分五裂①，直到公元 9 世纪初，阇耶跋摩二世复国，建立了吴哥王朝(802—1431)。11 世纪初，吴哥王朝进入极盛时期，逐渐成为中南半岛甚至整个东南亚最为强盛的国家。12 世纪上半叶，曾一度吞并占婆(也叫占城)，攻打越南，并占领湄南河流域广大地区，使其影响深入马来半岛。14 世纪，柬埔寨古代王国开始由盛而衰。1432 年，柬王室成员索里波约加冕称王，不久即迁都金边。至此，吴哥王朝灭亡。16 世纪，在安赞王统治时期，柬埔寨曾一度复兴。从 17 世纪起至 19 世纪上半叶，柬埔寨王朝一直处于别国的控制之下，国势衰微。1841 年，安东王在泰国支持下登上王位，他极力使柬埔寨成为不受别国控制的独立国家，因而受到后世柬埔寨人民的崇敬。1860 年，安东王逝世后不久，柬埔寨沦为法国殖民地。1953 年底柬埔寨王国宣布独立。

---

① 真腊分裂为水真腊和陆真腊，其中的陆真腊即为今老挝地区，水真腊为今柬埔寨地区。

吴哥王朝建立后，即把印度教确立为国教。其后的几代国王也都信奉印度教，并相继在首都建造石塔，供奉湿婆神像。10世纪下半叶至11世纪初，阇耶跋摩五世在大建湿婆教寺庙的同时，也允许佛教徒修复、建造佛像并组织僧侣注释大乘佛教经典。此后，印度教和大乘佛教在吴哥王朝进入了全盛时期。13世纪初，阇耶跋摩七世之子塔马兰达王子出家为僧并赴斯里兰卡修道求法，开始把小乘佛教引进柬埔寨。此后，由于内外两个方面的原因①，印度教和大乘佛教急剧衰落，小乘佛教影响逐步扩大且赢得了人心。14世纪后，崇尚俭朴的小乘佛教在柬埔寨取得了统治地位。

古代柬埔寨最为辉煌的文化成就是它的建筑和雕刻艺术。完成于10世纪至13世纪的吴哥建筑群②便是这方面的代表。吴哥建筑的最大特点是用巨石筑成，而且几乎每块石头上都有雕刻(有书中称其为“吴哥石刹”)。它是一种印度教和佛教艺术，不仅反映了古代柬埔寨乃至古代东南亚建筑艺术所达到的高度，也记录了柬埔寨的历史和当时的社会风貌，表现了当时柬埔寨人的宗教观念、审美观念和民族精神，是高棉民族历史文化、艺术传统的具体体现。其特点有三：一是把对国王的崇拜和对神的崇拜结合起来；二是其所设计的三道回廊与尖塔的关系处理巧妙；三是浮雕除以印度的史诗、神话为题材外，多刻柬埔寨的历史、战争与风俗，生活气息浓郁。有人把吴哥建筑和埃及的金字塔、中国的长城、印度尼西亚的婆罗浮屠并称为古代东方的四大奇迹。

经过前后400年的经营，在吴哥，共有大小建筑物600多座，散布在约45平方公里的土地上。建筑群里的宫殿、庙宇、宝塔，宏伟壮丽，世所罕见。建筑石料大多为朱色砂岩，最大的重达8吨。大吴哥，即吴哥王城，是公元9世纪末至15世纪中叶吴哥王朝王都旧址，占地约15平方公里，环绕于四周的是正方形的城墙，墙高7米，每边长2公里，四角有角塔，城外有很深的护城河。东面有两座正门，南、西、北面各有一门，均为人面塔楼门。横跨护城河的大石桥上，装饰有巨大的九头蛇石雕，据说那是柬埔寨始祖和护卫女神形象。王城正

---

① 内因：国王在宗教狂热驱使下好大喜功，大兴土木，建造宫殿、寺庙，繁重的劳役和沉重的赋税给人民带来了无尽的灾难，国家财政入不敷出；外因：其时，小乘佛教已在周边国家占据统治地位。

② 主要包括吴哥王城、巴扬寺、吴哥寺、女王宫等。

中的巴扬寺,可以说就是一件巨大无比的石雕艺术品。相连成群的16座石塔,代表着当时柬埔寨的16个省份。中间的塔高达45米,直径25米,从上到下共有52个塔顶,每个塔顶都雕有巨型四面佛头像。佛像头戴王冠,面容端庄俊美,带着安详、含蓄的微笑,鼻梁高挺,目光犀利,显示着神圣与威严。吴哥寺,又称小吴哥,距大吴哥南一公里许,是吴哥古迹中最为雄伟、雕刻最为精巧的古刹。该寺兴建于12世纪上半叶吴哥王朝的全盛时期,保存最为完整。整个寺院的建筑结构严谨,浑然天成。寺院主殿建在一个长215米、宽187米的三层台基上,一座高65米的尖塔挺立中央,四座形状相同的宝塔烘云托月般立于四角,远远望去,五座宝塔犹如五朵出水芙蓉,含苞欲放;每层台基的四边都有一道石砌回廊,廊壁上又都刻有浮雕,其第一层的浮雕竟有几百米长。浮雕题材广泛,形象生动,既有取自印度史诗《罗摩衍那》中的故事,也有表现平民百姓劳动、娱乐的场面。仙女曼妙婀娜的舞姿更显示出其精巧细腻的艺术风格。

吴哥王朝衰落后,吴哥艺术不再表现于石头庙宇之上,而是在细腻逼真的宗教塑像上继续传承。17世纪至18世纪,外族的不断入侵使柬埔寨国势日衰,吴哥艺术也随之衰落。至19世纪中叶,在柬埔寨沦为法国殖民地后,它便最终走向了衰亡。

二 中柬之间的文化交流

自建国初始,扶南古国便与中国友好相处,密切往来。三国时期,扶南王曾先后三次遣使与东吴通好。公元226年,交州刺史吕岱派遣朱应、康泰作为正式使者出访扶南等国。当时的扶南,国力强盛,控制着东西海上交通要冲。同时,它又是佛教东传的中间站,也是中国通往印度、波斯、大秦以及东南亚贸易互市的中心。

为了探寻前往大秦的通商航路,朱应、康泰在扶南居住多年,并把自己到过的和传闻中百余国家的详细情况记录了下来。归国后,朱应撰有《扶南异物志》,康泰写有《吴时外国传》,两书都是研究东南亚古代史以及中国和南海交通的珍贵史料,更是研究柬埔寨古代史的重要文献。可惜的是,两书均已散失，今天的人们只能在《水经注》、《太平御览》、《艺文类聚》、《通典》等古籍中见其片段。

从有关记载中可知，中国丝绸早已传入扶南，但在朱应、康泰到扶南时，当地的男人还是裸体的。扶南王接受了朱、康的建议，令用中国丝绸和布匹制成纱笼（即筒裙），才改变了男人裸体的习俗。

据《三国志·吴书·吴主传第二》记载，吴赤乌六年（公元243年）12月，“扶南王范旃遣使献乐人及方物”。可能是由于扶南乐具有独特魅力，东吴曾特建“扶南乐署”，以教宫人演习。另外，《隋书》、《旧唐书》和《新唐书》中也都有对扶南乐的记载。《新唐书》卷二十二中这样写道：“扶南乐，舞者二人，以朝霞为衣，赤皮鞋。”扶南乐的美妙旋律在吴都建业的乐署和唐都长安的宫廷中回荡，不仅给当时的人们带来了艺术享受，而且也为中国音乐增添了新的内容。

由于深受印度文化濡染，历史上，柬埔寨在佛学研究和造型艺术方面都曾达到相当高的水平。当时，扶南在东南亚宗教上的地位颇与于阗在西域宗教上的地位相似，“为佛教东被之一大站”。南朝梁武帝萧衍笃信佛教几近狂热，曾下诏以佛教为国教，亦曾四次舍身佛寺。他还曾下令延聘扶南高僧来华，并在台城（遗址在今南京鸡鸣寺后）内建扶南馆译经道场。齐梁时受邀来华的扶南高僧主要有曼陀罗仙、僧伽婆罗和真谛，他们讲经弘法，为中国佛教的发展做出了重要贡献。曼陀罗仙于公元503年携梵文佛经、珊瑚佛像入华，将其赠与梁朝，并与僧伽婆罗合作译出《宝云经》、《文殊所说般若经》等佛经多部。僧伽婆罗早于曼陀罗仙来华，甚受武帝青睐，被礼为“家僧”，除协助曼陀罗仙译经外，还另外译有《阿育王经》等。真谛本是天竺人，出家后广访名师，学通内外。他先至扶南，后应梁武帝邀于公元546年达南海（今广州）。他共译出经论记传64部278卷，其中重要的有《金光明经》、《无上依经》、《摄大乘论》等，尤其是《摄大乘论》对中国佛教思想产生过较大影响。

公元1296年，浙江永嘉（今温州）人周达观奉命随元使出访真腊。周达观回国后根据所见所闻所感写成《真腊风土记》。全书约8500余字，篇幅虽不长，内容却相当丰富。除“总叙”外，另分“城郭”、“宫室”、“服饰”、“官属”、“人物”、“语言”、“文字”、“耕种”、“山川”、“贸易”等共40目。全书脉络分明，文字简洁质朴，所记翔实可靠，既是珍贵的历史文献，又是优美的游记文学作品。由于柬埔寨自身缺少对吴哥时代的文献记载，《真腊风土记》便成了记载柬埔寨最灿烂时代文明的唯一实录，对研究元同真腊交通关系也有极高的参考价值。吴哥古迹的被发掘，在一定程度上就是得到了这部书的帮助。[①]《真腊风土记》中也留下了有关华侨的记载。古代，因其地米粮易得，妇女易求，房屋易建，器用易足，买卖易为，到了那里的华人便往往滞留不归，并在那里娶妻生子，长期定居下来。书中记道："（真腊）国人交易，皆妇人能之，所以唐人到彼，必先纳一妇人者，亦利其能买卖故也。"柬埔寨巴戎寺的浮雕中就有这样的生活场景。

第四节 老 挝

老挝也称寮国，地处中南半岛北部，是一个内陆国家。东面与越南毗邻，西面、西南面分别与缅甸、泰国交界，南面与柬埔寨接壤，北面则紧靠着我国的云南省。国土面积 23.68 万平方公里。老挝多山，山区和高原占全国面积的 4/5，地势高耸，有"印度支那屋脊"之称。其居民的 85％信奉佛教，老挝语为其官方语言。

一 老挝历史文化发展概述

老挝人本为傣族的一支，公元 8 世纪以后从中国南方迁入，逐渐取代了如今称为卡族的土著部族。14 世纪初，老挝境内分成若干个小王国。1353 年，

① 15 世纪，吴哥古城被废弃后，昔日巍峨的宫殿和雄伟庙宇渐渐被湮没在修藤巨树的热带丛林之中，从此再也无人知晓。19 世纪初，《真腊风土记》被译成法文出版。当时并没有人相信书中的描写，没有人相信那"城郭"真的存在过。然而也恰恰是因为这篇游记，当时占据着柬埔寨的法国人才起了寻找这个废墟的念头，并把它作为勘察与探寻的指南。1850 年，一位传教士首先发现了废墟的一角，引起了轰动；接着吴哥古迹被发掘出来，得以重见天日。这一次的发掘成了 19 世纪最伟大的考古奇迹。

随父亲从南掌国[1]避居吴哥的法昂，在高棉王朝的帮助下率军队打回老挝，最终将整个老挝征服，建立了第一个统一的封建国家——澜沧王国。老挝立国后的百余年间，国内一直比较安定。国王波提萨拉腊执政时，把首都从琅勃拉邦迁往万象。1564 年，缅甸东吁王朝向东扩张，攻入琅勃拉邦，并于第二年占领万象。直到 1593 年，国王诺蒙才重新统一老挝。[2] 国王苏里亚旺萨在位时期，被认为是老挝历史上的黄金时代。苏里亚旺萨提倡佛教，保护艺术，使万象成为了繁荣的文化中心。1707 年，琅勃拉邦脱离万象独立；1713 年，老挝南部又出现了一个名为占巴塞的国家。统一的老挝从此分裂为三个相互对抗的王国。18 世纪 90 年代后，万象、占巴塞和琅勃拉邦相继成为暹罗曼谷王朝的属国。19 世纪上半叶，曼谷王朝继续东扩，于 1829 年把万象变成了它的一个省。1836 年，暹罗军队攻入占巴塞；50 年后的 1885 年，琅勃拉邦也被外国军队所占领。19 世纪末，法国殖民者控制了湄公河以东暹罗的全部领土；20 世纪初，老挝成为了法国的"保护国"。

在法昂统一老挝、建立澜沧王国之前，佛教仅仅在其少数地区流传。从法昂时期开始，佛教便迅速传播开来并逐渐成为老挝的国教。法昂遣使赴柬埔寨请求佛法，高棉王派高僧多名和几位精通三藏的佛学家前往老挝传播佛教。法昂之子温蒙在位期间，佛教日益昌盛，不光大建佛寺，而且还授僧侣以职务和爵位。维苏纳腊王时期国王命人将三藏经从巴利文译成老挝文；波提萨拉腊王即位后，敕令禁止信奉鬼神，进一步增强了佛教的独尊地位。迁都万象后，佛教有了更新的发展，万象的许多著名寺庙如玉佛寺、塔銮寺、帕侬寺和翁德寺等，都是这一时期建成、重建或修葺一新的，其中最为著名同时也最具代表性的是塔銮寺。塔銮寺属砖石结构建筑，其寺塔共有 3 层塔基，在第二层塔基上立有 30 座高 3.6 米的小塔，象征佛祖的 30 种恩德；每一座小塔内又置有一座重约 60 克的小金塔。主塔矗立在半圆形台座上，总高 45 米，台座周围衬着 24 瓣的大型莲花瓣，独具风采。

---

① 也称"缆掌国"、"澜沧国"，为始建于公元 857 年的老挝古国。

② 《不列颠百科全书》把缅甸统治老挝的时间定为 1574 年至 1637 年。

19世纪初，万象国王曾试图利用佛教来振兴老挝，他派人广收各处经籍，大兴佛教建筑。此时的万象已经成为了老挝的佛教中心。老挝佛教的特点和性质使得佛寺与佛塔在老挝社会中占有特殊位置，寺塔建筑也因此成为了老挝古代的主要艺术遗存。老挝人通常在高爽、清凉、通风和风景秀丽的地方建造佛寺。佛寺中最神圣的地方就是宝殿（老挝人称之为“西姆”），用来存放佛像，举行隆重仪式。没有宝殿的寺是不能称之为“寺”的。宝殿周围立石八块，用来镇压各路魔鬼。寺里建有僧舍、“沙腊”（为信徒们准备的住处）、斋房和藏经楼，还种有菩提树。老挝古代的建筑和雕刻艺术总的来说是属于印度风格，且深受邻近的高棉艺术、泰国艺术和缅甸艺术的影响，是宗教化的艺术。其主要佛教建筑尽管在风格上与邻近各国相似，但限于国力，规模一般都不大。

二　中老之间的文化交流

中国与老挝山水相依，从远古的时候起，这两块土地上的人民就已经有了来往。在中国的许多古籍中，都有有关两国人民友好往来、经济联系和文化交流的记载。三国吴时称老挝为“堂明”或“道明”，《三国志·吴书》记载，吕岱在平定交州后，曾“遣从事南宣国化”，于是“徼外扶南、林邑、堂明诸王，各遣使奉贡”。唐代，文单国①四次遣使来华，其中两次是普通使节，一次是王子，一次是副王，规格不断提高。对来使，唐朝政府给予了隆重接待并赐封号，可见双方对彼此的交往都十分重视。元灭大理后，重新恢复了中国与西南及中印半岛的交通。老挝曾遣使来朝，元则在老挝设“军民总管府”，以示“羁縻”②，但实际上并没有实行任何有效的管辖。就在法昂建立澜沧王国之后不久，1368年朱元璋建立了明朝。两国大一统的局面，为中老关系全面、深入的发展创造了有利条件。从明建文至万历的200多年间，中老两国间的交往见于记载的就有40余次，这在中老关系史上是空前的。1729年，琅勃拉邦王差使节携表

① 据专家考证，文单为万象。
② 历史学家范文澜解释“羁縻”二字时说：“来去任便，彼此不相干涉。”

文、驯象入贡，被认为是清与老挝交往的开端。清效仿元、明两代，将老挝列为“羁縻”之地。清与老挝关系连续性很强，历代南掌国王与清廷均有往来，中间从没有出现过空白。从三国吴至清的1000多年间，中老两国始终友好相处，从未兵戎相见。元明清三代，中国虽对老挝实行“羁縻”政策，却从未干涉其内政，这也是中老关系的一个特点。

历史上，中老两国边民之间的贸易一直十分活跃。中国商人定期组成马帮商队，到老挝境内从事贸易活动；老挝边民也常到中国境内，用他们的林产品换取各种所需的物品，并从中国输入驴、骡等，作为驮运、耕田之工具。另据有关史料记载：从明朝永乐年间起，就已有中国人移居老挝，此后，在老挝的中国侨民逐渐增加。华侨与当地人民和睦相处，共同劳动，辛勤垦殖，到18世纪至19世纪时，华侨经济在老挝已占据了相当重要的地位。也正是由于华侨的活动，才打破了老挝与外界的隔绝状态，特别是在下寮地区，其作用更加明显。

在长期的共同劳动和生活中，华侨和当地人相互通婚，繁衍后代。中国文化作为外来文化的一部分在老挝的土地上生根、开花、结果。今天，在老挝，人们仍可从服饰、语言、习俗等许多方面探寻到中国南传文化与老挝民族文化的渊源。尤其是老挝的苗、瑶族，与中国的文化联系可以说相当密切，他们至今还书写汉字字帖、汉字对联，使用中国出版的辞书。

第五节　东南亚海岛地区国家：马来西亚、菲律宾、印度尼西亚

一　马来西亚历史文化发展概述

马来西亚由马来亚、沙捞越和沙巴三个地区组成。马来亚地区又称西马来西亚（或半岛马来西亚），位于马来半岛南部；沙捞越地区和沙巴地区又称东马来西亚，位于加里曼丹岛北部。东、西马来西亚中间隔着南海，相距约650公里。马来西亚全境面积近33万平方公里，海岸线全长4192公里。马来语为其官方语言，英语通用于社会上层，其他还有华语和泰米尔语等。

公元2世纪至3世纪时，西马来西亚地区已有一些小的马来王国存在。随着印度探险者的到来，印度文化也便开始影响这一地区，且持续了1000余年之久。1400年前后，苏门答腊流亡者在这里建立马六甲（中国史籍中称“满剌加”）王国，该王国的出现结束了马来半岛南部的分散局面。由于商业贸易是马六甲的命脉和兴盛的基础，出于自身发展的需要，吸引西亚和印度的商人——其中绝大多数是穆斯林——并得到他们的支持，接受（或者说“改信”）伊斯兰教势在必行。马六甲扼中西交通要道，是过往商贾的必经之地，因此很快就成了世界性的商业中心，也成了这一地区伊斯兰宗教的中心。研究者认为，15世纪中叶马六甲已经完成了伊斯兰化进程①，也就是从这时起，该王国进入了历史上的黄金时期。随着马六甲作用的增强，伊斯兰教在东南亚海岛地区的传播愈益迅猛，葡萄牙和西班牙殖民者的入侵也没能阻止伊斯兰教的发展。16世纪时，马来半岛的柔佛、苏门答腊的亚齐以及爪哇岛先后成了该地区推进伊斯兰化的三个中心。至17世纪中叶，伊斯兰教已遍及各个主要岛屿的沿海，继而向各岛内部渗透，奠定了它在这一地区分布的基本格局。

为了到东方掠夺财富，西方冒险家拼命寻找通往东方的航道。1497年，葡萄牙航海家达·伽马奉葡王之命，率船队从里斯本起航，绕过非洲南端的好望角，于第二年到达印度西海岸的卡利卡特；接着，葡萄牙殖民者步步向东推进，于1511年攻占马六甲，马六甲从此变成了葡萄牙的殖民地。1641年，当荷兰人占领马六甲时，这个港口已不再是重要的贸易和宗教中心。

19世纪20年代以后，马来亚逐渐沦为英国的殖民地。1888年，沙捞越、沙巴也为英国人所占领。从这时起，英国人大量投资发展马来亚的运输业和橡胶种植园。第二次世界大战期间，日本人占领了马来亚、沙捞越和沙巴。日本投降后，英国人恢复了其殖民统治。1948年，马来亚成立联合邦，并于1957年宣布独立。1963年，马来亚联合邦和新加坡、沙捞越、沙巴合并，组成马来西亚。1965年新加坡宣布退出，成立新加坡共和国。

① 从马六甲第五代王起已改用“苏丹”称号，马六甲一度竟有“小麦加”之称。

二　菲律宾历史文化发展概述

菲律宾位于亚洲东南部的菲律宾群岛之上，东临辽阔的太平洋，西滨南海，南、西南隔苏拉威西海、苏禄海、巴拉巴克海峡与印度尼西亚、马来西亚彼此相望，北隔巴士海峡与中国台湾省遥遥相对。菲律宾由大约7100个岛屿组成，其中的两个主要岛屿是北部的吕宋岛和南部的棉兰老岛。其国土总面积近30万平方公里，海岸线总长18533公里。

在菲律宾历史上，从来没有出现过一个较为统一的国家。公元11世纪至16世纪，在一些较为发达地区曾经形成过一些早期国家，主要有：在今民都洛岛上的麻逸国、在今苏禄群岛上的苏禄国、在今吕宋岛上的吕宋国、在今吕宋岛南部的合猫里国以及在今棉兰老岛上的麻剌国等。16世纪之前，这里的国家无论社会经济还是政治发展都相对落后，居民主要从事农业轮种、狩猎和捕鱼。15世纪，伊斯兰教传入，尤其是在苏禄群岛和棉兰老岛地区，影响巨大。据记载，1475年，阿拉伯人谢里夫·卡本斯旺从马来半岛的柔佛带着一批人来到棉兰老岛传教，他在同当地一个土著首领结婚后，在棉兰老建立了苏丹国。

15世纪上半叶，欧洲人麦哲伦发现了菲律宾。15世纪下半叶，西班牙殖民者以武力占领了包括马尼拉在内的菲律宾北部和中部大部分地区，致使当地所有居民在名义上皈依天主教。① 有研究者认为，与基督教新教相比，天主教在当时是一种更为保守的、主要为封建统治服务的宗教。在菲律宾，教会拥有大批地产并享有特权，本身就是殖民统治的支柱和封建专制统治的基础。天主教会在菲律宾兴办学校，这些学校带有强烈的宗教色彩，并不具备近代资本主义社会教育的性质。但必须承认，教会学校的兴办，毕竟提高了菲律宾人民的文化水平。16世纪中叶之前，菲律宾中部、北部地区绝大多数居民，还没有自己的文字，仅有极少数居民使用着一种用特殊字母拼写的语言——他加禄语。西班牙人到来后，天主教传教士改用拉丁字母拼写这种语言，创制了新的

① 这也是菲律宾宗教文化有别于马来西亚和印度尼西亚的一个特点。

他加禄文，而且编写出了与之相关的语法书、教科书和字典，这对以他加禄语为基础的菲律宾国语的形成和发展起了积极的作用。

从19世纪40年代起，西班牙人加速了对菲律宾南部的侵略扩张，并于60年代初在棉兰老设军政省，于70年代末迫使苏禄苏丹投降，但入侵者却从未能使那些地区的穆斯林完全屈服。军事入侵和文化入侵的结果使菲律宾文化正常的和自然的发展进程被打断，造成了其南部伊斯兰教文化与北、中部天主教文化的对立，这种对立一直延续到近现代。

1896年，从欧洲学成归来的富家子弟，怀抱着民族主义理想，发动人民起义，反对西班牙的殖民统治，并于1898年6月12日宣布独立。但就在同一年，美西战争结束之后，菲律宾诸岛转而被美国所占领。1942年至1945年，日本军队侵入菲律宾。1946年7月4日，菲律宾共和国成立，并效仿美国实行总统制，首任总统为罗哈斯。

尽管深受西班牙人300年统治和美国半个世纪统治的影响，菲律宾人却始终使其文化保持着强烈的东南亚色彩。丰富的民间传说保留了有关世界起源的传奇和神话以及有关西班牙征服地的故事；具有地方特色的木刻受到全国各地人民的喜爱。

三　印度尼西亚历史文化发展概述

印度尼西亚地跨赤道，由太平洋与印度洋之间大约13700个大小岛屿组成，是世界上最大的群岛国家，其国土总面积近190余万平方公里，海岸线总长约3.5万公里。全国绝大多数居民为印度尼西亚人，其中的65%居住在爪哇岛上。印度尼西亚语为其官方语言，此外，也有人讲爪哇语、巽他语等民族语言。

自新石器时代至公元前1000年左右，最早的马来民族从印度支那半岛移居印尼各岛，成了今天大多数印尼人的祖先。从公元初年起，随着印度人的不断迁入，印度教和佛教便先后传入印尼群岛。公元3世纪至7世纪，印度尼西亚诸岛形成了一些奴隶制小国和部落联盟，如加里曼丹岛东部的古戴、巴厘岛上的婆利、西爪哇的达鲁马、苏门答腊岛上的末罗游和甘陀利等。公元7世纪后的几个世纪中，苏门答腊古国室利佛逝①一直繁荣兴盛，其统治势力除本岛外，曾达于爪哇岛西部、加里曼丹岛西部、邦加岛等广大地区，还曾占领马来半岛南部，控制了马六甲海峡，垄断了东南亚的海上贸易。

11世纪初，南印度的注辇王国曾两次远征室利佛逝，迫使其放弃对海上贸易的垄断。13世纪下半叶，室利佛逝又遭爪哇岛上的新柯沙里国入侵，从此国势衰颓，一蹶不振。从13世纪末叶起，东爪哇新建的满者伯夷国迅速崛起，它发展海军，扩张领土，领有了今印度尼西亚大部及马来半岛南部，国势强盛，经济、文化繁荣。满者伯夷境内流行佛教密宗和印度教的湿婆教派，两者都带有极浓的神秘主义色彩，几乎融合为一，佛与湿婆受到同样的崇拜。宗教信仰的融合与统一，符合统治者建立统一的中央集权封建国家的要求——国王被认为是神的化身，是神在人间的代表，具有"福气"和超自然力。满者伯夷王朝至15世纪时转弱，1478年，其军队为东爪哇封建主击败，王国解体。

自13世纪起，印度穆斯林商人就把伊斯兰教带到了苏门答腊北部。13世纪末出现了东南亚海岛地区的第一位穆斯林统治者，他就是苏丹马利克·阿斯一萨利赫。此后的两个世纪，伊斯兰教逐渐传播到了其他岛屿(只有巴厘岛仍保持着印度宗教与文化)。16世纪时，一些新建立起来的穆斯林王国之间相互竞争；也就是从这时起，葡萄牙、西班牙、荷兰以及英国殖民者相继侵入海岛地区。最后，专门从事贸易的荷属东印度公司取得了在爪哇、苏门答腊以及摩鹿加群岛等地的殖民统治权。该公司总部设在巴达维亚(今雅加达)。至17世纪末，荷兰人几乎控制了印度尼西亚所有岛屿的政治和经济，其统治一直持续到20世纪中叶。1945年日本投降后，8月17日，苏加诺宣布印度尼西亚独立。其后四年中荷兰人曾企图重新取得该地的控制权，但最终还是不得不在1949年承认了印度尼西亚的独立，仅保持了两国间名义上的一种联盟。

多个世纪的文化融合使印度尼西亚文化富有多样性。爪哇中部地区至今还保存着公元8世纪至10世纪时夏连特拉王朝建造的许多印度教寺庙以及

① 此名译自梵语，意为佳妙胜利；其首都先在巨港，后北迁占碑。宋人周去非《岭外代答》和宋人赵汝适《诸蕃志》中称该国为"三佛齐"。

著名的大乘佛教塔——婆罗浮屠。婆罗浮屠有四条廊道、四层平台，顶上是一座高约50米的大塔；廊道壁上有许多佛教故事浮雕和佛龛；平台上又建有许多小塔，每塔有佛像一尊，共505尊。爪哇和巴厘岛著名的民间皮影戏哇扬戏，将音乐、舞蹈和戏剧融为一体，为广大居民喜闻乐见。石雕、木雕、骨雕、象牙雕刻以及由金属制成的装饰艺术品，工艺细致精美。巴蒂克地区盛行着一种传统的染布技艺，利用防色蜡染色印花，可以染制出各种复杂的图案，极富民族风格和地方色彩。

四 东南亚海岛地区国家与中国的历史文化联系

中国与东南亚海岛诸国自古就有着密切的经济文化联系。东南亚海岛地区优越的地理条件，使其成了古代中国与印度两大文明古国之间海上交通的必经之路。

公元4世纪末5世纪初，东晋僧人法显西去印度求法，去时取陆路，归时取海路，归途中曾从锡兰漂流至爪哇岛，在那里停留了五个月，然后乘爪哇到中国的商船回国。公元7世纪时，室利佛逝国文化繁荣，佛教昌盛，唐僧人义净赴印度求经往返途中，曾先后三次抵经室利佛逝，并在那里居住多年，学习梵文，翻译佛经。他甚至主张中国僧人在去印度之前先到这里研习佛法。在其所著《南海寄归内法传》中，就有对“南海诸洲十余国”佛教信仰情况的扼要介绍。其时及其后，确曾有不少中国僧人到过室利佛逝，与那里的佛教界人士广泛交流。唐建元初(公元781年)，爪哇岛上的诃陵国僧人辨弘从其国抵唐，拜在惠果大师门下求受金胎两部大法，并将密教传于印度尼西亚。《新唐书》中有对7世纪后期诃陵国国情及与中国交往的记载。宋代，中国与东南亚海岛地区经济文化往来依然密切。11世纪初，三佛齐国王遣使至宋赠送礼物，并在本国为中国皇帝建造佛寺。12世纪末管理海外贸易的赵汝适所著《诸藩志》中，对于南洋诸国有比较详细的介绍，对中国商人与岛国人民友好地进行贸易的情况，也有真切描写。

15世纪，中国社会经济发展，造船技术有很大提高，航海知识也大大丰富。1405年至1433年间，三宝太监郑和率领一支庞大的船队，先后七次出使“西洋”①，其目的主要在于“通西南海道朝贡”、“宣德化而柔远人”，仅东南亚海岛地区郑和所到过的地方就有渤泥、满剌加、彭亨、苏门答腊、旧港、三佛齐、爪哇、美洛居、苏禄等。郑和的七次远航，促进了中国与亚非各国特别是伊斯兰国家的友好往来，对当时伊斯兰世界的历史发展产生了广泛而深刻的影响；对那些地区和国家的经济文化进步起了积极的推动作用。随同郑和下“西洋”的马欢撰有《瀛涯胜览》、费信撰有《星槎胜览》、巩珍撰有《西洋番国志》等，记录所到各国的政治经济、风土人情，为研究15世纪亚非地理和中西交通关系留下了重要资料。郑和的七次远航，对于当时华人出国并到那些地方从事经济活动，对于东南亚华侨社会的最终形成，同样产生了重大影响。

伴随着彼此间友好往来和经济文化联系的加强，早在唐代，中国人就已开始踏上了前往南洋的道路，有人在那里定居下来。到了宋代，中国海外贸易发展到了一个新的阶段，许多华商在东南亚各国从事贸易活动，这就为更多的中国人移居南洋打下了基础。宋元之交，更有不少宋朝官吏携家带小，移居到东南亚各地。此后，由于华侨在东南亚各地聚居日多，经济力量逐渐雄厚并产生了自己的领袖，华侨社会初步形成。明代，郑和远航的壮举，扩大了中国的声威，保证了海上航道的通畅，对东南亚早期华侨社会起了极大的稳定作用。

1564年前后，已有数十家华侨居住于菲律宾马尼拉，此后华侨人数不断增加，至17世纪初时，华侨与华商人数加起来已达两万余人。1603年至1770年间，华侨遭到西班牙殖民者的残酷迫害和疯狂屠杀，到1828年，整个菲律宾仅余华侨约一万人。1850年后，因为移民已几乎不受限制，便有大批福建人（其中又以泉州人为主）移居菲律宾群岛，于是华侨人数激增，1896年时已达10万人。福建籍华侨多从事金融、进出口贸易、工商业、加工业等；后来开始增多的广东籍华侨则多从事饮食服务、杂货零售以及工艺

① 明代以婆罗洲即今加里曼丹岛以东为东洋，以西为西洋。郑和所到之处多在婆罗洲以西，故历史上称他的远航为“郑和下西洋”。

制造等行业。

在荷兰殖民者于1596年在万丹登陆前，中国人已在爪哇岛沿海港口侨居数百年。1609年，聚居于万丹的华侨已有数千人，从事胡椒种植出口贸易以及杂货零售业、酿造业等。此后，来到印度尼西亚诸岛从事商业活动的华人日多。但在荷兰殖民者的威逼下，18世纪80年代时，万丹的华侨人口锐减。19世纪中期以后，殖民政府简化了华侨入境手续，清政府也准许荷兰人从中国雇工，印度尼西亚华侨人口由是迅速增长，速度之快，前所未有。由于华侨出洋惯于同乡相携，会聚一地，所以其分布相对集中：福建人主要居于爪哇岛；客家人除爪哇岛外，多聚居于加里曼丹岛；潮州人主要集中在苏门答腊岛和西加里曼丹；广府人则广泛分布在各岛之上。

17世纪至18世纪，定居马来半岛南部柔佛的华侨约有千余人，在马六甲已出现华侨社会。18世纪末英国人占领马六甲后，欢迎华人前往垦殖、贸易，华侨人口日渐增长。英国人在槟榔屿建立殖民地后，下令招徕外国籍人开荒，于是中国人、马来人、印度人纷至沓来。1819年，英国殖民主义者在新加坡登陆，独特的地理位置使这里成了货物集散地，华侨也随之大量涌入新加坡，成为了新加坡的主要居民，也成为了开辟新加坡的先驱者。到1947年时，整个马来亚的华侨人口约在261万以上，占当时其地总人口的44%，成为仅次于马来族的第二大民族。

东南亚海岛地区华侨跟散落于世界各地的华侨一样，凭着中华民族不屈不挠、勤奋俭朴、重诺守信、互帮互助的精神和自己的聪明才智，胼手胝足，艰苦创业，不仅为所在国的社会经济进步，而且也为自己祖国的繁荣与富强做出了不可磨灭的贡献。他们更是中国与东南亚海岛地区之间文化联系的纽带和桥梁。

思考与练习

1. 试述缅甸、泰国、柬埔寨及老挝小乘佛教文化圈形成的过程及原因。

2. 小乘佛教与大乘佛教的区别是什么？请结合上述几个国家的文化形态加以阐释。

3. 你参观过上述几个国家的哪些名胜古迹？请谈谈你的观感。

4. 请谈谈东南亚海岛地区国家转向伊斯兰文化的社会历史原因。

5. 菲律宾宗教文化有别于马来西亚和印度尼西亚的一个特点是什么？请分析一下它的原因。

6. 历史上，华侨在东南亚海岛地区国家的开发与发展中发挥了怎样的作用？请结合郑和下西洋加以叙述。

第二编 欧 洲

欧洲是欧罗巴洲的简称，位于东半球的西北部。西濒大西洋，北临北冰洋，南滨大西洋属海地中海和黑海。欧洲是亚欧大陆伸入大西洋中的一个大半岛，其面积（包括附近岛屿）1016 万平方公里，占亚欧大陆的 1/5，是世界第六大洲。人陆海岸线全长约 38000 公里，是世界上海岸线最曲折的一个洲。多半岛、岛屿和港湾。

地理上，人们习惯地将欧洲分为南欧、西欧、中欧、北欧和东欧。南欧指阿尔卑斯山脉以南的巴尔干半岛、亚平宁半岛、伊比利亚半岛和附近岛屿，包括罗马尼亚、保加利亚、阿尔巴尼亚、希腊、意大利、马耳他、西班牙、葡萄牙等国家。西欧狭义上指欧洲西部濒临大西洋的地区和附近岛屿，包括英国、爱尔兰、荷兰、比利时、卢森堡、法国和摩纳哥。中欧指波罗的海以南、阿尔卑斯山脉以北的欧洲中部地区，包括波兰、捷克、斯洛伐克、匈牙利、德国、奥地利、瑞士和列支敦士登。北欧指欧洲北部的日德兰半岛、斯堪的纳维亚半岛一带，包括冰岛、丹麦、挪威、瑞典和芬兰诸国。东欧指欧洲东部地区，在地理上仅指俄罗斯的欧洲部分以及乌克兰、白俄罗斯、爱沙尼亚、拉脱维亚、立陶宛等国，后来所称的东欧还包括了中欧的一些国家。由于居住年代久远，而多数种族集团的迁徙率又比较低，于是欧洲就形成了许多独立的语言和民族，其绝大部分居民是白种人（欧罗巴人种），信奉天主教和基督教；其大约 60 种语言绝大部分归属于三大语族，即拉丁语族（罗曼语族）、日耳曼语族和斯拉夫语族，均源于当初来自西南亚移民的母语印欧语。

第四章　古希腊与古罗马文明

第一节　古希腊文明及其不朽成果

一　古希腊文明的历史进程

古希腊是西方文明的摇篮，古希腊人是西方人公认的文化祖先。古希腊文明大约起始自公元前2000年，终止于公元前323年，其发展大致可分为爱琴文明时代、荷马时代、古典时代和希腊化时代。

（一）爱琴文明时代

爱琴文明指的是爱琴海区域的文明，这一区域以爱琴海为中心，包括希腊半岛、爱琴海中的各岛屿、克里特岛和小亚细亚半岛的西部海岸地带。爱琴文明所指主要是克里特文明和迈锡尼文明。

1. 克里特文明

克里特岛是爱琴海南最大的岛屿，东西长约250公里。这里最先产生了爱琴海区域的古代文明。英国考古学家亚瑟·伊文斯在岛北克诺索斯发现了米诺斯王宫遗址和大量文物，包括使用象形文字的文物和两种线形文字的泥版文书。因此克里特文明也称“米诺斯文明”。

大约在公元前2000年前后，克里特岛进入了青铜时代，产生了最早的奴隶制国家。这些国家各自独立，每一个小国都建有城郭宫室，这些王宫屡毁屡建，延续了约600年。在各地的王宫建筑中，尤以克诺索斯的王宫最为宏大华丽。公元前1700年和前1600年左右，这里的王宫遭到过两次较大的破坏，而在这100多年间，以克诺索斯为中心的克里特文化也取得了重大发展。其发展的一个重要标志是：原来的象形文字逐渐简化并为线形文字所取代，这种线形文字是记写古克里特语的，称为线形文字A，人们至今还未能成功释读。

大约在公元前17世纪末至前16世纪初，米诺斯王朝建立了克里特岛的统一王权，其经济与文化也进入了繁荣期。社会生产力的发展突出表现在手工业和农业方面。另外，独特的地理环境也促进了航海贸易的发展。

米诺斯王宫建筑集中代表了克里特文明的成就。王宫依山而建，规模宏伟，结构复杂，主体建筑22万平方米，廊腰回转，各抱地势，相互勾连。宫外西北角有剧场，从壁画可知这里是表演斗牛戏的地方。约在公元前1400年前后，米诺斯王宫以及其他地方的宫室突遭破坏，从此，克里特文明迅速衰落。再后来，外族人侵入该岛，克里特文明传统便逐渐被遗忘、被湮没。

2. 迈锡尼文明

克里特文明衰落后，爱琴文明的重心便转移到了迈锡尼城。

早在公元前1600年前后，创造了迈锡尼文明的阿卡亚人就进入了希腊的中部和南部，建立了奴隶制国家。在该文明的中心迈锡尼城，统治者建起了一座坚不可摧的城堡，以巨石为城墙，外建高大的“狮子门”，内建富丽堂皇的宫殿以及繁华的市区。迈锡尼文明的建筑标志是竖井式坟墓和圆顶墓。竖井墓中藏有大量的金银工艺品，工艺水平很高；约建于公元前1500年左右的圆顶墓由凿岩或垒石而成，是一种更为宏大富丽的建筑，被认为是迈锡尼国王的陵墓，因此，这时统治迈锡尼的王朝也被称为“圆顶墓王朝”。自此以后，迈锡尼奴隶制国家进入了发展和繁荣阶段。

公元前1450年至前1400年间，米诺斯王宫出现了另一种语言文字——线形文字B。这种文字也刻在泥版上，是迈锡尼人用以书写希腊语言的，因此是迈锡尼人的文字，是迈锡尼文明的文化标志。1952年，人们释读成功线形文字B，留传下来的2000余件泥版文书成了研究当时社会状况的至为宝贵的资料。

迈锡尼文明末期，即约公元前12世纪初，发生了著名的特洛伊战争。当时，迈锡尼诸国组成联军，渡海远征小亚细亚西北部的古城特洛伊（今土耳其的希沙立克）。经过10年的浴血苦战，特洛伊城终被攻陷，但迈锡尼人也元气大伤。战后不久，迈锡尼遭多利亚人入侵，迈锡尼文明由此衰落，爱琴文明宣告终结。

（二）荷马时代

人们将公元前11世纪至公元前9世纪前后的希腊历史称为“荷马时代”，荷马时代因盲诗人荷马而得名。

1. 荷马史诗

荷马大约生活在公元前9世纪至前8世纪，他的伟大诗篇《伊利亚特》和《奥德赛》通称“荷马史诗”①。荷马史诗的形成是早期希腊文明的主要成就。史诗真实地描绘了古代希腊英雄的日常生活与战时生活情景，反映了古希腊从氏族社会向奴隶制社会过渡时期人们的世界观与理解力，具有巨大的认识意义、教育意义和美学意义。史诗不仅是研究古代希腊社会经济的重要文献，也是人类共同的艺术瑰宝。

荷马像

《伊利亚特》全诗共24卷，15693行，主要叙述特洛伊战争最后一年发生的故事。希腊英雄阿喀琉斯因一位美丽的女俘为主帅阿伽门农所夺，盛怒之下退出战场，致使希腊军队连连受挫，一直退到海边。后因好友帕特洛克罗斯战死，为复仇，阿喀琉斯再上战场，终于刺死特洛伊主将赫克托耳。赫克托耳的父亲靠神指引赎回了儿子的尸体，全诗在盛大的葬礼中结束。作品穿插了很多神话与传说，广泛地反映了古希腊人的生活真实，展示了惊心动魄的战争场面，被誉为欧洲史诗的典范，并为后世的文学艺术提供了丰富的素材。正如恩格斯在《家庭、私有制和国家的起

① 一般认为，史诗最初是口头流传的民间歌谣，经过累世行吟诗人的结集加工才逐渐形成围绕中心事件铺展的叙事诗。荷马当是将其整理定型的诗人。

源》一书中所说:“野蛮时期高级阶段的充分繁荣,我们在荷马的诗中特别在《伊利亚特》中可以看到。……荷马史诗和全部神话——所有这一切都是希腊人从野蛮时期进入文明时期所带来的主要遗产。”①

《奥德赛》全诗24卷,约12000行。描写希腊英雄奥德修斯在特洛伊战争结束后渡海回乡历经艰险的故事。特洛伊城久攻不下,足智多谋的奥德修斯想出木马计,建造了一只巨型木马,内藏兵将,而大军则佯装撤退至海上。特洛伊人视木马为祭神奇物,把它拖进城里。夜间,希腊兵将从木马肚中杀出,与城外的军队里应外合,攻陷特洛伊。希腊军队班师凯旋,唯独奥德修斯为海神波赛冬嫉恨,途中受阻,在海上漂流10年,多次遇险,也阅尽了人间各种不同风俗,终于摆脱了神女卡吕普索的羁绊回到祖国。回国后,他乔装乞丐和儿子共谋除奸之计,将追求过他妻子的人全部杀掉。被杀者的亲属要为亲人报仇,女神雅典娜出面干涉,使双方和解。史诗在奥德修斯夫妻团圆的喜庆气氛中结束。《奥德赛》所歌咏的虽是迈锡尼时代的遗事,但其具体内容却可上溯到公元前15世纪、16世纪。与《伊利亚特》一样,《奥德赛》也以故事主线串联起了许多神话与传说,结构精巧,前后呼应,语言生动,具有无穷的魅力。

2. 希腊神话

希腊的宗教和神话传说形成于荷马时代。希腊宗教起源很早,一些主要的神如宙斯、雅典娜等都可以上溯到迈锡尼时期,神话传说也十分丰富,但最终形成却是在荷马时代。在荷马史诗中,希腊人的宗教传说已经形成了系统的神话,这些神话对于后来整个希腊文化都产生了重大影响,甚至成了人类艺术“一种规范和高不可及的范本”。

古代希腊人生活在一个虔诚的时代,他们认为世界是由神创造的,并由神统治着,而人类则是神的后代。因此,在希腊神话中,神与人同性同形,但却比人更美、更健全,更具智慧,更有力量,而且长生不老。希腊神话想象力丰富,故事曲折生动,神的形象栩栩如生。

在希腊人的想象中,诸神都居住在奥林匹斯圣山上,其首领是主神宙斯,

① 《马克思恩格斯论艺术》,人民文学出版社,1963,第9页。

他以雷电作为武器维持着天地的秩序,是权力与尊严的化身。宙斯的妻子赫拉掌管婚姻和生育,是妇女的保护神。宙斯的兄弟波赛冬是统治海洋的海神;另一个兄弟哈德斯是主管阴司鬼魂的冥王。宙斯的儿子赫菲斯托斯是掌管火、火山、冶炼技术和神奇手艺的火神;儿子阿波罗是太阳神,主管真理、青春、光明、医药、音乐和诗歌,并代表父亲宣告神旨;阿波罗的孪生妹妹阿耳忒弥斯是月神和狩猎女神;宙斯的另一个儿子赫耳墨斯是众神的使者,是亡灵的接引神,掌管商业、交通、畜牧、竞技等,他多才多艺,首创字母、数字、天文学和体育运动等;另一个女儿阿佛洛狄忒是美神和恋爱之神,也就是罗马神话中的维纳斯;凶狠残暴的阿瑞斯则是战神。宙斯和人间妇女所生之子多具半神半人的特质,比如赫拉克勒斯便是希腊神话中最伟大的英雄。宙斯的女儿雅典娜是智慧女神,后来成为了雅典城的保护神,象征着文明和艺术。此外,还有酒神狄奥尼索斯、谷物女神墨忒耳、灶神和家室女神赫斯提等。

3. 其他方面

在荷马时代,原来的迈锡尼文字已无人使用,替代它的希腊文字母是从腓尼基字母借用过来的。荷马时代后期,腓尼基商人活跃于希腊各地,希腊人跟他们学得了使用字母的方法。荷马时代的艺术品主要是几何形风格的彩画陶器,这种陶器的烧制技术和克里特、迈锡尼时期相差不大,但上面的艺术装饰却简陋多了。

迈锡尼时代雄奇的宫殿、辉煌的艺术、细腻的金属工艺、复杂的线形文字、严密的社会政治组织等等一切可以视为文明象征的东西,到荷马时代都已荡然无存。随之而来的是人口的下降、生产的停滞、社会组织的简化以及无休止的动荡。因此,荷马时代被看成是迈锡尼文明被多利亚人毁灭后古希腊文明的低潮期,也可以说是古希腊历史的倒退期。与迈锡尼时代的君主制相比,荷马时代的王权更加脆弱,而普通百姓的地位则有所提高,劳动者大多摆脱了宫廷的控制,有了一定的独立性,成了自食其力的小生产者。正是这些小生产者构成了后世古典城邦的社会基础。这一时代,某种形式的社会组织也已形成,其中最为突出的是公众大会(也称“民众会”),这种公众大会演变的结果就是古典时代拥有投票权和决策权的民主大会。荷马时代后期,铁器已成为人们的生产工具,农业生产力有了显著提高;商业交换也已萌芽。所有这一切,都在孕育超越迈锡尼文明的新的历史发展。

（三）古典时代

希腊古典时代历史最为显著的特征是城邦制度。公元前8世纪至公元前6世纪，由于农业生产已广泛使用铁器，古希腊各地的社会生产力有了很大的发展。荷马时代形成的希腊各族的分布范围，在后来的几个世纪中并没有多大改变，数以百计的希腊城邦也便在这些范围内一个一个地形成。城邦是以城市为中心连同周围农村构成的一个个整体（有人称之为“波里斯”）。城邦国家尽管实行民主制，但其政权却多掌握在贵族手里。军事民主制时代的军事首领到这时成为了“国王”，但并没有实际权力。广大的平民（自由民）为改善自己的政治和经济地位，与贵族展开了激烈的斗争，在工商业比较发达的城邦，这种斗争多以贵族的失败而结束，代之而起的是一种“僭主政治”。“僭主”就是通过政变取得国家权力的统治者。为了巩固自己的权力，僭主们多采取打击贵族、维护工商业主和扶植平民的政策，这在客观上促进了工商业和小农经济的发展。

在希腊城邦形成的同时，它也开始了对外的殖民扩张——亦被称为“移民运动”。至公元前6世纪末，东至小亚细亚，南达尼罗河三角洲，西到西班牙，围绕着地中海，几乎到处都有希腊人建立的移民城邦。移民运动是以农业为主转变为以商业为主或农工商并重的过程，与希腊各大城邦转变为工商业中心的过程相伴相随。通过移民运动，希腊和海外各地的贸易联系得到了加强，各城邦之间的商业往来也逐渐扩大。

在希腊的诸多城邦中，规模最大、影响也最大的是斯巴达和雅典。斯巴达位于伯罗奔尼撒半岛南部肥沃的拉哥尼亚平原。在征服拉哥尼亚的过程中，斯巴达把原有居民的大部分变成了奴隶，称为希洛人。约从公元前740年开始，他们又以长达10年的战争将邻邦美赛尼亚征服。斯巴达在全体公民中实行严格的军事统治，把整个斯巴达变成了一个“大军营”。公元前4世纪中叶以后，斯巴达在希洛人的不断反抗中逐渐走向衰亡。可以说，在希腊所有的城邦中，斯巴达是一个最落后、最专制的反动堡垒。它的“文明”方式之一就是通过严酷的体能锻炼和军事训练，培养所有斯巴达男子学会忍受艰苦生活，且在战时义无返顾、视死如归。有人把斯巴达人的特性归纳为：自私、冷酷、残忍。在这样的体制下，斯巴达产生了无数的优秀战士，却没有给人类留下文明。

与斯巴达相反，雅典实行的却是一种民主政治，并为后世留下了宝贵的文化遗产。雅典位于阿提卡半岛之上，定居在这里的是爱奥尼亚人。相对于其他城邦而言，雅典城邦的形成略显迟缓。公元前7世纪初前后，雅典人废止了王政，建立了贵族共和国。掌握着国家权力的主要是执政官和贵族会议，国王和公民会议都无实权。执政官的任职原为终身制，公元前683年改为一年一任，人数也由一人增至三人，公元前7世纪中叶又增加到九人。平民与贵族之间的矛盾和斗争引发了一系列的暴力和改革。公元前632年，贵族基伦曾企图通过暴动在雅典建立僭主政治，但因得不到农民的支持而告失败。公元前621年，首席执政官德拉古制定成文法，其主要目的是保护私有财产。法典十分严苛，却不能满足平民的改革要求，也未能缓和雅典的社会矛盾。公元前594年，被推选为雅典首席执政官的诗人梭伦开始实行改革。改革的核心内容是"解负令"，这是一个解放平民的伟大法令，它促进了雅典奴隶制国家从贵族政治向民主政治的转变。公元前560年，庇西特拉图依靠"山地派"支持，废掉共和制而成为独裁者，建立了僭主政治。在他的统治下，雅典的工商业和航海业都有了显著发展，小农经济也得到了暂时的稳定。阿提卡的陶器行销地中海、黑海各地，雅典城成了希腊文化的一个重要中心；荷马史诗也在这个时期编定成型。庇西特拉图死后，他的两个儿子相继成为僭主。次子希庇亚斯骄奢淫逸，引起人民的不满。公元前510年，希庇亚斯被推翻并被放逐。雅典公民接着又与复辟的贵族进行斗争，他们击败贵族派和斯巴达军队，推选克利斯提尼进行政治改革。克利斯提尼改革的核心是：把全雅典划分为10个选区，每个选区选出50人组成500人会议，会议设置"50人团"行使行政职权。① 改革还实行"陶片放逐法"，以公民投票（用陶片）的方式来决定是否对一个公民（犯罪者）实行政治放逐。这样做的目的就是使全体公民都有权直接参与国家管理，实行直接

---

① 即把全体成员分为10组，每组50人，按组轮值，轮值期为1年的1/10。

民主制。克利斯提尼改革标志着雅典平民反抗贵族斗争的胜利结束。及至伯里克利时代，雅典的民主政治有了更加完美的发展。其精髓可以用梭伦的一句话来概括："人民服从治理的人，而治理的人服从法律。"尽管雅典民主政治有着较大的局限性①，但却缓和了当时的社会矛盾，造成了一个较为稳定的和平发展环境，同时也培养了雅典公民的主人翁意识，激励了他们参与国家政治生活的积极性。雅典民主政治下的社会全面繁荣，代表了古希腊文明的最高成就。

（四）希腊化时代

1. 希波战争和伯罗奔尼撒战争

公元前 492 年至前 404 年间，希腊人先后经历了两场战争：一场是自卫性质的希波战争；另一场是同室操戈的伯罗奔尼撒战争。

希波战争是以雅典为核心的希腊城邦与入侵的波斯帝国之间的战争，持续了将近半个世纪。公元前 492 年，波斯大流士一世的海陆大军进兵希腊，因遇飓风，许多舰船沉没，两万海军葬身鱼腹；两年后，波斯大军卷土重来，雅典军民奋勇抵抗，在马拉松平原以少胜多，挫败了其从雅典正面登陆的企图。著名的以长跑报告胜利消息的故事就发生在这次战役结束之时。波斯新王薛西斯登上王位后，发誓要踏平雅典，消灭希腊。希腊各城邦组成了反波斯同盟，由斯巴达统帅希腊联军，雅典则是联军的实际组织者。公元前 480 年，薛西斯率海陆大军侵入希腊，直至公元前 449 年，希腊人才最终把波斯人完全赶出了地中海。

波斯人走了，希腊人并没有迎来期盼中的和平。公元前 431 年至前 404 年，雅典和斯巴达两大城邦集团之间为争夺霸权进行了一场长达 27 年的战争，即著名的伯罗奔尼撒战争。公元前 6 世纪中叶，斯巴达人迫使伯罗奔尼撒半岛的许多城邦与之结成军事同盟。公元前 478 年前后，雅典则把希腊中部、爱琴海诸岛和小亚细亚的一些城邦组织起来，结成了反对波斯人的提洛军事同盟。希波战争后，提洛同盟成了雅典建立海上霸权的工具，与伯罗奔尼撒同盟之间的矛盾日益加深。战争把所有的希腊城邦都卷入其中，最终以雅典的

① 它毕竟是奴隶主阶级的民主政治，妇女、奴隶以及外邦人都被排斥在外。

投降而告结束。战争动摇了希腊城邦制度的社会基础，使其面临严重危机；战争也给古希腊文明造成了极大的破坏，成了古希腊历史的一个重大转折点。

2. 马其顿的统治

当雅典和斯巴达这两个强大的城邦在伯罗奔尼撒战争中两败俱伤时，北方的希腊民族——马其顿迅速崛起。作为一个国家，马其顿大约形成于公元前6世纪。起初并不起眼，伯罗奔尼撒战争期间发展壮大起来。马其顿人的杰出领袖腓力二世赶走了侵入马其顿的各游牧部落，压服了贵族的反抗，同时改革了自己的军队。在军队战斗力大大加强了的情况下，他开始由北向南，步步推进。在取得了节节胜利之后，腓力与希腊各邦签订和约，并于公元前337年在科林斯主持了希腊各邦大会。希腊各邦统治者公推马其顿为盟主，腓力为同盟的最高领袖，以统帅军队共同讨伐波斯。这次大会标志着希腊古典时代的终结和希腊化时代的开始。

公元前336年，腓力二世之子亚历山大登上了王位。在平定了国内动乱之后，亚历山大发动了向东方的侵略战争。在很短的时间内，亚历山大便建立起了一个横跨欧、亚、非三洲的大帝国。亚历山大病逝（公元前323年）后，内战使得庞大的帝国土崩瓦解，分裂为安提柯王朝统治下的马其顿、托勒密王朝统治下的埃及以及塞琉古王朝统治下的叙利亚。

公元前4世纪末至公元前2世纪初，统治希腊的主要是马其顿。希腊城邦曾企图用东侵来解救自己的危机，但并未如愿。其间，雅典曾联合其他城邦进行过反对马其顿的战争，但均以失败告终；斯巴达内部也曾进行过多次社会改革，最终都未能取得成功。公元前2世纪中叶，整个希腊被划入罗马版图。公元前30年，随着最后一个希腊化王国托勒密埃及为罗马所灭，古希腊的历史也落下了帷幕。

二　古希腊文明的不朽成果

古希腊文明在公元前6世纪时已有相当的发展，公元前5世纪至公元前4世纪达于极盛。这正是奴隶制城邦的发展和繁荣时代，奴隶劳动为古希腊文明创造了物质基础。除了前面已经提到的神话，古希腊文明还主要体现在哲学、史学、文学、艺术、体育等诸多方面。

（一）哲学

古希腊产生过许多哲学家，其代表人物当推古典时代的苏格拉底、柏拉图和亚里士多德。他们的思想对后世的哲学、政治等都产生了深远影响。

苏格拉底（前469—前399）是诡辩学派唯心主义思想的继承者和发展者。他自称是神赐给雅典的"牛虻"，为的是时时叮叮这个硕大如骏马般的国家，好使它在精神上焕发起来。他最早提出神秘的"目的论"，认为一切都是神为了一定目的而安排的，如神给人眼睛是为了看，给人耳朵是为了听，给人鼻子是为了闻。他一生最关心的是伦理学问题，提出"知识即美德，无知即罪恶"、"无人有意作恶"等命题，主张"真知必行"的"知行合一"论。他自称是知识的"助产士"，即在讨论问题时，运用概念的辩证法，使对方陷入自相矛盾的境地，再通过"接生术"，"帮助已经包藏于每一个人的意识中的思想出世"（黑格尔语）。因为他拥护奴隶主贵族的专制统治，反对奴隶主民主派，最终被雅典民主派政权以传播异说、败坏青年罪判处死刑。公元前399年，他在狱中饮鸩而死。苏格拉底一生述而不著，其一些言行多见于柏拉图的对话集和色诺芬的《苏格拉底言行回忆录》。

柏拉图像

柏拉图（前427—前347）是苏格拉底的学生，是希腊唯心主义哲学的最大代表。他是在伯罗奔尼撒战争时期长大的，政治上的保守使他鄙视民主政治，始终维护奴隶主贵族的统治。公元前387年，他在雅典一座圣殿附近的园林中创建了欧洲历史上第一所固定的学校——"阿加德米学园"。学生来自四面八方，所学科目也十分丰富。柏拉图自己从事教学工作长达41年之久。哲学上，柏拉图主张"理念论"，认为在我们所见的现象世界背后，另有一个理念的世界。理念世界是原型，是正本；而现实世界则是"摹本",是"影子",是"副本",是以理念为模型铸造出来的。他认为理念是划分为许多等级的,世界就是神按照"善"的理念创造出来的,而他提出的"理想国"①就是这样一个唯一完美的世界。在认识论上,柏拉图主张"回忆说",认为人的灵魂在投生以前就寓居于理念世界;投生以后把理念世界的知识暂时遗忘了,因此求知识(学习)就是唤起灵魂对理念世界的回忆。柏拉图的哲学思想对西方唯心主义的发展影响极大。

亚里士多德像

亚里士多德(前384—前322)是柏拉图的学生,既是哲学家,也是科学家,是"古希腊最博学的人物",被认为是古代最伟大的思想家之一,更被黑格尔称赞为"人类导师"。从公元前367年起,亚里士多德曾在雅典柏拉图学园学习达20年之久。公元前335年,他又在雅典郊外的吕克昂体育馆开设了自己的学校,并在校教学13年,直至去世。他曾本着"吾爱吾师,吾更爱真理"的精神对柏拉图的"理念说"进行了激烈的批判。他提出"四因说",认为一切事物的运动变化皆由质料因、形式因、动力因和目的因造成:"质料"是事物的原料,"形式"是事物的本质,"动力"是事物的制造者,"目的"是事物的归宿。在认识论上,他肯定认识的对象是客观存在的事物,认识来源于感觉。作为形式逻辑的奠基人,亚里士多德第一次提出形式逻辑的三大思维规律,即同一律、矛盾律和排中律。他的主要著作有《政治学》、《工具

① 《理想国》是柏拉图的主要著作,它不仅是此前哲学思想的概括和总结,而且是当时各门学科的综合。该书探讨了有关哲学、政治、伦理道德、教育、文艺等等各方面的问题,以理念论为基础,建立了一个系统的理想国家方案。因该书讨论的主题是正义问题,以至于后人为这部著作加了一个副标题——"论正义"。

论》、《形而上学》、《论灵魂》、《伦理学》、《物理学》和《诗论》等，其中尤以《政治学》对世界的影响最大。《政治学》共 8 卷 103 章，论述理想的城邦和现实政体的各种类型两大主题。该书所贯穿的观点是人类历史上第一个剥削阶级奴隶主的观点，开创了西方传统的政治学体系。该书中关于政治理论和现实政制的论述，至今仍为西方政治学者所承袭。

（二）史学

在西方语文中，"历史"一词最初源于希腊。希罗多德、修昔底德和色诺芬是希腊古典时代史学的杰出代表。

希罗多德（约前 484—约前 425）被西方史学界尊为"史学之父"。他生于小亚细亚哈利卡纳苏斯的一个名门世家，青年时代因参加反对该城僭主的斗争遭到放逐，被迫移居他乡。在古希腊史学前辈影响下，他很早便留心历史掌故，并在游历与考察中积累了丰富资料。公元前 430 年，希罗多德写成《历史》一书，描写发生于公元前 492 年至前 479 年的希波战争旁及东方各国的历史，共九卷，前四卷分叙亚述、巴比伦、波斯、埃及以及欧亚草原地带的斯基泰族文明；后五卷则专述希波战争。其书的相当部分是根据著者亲身经历和耳闻目见写成的，也被称为"希波战争史"，或称"缪斯史"。由于时代和作者思想、经历的局限，书中也记载了一些荒诞不经的传闻，对战争进程的记述也有不够准确和清晰的地方，而且还带有某些迷信色彩。但不容否认的是，该书不仅有重要的史料价值，同时也有极大的文学魅力，为后世西方史学的发展开辟了道路。

修昔底德像

修昔底德（约前 460—约前 400）被认为是古希腊最伟大的历史学家。他对历史，既有科学的批判精神，又有理智的求实态度。他出生于雅典的一个富裕家庭，少年时代受过良好教育。公元前431年，他参加了伯罗奔尼撒战争，其间便萌生了写作一部战争史的念头，并开始搜集资料。公元前424年被选为雅典十将军之一，同年遭放逐，流居色雷斯。在长达20年的流居生活中，他完成了《伯罗奔尼撒战争史》（又名《雅典斯巴达战争史》）。在叙述的集中、真实和精练上，该书比希罗多德的《历史》更胜一筹。作者对历史事件并不做单纯的叙述，而是试图从具体史实中探讨历史运动的因果关系。体裁上，该书开创了纪年与纪事相结合写史的先河，取材丰富，见解精辟，笔力雄健，叙述严谨，有着很高的史学价值和较强的艺术感染力。他曾宣称，他的书是为垂鉴后世而写的，并不求轰动于一时。

色诺芬（约前430—约前355）是苏格拉底的弟子，与希罗多德和修昔底德并称为古希腊“三大史学家”。政治上，他反对雅典的奴隶主民主派，赞赏斯巴达式的贵族政体。30岁时，他参加了希腊雇佣军替波斯国王的弟弟小居鲁士争夺王位的“长征”。公元前399年，他因为小居鲁士效劳而被母邦雅典判处终身放逐，定居于斯巴达赏赐给他的位于斯奇卢斯的庄园。公元前371年迁居希腊南部城市科林斯，在那里从事著述直至逝世。色诺芬著有《长征记》、《希腊史》和《阿格西劳传》等史书。《希腊史》是其代表作，为修昔底德著作的续编，叙事始于公元前411年，止于前362年的曼丁尼亚战役。该书叙述较为凌乱，但也有重要参考价值。《长征记》被认为是他著作中最负盛名的一种，共七卷，分为两个部分：第一部分（前两卷）记述小居鲁士的经历，他对斯巴达的援助和他为争夺波斯王位所组织、率领雇佣军“回国长征”以及初期作战情况，直至公元前401年他在巴比伦附近的一次战役中战死。第二部分（后五卷）主要描写雇佣军在失去了领导和作战目的后，军心涣散，四处遭受攻击，关键时刻，色诺芬被推举为将军，终于率领军队经历千辛万苦回到色雷斯的长途迂回作战历程。

（三）文学

荷马史诗产生之后，古希腊文学在很长的一个时期内都以诗歌为主要创作体裁，并出现了以阿那克里翁、平达为代表的一些诗人。从公元前5世纪开始，戏剧创作在雅典繁荣起来，既有悲剧，也有喜剧，代表了希腊古典时代文学的最高成就。希腊悲剧的三大代表作家是埃斯库罗斯、索福克勒斯和欧里庇得斯;喜剧代表作家是阿里斯托芬。

埃斯库罗斯(约前 524—前 456)出身贵族,曾参加希波战争。他把自己称为“荷马伟大宴席上的残屑”,恩格斯则称他为“悲剧之父”。一生创作剧本数十部,但传世的悲剧作品只有七部。其代表作《被缚的普罗米修斯》(或译《普罗米修斯》)根据神话中的巨人普罗米修斯与天神宙斯斗争的故事改写而成,借以歌颂雅典奴隶主民主派反对贵族专制的斗争。这一题材为后世的许多诗人(如歌德、拜伦等)所采用。其故事梗概是:宙斯在普罗米修斯的帮助下推翻了自己的父亲,然后他把各种特权分配给众神,唯独对人类嗤之以鼻,认为人类太愚蠢,要把他们毁灭,重造一个新人类。普罗米修斯同情人类的苦难,便来到人间,教人类种田、造屋,并把文字、医药、占卜术等传授给人类,使他们有了技术、知识和智慧。但当他准备将火也传给人类时,却遭到了宙斯的拒绝。然而聪明的普罗米修斯最终还是想办法把火带到了人间。宙斯于是向普罗米修斯复仇,他派火神把普罗米修斯绑在高加索山的崖石上,使其遭受巨大痛苦。普罗米修斯忍受着,但决不屈服,他呼叫着大地、狂风、河川和长空,消失在雷电之中。埃斯库罗斯的其他作品还有三联剧《俄瑞斯忒斯》(包括《阿伽门农》、《奠酒人》和《复仇女神》)和《波斯人》等。

索福克勒斯(约前 496—前 406)被希腊人尊为“世界和谐与安宁的歌手”,为后世创造了演出不完、诉说不尽的永恒情节。其悲剧题材主要是人类的危机,首先是苦难的危机以及死亡。所创作的完整悲剧流传至今的只有七部,其中以《安提戈涅》和《俄狄浦斯王》最为著名。剧作取材于神话和传说,多写理想化的英雄与命运的斗争但终究又摆脱不了命运安排的故事。以《俄狄浦斯王》为例:主人公俄狄浦斯王从神谕中得知,瘟疫是由杀父娶母的凶手引起的,而这凶手是一道猜不破的谜。俄狄浦斯王决意猜破这谜底,最终却发现那谜底原来就是自己。他曾决心逃避这逆伦的命运,但在不知不觉中,他还是成了杀父娶母的罪人。当一切都大白于天下时,贤明正直的俄狄浦斯王在绝望中刺瞎了自己的双眼。《俄狄浦斯王》标志着希腊悲剧艺术的成熟,被亚里士多德评价为“十全十美的悲剧”。

欧里庇得斯(前485—前406)受当时智者派影响,对雅典民主政治既拥护又有所不满,对神的存在公开表示怀疑。因热心于哲学且深受其影响,被人们称为“舞台上的哲学家”。其流传至今的悲剧作品有18部,主要有《美狄亚》、《希波吕托斯》、《特洛伊妇女》等。《美狄亚》为其代表作,取材于寻觅金羊毛的神话,是他以妇女命运为题材的创作中最杰出的一部。在剧中,美狄亚不是以善良和纯洁的面目出现的,而是以性格的力量著称,因此成为了全部悲剧情节的中心;伊阿宋也不再是高大勇武的希腊英雄,作为美狄亚的主要对手,他被描写成一个卑鄙的诡辩主义者和粗暴的利己主义者的典型。剧本批判了不合理的婚姻制度和男女地位的不平等,人物心理刻画深刻细腻,具有强烈的戏剧性。

阿里斯托芬(前450—前385)是古希腊早期喜剧的代表作家,也是欧洲文艺批评的奠基人之一。现存喜剧11部,主要有《阿卡奈人》、《骑士》、《和平》、《财神》、《鸟》等。作品从维护因战争而破产了的自耕农的利益出发,反对伯罗奔尼撒战争及主战的激进民主派,抨击民主政治衰退时期种种不合理的社会现象。创作形式自由,手法夸张,语言犀利,对后世喜剧作家有启蒙和示范作用。

除了戏剧和诗歌,古希腊文学的另一杰出成果也值得一书,那就是《伊索寓言》。伊索(约前620—前564)原为奴隶,其生活的时代正是古希腊奴隶制城邦的形成期。在残酷的阶级压迫下,伊索以寓言为武器,将矛头直指贵族和奴隶主。所编寓言经后人整理加工,成为现在所流传的《伊索寓言》。《伊索寓言》收寓言300余篇,其主角大多是拟人化的动物,通过它们来反映当时人的思想情感。著名的篇章如《行人和熊》、《农夫和孩子们》、《农夫和蛇》、《狐狸和葡萄》、《狼和小羊》等,寓意深刻,常为后人所引用。

(四)艺术

古希腊的艺术成就主要表现在建筑和雕塑两个方面。

1. 建筑艺术

古希腊的建筑艺术以雅典的卫城和剧场为代表。雅典卫城建成于公元前5世纪下半叶,它是希腊古典时代的标志性建筑。卫城原是抵御敌人的堡垒,建在150米高的山上,东西长约280米,南北最宽约130米,四周皆峭壁,地势险要。卫城建筑动工于公元前448年,完成于公元前406年,总共用了42年的时间。其配套工程包括卫城山门、胜利神庙、厄瑞克忒翁神庙和帕特农神庙，皆依山而建，与卫城形成了一个建筑整体。

希腊人的建筑擅用柱廊。其时流行的三种石柱形式是多利亚式、爱奥尼亚式和科林斯式，由朴素到华丽，各具特色。在雅典卫城里，用柱廊环绕建造的帕特农神庙，被视为古代建筑艺术的杰作。整个神庙全部采用大理石为材料，四周的多利亚式石柱，东西各八，南北各十七。正殿中竖立着雅典娜女神雕像，以黄金和象牙镶嵌外表，庄严而华丽。神庙至今犹存，向游人展示着古希腊的那一段辉煌历史。

可与卫城相媲美的是剧场。在雅典卫城脚下就有一个大型剧场，可容纳观众一万多人。随着山势，观众席依次逐排升高；观剧区呈半圆形展开，通道呈放射形；表演区域就在剧场中心的圆形平坦地面之上，视听效果俱佳。

2. 雕塑艺术

除建筑外，能够体现古希腊艺术最高成就的是雕塑。其作品大多优雅而高贵，完美惊人。公元前 5 世纪时，希腊雕塑家已经娴熟地掌握了人体结构的艺术表现技巧，创造出了许多令人惊叹的雕像和浮雕。其时，最为著名的雕塑家有米隆、波吕克利特和菲狄亚斯等。米隆（公元前 5 世纪前半期）的代表作是《掷铁饼者》。艺术家选取的是投掷过程中的一个瞬间，并不是投掷动作的结束，因此给人以一种连贯的动感和美感；投掷者极其镇定的面部表情，反衬出他体魄的强壮、身材的健美，让观者似乎感受到了他必胜的信心。波吕克利特（前 460—前 416）的作品追求崇高、完美、典雅，从而推进了人体美的艺术创作，他的代表作《荷矛的战士》塑造了一个健壮而生气勃勃的战士形象，堪称古希腊雕塑艺术的典范。他提出的表现人体美的原则多为后人所沿用。菲狄亚斯（前 500—前 432）擅长神像雕塑，作品有建立在雅典卫城之上的巨大的《雅典娜》铜像以及《宙斯》和《帕特农的雅典娜》塑像等，可惜均已不存。《帕特农的雅典娜》原作为帕特农神殿大厅主像，高达 13 米，宏伟而崇高，宣扬了雅典国家的繁荣昌盛与威力无边，体现了雅典鼎盛时期的时代精神。

公元前 4 世纪，希腊雕塑热衷于表现裸体女性，最受人们青睐的是阿佛洛狄忒（维纳斯）雕像。公元前 3 世纪时的维纳斯雕像体现了女性裸体的丰润美。发现于米洛斯岛山洞中的《维纳斯》，是希腊化时代的作品，约创作于公元前100年，当是女性雕塑中最为完美的作品：她尽管失去了双臂，却依然不失妩媚与高贵、庄重与典雅；丰腴饱满的身躯和端庄大方的容貌，洋溢着她青春的美和充沛的生命力，同时也体现着她内在的教养与美德。希腊化时代的另一杰出雕塑《拉奥孔》，是雕塑家阿格桑德罗斯的作品，表现的是一个神话故事：特洛伊战争中，特洛伊国王硬要把希腊人弃置于海滩上的一只巨大木马拖进城里去，以便天神赐福。特洛伊祭司拉奥孔前来制止，请求国王命人把木马烧掉——因此触怒了雅典娜及诸神。这时，从海里窜出两条巨蛇，扑向拉奥孔和他的两个儿子，将他们紧紧缠住。拉奥孔和儿子拼命与巨蛇搏斗，但无济于事，很快就被巨蛇缠死了。整个作品的结构如金字塔般沉稳，蛇的线条与人的情感形成鲜明的对比，从而把拉奥孔和两个儿子的痛苦淋漓尽致地表现了出来，技法高超，匠心独运。因此可以说，作品表现的绝不仅是神话故事，更是创作者对现实生活的真切感受。

（五）体育

古希腊人热衷于体育锻炼，对各种体育比赛也有着特别的爱好，认为这是培养一个完美的人的重要手段之一。盛行至今的马拉松长跑和奥林匹克运动会均起源于古希腊，是古希腊文明馈赠给全世界的珍贵遗产。

公元前490年，雅典军队以劣势在亚提加半岛东北部的马拉松平原大败波斯侵略军，全军上下一片欢腾，即派士兵菲迪皮茨赶往雅典报捷。菲迪皮茨从马拉松一刻未停地跑到雅典城，全程约42公里。在报告了胜利的消息之后，这名坚强的士兵便倒下牺牲了。为了纪念他，雅典人便经常举行马拉松长跑活动；为了纪念这一事迹，1896年在雅典举行的现代第一届奥林匹克运动会上，便用士兵跑过的距离作为一个竞赛项目，定名为“马拉松赛跑”。

奥林匹克运动会起源于伯罗奔尼撒半岛西北部的奥林匹亚。公元前776年，这里举行了古代第一届奥林匹亚赛会(也称“竞技会”)，此后每四年举办一届，由此成为了古希腊最为重要也是最为盛大的体育活动。每届赛会为期五至六天，设赛马、赛跑、赛车、铁饼、跳远、拳击、摔跤等项目，同时也举行音乐戏剧演出以及商贸集市活动。参赛者全为男性，一律全身裸露、一丝不挂，因此规定女人不得出现于赛场。赛会期间，一切活动都要为运动会让路，包括战事——交战双方必须暂停攻击。这是古希腊人的“神圣和约”。公元 394 年，征服了希腊的罗马皇帝下令禁止奥林匹亚赛会。直到 1500 年之后的 1896 年，在法国人顾拜旦的倡议和努力下，现代的奥林匹克运动会才得以在雅典恢复举行。此后，仍旧是每四年一届，分别由不同的国家举办。奥运会已经成为了令全世界瞩目的体育盛会。

第二节　古罗马文明及其伟大成果

一　古罗马历史概述

古罗马文明是西方文明的源头之一，也是西方古典文明的重要组成部分，它是在古希腊文明的影响下发展起来的，意大利台伯河下游地区是其发源地。古罗马文明起始于罗马建城①，此后，古罗马历史先后经历了王政时代、共和国时代、“三头政治”同盟时期和帝国时代。公元 476 年，罗马帝国灭亡，同时也就宣告了古罗马文明的终结。

（一）王政时代

从罗马建城到共和国建立的这一阶段，史称“王政时代”，历时近 250 年。② 王政时代之初，实行族外婚的父系氏族是基本社会单位，氏族下有家

① 据推算，罗马建城的时间大约在公元前 754 年至前 753 年之间。关于罗马建城，流传着许多故事，在这些故事中，一只母狼喂养两个婴儿的神话最为浪漫：国王努米托尔的女儿西尔维娅为战神马尔斯所爱，生下一对孪生兄弟。夺取了王位的阿穆利乌斯（努米托尔的弟弟）害怕侄女的孩子威胁他的统治，命人把孩子扔进台伯河。大难不死的孪生兄弟被湍急的河水冲到一块高地上，一头母狼哺喂了他们。后为一牧人收养，哥哥取名罗慕洛斯，弟弟取名勒莫斯。长大后的兄弟俩推翻了阿穆利乌斯的统治。兄弟俩将王位还给了外公，自己则回到当初被母狼哺乳的地方创建了一座新城市，这就是罗马城。在罗马博物馆里，今天仍保存着一尊青铜雕塑：一只母狼口露利齿，警觉地注视着右前方；在母狼腹下，两个男婴仰头吸吮着它的乳头。这尊雕塑铸造于公元前 5 世纪，它所表现的正是罗马人对祖先的怀念和对母狼哺婴传说的深情向往。

② 也有学者将这一时代定义为“罗马氏族制度解体的时代”，因传有“七王”相继执政而得名。

庭,整个罗马共有300个氏族,10个氏族组成一个胞族,称“库里亚”;10个胞族组成1个部落,3个部落便构成了“罗马人民”整体。人民大会按胞族召开,称为“库里亚会议”。氏族首长组成的元老院与王(称名为“勒克斯”)一起处理公共事务。

从公元前7世纪起,铁器已普遍使用,氏族公社趋于瓦解,除了家长制家庭的出现,其更鲜明的标志是“平民”的产生。到公元前6世纪时,平民在数量上已居优势,与氏族贵族之间的矛盾也日趋尖锐。相传第六王曾进行过重大改革,真正的国家制度也便由此产生,阶级社会由此形成。公元前510年,罗马人民起义,推翻了第七王塔克文·苏佩布的残暴统治,王政时代宣告结束。

(二)共和国时代

废除了王政之后,在百人团会议上,公民们选举出两人为执政官,罗马进入了共和国时代。

1. 早期——平民与贵族的斗争

初期,元老院处于权力的中心,成为贵族势力的堡垒。因此,就其实质来说,罗马共和国是一个贵族专政的共和国。共和国诞生不久,平民就开始了与贵族的抗争,这两个阶级的斗争持续了两个世纪之久,构成了共和国早期罗马社会斗争的主要内容。史家将这一斗争分为两个阶段,第一阶段以政治权力问题为中心,第二阶段则以土地和债务问题为中心。斗争的结果是:罗马各自由民阶层之间的关系得到了调整,共和国的社会基础得以扩大;平民获得了较为完整的公民权,并从债务奴役的废除中得到了一定程度的利益保障。

罗马的军事组织在长期的战争中发展并巩固起来,它也因此成为了贵族统治者征服整个意大利和进行海外扩张的工具。在共和国建立后的大约250年间,罗马历史几乎就是一部连绵不断的战争史。公元前275年,罗马最终统一了意大利。

2. 布匿战争

迦太基原为腓尼基人的殖民地,位于今天北非的突尼斯。早在公元前7世纪初,迦太基就已发展为一个强大的国家。罗马崛起后,公元前264年,地中海这两大强国因争夺西西里岛而开战。罗马人称迦太基为布匿,因此把这场战争称为“布匿战争”。这是一场帝国主义性质的战争，也是一场旷日持久的拉锯战。战争先后进行过三次，一直持续到公元前146年。第一次布匿战争结束于公元前241年，罗马人首次取得了海上胜利。第二次布匿战争爆发于公元前218年春，这一次，罗马人的对手是迦太基新的军事统帅汉尼拔。尽管开始时罗马人损失惨重，甚至曾处于覆灭的边缘，但最终（公元前202年）还是赢得了胜利。除迦太基城及其周围领土外，迦太基不得不放弃其全部属地，并从此失去了其海上霸国地位。此后，罗马还取代迦太基，逐渐控制了西班牙的大部分国土。公元前149年，罗马与迦太基之间又发生过一次战争，不过这次战争时间很短，只持续了三年便告结束。迦太基灭亡，被划为罗马的一个省。罗马成为了地中海世界的唯一霸主。

3. 奴隶起义

从公元前146年至前30年前后的这一时期，是罗马历史上极为动荡的年代。奴隶制的充分发展，使奴隶与奴隶主的对立成为了罗马社会的主要矛盾。

公元前137年，在西西里爆发了第一次奴隶大起义。尽管起义终遭镇压，但其影响巨大。此后不久，罗马爆发了平民争取土地的社会运动。公元前133年，当选为保民官的提比略·格拉古提出土地改革方案，使得八万平民分到了土地，但他本人却遭元老派贵族杀害。公元前123年，提比略的弟弟盖约·格拉古也当选为保民官，他继承哥哥遗志，提出了粮食法案和土地法案。法案理所当然地遭到了贵族保守派的抵制和破坏。盖约的大批支持者惨遭屠杀，盖约自己也在绝望中自杀。格拉古兄弟的改革以失败而告终。

西西里的第二次奴隶大起义爆发于公元前104年。起义遭到罗马统治者的残酷镇压，许多俘虏被处死，另有俘虏1000人被送往罗马充当角斗士。与奴隶起义同时，罗马平民运动又一次高涨。公元前90年至前88年，意大利人因对利用罗马立法程序取得公民权感到绝望，发动了“同盟战争”。此后，意大利人才得以逐渐取得罗马公民权。

军事将领苏拉于公元前80年在意大利建立了独裁统治。奴隶数量日益增多，命运更加悲苦，因受盘剥而陷于贫困的自由农民也遍地皆是。整个意大利蕴蓄着对奴隶主极端愤恨的力量，一触即发。公元前73年，意大利爆发了规模最大的一次奴隶起义——斯巴达克起义。斯巴达克是色雷斯(今保加利亚一带)人,在战斗中为罗马人所俘,被卖到加普亚角斗士训练所充当角斗士。因不堪非人的虐待,200 名奴隶密谋逃亡,结果只有 70 余人逃出了虎口,斯巴达克也在其中。斯巴达克率众奴隶占据了维苏威山。起义队伍迅速扩大,并于第二年占领了意大利南部的大部分地区。公元前 71 年,在阿普里亚的决战中,斯巴达克英勇牺牲,起义失败。斯巴达克是一位了不起的人民英雄,马克思称赞他"具有高贵的品格,为古代无产阶级的真正的代表"[①]。斯巴达克起义动摇了罗马奴隶制的基础,对奴隶制经济的变化发展起了推动作用。

(三)"三头政治"同盟时期

"三头政治"同盟通常分为"前三头同盟"和"后三头同盟"。公元前 78 年苏拉死后,罗马政治舞台上相继出现了三个显赫人物:庞培、克拉苏和恺撒。他们结成同盟,左右罗马政局达 10 余年,史称"前三头同盟"(也称"前三头政治")。公元前 70 年,同为军事统帅又同时当选为执政官的庞培和克拉苏,颁布并实施了一些有利于平民的政策,大搞政治投机;与此同时,出身于名门望族的恺撒也迅速崛起,积极从事反对元老派贵族的活动,在平民中赢得了很高的声望。为了各自利益,他们结成了反对元老派贵族的秘密同盟。这个同盟其实只是一个临时结合体,当克拉苏在帕提亚战争中死于叙利亚之后,"前三头同盟"便宣告解体。庞培与恺撒关系破裂,双方兵戎相见,庞培败北,逃往埃及,被人刺杀身亡。在公元前 48 年之后的几年中,恺撒先后宣布自己为"终生保民官"、"终生独裁者"和"祖国之父"。公元前 44 年,恺撒被元老派贵族的一个阴谋集团杀死于元老院议事厅。

恺撒死后,他的养子和继承人屋大维与执政官安东尼以及骑兵长官雷必达于公元前 43 年公开结盟,是为"后三头同盟"。公元前 36 年,屋大维与雷必达联手剿灭了庞培的残余势力,从元老院那里得到了"终生独裁者"的职位。屋大维先是解除了雷必达的军权,又于公元前 32 年与依附于埃及女王的安东尼决裂。公元前 30 年,屋大维征服埃及,逼使安东尼自杀,将埃及

① 《马克思恩格斯通信集》第 3 卷,生活·读书·新知三联书店,1958,第 18 页。

纳入罗马版图。屋大维成为了恺撒军事独裁的继承者，罗马共和国最终倾覆。

（四）帝国时代

公元前27年1月13日，屋大维发表戏剧性的政治演说：一方面表示卸除一切大权，恢复共和国；另一方面又装作迫于元老院和公民的请求，接受与共和制完全违背的绝对权力。一般认为，这个演说是为共和国举行的“葬礼”，实际上宣告了元首制的开始。罗马历史从此进入了帝国时代。所谓“元首”，就是元老院中的首席元老和公民中的第一公民。屋大维被尊为“奥古斯都”①，尽管他没有称帝，但实际上却是凌驾于共和国体制之上的专制君主。显然，内战和奴隶大起义对共和国向着帝国的转变，客观上起了助推的作用；或者也可以这样说，共和国制度之所以瓦解，是因为它已经不能适应当时的经济发展。

“奥古斯都时代”的罗马，奴隶制经济空前发达，文化上也全面走向繁荣，并由此开创了一个持续了200年的和平时代。至安敦尼当政时，罗马帝国达于全盛。全盛时的罗马帝国版图，共分为20多个行省，北起多瑙河和莱茵河，南达包括埃及在内的北非，西起西班牙，东至两河流域和小亚细亚半岛。公元180年，随着马可·奥里略的去世，罗马帝国的“黄金时代”结束了。罗马帝国开始走向衰落，奴隶制生产方式危机四伏。公元235年至284年间，罗马帝国更是一片混乱，50年中罗马皇帝像走马灯一样地更换，史称“三世纪危机”。

公元284年，戴克里先登基，他要人们改称他为“君主”（意即“主人”），从而使罗马完成了从元首制向帝制的过渡。戴克里先实行军政改革，他对混乱无序的庞大帝国采取了分区治理的政策，把整个帝国分为四部分，由他和另外三个皇帝分区治理，即所谓“四帝共治”。其结果导致了帝国的分裂。公元305年，在反基督教运动的白色恐怖中，戴克里先宣布退位，四帝之一的君士坦丁当政。君士坦丁废除“四帝共治”制，在君主制下建立起了更为完备的官

① “奥古斯都”的拉丁文意为“神圣者”、“至尊者”。公元前27年，罗马元老院授予屋大维“奥古斯都”的尊号。此号后来也和“恺撒”一样，成为罗马皇帝和西方帝王习用的头衔。

僚制度。皇帝的权力至高无上，其意志就是法律。他将帝国首都由罗马迁到拜占庭，并将拜占庭更名为君士坦丁堡，号称“新罗马”。君士坦丁也曾企图通过改革挽救罗马帝国的衰亡，甚至利用基督教作为帝国的精神支柱。公元313年，他颁布“米兰敕令”，正式承认了基督教的合法地位。

公元395年，罗马帝国分裂为东、西两部分。东罗马帝国以君士坦丁堡为首都，西罗马帝国仍以罗马为首都。公元476年，帝国的日耳曼雇佣军首领奥多亚克废除了最后一位罗马皇帝罗慕洛，西罗马帝国宣告灭亡，奴隶制从此瓦解。东罗马帝国虽然没有与西罗马同时被葬入坟墓，但它却随着社会的封建化而改变了性质，发展成了后来的拜占庭帝国。

二　古罗马文明的伟大成果

从文化传承上来看，古罗马文明是在古希腊文明的基础上发展起来的。尽管在文化成就上，古罗马文明始终不能与古希腊文明相媲美，但不容否认的是：与其他古代文明比较起来，古罗马文明距离我们似乎更近一些，对后世的影响似乎也更深远。直至今日，西方国家表现在政治、军事、法律和社会制度方面的一些特点，依然可以溯源到罗马时代。古罗马文明的伟大成就，表现在建筑与雕塑艺术、文学、哲学、法律与法学、宗教等诸多方面。

（一）建筑与雕塑艺术

罗马建筑起初效仿伊达拉里亚人和希腊人，后来逐渐形成了自己的独特风格。从公元前1世纪起，罗马即以各式建筑显示其国力的强盛。神庙（也称“神殿”）、大会堂、柱廊、拱门等，林立于罗马广场四周。帝国繁盛时期的建筑，比如凯旋门、纪功柱、浴场（公共浴池）、剧场、竞技场（角斗场）以及由石砌拱门构架而成的水道等，竞相向世人炫示着当时的奢华之风。凯旋门和纪念柱是罗马帝国时期颇具特色的纪念物，它是为了彰显统治者对外战争的胜利而修建的。现存的提图斯凯旋门建于公元81年，是为纪念皇帝提图斯镇压犹太人取得胜利而建的。此门今天就立于罗马广场的入口处。矗立于罗马广场中央的图拉真纪念柱建于公元107年至113年，柱身有连环式大理石浮雕，盘旋而上，表现图拉真历次征战情景及赫赫武功。

与建筑艺术同步发展的是雕塑艺术。现今存世的许多希腊雕像都是罗马时代的摹品，保存了希腊艺术的现实主义传统。完成于公元1世纪的《奥古斯都立像》，是古罗马宫廷肖像雕塑的经典之作，在罗马艺术史上占有很高的地位。立于罗马市政广场中心的马尔库斯·奥里略骑马像，是古罗马留传下来的唯一一尊青铜骑马像，创作于公元2世纪，高4.24米，长3.87米。骑在马上的皇帝奥里略，目光深邃，英姿勃发，仿佛正在指挥自己的军队驰骋沙场；他的战马威武矫健，精神抖擞，给人一种神圣不可侵犯之感。文艺复兴时期人们所创作的骑马塑像，多以这尊青铜雕塑为蓝本。

（二）文学

古罗马文学家根据本民族的特点创作了许多出色的文学作品。他们采用的语言是拉丁语。起初，操拉丁语的只是台伯河下游的几个小居民集团，后来，随着罗马版图的扩大，拉丁语传遍整个意大利，而后扩及西欧和南欧大部分地区以及非洲地中海沿岸的中部和西部。从中世纪至近代，拉丁语在西方广泛应用于学术和文学作品，直至今日仍用于罗马天主教的仪式中。现代罗曼语族诸语言则是由罗马帝国各地不同的拉丁口语发展而来的。拉丁文字继承并发展了希腊文字形体上的诸多优点：简洁、匀称、美观，便于连写和阅读。

"拉丁文学"是以拉丁文写成的文学作品的总称，主要产生于罗马共和与帝国时代以及中世纪直至文艺复兴时期。古罗马文学的最高成就是诗歌，而奥古斯都时代则是罗马诗歌的黄金时代，产生过不少诗人，诗成为了歌颂帝国和元首政权的工具。其时最为著名的三大诗人是维吉尔、贺拉斯和奥维德。有"罗马桂冠诗人"之称的维吉尔（前70—前19）生于农民家庭，主要作品有《牧歌》、《农事诗》和《伊尼特》。《牧歌》由10首小诗组成，描写理想化的田园生活。维吉尔的代表作是晚年受命模仿荷马史诗写成的史诗《伊尼特》，全诗12卷，约12000行，以文学的形式重塑了罗马的历史，并把奥古斯都大帝理想化为神话英雄的后裔。长诗使用了不少来自日常生活和自然现象的比喻，生动而贴切；音律严谨且富于暗示性，形式上达到了罗马诗歌的高峰，被誉为欧洲"文人史诗"的典范。贺拉斯（前65—前8）是奥古斯都时代的著名诗人和文艺理论家。其代表作《颂歌集》歌颂了恬静的田园生活和古朴的传统道德，同时也对奥古斯都的政绩和罗马的光荣大唱赞歌。其理论著作《诗艺》讨论诗歌的作用，主张写诗以古希腊诗歌为样板，同时提出了“寓教于乐”的观点。奥维德（前43—公元17）生于骑士家庭，擅长爱情诗，写有《恋歌》和《爱的艺术》等。其代表作是神话叙事诗《变形记》(15卷)，从第一个“变形”(即天地形成——太古混沌状态变为宇宙)开始，到最后一个“变形”(恺撒变成星宿)结束，中间巧妙地穿插了许多神话传说和恋爱故事，想象宽广，描写生动，情节离奇古怪。《变形记》可以说是希腊罗马神话的总集，为后世的许多作家和艺术家提供了丰富的创作素材。

除诗歌外，古罗马文学值得一提的是散文，成就最高者当推西塞罗和恺撒。西塞罗（前106—前43）是著名的政治家、哲学家和演说家，是他第一次把许多希腊哲学术语翻译为拉丁文，对希腊哲学思想在罗马的普及做出了贡献。其著名的演说辞有《反维列斯》、《反喀提林》和《腓力比克》等；哲学与政治学著作有《论善与恶之定义》、《论神之本性》、《论国家》、《论法律》等。其作资料丰富，文体通俗，语言典雅，备受后世推崇。恺撒（前100—前44）的《高卢战记》和《内战记》，文字简练纯熟，与西塞罗的作品一样，被视为“拉丁文典范”。

（三）哲学

古罗马哲学深受古希腊哲学的影响。公元前3世纪至前2世纪之交，希腊的斯多噶派和伊壁鸠鲁派哲学在罗马有广泛影响。伊壁鸠鲁学派的最大代表者是唯物主义哲学家卢克莱修（约前99—前55），其以六步格诗歌体裁写成的《物性论》是保存至今的古代原子论的最完整的著作。他认为：世界万物均由原子（始基）构成，原子因自己的重量向下运动时发生偏离而互相碰撞，从而形成世界万物；原子处于永恒的运动之中，静止乃是事物的表面现象。作为“战斗的无神论者”，卢克莱修反对“灵魂不死”、“灵魂转世”等观点，明确表示：“宇宙间无一事出于神灵摆布”，“一旦肉体完结的时候，我们就必须承认，灵魂既然已在全身中捣碎，也就死亡”。

帝国时期，罗马形成了新斯多噶派，主要代表人物是辛尼加（前4—公元

65)。辛尼加鼓吹宿命论和禁欲主义，主张人唯一的义务是提高道德和智慧，同时保持精神上的安宁。其学说对基督教的教义产生过很大影响。被称为“宝座上的哲学家”的罗马皇帝马可·奥里略也是新斯多噶派的重要人物之一，他著有《沉思录》12卷，鼓吹为义务而义务、一切终归消灭的消极厌世思想；他教人安分守己，逆来顺受，服从命运的安排，“爱人类，听从上帝”，通过自我沉思而达到道德上的完善。

在公元3世纪的罗马危机中，新柏拉图主义出现了。这一派的创始人是神秘主义哲学家普罗提诺(205—270)。他认为世界的本原是“太一”或“元一”，也就是“神”。人只有接受神的启示才能获得真知；人生的目的就是要使自己的灵魂摆脱肉体的束缚，进入忘形的“出神”状态，达到与神合一的境界。其主要著作《九章集》由其门徒波菲利编纂而成，他的思想对基督教的教父哲学特别是对中世纪基督教神学的影响很大。

(四) 法律与法学

“罗马法”是古罗马奴隶制国家法律的总称。自罗马建国至公元6世纪《查士丁尼法典》编成，这1000余年间颁布的所有罗马法律都称为“罗马法”。罗马法是古代各国法律中内容最丰富、体系最完整，而且对世界影响最为广泛深远的法律。从时间顺序上讲，最先产生的是“市民法”，后来又产生了“万民法”，最后是两法的合一。

最初只适用于享有罗马公民权的罗马市民的法律，称为“市民法”(又称“公民法”)，一般来说，公元前2世纪中叶之前罗马所颁行的法律多属于市民法范畴，其目的是调整市民内部的矛盾和纷争。其间，公元前5世纪中叶颁布的《十二铜表法》，是罗马历史上第一部成文法典。针对不享有罗马公民权的外来人与被征服地居民所制定的法律，称为“万民法”。万民法主要是为调整罗马公民与异邦人之间以及异邦人与异邦人之间民事法律关系的，是罗马法体系中较为成熟和发达的部分，它主要来源于行政长官的告示、法学家的解答以及皇帝的敕令。公元212年，卡拉卡拉皇帝发布敕令，给帝国境内的全体自由居民以罗马公民权。在这种情况下，原先的适用于不同法律主体的市民法和万民法之间的区别便失去了它的实际意义，罗马法由此宣告统一。

此后,法律的汇编工作越来越受到皇帝的重视。东罗马帝国查士丁尼时代对罗马法进行了全面的整理和系统的编撰工作。在查士丁尼的主持下,以特里波尼为首的法学家将以往的法律法令按时间顺序汇编成集,并于公元529年颁布生效,这就是《查士丁尼法典》。后又陆续编成《查士丁尼法学汇编》、《查士丁尼法学阶梯》和《查士丁尼新敕》[①]。后世将这些法典合称为《查士丁尼民法大全》(又译为《国法大全》),也就是所谓的"罗马法"。

罗马法确定了统一的无限私有制概念,提出了公法和私法的划分。按《法学阶梯》的分类,罗马私法分为人法、物法与诉讼法,人法主要规定人的权利能力与行为能力;物法规定各种财产权,又分为物权法、债法与继承法;诉讼法规定诉讼程序。奴隶被认为是物,没有任何权利。罗马法是古代法中反映商品生产和商品交换最完备、最典型的法律,后世欧洲各国(除英国外)的法律大多承袭自罗马法。

(五)基督教的产生与演变

基督教产生于罗马帝国统治下的巴勒斯坦地区,它是犹太人反罗马斗争的产物。公元前1世纪中叶,犹太国家被罗马帝国征服,成了一个属国。在此之前,犹太地区的阶级矛盾十分尖锐,而罗马人的血腥屠杀和残暴统治使犹太人陷入了更深重的苦难。反抗屡遭镇压,起义不断失败,在这样的情况下,犹太人盼望有一个"救世主"来拯救他们。激烈的阶级斗争反映在群众的宗教意识上,促成了新的教派的产生。

按照基督教经典的说法,基督教的创始者是耶稣。耶稣是上帝的亲生子。为了拯救人类,上帝显灵使耶稣的母亲玛利亚(天主教、东正教尊其为"童贞圣母")未婚而孕,并在伯利恒生下耶稣。耶稣在约旦河里接受了洗礼,洗礼后便成了一位"顿悟者"。他先是跟着师傅约翰传播基督教教义,师傅被罗马人处死后,他便独自一人在巴勒斯坦地区传道。此外,他还能治病救人,驱逐魔邪,使死人复活。他告诉人们,受难者死后可以升入天堂,而富人和剥削者要想升

---

① 《查士丁尼法学汇编》是学说汇纂,内容是历代罗马著名法学家对法律问题的专论和对法律文件的解释。《查士丁尼法学阶梯》是简明法律读本。《查士丁尼新敕》是新颁布的法律汇编。

入天堂则比“骆驼穿过针孔”还难。由于弟子犹大出卖，耶稣被罗马总督彼拉多钉死在十字架上，死后三日复活升天。

早期的基督教是在犹太教的基础上发展起来的，其信徒多是下层人民和奴隶。该教的经典《圣经》有一半内容继承自犹太教的《旧约全书》[①]，另一半《新约》才是耶稣及其门徒创造性发展的产物。在早期的传教活动中，基督教对暴露奴隶制的社会黑暗、反对罗马皇帝的专制统治起了一定的进步作用。

基督教蔑视富人，同情穷人，很自然地引起了统治者的不满。更令统治者不能容忍的是：基督教宣扬天国学说，号召人们信奉上帝和耶稣基督，这实际上就是对现实的否定。因此，从公元1世纪中叶至3世纪中叶的200多年间，基督教信徒曾遭到罗马征服者的残酷镇压和大规模迫害。但基督教并没有被消灭。相反，在罗马帝国逐渐走向衰落的过程中，该教却日益兴盛起来，不同的只是：其教义和性质已在不知不觉中发生了变化。公元313年《米兰敕令》的发布，使基督教取得了合法地位；由于君士坦丁皇帝自己皈依了基督教（其后继者几乎都是基督教徒），基督教得到了迅猛发展。公元392年，狄奥多西一世尊基督教为官方宗教，并宣布信仰异教为非法，基督教正统教会在罗马一统天下的地位得以确立。从此，该教以更快的速度传遍全世界，成为与佛教和伊斯兰教并称的世界三大宗教之一。

思考与练习

1. 你读过荷马的两部伟大史诗吗？请谈谈你的理解与评价。

2. 希腊神话产生的历史背景是什么？它对希腊文化及人类艺术产生了怎样的影响？

3. 试述古希腊哲学巨匠苏格拉底、柏拉图、亚里士多德的哲学思想对后世的影响。

4. 你看过或读过古希腊悲剧吗？请结合具体作品谈谈你的感受。

---

① 简称《旧约》，它是犹太教的《圣经》。因书中讲述上帝与犹太民族在西奈山订下盟约，故名《约书》。中国天主教称犹太教为古教，因而亦称《旧约》为《古经》。

5. 研究者说古希腊文明是西方文化的源头，甚至今天的许多西方人也是“言必称希腊”，为什么？

6. 古罗马文明是在古希腊文明的影响下发展起来的，有研究者甚至说前者是在后者的“孵化”下形成的。你如何认识这两个文明之间的关系？

7. 试述古罗马文明在法律和法学方面留给世界的伟大成果。

8. 基督教是在怎样的历史背景下诞生的？在整个人类历史的发展进程中，它起了怎样的作用？

第五章　意大利

意大利位于欧洲南部的亚平宁半岛上。包括西西里和撒丁等岛屿在内，其国土面积共约30.12万平方公里，海岸线长约7000多公里。意大利多山，山地和丘陵占国土的80%。从北向南，其全境可分为四个地形区：阿尔卑斯山脉（南坡），平均海拔在1000米以上，许多山口是中欧通往地中海的要道；波河平原，介于阿尔卑斯山地和亚平宁山地之间；亚平宁山地和丘陵，亚平宁山脉纵贯半岛，沿海有狭长的平原；西西里岛和撒丁岛，分别位于第勒尼安海的南面和西面。

古罗马文明发源于意大利。14世纪至17世纪的欧洲文艺复兴，也发端于意大利。

第一节　文艺复兴[①]概说

“文艺复兴”指的是紧随中世纪[②]之后欧洲文明的又一个新时期。文艺复

---

① “文艺复兴”（Renaissance）一词，最早是由意大利艺术史家瓦萨里“创造”出来的，瓦萨里把自己所处的时代称为“文艺复兴时代”。Renaissance一词的原义是“再生”或“复活”、“复兴”。法国人在1751年至1772年间出版的《百科全书》中第一次使用了“文艺复兴”这一说法，后来，英文、德文等西方语言也借用了这个词，该词由此沿用至今。

② “中世纪”是15世纪西方学者使用的一个词，指介乎希腊罗马古典世界的衰亡与15世纪初这一古典世界再次被发现之间的那个阶段。通常，欧洲的人文主义者把欧洲的历史划分为三个时期，即希腊罗马古典文化时期、中世纪“黑暗”时期和文艺复兴时期。第一和第三时期是历史上的文化繁荣时期，前者创造了辉煌的古代文化，后者则使这文化得以复兴。第二时期处在基督教会的统治之下，充满了野蛮和愚昧，致使古典文化颓败衰落、黯然无光，因此被称为“黑暗的时代”或“黑暗的中世纪”。

兴精神的最初表现是人文主义的思想文化运动，它由一些世俗学人而不是由主持经院哲学的教士所发动。人文主义这种新的世界观，发轫于意大利，也成熟于意大利。人文主义者借助古希腊罗马文化中的理性精神和人本主义思想，在批判中世纪基督教神学和封建思想意识的基础上，创造出了适应时代发展需求的新思想、新道德、新文化。它标志着封建文化的没落和资本主义文化的诞生，是人类文明史上的一次伟大变革。

文艺复兴运动之所以首先兴起于意大利，是有其经济基础和政治基础的。正如马克思在《资本论》的一条脚注中指出的那样："在意大利，资本主义生产发展得最早，农奴制关系也瓦解得最早。在这里，农奴在获得某种土地时效权之前，就已经得到解放。"[①]经济的发展和资本主义萌芽，为文艺复兴提供了物质基础，它是意大利文艺复兴产生的先决条件。意大利东北部的威尼斯以及中部的佛罗伦萨等名城，早在 14 世纪至 15 世纪就产生了资本主义生产关系。威尼斯位于亚得里亚海威尼斯湾西北岸，10 世纪时曾建立城市共和国，中世纪时为地中海最繁荣的贸易中心之一，手工业和商业非常发达。此外，威尼斯还拥有庞大的商业船队，海外贸易也十分活跃，威尼斯商人及其商站遍布欧洲各大城市。佛罗伦萨位于亚平宁山脉中段西麓的盆地中，10 世纪末开始繁荣。14 世纪上半叶，该城就已拥有 200 多家毛织业工场，其产品畅销欧洲各国。除毛织业，佛罗伦萨的丝织业、五金业、建筑业以及银行业也很有名，尤其是银行业，遥遥领先于欧洲各国。在西欧货币市场上，遍布于各大城市的佛罗伦萨钱庄、银行占据着支配地位。当时，佛罗伦萨每年可铸造 35 万弗罗林，而这样的一种地方金币，竟成为了西欧和近东地区市场上通用的国际性货币。

政治上，14 世纪时，意大利北部和中部的许多城市就已摆脱了封建统治，城市政权逐渐为以大商人、工场主和银行家为代表的新兴资产阶级所掌握。以佛罗伦萨为例，早在 1293 年，共和国政权就颁布了世界上最早的一部宪法——《公正法令》(一译《正义法规》)，同时限制贵族和劳动者的政治权力。法令规定政府供职人员需频繁变动，以保证国家不被一个集团或一个人所控制；组成政府机构

① 《马克思恩格斯选集》第 2 卷，人民出版社，1976，第 222 页。

的九个行政长官每两个月选举一次等。因此，佛罗伦萨人都对政治有浓厚兴趣且成为了一个习惯于公众生活的公仆居民集体。当时，佛罗伦萨的商人家族势均力敌，城市由行会统治，共有七大行会和一批小行会。最高行政长官和警署长官只能从重要行会中选出。其间，在实行保卫共和国独立、鼓励和扶持工商业发展、维持城市治安、排斥封建贵族等政策的同时，掌握着政权的资本家的专横本质也充分暴露了出来——当雇佣工人不堪压榨而举行起义的时候，他们遭到了统治者血腥而残酷的镇压。15 世纪 30 年代以后，政权落到了大银行家美第奇家族手中，至此，佛罗伦萨的共和制度已名存实亡。

资产阶级在掌握了政权之后，自然迫切需要有新文化为其新经济和新政治服务。从 14 世纪起，佛罗伦萨就成为了资产阶级新文化运动的中心，史家把佛罗伦萨称为“文艺复兴的摇篮”。在美第奇家族柯莫西统治时期和罗棱索统治时期，佛罗伦萨出现了空前的经济和文化繁荣。柯莫西提出“和平、繁荣和文化”的口号，为佛罗伦萨创造了良好的和平环境和安宁局面，被人们尊为“国父”。罗棱索则扮演了慷慨而又开明的文艺保护神的角色，被人们称为“高贵者”。他的宫廷成了文学家、哲学家、雕刻家、画家、建筑家、音乐家和诗人等文化精英的会聚之所。

这里需要重复强调“人文主义”：人文主义是欧洲文艺复兴时期代表新兴资产阶级文化的主要思潮，是文艺复兴运动的指导思想，它推动了整个文艺复兴的时代潮流滚滚向前。意大利和佛罗伦萨文化界对古典文化的弘扬以及新文化的创建，集中体现在“人文主义”思想的提出与宣传之上。人文主义以人为衡量一切事物的标准，要求尊重人的本质、人的利益、人的需要以及人的多种创造和发展的可能性，注重人对于真与善的追求，反对“上帝主宰一切”说，反对教会用神权扼杀人性，反对禁欲主义和宗教蒙昧主义，主张探索自然、发展科学。正是在人文主义思想的指引之下，社会科学和自然科学才有了新的发展，近代现实主义文学和艺术才应运而生，一个百花竞放、人才辈出的时代才得以出现。恩格斯在《自然辩证法》一书中对文艺复兴这一伟大时代给予了高度评价，他写道：

> 这是一次人类从来没有经历过的最伟大、进步的变革，是一个需要巨

人而且产生了巨人——在思维能力、热情和性格方面，在多才多艺和学识渊博方面的巨人的时代。给现代资产阶级统治打下基础的人物，决不受资产阶级的局限。相反地，成为时代特征的冒险精神，或多或少地推动了这些人物。那时，差不多没有一个著名人物不曾作过长途的旅行，不会说四五种语言，不在几个专业上放射出光芒。[①]

关于意大利文艺复兴的分期，不同的研究者有不同的分法，有的细些，有的粗些。细些的分为发端期(14世纪)、早期(15世纪)、盛期(15世纪末至16世纪初)和晚期(16世纪)；粗些的则只分为前后两个时期，即14世纪至15世纪中叶为前期、15世纪末至16世纪为后期。

开始时，意大利资产阶级思想家从搜集、研究希腊罗马古籍入手，宣扬人文主义思想，拉开了文艺复兴的序幕；早期，人文主义和文学、艺术进一步发展，为盛期文艺复兴的到来做好了准备；盛期，“文艺复兴三杰”的横空出世，把文艺复兴艺术推向了顶峰；晚期，威尼斯画派“四大名家”的出现，又为意大利文艺复兴添上了绚烂的一笔。1527年，罗马陷落，意大利文艺复兴宣告终结。

在意大利新文化的引领下，16世纪至17世纪，文艺复兴运动也在德国、法国、英国、尼德兰和西班牙等国兴起，并且催生了一大批同样影响了世界的文化巨人。除了文学、艺术的空前繁荣，近代自然科学也在暴风雨中诞生，而自然科学的发展，又促进了新的哲学思想的形成。

第二节 文艺复兴时期的文化巨人及其文化成果

文艺复兴主要甚至仅仅是一场文学艺术方面的复兴运动。这一时期的杰出人物包括但丁、薄伽丘、乔托、马萨乔、波提切利、达·芬奇、拉斐尔、米开朗琪罗、提香等，他们全都是文学艺术方面的巨匠；这一时期留给后世的辉煌成果则包括《神曲》、《歌集》、《十日谈》等文学作品和《维纳斯的诞生》、《蒙娜丽莎》、

① 《马克思恩格斯选集》第3卷，人民出版社，1976，第445页。

《创世记》、《西斯廷圣母》等艺术精品。这些优秀的作品都表现了那个时代的共同特点,即人性的觉醒、个性的解放和感性之美。

一 拉开文艺复兴序幕的"三颗巨星"

被史家称为文艺复兴"三颗巨星"的是佛罗伦萨文学家但丁、彼特拉克和薄伽丘,他们是意大利文艺复兴的先驱。

(一) 但丁

但丁(1265—1321)是欧洲文学史上继往开来的诗人,备受后人推崇,被看成是"旧世纪与新世纪交替的象征"。恩格斯在《共产党宣言·1893 年意大利文版序言》中给了但丁极高的评价,他说:"意大利是第一个资本主义民族。封建的中世纪的终结和现代资本主义纪元的开端,是以一位大人物为标志的。这位人物就是意大利人但丁,他是中世纪的最后一位诗人,同时又是新时代的最初一位诗人。"[①]但丁从 18 岁开始诗歌创作,早期诗作是《新生》。诗人以散文将创作于 1283 年至 1292 年间的 31 首抒情诗连成一体,对每首诗的缘起和意义都做了说明。诗歌着重表露诗人对理想中的爱人的纯真爱情以及对她的深情思念。《新生》开文艺复兴抒情诗之先河,体现了"温柔的新体"诗派的最高成就。但丁最重要的文学作品是长篇叙事诗《神曲》[②]。

《神曲》采取梦幻神游的形式,以但丁在黑暗的森林中迷路、遭遇猛兽、遇到罗马诗人维吉尔[③]并向他求救开头,描述他如何在维吉尔带领下游历地狱和炼狱,后又在贝雅特丽齐的引导下游历了天堂。[④] 整个游历过程构成了地

① 《马克思恩格斯选集》第 1 卷,人民出版社,1977,第 249 页。

② 《神曲》原名《喜剧》,后人为表对诗人的崇敬,将作品冠之以"神"字,即"神的喜剧",译为"神曲"。

③ "黑暗的森林"隐喻罪恶;"猛兽"包括豹子、狮子和母狼,分别象征逸乐、野心和贪婪,一说象征淫欲、强暴和贪婪;"维吉尔"则代表理智。

④ 但丁进入梦境的时间是公元 1300 年 4 月 8 日,此时的诗人已 35 岁,正走在"人生的中途"。少女贝雅特丽齐 24 岁时夭亡,本是诗人少年时代爱恋的对象,诗人常写诗赞美她,把她看成是上帝派到人间的天使。贝雅特丽齐在引导诗人到达九重天后,便把他交给了圣伯纳特,圣伯纳特指引诗人谒见上帝,此时诗人大彻大悟,见到了"最后真理"。梦游至此结束,时为 4 月 14 日。诗人梦游三界正好用了一周的时间。

狱、炼狱和天堂三部曲，每部 33 曲，加上“序曲”，共 100 曲、14233 行。全诗广泛反映了中世纪后期意大利的社会生活，大胆谴责了教皇和僧侣的贪婪专横，真切表达了人民反封建反教会的情绪，从而为中古文化做了艺术性的总结，让人们看到了文艺复兴时期人文主义思想的曙光。《神曲》的主题是人而不是神。它告诉人们：人在智慧和崇高精神的指引下，经过艰辛的历程，是可以达到光明与幸福的理想境界的。《神曲》所肯定的是现实生活的意义，赞扬的是人的自由意志，歌颂的是世俗的爱情，追求的是幸福的灵魂的归宿，反对的是中世纪的蒙昧主义，鞭挞的是教会神权统治的黑暗与残暴。《神曲》结构严谨，形式工整，所刻画的人物形象生动，细致入微。诗人摒弃了中世纪文学作品使用的拉丁文，而使用意大利托斯卡纳方言写作，语言生动而传神。《神曲》对意大利统一的民族语言和文学用语的形成，起了不可替代的作用。

（二）彼特拉克

彼特拉克（1304—1374）从小受古典文化教育，精通拉丁文和希腊文。他曾游历意大利各地及欧洲其他一些地方，广泛搜集古希腊罗马的古籍抄本，并在认真阅读的基础上潜心加以研究。他第一个提出以“人学”来对抗“神学”，从而确立了以人而不是以神为中心的世界观，被后人誉为“人文主义之父”。彼特拉克创作了许多瑰丽的抒情诗以歌颂自然，赞美人生。其传世之作《歌集》收抒情短诗和十四行诗共 366 首，全用意大利语写成，表达了作者反对封建割据、期盼祖国统一的强烈政治愿望，同时也猛烈抨击了罗马教廷的罪恶。《歌集》还抒发了诗人对女友劳拉的真挚爱情。诗人把劳拉作为有血有肉的人间美女来赞美，还通过梦中劳拉为他戴上绿色桂冠的情节来象征爱情能给人带来荣誉和幸福。《歌集》中的十四行诗体，是彼特拉克在继承“温柔的新体”诗派的传统基础上创造的，语言精练，格调清新，具有很强的艺术感染力。

（三）薄伽丘

薄伽丘（1313—1375）毕生致力于古希腊罗马古籍抄本的收藏，自称是彼特拉克的门徒。他反对封建专制，拥护共和政体。他又是一个多产作家，创作有长篇小说和长篇史诗。作品以现实生活为依据，描写社会各阶层反封建反教会的思想和行动，反映了资产阶级的需要和追求。在欧洲文学史上，薄伽丘最重要的、对后世影响最大的作品是短篇小说集《十日谈》。

《十日谈》成书于1353年，开头便讲1348年10个俊美而有教养的青年为躲避黑死病住到佛罗伦萨郊外的一所别墅里，在那里住了10天，轮流讲了100个故事。这些故事主要以爱情和才智为主题，涉及现实生活的各个方面，也刻画了社会各阶层的人物形象，反封建、反罗马教廷的人文主义思想融贯始终。在薄伽丘笔下，神职人员的虚伪与荒淫、封建贵族的堕落与愚昧、平民及商人的机智与勇敢、青年男女对爱情的坚贞，都得到了充分展现。《十日谈》还批判了封建门第观念，主张以"德"和"才"来决定人的社会地位，并对人的智慧和奋斗精神给予了颂扬，进而宣扬了人类平等和个性解放。在文学史上，《十日谈》用大故事套小故事的结构方式及其机智、幽默的语言风格，对后世短篇小说的创作产生了巨大影响。近代评论家认为薄伽丘是一位新时代的文学家，他的《十日谈》宣告了资产阶级新文学的诞生。

二 乔托、马萨乔与波提切利

如果说乔托是文艺复兴绘画的先驱，那么马萨乔和波提切利则把文艺复兴绘画推向了一个全新境界。

(一) 乔托

乔托(约1267—1337)是佛罗伦萨画派的创始人，是中世纪艺术向文艺复兴艺术转变过程中产生的第一位画家。正是他突破了拜占庭美术定型化、模式化的束缚，创作了许多富有生活气息的宗教画，为近代写实主义绘画开辟了道路；他的艺术活动和艺术风格，对人文主义艺术的发展起过有力的推动作用。因此，西方美术史家尊他为"欧洲绘画之父"。

乔托的主要创作形式是壁画，在罗马、佛罗伦萨和帕多瓦都留有他的作品。他9岁即从画家契马部埃①习画，走上了艰辛的艺术道路。他一生的作品很多，如圣佛兰西斯教堂内的28幅壁画，从中已能见出他在艺术上的大胆

① 契马部埃曾以写实的形象和想象力试图打破中世纪僵化的艺术程式，并取得一定成功。他是佛罗伦萨最早的画家之一。

探索。其创作于1305年至1308年间的帕多瓦城阿累那礼拜堂的壁画，是流传至今、保存最为完整的巨作，正是这38幅连环壁画，确立了他作为14世纪最杰出的美术家的地位。壁画表现的是圣母、圣母的双亲和耶稣基督的生平事迹，其中最著名的有《金门之会》、《逃亡埃及》、《犹大之吻》和《哀悼基督》。

《金门之会》描绘的是圣母玛利亚的父亲约清和母亲安娜在金门相会的故事；《逃亡埃及》表现的是圣母玛利亚为避灾祸带着儿子从巴勒斯坦逃往埃及的故事；《犹大之吻》通过犹大与老师耶稣拥抱、接吻等动作，画出了叛徒犹大虚伪、凶狠的嘴脸和卑鄙的灵魂；《哀悼基督》画面上的所有人物，其动作、姿态和表情都集中在对基督的哀悼上，其中最悲哀的自然是圣母——她俯视着死去的基督的脸，欲哭无泪。除了周围的人，天空中还出现了几个天使，也在嚎啕痛哭。这几幅壁画被看成是乔托的代表作。

乔托的贡献不仅在于重新恢复了被中世纪埋没的古希腊罗马美术的写实技法，更为可贵的是画家还以这种技法表现了一种新的精神和追求。也就是说，乔托绘画的开拓性意义，不光表现在作品的精神指向上，而且也表现在画面的处理即艺术手法上。画家以自己的艺术实践，为后世艺术家做出了榜样。

（二）马萨乔

马萨乔(1401—1428)被认为是乔托艺术的继承者和发扬者，是文艺复兴时期现实主义绘画的奠基人。对于中世纪艺术来说，他的创作具有更强的反叛性。马萨乔是15世纪初期意大利艺术革新领导人中最年轻也是最早熟的画家，其艺术实践也为此时意大利艺术的繁荣开辟了道路。马萨乔的作品采用的虽然都是传统的宗教题材，但画出来的却全是现实生活中的人物，“真实的人”是其艺术的中心主题，其作品毫无宗教的神秘色彩和禁欲主义气味。马萨乔的画注重透视法则和人体结构，强调肉体的质感和体积感，人物显得结实而有力度，而且从人物的面部表情便可看到其巨大的内心力量；此外，恰当的光线处理，使明暗对比强烈，更增强了画面空间的深度。早逝的画家留给后世的作品不多，其最重要的作品是佛罗伦萨布朗卡奇礼拜堂中的两幅壁画：《逐出乐园》和《纳税钱》。

《逐出乐园》(又译《失乐园》)描绘亚当和夏娃违背上帝旨意偷吃了善恶树

上的智慧果结果被逐出伊甸园的情景。画面上，亚当与夏娃在天使驱赶下离开天上乐园，他们表情悲哀，悔恨交加，痛苦的情绪和羞愧的感觉被刻画得真切动人。画家摒弃了中世纪的传统画法，把“人类始祖”画为全裸形象——这在当时可以说是大逆不道的，评论家因此认为，这是与中世纪禁欲主义的对抗，是对封建主义和基督教的挑战。画面上亚当和夏娃的形体结构准确、比例匀称、立体感强，似是可摸可触的实体，很像是两尊雕塑。

《纳税钱》表现的虽然也是《圣经》故事，但却丝毫没有宗教传说的神奇色彩，好像就是现实生活中的一个场景。他把“要税”、“取钱”和“交税”这些情节与不同地点巧妙地布置在同一个空间和同一个画面上，而且使人物、景致与建筑物融合为一体。马萨乔着意刻画了耶稣与众门徒的神态和表情，赋予人物以一种傲然、正直的气概，以此显示正义必将战胜邪恶。更为有趣的是：画家还把朋友们和自己的肖像直接“移植”到了众门徒身上，使他们的形象生动、真实，富有个性。

（三）波提切利

波提切利（1445—1510）是15世纪下半叶佛罗伦萨画派的代表画家，其作品采用的多是教会所反对的异教题材，即希腊神话。由此他冲破了此前绘画题材囿于《圣经》的束缚，为绘画获得了更大的选题自由，被美术史家誉为“异教世界的礼赞者”。他运用15世纪新的绘画方法，发展了中世纪的装饰风格，创造出了富于线条节奏、精致明净的独特画风。其为梅迪契别墅所作的《春》和《维纳斯的诞生》是他艺术成熟的代表作。

《春》是波提切利根据诗人波利齐安诺的诗创作的。画家以画面上的众多人物来表现春天的气息：中间是爱神维纳斯，她仪表端庄、神态安详，正静静地、略带忧郁地注视着眼前的一切。左边是维纳斯的三个侍女，她们体态轻盈，身着透明的薄纱，正在翩翩起舞。右边是花神、春神和风神：花神身着盛装，芳香四溢，欲把鲜花撒满人间；春神嘴含鲜花，正凭借风神之力飘然而行，她回望后面的风神，似在催促她鼓动更大的风力。画面最左侧是众神的使者墨丘利，他像是在用神杖驱赶冬天。维纳斯头上还飞来了小爱神丘比特。整个画面热烈而温馨，表现了艺术家对美好生活的向往和对欢乐情绪的追求。

《维纳斯的诞生》所依据的也是希腊神话：满头金发的维纳斯从莲花般的大贝壳中诞生，风神正把她从爱琴海中吹向岸边，春神扬起锦衣欢迎她的到来，时辰女神和欢乐女神为她撒下香艳的鲜花。此时的维纳斯凝视前方，似乎正憧憬着未来。画家笔下的维纳斯不再是神，而是一位初涉尘世、心灵纯洁的少女；而在她美丽的面容上，却又隐隐地流露出些许忧伤、困惑与迷惘。评论家认为，那正是画家本人对现实的惶惑与不安情绪的真实反映。

三 盛期“文艺复兴三杰”

这一时期产生的出类拔萃的人物有达·芬奇、米开朗琪罗和拉斐尔，美术史家称他们为“文艺复兴三杰”。他们的艺术达到了前所未有的高度，标志着意大利文艺复兴美术的成熟。

（一）达·芬奇

达·芬奇(1452—1519)是意大利文艺复兴盛期的第一位画家，也是整个欧洲文艺复兴时代最杰出的代表人物之一。他思想深邃、学识渊博、多才多艺，集画家、哲学家、诗人、音乐家、工程师、发明家等于一身，人们称誉他为“艺术大师”、“科学巨匠”、“旷世奇才”。他足迹遍布意大利各地，从佛罗伦萨到米兰、罗马、威尼斯，最后客死法国，留下了7000多张画稿。其代表作有祭坛画《岩下圣母》、壁画《最后的晚餐》和肖像画《蒙娜丽莎》。

《岩下圣母》描绘的是童年约翰与刚从埃及返回的、年龄与之相仿的耶稣在野外相遇的传说。画面上，圣母玛利亚、耶稣、约翰和天使被安排在一个岩洞之中，美丽的大自然与非凡的人物融为一体，完美而和谐。作品在人文主义思想的体现和现实主义表现手法的运用上都较前人有了巨大提高。

《最后的晚餐》构图简洁，其巨大的艺术感染力来自基督两侧对称排开的12个使徒姿态的鲜明对比。画家没有按照传统的犹大形象来刻画犹大，而是按《新约》中的描述来表现这一最为紧张的时刻：在餐桌上，耶稣突然向门徒们宣布众人当中有一个人要出卖他时，所有门徒都很激愤，七嘴八舌，议论纷纷，呈现出各自不同的表情和姿态；与大家的动作姿势不同的，除了神态安详的基督，自然就是那个出卖了自己的老师同时也出卖了自己的灵魂的叛徒了。作品主题明确，就是要通过《圣经》故事来表现美与丑、善与恶的水火不容。新颖的构图以及独特的表现手法，标志着文艺复兴盛期艺术的成熟。

《蒙娜丽莎》成功地塑造了资本主义上升时期一位城市有产阶级的妇女形象，整幅画作洋溢着一种现实精神和世俗气息。画上的蒙娜丽莎称不上是美人，也没有贵妇人的装扮，但她内心的喜悦、她“神秘的微笑”、她“端庄外貌与纯洁内心的一致性”，却征服了整个世界，成了人所共知的永恒形象。

1506 年，达·芬奇曾应邀再度来到米兰，直至 1513 年离去。这期间，他把相当多的精力用于自然科学研究，艺术创作并不是很多。然而，这一时期的主要绘画作品如《丽达与天鹅》、《圣母子与圣安娜》、《施洗者约翰 》以及《自画像》等，同样有着极高的艺术价值。

（二）米开朗琪罗

米开朗琪罗(1475—1564)是文艺复兴盛期著名的雕塑家、画家、建筑师和诗人。虽然艺术家以其绘于梵蒂冈西斯廷教堂天顶的湿壁画《创世记》广为世人所知，但他本人却认为自己主要是一个雕塑家。事实也正是如此：米开朗琪罗终其一生都在进行大理石雕塑的创作，只在某些时期从事其他艺术创作。米开朗琪罗奶妈的丈夫是一位石匠，因此，他从小便受到了石匠家的雕刻熏陶。13 岁时，米开朗琪罗开始习画，一年后即进入佛罗伦萨一所被称为“庭苑”的美术学校学习雕塑。在这里，他受到了严格的技艺训练，也接受到了先进的人文主义思想，并由此开始了自己的创作生涯。米开朗琪罗的作品主要以《圣经》和宗教题材为内容，大多是教堂里的壁画和雕塑。雕塑的代表作是《大卫》和《摩西》，绘画的代表作则是梵蒂冈西斯廷教堂天顶的湿壁画《创世记》和教堂正墙壁画《末日审判》。1496 年至 1501 年在罗马期间，他完成了大型雕塑作品《巴库斯》和《哀悼基督》：《巴库斯》表现的是古希腊酒神巴库斯醉酒的情态；《哀悼基督》表现的是基督被从十字架上卸下之后，圣母玛利亚抱着他尸体时的无言悲伤，这是一件“悲”与“美”完美结合的不朽之作。

1501 年至 1504 年期间，米开朗琪罗应邀为佛罗伦萨城的大教堂创作了大理石雕塑《大卫》。《大卫》的成功标志着米开朗琪罗的艺术进入了成熟期，这件作品也成为了文艺复兴“完美人性理想的最好宣言”。米开朗琪罗手下的

“大卫”是一个体格健美、沉着冷静且充满自信的裸体青年形象，艺术家表现的是他即将投入战斗时的情景。作品线条匀称、手法细腻、刻画传神，“大卫”因此成为了文艺复兴时期美男子的代表形象，也是佛罗伦萨共和国自由的象征。《摩西[①]》完成于1513年至1519年间，取材于《圣经》传说。米开朗琪罗的“摩西”是坐着的老人，但体魄强健，目光威严，一身正气，显示出刚毅、果断的英雄气概；头上长着象征智慧的两只小角，放射着非凡的光芒；右手拿着刻有“十诫”的两块石板，左手托着长垂至腹的曲髯，头偏向左前方 。

《创世记》包括九幅主体画：《上帝区分黑暗与光明》、《创造日、月与动植物》、《创造鱼和海中其他动物》、《创造亚当》、《创造夏娃》、《失乐园》、《洪水》、《诺亚醉酒》和《诺亚筑祭坛》。此外，还画有12个先知和许多装饰性人体，一共343个人物，其中有100多个比真实人体大两倍的巨人形体。画上的每个人物都是理想化了的“英雄”，充满着生命感、力量感和重量感。九幅主体画中，尤以《失乐园》、《创造夏娃》和《创造亚当》最为出色，向为人们所称道。除了《创世记》，米开朗琪罗还为该教堂的正墙绘制了一幅巨型壁画《末日审判》，构思严谨，气势雄浑，创造了200多个姿势各不相同的裸体人物形象——各个形体强健、精神焕发、充满活力。

（三）拉斐尔

拉斐尔(1483—1520)是意大利文艺复兴盛期的绘画和建筑大师。他出身于艺术世家，从幼时起便接受美术和人文知识教育；12岁前后进入著名的佩鲁吉诺画室学习，深受其宁静雅致的风格影响。他是与达·芬奇和米开朗琪罗齐名的、风格独特的艺术巨匠。

拉斐尔的成名作《圣母的婚礼》是他21岁时完成的，他短暂的一生共创作了几十幅圣母作品，其中较为著名的有《大公爵的圣母》、《草地上的圣母》、《带金莺的圣母》、《花园中的圣母》、《宝座上的圣母》、《阿尔巴家的圣母》和《西斯廷圣母》。拉斐尔笔下的圣母，美丽而温柔，身后及周围往往是一派旖旎的田

① 摩西是古代犹太人的民族英雄，他率领犹太人逃出埃及，建立犹太人国家，并成为代上帝向犹太人传谕“十诫”的立法者。

园风光，两个天真无邪的婴儿(耶稣和约翰)在她膝下嬉戏玩耍。画面上没有任何的神秘色彩，也没有任何的禁欲主义气味，人们看到的是一种美，是画家借圣母之名所描绘的人世间普通女性的美，而这种美所体现的正是艺术家的人文主义思想。《西斯廷圣母》是其中最具思想性的作品，这是一幅祭坛画，整个画面的构图相当简练：帷幕拉开，怀抱圣婴的圣母玛利亚赤裸着双足，踏祥云飘然而来。教皇西斯廷二世跪于画面左侧，正仰望圣母向她表示崇敬和欢迎；右侧是圣女巴巴拉，她秀美而端庄，内心充满喜悦，正把头从圣母一方转过来，注视着下面的两个小天使；两个小天使天真地望着云端的圣母，又仿佛在沉思。画家以这样一幅作品，表达了当时意大利人的情感与理想，反映了人民相信圣母下凡将会给自己带来幸福的渴望。

从1508年底起，拉斐尔应教皇朱理二世之邀，耗费10年时间，为罗马梵帝冈宫创作了一系列大型壁画，其中尤以绘于签署大厅四壁上的《圣礼之争》、《雅典学院》、《帕那苏斯山》和《三德像》最为有名。《雅典学院》被认为是拉斐尔壁画中最优秀的作品，常与达·芬奇的《最后的晚餐》和米开朗琪罗的《末日审判》相提并论。在这幅画中，艺术家把不同时期的许多人物集中在一个空间，以柏拉图和亚里士多德为中心，聚拢了包括古希腊罗马和当代意大利的50多位哲学家、科学家和艺术家在内的一大批名流，大家围绕着唯物主义和唯心主义之间的对立进行着热烈的讨论。《雅典学院》是拉斐尔高超的写实技巧与深刻的人文主义思想的综合表现，它明显地流露出画家对希腊精神的崇拜——这是对人类智慧的赞美，同时也是对历史上所谓“黄金时代”的深情回忆。

另外，拉斐尔还创作过不少肖像画，如《披纱的女子》、《面包店主的女儿》、《安吉罗·多尼像》、《教皇朱理二世》、《教皇利奥十世》以及《自画像》等。除了追求形似，画家还善于表现人物的性格特征，刻画出人物的精神气质和个人风采，细腻真切，栩栩如生。

四　晚期文艺复兴威尼斯画派的杰出代表

从16世纪上半叶起，意大利的经济便逐渐走向衰落，文艺复兴运动在许多地方宣告终结，而此时威尼斯的绘画艺术却出现了空前的繁荣，兴起于15世纪的威尼斯画派进入了“黄金时代”。这一画派主要是向佛罗伦萨画派学习，并逐渐形成自己的画风。该画派反映人文主义和爱国主义思想，其艺术特点是构图新颖、色彩明丽、形象丰满、富有生气；该画派还以娇艳的风情闻名于世，歌颂女性人体美和大自然美的作品占有突出地位。其最杰出的代表是乔尔乔涅和提香。

（一）乔尔乔涅

乔尔乔涅（1477—1510）出生于离威尼斯不远的一座小城。他是架上绘画的先行者，正是他的创作使威尼斯画派进入了它的全盛期。艺术上，乔尔乔涅是一个彻底的革新者，无论是题材还是技巧，他的绘画都体现出一种旺盛的人文精神和不倦的探索意识。他更加自如地表现大自然的美和人的理想心态，强调自然与人的和谐、理想与现实的融会；此外，他还用更为华丽明快的色彩、更为柔缓的明暗关系和丰满的人体造型，为威尼斯画派确定了自己的艺术语言和艺术特色。人们公认的他的代表作品有《牧人礼拜》、《卡斯特弗兰科的圣母》、《沉睡的维纳斯》、《月桂树》、《田园合奏》、《暴风雨》以及《三哲人》等。其中，《田园合奏》堪称不朽名作。

《田园合奏》是一幅富于牧歌情调的风俗画。画面以优美、宁静的田野为背景，中间有两个弹琴的骑士，还有一个正在吹笛的、背向观者的裸体女子；左侧有一美丽裸女，正从井中舀水。远处有牧羊人和羊群，更深处则是一片蔚蓝色的湖。两个裸体女子体态丰腴、身姿优美、充满活力，表现的正是艺术家对理想人性的幻想与追求。画家把幻想的形象与现实生活中的人物结合在一起，并把他们融进真实的自然景色之中，从而“吹奏”出人生快乐的美妙乐章。

《暴风雨》再现了大自然的丰富多彩和巨大威力，充满着“山雨欲来”的浓烈气氛。而画面上的两个主要人物（身披围巾、坐在草地上正给孩子喂奶的裸体少妇和一持戟站立、正注视着那妇人的士兵）内心或许也有不安，但他们的神态却镇静安详。这一切奇特而美妙，很像是一篇童话。在表现人与自然的关系上，《暴风雨》体现出了一种乐观向上的人文精神，同时也传达出了画家对人的价值与自然美的独特理解。

（二）提香

提香(约 1485—1576)是威尼斯画派最杰出、最有影响力的艺术大师，为后世留下了千余幅作品。正是这位天才，把威尼斯画派的艺术推向了顶峰。在艺术上，提香深受乔尔乔涅的影响，从其早期(1518 年之前)作品中，可以明显地看到乔尔乔涅的艺术痕迹。而其成熟期的作品，则具有了威尼斯画派在艺术品格和艺术语言上的鲜明特征。与乔尔乔涅比起来，提香的作品更加开朗、壮丽，富于热情和想象；其色彩更加明亮、丰富，其感情更加炽烈、奔放。提香强调色彩在艺术表现中的恒久魅力，注意以浓郁的生活情趣、诗意的“语言”和理想化的憧憬展示他对现实的信心与期望。

提香早期的重要作品有《带十字架的耶稣》、《打扮中的少妇》、《花神》、《音乐会》、《三种年龄》、《天上与人间的爱》、《纳税钱》和《圣母升天》等，《圣母升天》是其早期创作中最有名的宗教画，在其绘画艺术道路上具有里程碑意义。

16 世纪 20 年代至 30 年代被认为是最典型的提香艺术时期。这一时期，他的艺术风格已经形成，所创作的主要作品有《巴库斯与阿丽亚德尼》、《比萨罗家族的圣母》、《乌尔宾诺的维纳斯》以及《躺着的维纳斯》。《巴库斯与阿丽亚德尼》取材于希腊神话故事：酒神巴库斯遇见了被情人抛弃的少女阿莉亚德尼，被其美貌所吸引并与其产生了爱情；《比萨罗家族的圣母》是祭坛画，从中可看出提香对祭坛画构图形式所进行的大胆改革；《乌尔宾诺的维纳斯》是提香裸女画的代表作，画家不再把维纳斯作为女神来塑造，画的似乎就是现实中的一个贵族妇人，他要着重表现的其实是女性的形体美。

提香创作的晚期(16 世纪 40 年代起)正是意大利经济走向衰落的时期，人文主义思想也受到了天主教会的沉重打击。年近花甲的提香仍勤奋创作，并以乐观的信心和对光明的憧憬来抵御黑暗。这一时期的重要作品有《圣母参拜神庙》、《达那厄》、《玛格达林》、《劫夺欧罗巴》和《鞭打基督》等。《圣母参拜神庙》画的是孩提时代的圣母去参拜神庙，受到大祭司青睐，整个画面充满着节日的气氛，似是当时威尼斯现实生活的写照。《达那厄》依据的是希腊神话，画面上全身裸露的达那厄健美而娇媚，是纯洁与崇高的象征。《劫夺欧罗巴》[①]所依据的也是希腊神话，整个画面充满动感，令人惊心动魄。

提香还创作有不少肖像画，比较著名的有《拿着手套的青年》、《教皇保罗三世》、《查理五世骑马像》、《端盘子的女人》、《伊莎贝拉皇后》、《正在祈祷的玛格达勒娜》以及多幅自画像。这些作品笔触细腻，不仅注重人物性格特征的刻画，更注重人物内心世界的揭示，除了艺术价值之外，还具有一定的史料价值。

第三节　中意之间的文化交流

在中意文化交流史上，贡献最大、影响也最大的两个人物，一是元时来华"经商"的马可·波罗，一是明末来华传教的利玛窦。对于中意文化乃至中西文化交流来说，这两个人物都有着"先驱者"的意义。

一　马可·波罗

马可·波罗(1254—1324)出生于水城威尼斯。父亲尼可罗·波罗、叔叔马飞阿·波罗都是商人。1271年，马可随父亲和叔叔踏上了前往东方的商途，一去便是25年。借助中外专家多年的研究成果，有学者列出了一个被认为是比较准确的"马可·波罗年表"，由此，人们可对马可·波罗的生平有一个概括的了解:1254年生于威尼斯，1271年从威尼斯出发前来中国，1275年到达元朝上都(今内蒙古多伦县境内)，1282年3月阿合马被杀时在大都(今北京)，1282年3月以后在扬州一带活动，1284年到杭州，并南下福州出海，1285年到占婆，1287年忽必烈在复活节会见基督徒时在大都，1287年4月出使哈剌章(今云南)，1288年3月前后回到大都，1288年后出使印度，1290年波斯使者来迎阔阔真公主时从印度归来，1291年初离开中国泉州，1291年9月离开苏门答

① 欧罗巴是腓尼基王阿戈诺耳的女儿，宙斯垂涎其美貌，也为躲避妻子赫拉的监视，趁欧罗巴与姐妹们在爱琴海台洛斯海滨玩耍时，变成一头牛混进牛群中接近欧罗巴。欧罗巴被这头牛的毛色所吸引，好奇地爬上牛背，宙斯便趁机将她劫持到克里特岛。

腊，1293 年 2、3 月间抵波斯忽里模子港，1293 年 4、5 月在阿八哈耳见合赞汗，1295 年回到威尼斯，1296 年在威尼斯与热那亚战争中被俘，1298 年在热那亚狱中完成《马可·波罗游记》(时名《东方见闻录》)初稿，1324 年逝世。

马可·波罗不是当时唯一一个来到中国的意大利商人，但却是唯一一个最先将自己的见闻以文字的形式传于后世的人。《马可·波罗游记》有多种西文版本，内容不尽一致；中文译本也有数种，所据不尽相同。但主要篇幅都是写作者在中国的见闻，记载了大量的有关中国政治、经济、文化和社会的情况以及人物活动与风土人情，特别是对元朝大汗忽必烈的都城——元大都的文明做了详尽的介绍。《游记》既是一部游记，也是一部纪实性的地理书和历史书，内容之丰富广泛，描述之真实准确，不能不令人惊叹。

《游记》视大都城为“世界奇观”，并对它大加赞美。书中称大都为“汗八里”(突厥语，意为“帝王之城”)，不光描写了它的规模、城墙、城门、城楼、街道、商铺、民宅，还描写了皇家宫殿的雄伟壮丽和皇家苑囿的山水之美。此外，《游记》对大都的宗教、葬俗、饮食以及生肖纪年等文化现象也有繁简不一的介绍。值得一提也值得引录的是作者对位于大都西南郊、架于永定河(旧时称“卢沟河”)上的卢沟桥的描述：

> 离开都城走十英里，来到一条叫白利桑干河(永定河)的河旁，河上的船只载运着大批的商品穿梭往来，十分繁忙。这条河上有一座十分美丽的石桥，在世界上恐怕无与伦比。此桥长三百步，宽八步，即使十个骑马的人在桥上并肩而行，也不会感觉狭窄不便。这座桥有二十四个拱，由二十五个桥墩支撑着，桥拱与桥墩都由弧形的石头砌成，显示了高超的技术。
>
> 桥的两侧用大理石片和石柱各建了一道短墙，气势十分雄伟。桥的上升处比桥顶略宽些，但一到桥顶，桥的两侧便形成直线，彼此平行。在桥面的拱顶处有一个高大的石柱立在一个大理石的乌龟上，靠近柱脚处有一个大石狮子，柱顶上也有一个石狮。桥的倾斜面上还有一根雕有石狮的美丽的石柱，这个狮子离前一个狮子一步半，全桥各柱之间都嵌有大理石板。这与石柱上那些精巧的石狮，构成了一幅美丽的图画。这些短

墙是为了防止旅人偶然失足落水而设置的。[①]

卢沟桥始建于1189年，建成于1192年，1444年重修。后曾毁于洪水，1698年重建，为北京现存最古老的石造联拱桥。马可·波罗描述的正是该桥最初的形制，也正因其对该桥的生动描述，西方人至今仍称它为"马可·波罗桥"。

《马可·波罗游记》所勾勒出的中国形象，尽管只是一个大致的、绝对称不上完整的轮廓，但却高大而美好，充满着神秘、神奇的色彩。《游记》打破了"欧洲便是世界"的传统观念，揭开了遥远的东方世界之谜，第一次较为全面地向欧洲人介绍了中国的物质文明和精神文明，从而开阔了中世纪欧洲人的视野。但在当时，马可·波罗讲述的一切对于西方人来说是不可想象的，几乎没有人相信它的真实性。

随着时间的推移，在欧洲人走出中世纪的阴影之后，人们对马可·波罗笔下的"东方见闻"便逐渐由怀疑转向确信，进而转为向往，于是，探险家、航海家、传教士以及殖民者便怀着各种各样的目的和心态纷至沓来，由此促成了东西方的文化交流，并形成了近代世界的新格局。与此同时，人们对马可·波罗的研究也逐渐展开。在中国，对马可·波罗的介绍与研究至少也有130余年的历史了。1991年10月，为纪念马可·波罗离华回国700周年，中意学者聚首北京，举行了"马可·波罗国际学术讨论会"，其中心议题就是：马可·波罗与东西方文化交流。与会学者公认：马可·波罗是沟通中西交流的第一人。吕同六先生说："马可·波罗是意大利伟大诗人但丁的同时代人，当时，欧洲'文艺复兴'的曙光已开始出现，马可·波罗把'令人神往的中国文明'传播到欧洲，无疑有助于欧洲人走出中世纪，迈向近代文明。因此，我们完全有理由说，马可·波罗是哥伦布和利玛窦的先驱；《马可·波罗游记》既是中国和西方、中国和意大利友好交往史上的一座高大的纪念碑，又是研究中古时代中国和亚洲的政治社会生活和东西方关系的一部珍贵的历史文献。"[②]意大利驻华大使罗西先生说："马可·波罗的形象至今仍显得那么光彩照人而又富有现实性。"[③]

---

① 马可·波罗《马可·波罗游记》，梁生智译，中国文史出版社，1998，第151—152页。

②③ 中国国际文化书院编《中西文化交流先驱——马可·波罗》，商务印书馆，1995，第6页。

二 利玛窦

明末清初，随着葡萄牙殖民者的东来，一些西方传教士也相继来到中国。在传播天主教教义的同时，他们还把西方的一些科学技术知识，如天文、历法、数学、地理、物理、哲学、医学、建筑以及火器制造等，带进了中国，这对当时中国社会经济文化的发展起了一定的促进作用；对中国士大夫中的少数先进分子也起了一种“唤醒”的作用。历史上称之为“西学东渐”。

利玛窦像

1582 年，意大利耶稣会士利玛窦抵澳门，标志着“西学东渐”的开始。作为天主教的一支，耶稣会成立于 1540 年，是一个旨在维护教皇权威、反对宗教改革的组织。尽管其时该组织在欧洲的名声并不好，但它却具有自己个性鲜明的品格，比如严密的组织、严明的纪律，重视知识、提倡教育，不畏艰险、勇于开拓在国外的传教事业等。这些品格，我们在利玛窦身上都可以看到。在西学东渐的过程中，以利玛窦为代表的耶稣会传教士，扮演了十分重要的角色。

利玛窦(1552—1610)出生于意大利中部的马塞拉塔城。17 岁时赴罗马学习法律。1571 年加入罗马耶稣会组织，翌年进罗马学院学习，五年的大学生活，打下了他一生的学识基础。1582 年，利玛窦受耶稣会之召至澳门，从此开始了在中国的传教生涯，直至 1610 年逝世于北京。“利玛窦”是他本人采用的中国式名字，由此开西洋人特别是传教士必取汉名之先河。除此之外，他还自号“山人”。中国士大夫多按中国习俗称他为“利公”、“利子”或“利先生”。

从踏上中国国土的第一天起，利玛窦便开始了西学中国化的努力。除了起中文名字、学说中国话、学写中国字，还学习中国礼仪。起初，他曾剃发割须，着僧人装；在肇庆所建教堂也颇似中国庙宇，并悬“仙花寺”匾额。后来，听说中国和尚的地位并不高，他便重新蓄发留须，改穿儒服；所著《天主实义》等书，竟引用儒家思想阐释基督教义；他还修改西人所绘世界地图(《坤舆万国全图》)，将中国置于全图中央，以讨中国士大夫欢心。利玛窦竭尽全力拓展天主教在中国的活动，从澳门进入内地后，曾先后在肇庆、韶州、南京、南昌等地传教，最终“打”进了北京。所到之处，他散发西书，宣讲教义，建立教堂，发展教徒，至1610年他去世时，中国受洗入教人数已有2500人。除了传教于下层群众，利玛窦似乎更注重走上层路线，努力跻身于士绅、官僚活动圈，进而取得了中国皇帝的支持。此外，他还着意展示西方的科学技术和物质文明，开创了一种全新的知识传教模式，并在此基础上开创了中西结合译书的方法。他曾与中国科学家徐光启合译了《几何原本》，与李之藻合译了《同文算指》等。

有人曾依据历史的真实，以小说的形式描写过利玛窦，塑造了一个艺术化了的利玛窦形象，颇有趣味。让我们先看看开头的两段：

> 通过近二十年锲而不舍的努力，利玛窦一行终于在万历二十八年岁末(1601年1月4日)应诏进京，住进了四夷馆。这时是皇城最热闹的季节，全国涌来五千多名向圣上祝寿的官员；逢三年一届的会试，也在此时举行。金榜题名、圣上传胪的热切期望，焦灼地鼓动着从全国蜂拥而至、跃跃欲试的儒生们。京城大街小巷，到处挤满了为随从所簇拥的官轿和行色匆匆、峨冠博带的举人。
>
> 明末的士大夫，极少有不知道利玛窦的。这些年，利玛窦的《交友论》和《西国记法》在他们当中传诵。书中陌生而奇特的逻辑思辨方式，令人耳目一新。一俟见到真人，人们更惊讶了，发现这个猫眼鹰嘴、深目高鼻、卷发赤须的大西洋(明人对欧洲的称谓，又称大西或泰西)意大利蛮夷，竟是如此的“中国化”！他操一口流利的华语，雅德硕学和伟识高才，从他的谈吐举止中闪耀出来。他通晓中国文献，熟谙并遵守中国礼仪。当内阁首辅和尚书们回访时，他无比熟练地撩起儒袍，右腿前跨，然后毫不迟疑地俯身匍匐着跪拜下去。寒暄应酬，竟也会中国人打交道时惯用的那一

套，用让对方听起来非常虚心悦耳，但也不无权宜的口吻说："我是什么人，值得大人大驾光临，以致蓬荜增辉？"①

在某些保守派眼中，利玛窦所宣扬的东西是绝对不可接受的。小说中有这样的描写：

说大地是圆球，谁见过？既是圆球，人为何不会倒栽下去，试问谁能在滚动的轱轳上站立不倒？说地球有吸引力，笑话！那风筝、鸡毛、柳絮何以自能飞升？说日食是月亮挡住了太阳，荒唐！如此岂不阴盛而阳衰，后天而王土？圣贤们早已阐明：太阳象征君王；月亮象征王后；垣宿经纬，象征文武百官；九野众星，象征八方黎民——利玛窦竟敢胡说星星比太阳还大，这不是以下犯上，颠倒君纲，暗伤王化么？②

晚年，利玛窦感到余日无多，便拿起笔，认真地把自己在中国传教的经历记写下来，到他去世时，这份记录已撰写完成。这就是《利玛窦中国札记》。这本文献对研究明代中西交通史、耶稣会入华传教史乃至研究明史都有重要的史料价值。其真实性在于，撰写者是一个在中国生活了多年且熟悉中国生活的同时代的欧洲人。利玛窦在《札记》第一卷就开宗明义地表白：

我们在中国已经生活了差不多三十年，并且游历过它的最重要的一些省份，而且我们和这个国家的贵族、高官以及最杰出的学者们友好交往。我们会说这个国家本土的语言，亲身从事研究过他们的习俗和法律；并且最后而又最为重要的是，我们还专心致意日以继夜地攻读过他们的文献。这些优点当然是那些从未进入这个陌生世界的人们所缺乏的。因而这些人写中国，并不是作为目击者，而是只凭道听途说并有赖于别人的可信性。③

公元1610年5月11日，利玛窦病逝于北京，万历皇帝特赐墓地，将其厚葬于阜成门外二里沟。至今，利玛窦仍安然地长眠在车公庄大街路南6号院内一片繁茂蓊郁的树林中，供后人凭吊。

---

①② 芮灿庭《利玛窦进京》，收于张维主编《五十年花地精品选·小说卷》，花城出版社，2008。

③ 利玛窦《利玛窦中国札记》，何高济等译，中华书局，2001，第3页。

据统计，从利玛窦来华，到康熙皇帝禁教、耶稣会解散，200 年间，耶稣会传教士在中国译著西书凡 437 种，其中纯宗教书籍 251 种，人文科学书籍 55 种，自然科学书籍 131 种。耶稣会士所传播的知识，尽管在欧洲已不算先进，甚至仅为常识或已陈旧，但在当时几乎与世隔绝的中国，却是新鲜的、新奇的、先进的，为人们闻所未闻。此外，明末清初中国学术界实学思潮的出现，也与西学的传入与“催化”有关。

思考与练习

1. 文艺复兴为什么发轫于意大利，也成熟于意大利？请谈谈你的看法。

2. “人文主义”是文艺复兴的指导思想，请谈谈你对“人文主义”的理解。

3. 但丁是意大利文艺复兴的先驱之一，他甚至被看成是一个新时代开端的象征，为什么？

4. 你读过但丁的《神曲》吗？请谈谈你的理解与评价。

5. 乔托被视为文艺复兴绘画的先驱，请谈谈他的贡献。

6. 达·芬奇被看成是整个欧洲文艺复兴时代的代表，试述他在艺术上的伟大成就。

7. 经过五百年历史批评的过滤与净化，达·芬奇的声誉越来越高，其形象也愈加光彩照人，你如何看待这种现象？

8. 利玛窦在明末清初的“西学东渐”中起了怎样的作用？谈谈你对他的理解和评价。

第六章 英　国

英国全称“大不列颠及北爱尔兰联合王国”，简称“大不列颠”或“联合王国”，位于欧洲西部、大西洋的不列颠群岛之上，由大不列颠岛、爱尔兰岛东北部以及附近的许多小岛组成，东、南隔北海、英吉利海峡和多佛尔海峡与欧洲大陆相望。国土面积 24.41 万平方公里，海岸线总长 11450 公里。地理上，全境分为英格兰、苏格兰、威尔士和北爱尔兰。人们习惯上称前三个地区为“英伦三岛”。

第一节　英国历史文化概述

新石器时代，不列颠岛上的土著居民曾经和外来居民一起，共同创造了那里独具特色的新石器文化。一种名为“土埂围”的建筑形式为后人留下了母系氏族公社时期的生活遗迹：人们筑围圈地，除作为牲畜围栏外，还在围中建屋居住。另一种更为奇特的建筑是用巨石竖围起来的巨石圈（又名“巨石阵”，现存的巨石阵以索尔兹伯里附近的最为著名）。巨石阵的直径大小不等，相邻的两块围石上凿有凸出来的榫，上面横卧一块带有卯眼的巨石，形成所谓“三石塔”。史家考证，巨石阵可能是从地中海迁徙来的伊比利亚人用以测定时令节气的日历。

一　诺曼底王朝建立之前的不列颠

自公元前 800 年起，来自欧洲莱茵河上游一带的凯尔特人便陆续进入了不列颠岛，并逐渐成为岛上的主要居民。与此同时，不列颠岛也由青铜时代进入了铁器时代。

公元前1世纪，罗马执政官恺撒在将高卢（今法国）地区全部征服之后，曾野心勃勃地两次渡海，以重兵对不列颠岛发动进攻，但两次入侵最终都以撤离而告终。在维持了近百年的宁静之后，公元43年，不列颠岛又遭遇了罗马第四代皇帝克劳狄的入侵，岛上的各个凯尔特人部落相继被征服。自此，罗马人以伦敦为中心建立起了完整的统治体系。他们以伦敦为枢纽，修筑了几条通衢大道，其中最为著名的是通往北方约克的黄鼬大道和通往西北港口切斯特的瓦特林大道。为了对付北方高地的凯尔特人，公元2世纪时，罗马皇帝哈德良还在苏格兰边界修筑了一道长达100多公里的土墙，史称"哈德良长墙"。

"罗马不列颠"时代终止于5世纪初，其时，走向了没落的罗马帝国不得不将其军队全部撤离不列颠。但不久，不列颠又迎来了新的入侵者——日耳曼部落，由此拉开了日耳曼人向不列颠岛大迁徙运动的序幕。至公元560年前后，日耳曼各族已经成为了这里的新主人。不列颠岛的东南部为日耳曼部落的盎格鲁人和萨克森（又译"撒克逊"）人所占领，从此称为英格兰；凯尔特人则退居到苏格兰、威尔士、康沃尔以及海之西的爱尔兰。从公元7世纪起，英格兰进入了持续了200多年的"七国时代"。公元9世纪下半叶，七国中的威塞克斯王国统一了英格兰。11世纪初，入侵并占领了英格兰的丹麦人卡努特做了英国国王。1066年，法国诺曼底公爵威廉入侵英国，建立诺曼底王朝，史称这一事件为"诺曼征服"，称威廉为"征服者"。诺曼底王朝的建立，标志着英国封建制度的确立，正统的英国历史一般也从这时算起。

二 "乔叟时代"与莫尔的"乌托邦"

13世纪中叶，英国已经出现了国会的雏形。1340年前后，国会分成上下两院，上院称"贵族院"，下院称"平民院"。在吞并了威尔士和苏格兰之后，国王爱德华三世发动了对法国的百年战争。百年战争进行之际，1348年，英国流行黑死病，全国人口几乎死掉一半。但统治者仍然我行我素，引起了人民的强烈不满，这种不满首先以宗教形式表现了出来，产生了名为"罗拉德派"的宗教异端，要求进行宗教（天主教）改革。1381 年，英国爆发了大规模的农民起义，其主要领袖是瓦特·泰勒。起义虽然最终失败，但却使许多农奴在斗争中获得了自由，农奴制也由此在英国消亡。在英国文学史上，人们不无自豪地将公元 14 世纪下半叶称为"乔叟时代"，这是因为诗人乔叟从意大利新文化中汲取了营养，以自己的作品开辟了英国文学的现实主义道路。而且，乔叟的人文主义思想和现实主义创作方法还影响了包括莎士比亚和狄更斯在内的历代英国作家。

在王权加强之后，英国国王试图摆脱罗马教皇的控制。1529 年，国王亨利八世召开了第一次宗教改革会议；几年后，国会通过《王权至尊法案》。宗教改革也遭到了许多人反对，其中一人就是托马斯·莫尔（1478—1535）。作为杰出的人文主义者，莫尔写下了著名的《乌托邦》（全名为《关于最完美的国家制度和乌托邦新岛的既有益又有趣的金书》）一书，揭露现实社会制度的罪恶，抨击英国社会的不平等，特别指出圈地运动是"羊吃人"的运动。他甚至提出废除私有制、建立公有制。莫尔希望建立一个理想的国家，这个国家就叫"乌托邦"；但他并没有指出实现这一理想社会的途径，所以只能是一种空想。尽管如此，这一部空想共产主义的文献，仍有其不可磨灭的历史意义。

三　资产阶级革命与君主立宪政体的确立

在伊丽莎白一世统治时期，英国迅速地走向强大。1603 年，苏格兰国王詹姆斯继承英国王位，苏格兰与英格兰合为一体，开始了斯图亚特王朝的统治。1639 年，苏格兰爆发反对查理一世的起义，从而引发了资产阶级革命。1649 年 1 月，查理一世被定性为"人民的公敌"处死。同年 5 月 19 日，国会正式宣布建立英吉利共和国。1660 年 5 月，查理二世在伦敦复位，斯图亚特王朝复辟。1688 年 11 月，在一场不流血的政变中，威廉登上王位，这场被称为"光荣革命"的革命标志着英国资产阶级革命正式结束。第二年，新国王批准了国会提出的《权利法案》，法案从宪法上限制了王权，由此确立了英国的"君主立宪"政体。

在将近半个世纪的英国革命中，不少先进的思想家都竭尽全力为革命呐喊助威，大造舆论，其中最突出的一位名叫弥尔顿（1608—1674），其最重要的政论作品有《反对偶像崇拜》、《论出版自由》和《为英国人声辩》等。晚年，他双目失明，口授了《失乐园》、《复乐园》等诗歌作品，《失乐园》运用《圣经》题材，讲述了撒旦反抗上帝、最后被打入地狱的故事，歌颂了撒旦不甘屈服的斗争精神。在革命的序幕时期，产生了一位了不起的思想家，他就是被誉为“整个现代实验科学的真正始祖”的弗兰西斯·培根（1561—1626）。其主要著作有《学术的进步》、《新大西岛》、《论古人的智慧》、《新工具》以及由几十篇政论文汇编而成的《培根论说文集》等。其中，《新工具》被视为他全部著作的核心。培根十分重视人类知识的学习与积累，提出了“知识就是力量”这一不朽的命题。英国革命后期最重要的思想家洛克（1632—1704），撰有《人类理解论》和《政府论》等名著。在《人类理解论》中，他详尽论证了知识和观念的对象、起源、认识过程、知识的分类、认识的范围等一系列问题，形成了比较系统的唯物主义认识论的思想体系。在《政府论》中，他深刻批判了封建专制制度，论证了人们建立国家和制定法律的必然性与合理性。另外，他提出的三权分立学说，不仅影响了资产阶级政治学说的发展，而且成为了资产阶级民主政治的理论基础。

进入17世纪后，科学研究在英国已蔚然成风。1660年，英国皇家学会正式成立，科学研究得到了政府的支持。一批优秀的科学家便在这样的氛围和背景下涌现了出来，其中最伟大的人物是物理学家、数学家、经典力学的创始人牛顿（1642—1727）。1687年，他发表《自然哲学的数学原理》这部哲学和科学名著，阐述了牛顿经典力学的三大定律。该书不仅影响了人类几百年自然科学的研究，而且对人类的思维方式也产生了十分重要的影响。

四 工业革命及其后的文化繁荣

至18世纪后期，英国已建立起一个庞大的殖民帝国，形成了广阔的产品销售市场，大量财富源源不断地流回国内转化为资本。此时，资产阶级已完全确立了自己在政治上的统治地位。所有这些因素，推动了资本主义生产手段的重大变革，促成了工业革命的发生。1781年，瓦特制成了第一台大型蒸汽机，接着又制成了“万能蒸汽机”并投入使用。蒸汽机的出现是第一次工业革命成功的标志，同时也标志着人类社会进入了近代工业文明时代。在工业革命蓬勃发展之时，研究资本主义经济运行规律的英国古典政治经济学应运而生，其代表人物是亚当·斯密(1723—1790)，他撰写的《国富论》(中译本又名《原富》)，反映了工业革命初期产业资产阶级的要求，是古典经济学诞生的标志。该书从劳动分工出发，解释了财富的生成、资本的性质、经济的发展、政治经济学体系和公共财政问题，并提出了为今人所熟悉的自由放任原理以及市场竞争机制。一位英国文明史家认为，该书的影响“比所有政治家和立法者联合起来的能力还要大”。

19 世纪初叶，正是无产阶级与资产阶级的斗争日益公开但尚未激化之时，一种不具现实性的改造人类社会的社会主义理想即“空想社会主义”盛行起来，其代表人物是圣西门、傅立叶和欧文。欧文(1771—1858)是英国人，他不但是一个社会改革的实践家，而且在理论方面也多有建树，著有《新社会观》和《新道德世界书》等。在法国大革命的推动下，18 世纪末 19 世纪初，欧洲出现了浪漫主义文学运动，文学家们歌颂大自然，歌颂英雄人物，追求个性解放，表达了人民挣脱封建枷锁的强烈愿望。这一运动的卓越代表当推英国大诗人拜伦。同一时期在英国，还产生了革命诗人雪莱。从 19 世纪 30 年代开始，批判现实主义文学运动兴起，出现了以狄更斯为代表的杰出小说家。19 世纪中叶，英国还诞生了一位伟大的科学家——达尔文(1809—1882)。1859 年，达尔文出版《物种起源》一书，创立了他的生物进化论学说。

五 殖民扩张与战后的衰落

1837 年，年仅 18 岁的维多利亚女王登基，在位 64 年。在她当政的这一时期，英国成为了“世界工场”，成为了拥有大量殖民地的“日不落帝国”，成为了资本主义世界的头号强国。至第一次世界大战前夕，英国的殖民地已达 3350 万平方公里，遍及东、西两个半球，是其本土面积的 130 多倍。几乎与维多利亚女王登基同时，英国工人阶级登上了历史舞台。他们认识到，要摆脱被奴役的地位，除了要进行经济斗争，还必须进行政治斗争。为了争取普选权，他们掀起了“宪章运动”①。这场运动一共持续了20多年，期间曾掀起过三次高潮，工人的请愿均遭国会否决，集会、游行和罢工等活动亦遭政府残酷镇压，最终归于失败。尽管如此，宪章运动还是给英国工人阶级争取到了一定的政治和经济权利。在这场运动中，诞生了一批早期的无产阶级诗人，如艾内斯特·琼斯和威廉·林顿等，他们的作品，既有鲜明的倾向性，又有极强的战斗性，同时还有广泛的群众性，被称为“宪章派诗歌”。

1840年，英国对中国发动了第一次鸦片战争，逼迫中国政府与之签订了不平等的《中英南京条约》，由此打开了中国的国门。1856年至1860年，英国又伙同法国在俄、美支持下发动了第二次鸦片战争，这一次，英法联军攻入了北京，在将圆明园的珠宝文物洗劫一空之后，又纵火将这座“万园之园”烧成一片废墟。紧跟在英国之后，西方列强接踵而至，逐步把中国变成了一个半殖民地半封建的社会。

20世纪初叶和中叶，英国和欧洲其他一些国家一样，先后参加了两次世界大战。尽管两次都以战胜国的身份赢得了战争，但英国也不得不为此付出了沉重的代价，其国家实力大大削弱，海上霸权丧失，昔日的“日不落帝国”由此风光不再。第二次世界大战后，随着民族解放运动的不断高涨，一些自治领②不再承认英国女王为其元首，有的甚至成立了共和国；原属英国的许多殖民地也相继独立，被英国“永久割占”的香港也于1997年7月1日交还给中国。

第二节　英国的历史文化名人及其文化成果

这里着重介绍的英国历史文化名人分别是诗人、戏剧家、小说家和绘画艺术家，他们创造的文化成果至今仍为整个人类所欣赏、所享用。

---

① 1836年，伦敦工人和手工业者成立伦敦工人协会；1838年，协会公布了一个《人民宪章》，提出关于争取普选权的六点要求，宪章运动由此得名。

② 原指英国殖民地中白人的自治领地，第二次世界大战后改称为“英联邦成员国”。

一 诗人

(一) 乔叟

乔叟(约1340—1400)是英国文艺复兴运动的伟大先驱,是英国早期杰出的人文主义诗人,更是英国民族文学的奠基人。他生于伦敦一个富裕的酒商兼皮革商人家庭,祖籍法国,其先辈是“诺曼征服”时的移民。乔叟很早就开始了诗歌创作,20岁时已初露锋芒。其创作大体分为“法国时期”、“意大利时期”和“成熟时期”(又称为“英国时期”)。

“法国时期”始于14世纪60年代。乔叟这个时期的创作主要受法国爱情诗风的影响,其作品《公爵夫人之书》是一首长篇挽歌,是为安慰他的保护人三太子兰开斯特公爵而创作的。在哀悼逝者的同时,诗人抒写自己的郁闷,也强调尘世人生的快乐。

“意大利时期”当在1372年至1386年之间。这一时期,乔叟曾先后两次游览了意大利,强烈地感受到了那里新兴资产阶级积极向上的进取精神,在但丁等“三颗巨星”的影响下,形成了自己的人文主义世界观。这一时期的主要作品有《众鸟之会》、《特罗勒斯与克丽西德》和《善良女子殉情记》等。其中,长篇叙事诗《特罗勒斯与克丽西德》以特洛伊战争为背景,描写女主人公克丽西德背弃对特洛伊王子特罗勒斯的爱情诺言,使特罗勒斯因绝望而战死沙场。诗人把爱情看成是人的天性,以此与教会的禁欲主义相对照。这首诗被认为是诗人第一部重要的现实主义诗歌。

自80年代起至诗人辞世的这一时期,是乔叟文学创作的成熟期。这一时期,他用伦敦方言、以自己创制的“双韵体”,创作了举世闻名的《坎特伯雷故事集》。这是他的代表作,通过前往坎特伯雷朝圣的香客们在途中说故事的形式,汇集了中世纪文学的各种体裁,同时也使不同阶层、不同职业和不同文化水平的讲故事者表现出各自的个性、风度、趣味和爱好。作者原计划写120个故事,但只写成了24个,这些故事真实描绘了14世纪英国的社会生活,刻画了形形色色的人物形象,批判禁欲主义,宣扬爱情至上,揭露并抨击了教会的虚伪和腐败,被认为是英国文学史上具有划时代意义的作品。

（二）拜伦

拜伦(1788—1824)是19世纪英国最为杰出的浪漫主义[①]诗人,也是欧洲浪漫主义文学和资产阶级民主力量的代表。他生于伦敦一个破落的贵族家庭,10岁时继承了家族的爵位和领地。在哈罗中学和剑桥大学读书时即开始诗歌创作。1807年出版第一本诗集《懒散的时刻》。1809年至1811年发表长篇叙事诗《恰尔德·哈洛尔德游记》的第一、二章(第三、四章写于1816年至1817年),已显露出反抗、孤独、忧郁的“拜伦式英雄”的雏形。1813年至1816年间创作有六首浪漫主义叙事长诗,统称为《东方叙事诗》。

1816年,在反动势力的压迫下,拜伦不得不离开英国,前往瑞士。其间结识了诗人雪莱,并与之结下深挚情谊。第二年,拜伦迁居意大利,一直在那里生活至1823年。其间,他创作了不少优秀诗篇,如《别波》、《但丁的预言》、《审判的幻景》等。另外,还创作有取材于意大利历史的几部戏剧。长篇叙事诗《唐璜》也是在这一时期完成的,该诗(也有人称之为“诗体长篇小说”)反映了他政治思想和艺术技巧的成熟,是他最重要的代表作。

《唐璜》是一首未完成的长诗,共16章,16000余行。长诗的主要情节是:西班牙贵族青年唐璜16岁时就与一位贵族夫人发生了爱情纠葛,为了不使丑名外扬,他被母亲打发到远方去旅行。不料海船遇难,唐璜漂流到希腊的一个岛屿上,被海盗的女儿海甸所救并与之一见倾心。海甸的父亲阻止两人相爱,唐璜被送到奴隶市场上拍卖进了土耳其的王宫。后来唐璜逃出王宫,在俄土战争中加入俄国军队并立功,成为俄国女皇的宠臣,并奉命出使英国。唐璜于是接触到了英国的上流社会。当逗留在一个贵族的城堡时,他又开始了新的浪漫冒险。故事到此中断。长诗纵横交错地描写了18世纪欧洲各国的社会风貌,无情地批判了商人和银行家统治的英国,同时也嘲笑和驳斥了“湖畔派”诗人的奴才哲学。全诗富有艺术的多样性:既有动人的情节,又有诗人的政治见解和抒情插曲,充满着浪漫主义色彩。

---

① 浪漫主义文学在发展过程中形成了两种不同的派别,后来便有人将其分别称为“消极浪漫主义”和“积极浪漫主义”,两者之间的差别似乎主要是因为政治倾向的不同,作家们在其作品中所抒发的情感和所寄托的理想各异。对这样的划分,学术界尚有争议。

（三）雪莱

雪莱（1792—1822）同样是英国浪漫主义的伟大诗人。出身于古老贵族家庭的他，从很年轻的时候起就怀有对自由的渴望。他的第一部长诗《麦布女王》批判封建主义的专横，谴责资本主义的种种剥削，同时提出了建立美好的自由社会的幻想。他叛逆的性格和无畏的批判精神，为英国统治阶级所不容，1818 年，雪莱被迫永远离开祖国，侨居意大利。

雪莱的代表作是诗剧《解放了的普罗米修斯》。这是一部四幕诗剧，取材于古希腊神话，但又对神话做了新的处理。诗中人物是自然力量和社会力量的象征，整个诗剧则象征着未来的社会变革，浪漫主义色彩极为浓郁。特别值得称道的是诗中已包含了一些科学社会主义的思想萌芽。

抒情短诗在雪莱的创作中同样占有重要地位，《西风颂》和《致云雀》等都是其中的名篇。《西风颂》是在听到 1819 年曼彻斯特工人集会遭到英国政府武力镇压的消息后写成的，全诗由五首十四行诗组成，每首都可以独立成篇，而彼此又连贯有序，前后呼应。全诗气势磅礴、想象奇丽、意境雄浑，用词庄严生动，节奏快捷而多变化，是难得的诗歌艺术珍品。在诗的最后，诗人这样唱道：

把昏睡的大地唤醒吧！要是冬天
已经来了，西风呵，春日怎能遥远？[①]

《致云雀》是一首呼唤自由的黄金时代即将到来的颂歌，诗人借云雀“一跃而起”在蓝天中振翅飞翔以言志，在诗中寄寓了自己的人生理想和对革命先驱者的赞颂。全诗节奏和谐，张弛有致，读来朗朗上口，富于音乐美。[②] 另外雪莱还有许多精彩的诗篇以及未完成的论文《诗辩》。《诗辩》阐述了诗人对诗歌功能的看法，强调诗歌应当起到改造社会的作用。

（四）济慈

济慈（1795—1821）是与拜伦和雪莱并称于世的英国浪漫主义诗人。他出

---

① 《雪莱抒情诗选》，查良诤译，人民文学出版社，1993，第 76 页。

② 雪莱是一个真正的革命家，在自己短暂的一生（他遇险溺亡时年仅 30 岁）中，他从来没有停止过与反动势力的斗争。从他全部的抒情诗中，我们可以看到他作为革命家的乐观。有研究者做出过这样的评价：“如果说，拜伦的诗在很大的程度上充满了宇宙的悲哀，雪莱的诗却充满了宇宙的快乐。”

身卑微，从幼时起便经历了人世的艰辛与苦难。因为倾心于荷马、莎士比亚等名家的作品，愈加坚定了从事文学创作的决心。他1814年开始诗歌创作，写成十四行诗《咏和平》、《致查特顿》、《致拜伦》，表现出反对暴虐、压迫，崇尚善良、正义的精神。1817年出版第一本诗集。济慈认为"美是永恒的愉悦"，因此艰苦而执著地思考人生、追求诗歌艺术的完美。其作品善于描写自然景物，善于以具体的、可感受的形象抒写抽象的情感和意念；他讴歌理想，讴歌美，讴歌梦幻的追求，他笔下的黑夜与大自然似有一种魔力。1819年是济慈创作的"奇迹时期"，他发表了著名的六"颂"——《怠惰颂》、《赛吉颂》、《夜莺颂》、《希腊古瓮颂》、《忧郁颂》和《秋颂》，写出了抒情诗《冷酷的妖女》、叙事诗《圣亚尼节前夕》和《拉米亚》以及多首十四行诗。研究者认为，仅仅这六"颂"，就足以使济慈不朽。

二 戏剧家

戏剧代表了16世纪英国文学的最高成就。在莎士比亚之前，英国民族戏剧已经兴起，出现了一批所谓"大学才子"剧作家，如李利、格林、基德和马洛等。他们受过人文主义思想熏陶，精通西欧各国文艺复兴文学，熟悉英国下层社会生活，在创作上大胆创新，为莎士比亚的出现准备了条件。特别是马洛，被文学史家视为莎士比亚戏剧的先驱。

（一）马洛

马洛（1564—1593）的剧作主要有《帖木儿大帝》、《马耳他岛的犹太人》和《浮士德博士的悲剧》等。《帖木儿大帝》表现了新兴资产阶级意欲征服世界的进取精神；《马耳他岛的犹太人》嘲讽了资产阶级追求财富的欲望和贪婪；《浮士德博士的悲剧》采用德国民间故事写成，是最早以浮士德传说为题材的文学作品，被认为是"大学才子派"剧作中的代表作。作者革新了中世纪戏剧，在剧中塑造了一个巨人式的人物：浮士德为追求无限的知识以征服自然，毅然叛离上帝，以自己的灵魂换取役使魔鬼24年的权力，期满后被魔鬼劫往地狱。剧本宣扬了人文主义者反神权、反宗教的思想。作者认为，有了知识就可以获得一切，就可以实现理想，从而肯定了知识的绝对力量。

（二）莎士比亚

莎士比亚（1564—1616）是“戏剧天才”，是英国文艺复兴时期最伟大的戏剧家，文学史上称他为“英国戏剧之父”。研究者认为，莎士比亚在他的戏剧中发掘出了不列颠文化的所有主题——旅行、流亡、权势、征服、梦幻、魔怪等。自1590年至1612年的20多年间，他一共创作了37个剧本，还写有154首十四行诗、两部叙事长诗和其他诗歌。一般将其创作划分为三个时期。

莎士比亚像

第一时期（1590—1600）正处于伊丽莎白女王统治的极盛时代，是莎士比亚人文主义思想和创作风格的形成期，也称历史剧、喜剧时期。这一时期，他创作了历史剧九部，包括《亨利四世》、《理查三世》等；喜剧十部，如《仲夏夜之梦》、《威尼斯商人》等；悲剧三部，如《罗密欧与朱丽叶》。历史剧取材于公元13世纪初至15世纪末的英国史实，鲜明地表达了剧作家人文主义的政治历史观。喜剧主要是正面宣扬人文主义的生活理想，如个性解放、爱情自由等，以适应新兴资产阶级摆脱宗教禁欲主义和封建伦理道德约束的迫切要求。其中，《威尼斯商人》是最富于社会讽刺意义的一部，成功地塑造了夏洛克这样一个鲜明生动而又复杂矛盾的人物形象。《罗密欧与朱丽叶》虽为悲剧，但无论主题思想还是艺术风格，都与剧作家这一时期的喜剧接近。这是一出具有反封建意识的悲剧：来自两个互相仇视的家族的一对青年男女一见钟情，却因世仇不能相爱，结果只能以死抗争。两家因此意识到世仇铸成的错误，终于言归于好。剧本揭露了封建制度的残酷无情，歌颂了罗密欧与朱丽叶坚贞不渝的爱情。爱必将战胜恨，这正是莎士比亚人文主义思想的反映。

第二时期（1601—1607）是莎士比亚创作的最辉煌期，也称悲剧时期。

这一时期共创作悲剧七部:《哈姆雷特》、《奥赛罗》、《李尔王》、《麦克白》、《安东尼与克莉奥佩特拉》、《科利奥兰纳斯》和《雅典的泰门》,前四部被称为"四大悲剧"。与第一时期相比,这一时期的剧作对英国的社会生活和矛盾有了更深刻更广泛的反映,揭露和批判的力量更为强烈,作品的情调与风格也有了变化,带上了浓厚的悲愤沉郁色彩。《哈姆雷特》是莎士比亚戏剧创作的最高成就,取材于12世纪末的一部丹麦史。丹麦王子哈姆雷特在父王被害、母后改嫁的情况下,从父亲的亡魂那里得知一切不幸都是叔叔克劳狄斯所为,王子开始了复仇之路。经过一番周折,最终哈姆雷特、克劳狄斯、母后同归于尽。这部杰作不仅标志着莎士比亚思想的深刻发展和艺术的高度成熟,而且也大大改变了世界文学的面貌。我们看到,哈姆雷特是一个典型的人文主义思想家,人文主义的长处与短处、优点与弱点,无一不在他的身上得到了完整的体现。

第三时期(1608—1612)是浪漫剧时期,也称传奇剧时期。这一时期莎士比亚共创作浪漫剧三部:《辛白林》、《冬天的故事》和《暴风雨》;历史剧一部,即《亨利八世》。其中,《暴风雨》最为人们所称道,被资产阶级评论家认为是莎士比亚的"诗的遗嘱"。不容否认的是,《暴风雨》的社会意义已逊于剧作家先前的作品。其大概情节是:米兰公爵普洛斯彼罗被弟弟安东尼奥夺去爵位,被迫带着独生女儿米兰达和魔术书逃到一个荒岛,在那里他通过魔法掀起一场风暴,把安东尼奥等乘坐的船刮到荒岛,并凭借魔法夺回爵位。后来他宽恕了表示痛改前非后的安东尼奥,一起回到了意大利。在剧中,莎士比亚谴责了自私的阴谋,并通过主人公形象肯定了理性和智慧的力量;同时也明确提出了人文主义者理想国的主张。全剧以宣扬容忍宽恕告终。

三 小说家

从19世纪30年代开始,英国的浪漫主义文学作为一种文学运动已趋衰落,代之而起的是批判现实主义文学。40年代至50年代,英国批判现实主义文学最杰出的代表是狄更斯和勃朗特姐妹;70年代以后,则又出现了以哈代为代表的一批优秀小说家。

（一）狄更斯

狄更斯(1812—1870)出身贫寒，童年是在劳累、饥饿、屈辱与痛苦中度过的。1837年，小说《匹克威克外传》使他一举成名，从此开始了专业文学创作生涯。此后30多年间，他一共创作了14部长篇小说(此外还写有不少中短篇)，广泛而生动地反映了19世纪英国资本主义的社会生活，描绘了维多利亚时代的精神面貌，曾被恩格斯誉为“时代的旗帜”。除《匹克威克外传》外，其长篇小说作品还有《奥列佛·特维斯特》(又名《雾都孤儿》)、《老古玩店》、《大卫·科波菲尔》、《荒凉山庄》、《艰难时世》、《双城记》、《远大前程》等。

狄更斯像

《奥列佛·特维斯特》主要写贫苦孤儿奥列佛·特维斯特的悲惨遭遇。小说的主要攻击对象是政府的“新济贫法”。通过奥列佛的经历，作家谴责了济贫院虐待儿童的罪恶，揭示了伦敦贫民窟的黑暗生活。小说情节紧凑，正叙和倒叙手法交替进行，波澜起伏，引人入胜。

《大卫·科波菲尔》是一部近似自传体的小说，通过孤儿大卫·科波菲尔的遭遇揭露了扼杀人的儿童教育、腐败的司法制度和自私自利的小人。由于受1848年工人运动的影响，作家对现实的认识和描写都比过去来得深刻。小说向人们展示了一幅当时社会生活的广阔画面，暴露了资本主义社会的种种丑恶。但由于作家往往用伦理道德观念来分析和处理社会问题，从而减弱了小说的现实主义光芒。

《艰难时世》是狄更斯唯一一部直接反映英国现实社会重大阶级斗争事件的作品。作家成功地刻画了许多资产者的形象，暴露了他们贪婪、寄生、腐朽的本质，真实反映了19世纪英国资本主义的发展过程，为人们认识资本主义社会提供了丰富材料。

《双城记》是一部历史小说。它以法国大革命为背景，反映了革命前夕封建贵族对农民的残酷迫害。作家满怀同情地描写了法国农民的悲惨命运，愤怒地谴责了封建贵族的为非作歹。小说告诉读者：压抑在法国农民心头的愤怒，必将像火山一样爆发，一场革命在所难免。作为资产阶级民主主义者，作家对于群众运动的态度是矛盾的：既同情劳苦大众的苦难，承认革命的合理性；但又害怕和反对山崩海啸般的流血和暴力行为。小说气氛严肃悲壮，情节紧凑曲折，语言凝练，故事生动，是狄更斯创作的一个高峰。

（二）勃朗特姐妹

夏洛蒂·勃朗特（1816—1855）和艾米莉·勃朗特（1818—1848）姐妹俩都是19世纪英国著名的小说家。1847年，在姐姐夏洛蒂发表长篇小说《简·爱》之后不久，妹妹艾米莉出版了长篇小说《呼啸山庄》，另一个妹妹安妮则出版了长篇小说《艾格妮斯·格雷》，一时成为英国文坛佳话。

《简·爱》是一部自传成分很浓的小说，描述了出身于下层的孤女简·爱如何以自己坚强和自尊的个性赢得尊严，进而取得了自己的地位。小说通过简·爱的自述，描绘了在金钱支配一切的资本主义社会里，一个出身贫苦、无依无靠的女教师的曲折遭遇，借此揭露了宗教和资产阶级慈善事业的虚伪；小说也写了简·爱与宅邸主人罗切斯特之间纯洁的爱情。简·爱被认为是英国文学中第一个对爱情、生活、社会以至宗教都采取了独立自主、积极进取态度的女性形象。《简·爱》是一部现实主义小说，但由于作者采用了许多梦境、幻觉、预感以及象征、隐喻等手法，使作品又带上了不少浪漫主义色彩。

《呼啸山庄》所叙述的是一个爱情和复仇的故事。虽然人们对这部小说的评价褒贬不一、歧见纷陈，但不可否认的是，小说曲折地反映了19世纪初工业革命后资本主义的飞速发展给予英格兰的巨大影响；贯穿于爱情故事始终的强烈的反压迫、争自由、谋幸福的斗争，是与当时的现实社会、与近在咫尺的工业区的阶级斗争相呼应的。

（三）哈代

哈代(1840—1928)是英国19世纪后期最重要的现实主义小说家和20世纪初期的著名诗人。哈代30岁时发表第一部情节小说《计出无奈》，从此步入文坛。至19世纪末，共出版长篇小说14部，发表中短篇小说40余篇。其长篇小说主要有《远离尘嚣》、《还乡》、《卡斯特桥市长》、《林居人》、《德伯家的苔丝》和《无名的裘德》等，尤以后面两部最为著名。

《德伯家的苔丝》描写贫苦的乡村姑娘苔丝被乡绅阔少亚雷奸污，忍辱负重，只能到外地一家牛奶场当挤奶工。后与青年大学生克莱相恋，新婚之夜，她向丈夫坦白了被欺辱的往事，不但没有得到丈夫理解，反遭丈夫抛弃。丈夫走后，她为生活所迫，再次落入亚雷之手。最后，她在绝望中杀死了亚雷，在荒原野地里与远路归来的丈夫过了五天恩爱甜蜜的生活。最终她被捕并处以绞刑。作家以副标题“一个纯洁的女人”直接表达了自己对主人公苔丝的同情。苔丝的悲剧是资本主义的社会现实造成的，而资产阶级的道德给予她的非但不是同情，反而是谴责和歧视，资产阶级的法律则更把她送上了断头台。面对死亡，苔丝镇定而从容。她的态度和举动，是对整个资本主义社会道德观念和法律制度的蔑视与抗争——宁可用年轻的生命换取短暂的幸福，也不愿屈服现实而苟活于人间，这就是苔丝形象所包含的人生真义。

《无名的裘德》被认为是《德伯家的苔丝》的姊妹篇。主人公裘德是个孤儿，梦想进入基督寺深造，但却被拒之门外。他与淑在两性关系方面的行为更为宗教和习俗所不容，且导致他失学失业，甚至没有安身之所。最终，淑回到原夫身边忍受终生折磨，裘德则以慢性自杀殉情。小说带有鲜明的社会批判色彩和浓厚的悲剧色彩，反映了资本主义社会深刻的道德危机，是作家“反映人生，暴露人生，批判人生”创作意图的重要实践。

（四）柯南道尔

柯南道尔(1859—1930)是举世闻名的侦探小说家。他在行医的同时开始文学创作。1887年出版第一部侦探小说《血字的研究》，故事以医生华生的回忆形式写成，内中的私人侦探被命名为歇洛克·福尔摩斯。1890年，小说《四签名》问世。从1891年起，柯南道尔弃医从文，专事侦探小说写作。1894年，由已发表的12个故事汇编而成的《回忆录》出版。1928年至1929年间，整个福尔摩斯故事分短篇和长篇两卷在英国出版，合称《福尔摩斯探案全集》。作家笔下的福尔摩斯是一个有血有肉的人物，很像是现实社会中的一员；他具有高超的侦探才能，善于学习，勤于思考，注重实践；他所进行的各种侦探活动，合乎逻辑，入情入理，其对各种案件的解释与判断头头是道，准确严密，因此很容易为读者所接受、所信服。作品对各种犯罪活动和不道德行为进行谴责，宣扬人道主义、善恶有报和法网难逃思想，迎合了普通公众心理，引起了广大读者共鸣。从这个角度讲，这正是福尔摩斯形象的社会意义。

四 绘画艺术家

18世纪中、后期，英国同时出现了两位肖像绘画大家，一位是雷诺兹，一位是庚斯博罗。其时，与西欧其他一些国家比较起来，英国的美术家可以说是寥若晨星。正因如此，雷诺兹与庚斯博罗的出现，便显得愈加引人瞩目。稍早于二人成名的是一位名叫贺加斯(1697—1764)的油画家、版画家和艺术理论家，他也曾在肖像画创作方面做出过重要贡献。

(一) 雷诺兹

雷诺兹(1723—1792)生于英格兰，少年时代曾在父亲所办的学校受教育。1740年，他到伦敦的一肖像画家的画室习画；后曾旅居罗马，学习文艺复兴盛期艺术。回国后，他便开始用意大利历史画的风格创作肖像画，在艺术上孜孜以求。他的理想是用自己的实践和努力提高艺术在英国的地位，提高艺术家特别是画家的社会威望。在他的不懈努力下，1768年，英国皇家美术学院终于正式成立，他本人出任第一任院长。雷诺兹为后世留下了约2000幅肖像作品，较为著名的作品有《阿尔贝玛伯爵夫人安娜像》、《内莉·奥勃伦像》、《约翰逊博士像》、《自画像》、《伊丽莎白小姐和孩子们》、《天真的女孩》等。

(二) 庚斯博罗

庚斯博罗(1727—1788)生于英格兰，13岁去伦敦给一法国画家当助手，学到了一些洛可可式技法，后向荷兰风景画家学画风景画。一般认为庚斯博罗的创作是尼德兰画派的现实主义和法国牧歌式浪漫情调的结合，作品光色清新、富有诗趣。他自称最喜欢的是风景画，甚至说对肖像画“感到腻烦”，可他却在肖像画的创作上取得了巨大成就，并以肖像画作为自己谋生立业的主要手段。其作品多以柔和的色调描绘贵族奢华的盛装和高傲悠闲的姿态，因此深为上层社会所喜爱。其最负盛名的作品有《蓝衣少年》、《西斯顿夫人像》和《清晨漫步》等。

第三节 中英之间的文化交流

中英之间真正意义上的文化交流是从 19 世纪初开始的。其时，英国伦敦传教会(简称“伦敦会”)遣马礼逊东来，拉开了晚清新一轮“西学东渐”的序幕。此后，陆续来到中国的英国人，除了传教士、商人、外交官，还有学者，甚至入侵者。其中的不少人物，尽管初来时所负使命不同，但后来却在不知不觉间与中国文化结了缘，并以自己的实践和实绩为近代乃至现代中英之间的文化交流架起了一座座桥梁。这期间，也有中国学者到过英国，且从另一个视角观察英国文化并把它带回传于华夏，为中英之间的文化交流做出了应有的贡献。

一 来华英国人所起的桥梁作用

(一) 马礼逊

马礼逊(1782—1834)出生于英格兰北部一个名叫莫佩思的小地方，从小便受到基督教的熏陶，打下了诸多方面的知识基础。从神学院毕业后，他被选定为第一个到中国开辟新教区的传教士，并于 1807 年 9 月抵达澳门，继而进入广州。至 1834 年在广州病逝，近 25 年间，马礼逊一直在广州、澳门以及南洋各地活动。

传教、办印刷所、办学校、开医院，是当时基督教传教事业的主要工作。马礼逊等早期来华的传教士为此做出了努力且卓有成效。在传教方面，马礼逊们最看重的是《圣经》的翻译。从 1808 年至 1813 年，马礼逊用了五年时间译完了《新约全书》；接着，他又与另一位英国传教士、其主要助手米怜合作，翻译了《旧约全书》，并于1823年在马六甲出版，取名《神天圣书》。这是《圣经》第一个完整的中文译本，其在中西文化交流史上的意义不容小觑。此外，传教士们还翻译、编写了一大批宣传基督教教义的中文通俗读物，扩大了基督教在中国南方的影响。

马礼逊等人经营的第一个印刷所设在马六甲，以此为出版基地，至1842年，该所共出版中文书刊43种，其中不少是历史、地理、政治、经济等知识类读物。另外，传教士们更把兴办学校视为传播西学并借以传教的重要手段。1818年，马礼逊在马六甲创办了第一所中文学校，取名英华书院，米怜出任首任院长。马礼逊逝世九年后，该校正式迁往香港，更名为英华神学院。

为纪念马礼逊，1839年，澳门马礼逊教育协会在澳门创立马礼逊学堂，由美国传教士布朗任校长。该学堂所设课程英、中兼备：英文科包括天文、地理、历史、算术、代数、几何、化学、生理学、音乐、作文以及初等机械学等；中文科包括《四书》、《易经》、《诗经》、《书经》等。该校于1842年迁香港，1850年停办。

（二）麦都思

麦都思（1796—1857）是伦敦会最早派遣东来的传教士之一。他1816年离英东渡，于第二年到达马六甲，在那里管理伦敦会所设的印刷所，后在槟榔屿、巴达维亚（今雅加达）等地传教，几近20年。1835年抵广州，其间曾北游沿海地区，探悉民情，散发布道书刊。鸦片战争期间，曾充当侵略军翻译。至逝世前的1856年，麦都思独立编写出版的中文书刊达数十种，除大量的宗教宣传品外，还有如《特选撮要每月纪传》那样的综合性杂志，也有如《地理便童略传》、《东西史记和合》等知识性读物。从1843年起，麦都思偕雒魏林（上海第一家西医院——仁济医院的创办者）等传教士定居上海，并将自己创办于巴达维亚的印刷所迁至上海，定名为墨海书馆。麦都思既是这一印刷机构的负责人，也是主要撰稿人。从1844年至1860年，墨海书馆共出版书刊170余种，除宣传基督教义的书刊外，也出版各种科学知识书籍。为向西方介绍中国的历史文化，1838年，麦都思曾出版《中国：国家与风景》一书。此外，他还编有《福建土话字典》和《中英词典》等工具书。

（三）理雅各

理雅各(1815—1897)生于苏格兰，早年在希伯利神学院学习神学，其间开始学习汉语。1839年受伦敦会派遣东来，于第二年初抵达南洋马六甲，不久即担任英华书院第七任院长。1843年，在他的主持下，英华书院迁至香港，成了专门招收当地中国青少年的一所教会学校。执教期间，理雅各曾亲自编写过一本教科书，名《智环启蒙塾课初步》。该书1856年初版，1859年重版，1864年再次修订出版。后传入日本，由江户开物出版社出版训点翻印本，名《翻刻智环启蒙》；此书曾在日本广泛流传，成为许多学校的教科书。

理雅各写有多种宗教宣传品，如《耶稣山上垂训》、《约瑟纪略》、《养心神诗》、《新约全书注释》等，还在1853年至1856年间编有一本名为《遐迩贯珍》的月刊，内容涵盖科学、地理、政治、天文、历法、医学、商务、新闻、宗教等诸多方面。1845年，理雅各曾回国休假，三年后再度来华，主要从事中国儒家经典的英译工作。1861年，由他翻译的《论语》英文版正式出版，此后的20多年间，在中国学者王韬的协助下，他把中国儒家和道家几乎所有的重要著作都译成了英文，并集为一部出版，采用英汉对照形式且详加注释，定名为《中国经典》。至今，这部译著仍被西方学术界视为中国经典的标准译本。

1873年回国时，理雅各已经是颇负盛名的汉学家了。牛津大学汉学讲座成立后，他被聘为第一任汉学教授，并在这个位置上一直工作到1897年辞世。这期间，他始终没有中断汉学研究，陆续发表过多篇有价值的论文，而且培养了不少从事汉学研究的学生。

（四）威妥玛

威妥玛(1818—1895)早年曾就读于剑桥大学，19世纪30年代末从军。1841年随英国侵略军到中国。1843年任香港英国殖民当局翻译官。1852年任英国驻上海领事馆副领事。1871年任英国驻华公使。1883年卸任回国，1888年被聘为剑桥大学首任汉学教授。威妥玛被认为是19世纪西方汉学家中的佼佼者，是那个时代汉语演变的“权威见证人”。在华期间，他编写了一部教学北京话口语的汉语课本——《语言自迩集》，并借助这部教材推出了他自创的“威妥玛式拼音”。

《语言自迩集》先后出过三版:1867年第一版,四卷;1886年第二版,三卷;1902年第三版,简本两卷。书名中的"自迩",取自儒家经典《中庸》:"君子之道,辟如行远,必自迩;辟如登高,必自卑。"意思是:君子实行中庸之道,譬如走远路,一定要从近处出发;譬如登高山,一定要从低处起程。"自迩"用在这里,意思就是说,要学好汉语,必须从浅近处也就是从基础开始。该书的中文版2002年由北京大学出版社出版,译者认为:书中对北京话语音、词汇和语法方面所做的记录与分析,精确可信,丰富多彩,有很高的学术价值。

"威妥玛式拼音"法先是作为英国使馆人员学习汉语的注音工具,后来用途扩大,逐渐成为了西人在邮政、电报、海关、金融和国际贸易中音译中国人名、地名以及事物名称的通用标准,至今仍有人在使用。

(五) 傅兰雅

傅兰雅(1839—1928)生于英格兰海德镇一个传教士家庭。1861年,他受英国圣公会派遣到香港,担任圣保罗书院校长。1863年,他辞去书院教职赴北京,担任同文馆英文教习;两年后,他转赴上海,担任由外侨和中国绅商共同创办的英华书馆校长。从1866年起,他还曾兼任《上海新报》编辑,刊载了不少介绍西学的文章。1868年,傅兰雅应聘到江南制造局担任译员。

在江南制造局工作的28年间,傅兰雅把主要精力都用在译书方面。据统计,傅兰雅一生共译书129种,涉及基础科学、应用科学、军事科学、社会科学等各个方面。在此期间,傅兰雅还做了几件大事:创办近代中国第一份科普杂志——《格致汇编》,参与创办近代中国第一所科普学校——格致书院,创办近代中国第一家科技书店——格致书室。

从1896年起,傅兰雅定居美国,被聘为伯克利大学东方语言文学教授,直到1913年退休。其间,他所讲授的课程,绝大多数是关于中国的,包括中国概况、语言文字、历史地理、风俗习惯以及宗教、文学、艺术、建筑等。这期间,他还多次重访中国,并曾于1911年捐银六万两,在上海创建盲童学校。

(六) 李约瑟

李约瑟(1900—1995)是胚胎生物化学创始人,生于伦敦南区的一个小康之家。青年时代曾在剑桥大学攻读医科,毕业后即开始从事生化研究。先后出版有《化学胚胎学》和《生物化学与形态发生》两部巨著。37 岁时因结识了三个中国研究生开始对中国和中国的古代文明产生兴趣,同时开始学习汉语。1943 年 2 月,作为"英国文化科学赴中国使团"成员,李约瑟抵昆明。同年 6 月,伦敦方面批准在陪都重庆建立"中英科学合作馆",李约瑟任馆长。除了忘我地工作,李约瑟还在几位中国科学家陪同下对中国的大西北进行了考察。1946 年初,李约瑟经由香港回国,紧接着便赴巴黎接任联合国教科文组织自然科学部副主任之职。

李约瑟深知:要全面深入地剖析中国古代科学技术及其西传的历史,必须与同期的西方科学技术进行比较研究,使中西两种不同的文明相互沟通,才能理清中国古代科技发展的脉络和线索。1954 年初,倾注了李约瑟大量心血与热情的巨著——《中国科学技术史》第一卷《导论》由剑桥大学出版社出版,立即引起世界学术界关注。此后,从 1956 年至 1987 年,后面的几卷陆续问世。1990 年,《中国科学技术史》中文全译本出版并在北京举行了首发仪式。评论认为李约瑟在科学史学方面的特殊贡献在于他将近代科学同传统科学区别开来。同年,中国人民对外友好协会授予李约瑟"人民友好使者"称号。

二 中国学者严复

严复(1853—1921)是中国近代史上著名的资产阶级启蒙思想家,更是著名的翻译家,被认为是 19 世纪中国向西方寻求真理的代表人物之一。严复 1877 年被选赴英国留学,就读于格林尼茨海军大学。1879 年学成回国,任福州船政学堂教习,次年调任天津北洋水师学堂总教习,在那里执教达 20 年之久。1900 年以水师学堂总办(校长)职离任,1921 年逝世于福州。

在英留学期间,严复认真观察英国的社会制度,深入研究资产阶级的社会政治学说,努力辨析"西学"与"中学"的异同。在西方政教文明和进化论思想影响下,严复极力推崇自由平等,主张变法图强。从 1895 年起,他先后发表了不少政治论文,抨击封建制度,批判封建主义,阐述维新变法理论和政治主张。与此同时,他还先后翻译了赫胥黎的《天演论》、亚当·斯密的《原富》、斯宾塞的《群学肄言》、约翰·穆勒的《群己权界论》和《穆勒名学》、甄克思的《社会通诠》、孟德斯鸠的《法意》以及耶芳斯的《名学浅说》等名著。这些著作开阔了中国知识分子的视野，对中国的近代化进程起了推动作用。梁启超曾称赞说："西洋留学生与本国思想界发生影响者，复其首也。"

严复译著中，以《天演论》的影响最大。《天演论》英文书名直译应为《进化论与伦理学》，是英国生物学家赫胥黎1893年的一次讲演稿和他1894年为此稿所写"导言"的合编。1859年达尔文的《物种起源》出版后，赫胥黎积极支持并热情加以宣传，自称是"达尔文的随从"和其进化论的"总代理人"。严复意译了该书的主要内容，并加了许多按语，以阐明自己的政治主张。他号召学习西方，使用了诸如"与天争胜"、"自强保种"等许多崭新语言。他的意图是通过宣传"物竞天择，适者生存"的进化论思想，向国人提出不振作自强就会亡国灭种的警告。

《天演论》的出版（1898年）在中国思想界引起强烈震动，更使维新志士和激进知识分子深受鼓舞。康有为钦佩严复，称赞他是中国精通西学的第一人；鲁迅喜欢《天演论》，称赞它好懂，"桐城气息十足"；胡适在《四十自述》中回忆起：《天演论》出版后，在社会上反响强烈，就连中学生都争相阅读。一时间，"天演"、"物竞"、"淘汰"、"天择"等竟成了报纸文章的热门话语，成了爱国志士的口头禅。

严复译书，态度严肃，用笔认真，一丝不苟。结合自己的翻译实践，他还首先提出了"信、达、雅"的翻译标准。这标准，可以说是他艰辛探索和毕生心血的凝聚，至今仍为中国翻译界大多数译者所信奉、所遵循。

思考与练习

1. 你读过拜伦、雪莱和济慈的诗吗？请谈谈你的感受。

2. 雪莱《西风颂》诗中那脍炙人口的句子，除正文中所引的译文之外，汉译中还有多个版本，译法均不尽相同，如有人译为："让预言的号角奏鸣！哦，风啊，如果冬天来了，春天还会远吗？"也有人译为："既然冬天到了，春天还会远吗？"还有人译为："严冬如来时，哦，西风哟，阳春宁尚迢遥？"试比较一下它们的优劣。

3. 莎士比亚的戏剧作品，为什么能流传后世几百年而不衰？请谈谈你的认识。

4. 为什么说《哈姆雷特》体现了莎士比亚戏剧创作的最高成就？其思想意义和艺术特色何在？

5. 狄更斯被认为是英国批判现实主义作家的杰出代表，请结合具体作品谈谈你对他的创作的评价。

6. 柯南道尔因塑造了神探福尔摩斯而享誉世界。请谈谈福尔摩斯形象的社会意义。

7. 你熟悉“威妥玛式拼音”吗？如何评价它的历史作用？

8. 严复在中英之间的文化交流中起了怎样的作用？请谈谈他的成就、贡献与影响。

第七章　法　国

法国位于欧洲西部。西濒大西洋的比斯开湾，西北隔英吉利海峡（拉芒什海峡）和多佛尔海峡（加来海峡）与英国相望，东北和东面同比利时、卢森堡、德国、瑞士及意大利接壤，东南滨地中海并与摩纳哥国土相连，西南则与西班牙和安道尔为邻。面积55.16万平方公里，海岸线长约3000公里。

第一节　法国历史文化概述

大约在公元前1000年前后，来自中欧多山地区的凯尔特人侵入法国并在这块土地上生息繁衍，后来的罗马人称其为“高卢人”。从公元前2世纪末起，罗马人入侵高卢；公元前56年，恺撒控制了整个高卢，并在镇压了高卢人的反抗之后，最终将其纳入罗马版图（被划为罗马的一个行省）。

一　墨洛温王朝、加洛林王朝与“百年战争”

法兰克人本来住在莱茵河下游，西罗马帝国灭亡时，法兰克人的势力已经扩大到高卢东北部。公元5世纪后半叶，法兰克人的一个名叫克洛维的部落首领联合其他部落，清除了罗马帝国在高卢的残余势力，并于公元496年率3000军卒皈依了基督教，并由此获得了教会的支持。公元507年，克洛维击败西哥特人，征服了高卢大部，正式建立起法兰克王国，定都巴黎。四年后，克洛维去世，王国由他的儿孙们统治，史称“墨洛温王朝”。

墨洛温王朝已有自己的成文法，即《撒利克法典》。从该法典中可知，墨洛温王朝最基本的社会单位是被称为“马克”的农村公社。公社的绝大部分土地为公有，分给公社成员使用。森林、河流、荒地、牧场等均属公社集体财产。墨洛温王朝历时 241 年，差不多一直处于分裂状态，只有在其中的五位国王当政时取得过形式上的统一。

公元 751 年，矮子丕平废除墨洛温末代国王，自己坐上了王位宝座，正式建立加洛林王朝。这期间，最具光彩的政治家是矮子丕平的儿子查理大帝。查理大帝于公元 771 年成为高卢唯一的统治者。其间他曾四处征战，并建立起一个庞大帝国，其版图西起大西洋，东止多瑙河，南到地中海，北达波罗的海，史称“查利曼帝国”。公元 843 年，查理大帝的三个孙子缔结“凡尔登条约”，将帝国一分为三：莱茵河以东归日耳曼路易所有，称东法兰克王国；莱茵河以西归秃头查理所有，称西法兰克王国；罗退尔仍袭帝位，北意大利和介于东、西法兰克之间的地带归其统辖。后来的德国、法国和意大利就是在这次瓜分的基础上形成的。

公元 9 世纪至 10 世纪，法国曾遭诺曼人①入侵，致使城乡居民流离失所，大量土地荒芜，加洛林王朝威风扫地。公元 987 年，政权落入卡佩家族之手。该王朝建立之初，法兰西就处在了四分五裂之中，不但形成了很多封建公国和伯国（霸主国），还出现了无数占地为王的小封建主。

从 10 世纪起，法国兴起城市自治运动，市民与封建领主之间进行了长期的斗争。12 世纪初，王权逐渐得到加强。到卡佩王朝末期，王室领地已占全国土地面积的 70%。1328 年，腓力六世继承了王位，由此开始了瓦洛亚王朝的统治时期。因英王爱德华三世觊觎法国王位，1337 年，两国间爆发了西欧历史上著名的“百年战争”。1453 年，英军被迫退出法国，双方签订条约，“百年战争”结束。战争期间，1429 年，在法国中部城市奥尔良，曾出现过一位年仅 17 岁的女英雄，她率士兵冲破重围进入奥尔良，指挥守城将士击退英国侵略者，这位女英雄就是被人们称为“奥尔良姑娘”的圣女贞德。

① 意为“北方人”，是丹麦人、瑞典人、挪威人和爱尔兰人的总称。

二　法国统一后的文化发展

15世纪末，法国基本上完成了领土的统一，近代法国的版图轮廓初步确立。也就是从这时起，法国国王路易十一大权独揽，开始实行专制统治；专制制度的建立，为此后300余年的中央集权制的发展奠定了基础。兴起于15世纪末的法国文艺复兴，至16世纪时进入繁荣期，出现了一大批人文主义思想家。因为人文主义者拥护宗教改革，从16世纪中叶起，新教与天主教之间曾发生过长达几十年的战争，直至1594年亨利四世继承王位后才得以平息。1598年，亨利四世颁布“南特敕令”，宣布天主教为国教，同时也承认新教信仰的自由。法国人文主义思想家中最具代表性的人物是拉伯雷和蒙田。拉伯雷(约1494—1553)的代表作《巨人传》共五卷，通过漫画式形象和荒诞不经的故事，揭露16世纪法国封建社会的种种黑暗现实，同时也正面宣传了人文主义的理想及其诸多方面的主张。蒙田(1533—1592)是思想家和散文作家，曾做过波尔多市市长，后因厌倦官场而隐居田园。其代表作《随笔集》共三卷，语言平易流畅、质朴无华，是一部小百科式的作品，记录了作者诸多方面的见解，集中体现了他的人文主义思想和怀疑论哲学。

1661年，18岁的路易十四亲政，他自称“太阳王”，进一步强化了中央集权。经济上，他推行重商主义政策，兴办王家工场，修筑公路，疏浚河道，发展海外贸易；文化上，他广罗人才，奖励学术，先后成立法兰西科学院、法兰西建筑科学院和法兰西喜剧院，极大地促进了法国古典主义文化的发展；军事上，他好大喜功，对外扩大殖民侵略，试图在欧洲称霸。他的时代，被伏尔泰称为“路易十四时代”。

文艺复兴之后，欧洲出现了第二次思想解放运动——启蒙运动，其中心就在法国。启蒙思想家利用哲学家笛卡尔(1599—1650)的怀疑论攻击宗教神学，揭露教会的虚伪与欺骗。至18世纪中叶，启蒙运动进入高潮，涌现出了一批富有批判精神的思想家，其中最为杰出的人物除伏尔泰外，还有孟德斯鸠、卢梭和狄德罗等。启蒙思想家把斗争锋芒直指王权、神权和等级制度，高扬理性和科学大旗，主张以理性衡量一切、判断一切，用理性之光驱散封建制度的黑暗；强调只有科学才能使人们正确地认识自然，并从根本上破除迷信。在出版学术著作的同时，他们还出版大量普及性读物，并通过戏剧、小说、诗歌等多种形式宣传民众、唤醒民众。他们冒着流放、坐牢乃至被送上断头台的危险，为埋葬旧思想旧时代呐喊呼号。

三 法国大革命与拿破仑的对外战争

路易十四时代既是法国历史上最辉煌的时代，也是封建王朝由盛而衰的转折点。至18世纪下半叶路易十六即位时，法国封建制度已岌岌可危。1789年7月12日，巴黎市民大游行，并用抢夺来的武器组成国民自卫军，于7月14日攻克巴士底监狱。法国大革命由此爆发。8月26日，制宪议会正式通过《人权宣言》。作为资产阶级登上历史前台的政治宣言，《人权宣言》宣告以法治取代人治、以天赋人权取代封建特权、以人民主权和代议制取代封建专制，从而极大地鼓舞了人民群众的革命热情。两年后，宪法正式生效，因此被称为《1791年宪法》。这是法国历史上第一部资产阶级宪法，规定法国为君主立宪国，保留君主制，但君主必须服从法律，国家主权属于人民。1792年9月22日，国民公会采用了“共和国”称号，标志着法兰西第一共和国诞生。在1793年6月巴黎人民举行的第三次起义中，雅各宾派被推到了大革命的领导地位。1794年7月，雅各宾派专政覆灭。几年后，一个名叫拿破仑·波拿巴的人登上了法国历史舞台。1799年11月9日（即法国新历共和8年雾月18日），他发动军事政变，掌握了法兰西的军政大权。1804年12月2日，教皇在巴黎圣母院主持加冕仪式，给拿破仑戴上皇冠，拿破仑由此一变而为法兰西帝国皇帝。1805年12月2日，在维也纳以北120公里的奥斯特利茨，法军（兵力7.3万）与俄奥联军（兵力8.7万）展开了一场血战。拿破仑亲自指挥了这场战役，对方的总指挥则是俄皇亚历山大和奥皇弗兰茨。结果，联军惨败。为纪念这场堪称“世界军事史上光辉范例”的战役（史称“三皇会战”），法国政府历时30年，在巴黎市中心建造了一座凯旋门。这座建筑至今仍是法兰西民族荣誉的象征。

拿破仑的对外战争，以血与火的方式将法国大革命的成果推向了欧洲各国，客观上促进了欧洲资本主义的发展。在先后（1807 年和 1809 年）粉碎了第四次和第五次反法同盟之后，拿破仑使自己的帝国达于极盛。然而在同第六次反法同盟的较量中，法军却终因兵力不足且士气低落而战败，巴黎被攻克，拿破仑不得不于 1814 年 11 月宣告退位，并被英国军舰送到地中海上的厄尔巴岛。第二年 3 月，拿破仑重返巴黎，再次登上皇位，统治了法国近百天，史称“百日王朝”。同年 6 月，在比利时的滑铁卢，法军惨败给反法联军，拿破仑再次退位，并被流放到大西洋上的圣赫勒拿岛，法兰西第一帝国灭亡。

四　19 世纪与 20 世纪上半叶：动荡中的法兰西

滑铁卢失败后，法国又先后经历了旧王朝的第二次复辟（波旁王朝）、人民的七月革命（1830 年）、里昂工人的两次起义（1831 年和 1834 年）、结束了君主立宪统治的二月革命（1848 年）、很快就失败了的巴黎工人的六月起义以及波拿巴政变（1851 年）等重大历史事件。波拿巴政变成功之后，第二共和国改为了第二帝国（该帝国从 1852 年一直持续到 1870 年）。普法战争（1870 年）中，法军在色当投降，导致巴黎爆发革命，人民推翻了第二帝国，宣布建立第三共和国。但资产阶级拼凑起来的“国防政府”始终与人民离心离德，其行径与政策引起了广大群众不满。1871 年 3 月 18 日，巴黎工人起义，建立起了无产阶级新型政权。3 月 28 日，巴黎公社宣告成立。由于缺乏坚强的统一领导，公社从诞生之日起便处于无政府状态。5 月 21 日，凡尔赛反革命集团在普鲁士军队帮助下攻入巴黎，5 月 28 日，仅存在了 72 天的巴黎公社被扼杀于资产阶级的枪炮之下。

就在这动荡不宁、云谲波诡的 19 世纪及至 20 世纪初，法国涌现出了许多享誉世界的文学巨匠和艺术大师，他们的名字将永垂青史；他们所创造的伟大成果，也必将作为人类文明的宝贵财富永传后世。

与其他欧洲国家一样，法国后来也先后经历了第一次和第二次世界大战。1919 年 1 月，第一次世界大战的各战胜国在巴黎凡尔赛宫召开分赃会议，史称“巴黎和会”。在这次会议上，法国扮演的是主要角色。第二次世界大战期间，法国人民在戴高乐将军领导下与德国法西斯展开了英勇斗争。1944 年 8

月，巴黎铁路工人总罢工，拉开了武装斗争的序幕。巴黎起义的胜利，鼓舞了法国人民的斗志，加速了法国全境解放的步伐。1945 年 5 月，戴高乐、杜鲁门、丘吉尔、斯大林联名向全世界宣告了盟军的胜利和大战的结束。

第二节　法国的历史文化名人及其文化成果

一　思想家

（一）文艺复兴时代的思想家笛卡尔

笛卡尔（1596—1650）既是哲学家，又是物理学家、数学家和生理学家；他是解析几何的创始人，是提倡理性的思想先驱，是与培根齐名的近代科学的伟大旗手。笛卡尔的主要著作有《方法谈》、《形而上学的沉思》、《哲学原理》、《论世界》等。

笛卡尔早年在教会学校学习古代语言和经院哲学。18 岁开始周游欧洲各国，1629 年起定居荷兰，专心从事科学研究。1649 年应瑞典女王邀请迁居斯德哥尔摩，第二年病逝于该地。

笛卡尔所处的是封建关系正在逐渐解体而资产阶级正在逐渐崛起的时代，其政治观与世界观自然打上了这个时代的烙印。在哲学思想上，笛卡尔对一切事物均持怀疑态度，他不相信经院哲学和宗教教条，认为那是“虚伪的科学”，同时主张重审知识。他建立了自己二元论（把物质与心灵看作两个独立实体的学说）的哲学体系，提出了“我思故我在”的著名命题。他认为，哲学必须建立在无可怀疑的自身确定的原理上，在他看来，一切都可怀疑，但正在进行怀疑活动的“我”却是存在的、不可怀疑的。而怀疑就是思维，所以“我思故我在”这一命题是无可怀疑的，因而是确定的、可靠的。这样，他就获得了第一原理：“自我存在”，即心灵存在。

笛卡尔将物质和精神截然分开，将哲学划分为“形而上学”与“物理学”两部分。在形而上学方面，他是唯心主义的；而在物理学方面，他又是唯物主义者。其哲学思想的二重性，在哲学史上产生了两种影响，其追随者（笛卡尔学派)也分裂为两个彼此对立的学派:宗教唯心主义和机械唯物主义。笛卡尔的哲学观点同时也为法国古典主义美学奠定了思想基础。

（二）启蒙运动思想家

法国启蒙运动是文艺复兴的继续。“启蒙”一词的原意是“照亮”,这里的所谓“启蒙”,就是要破除封建和宗教迷信的蒙昧,开启理性与科学的光明。启蒙思想家认为,人性中有理性,自然中也有理性,只要顺应这种理性,人类社会和自然就有无穷的“可完善性”,就会自然而然地向着更高的境界发展。启蒙思想家尊重知识,认为凭借知识的钥匙可以打开人们的眼界、“照亮”人们的头脑,由此便可以达到改良社会的目的。

1. 伏尔泰

伏尔泰(1694—1778)是作家和哲学家,更是法国启蒙运动的倡导者和最高领袖。因与贵族发生冲突,年轻时的伏尔泰曾两次(1717 年和 1725 年)被关进巴士底监狱。1726 年被驱逐出境,侨居英国达三年之久,这对他哲学观点的形成影响很大。他考察英国的政治制度和社会风俗,研究牛顿、洛克等人的哲学和科学思想,写成《哲学通信》,第一次较为系统地提出了自己的哲学观点和社会政治主张,被认为是法国资产阶级革命的“理论先导”。1734 年至 1749 年间,伏尔泰被迫居住于边境小城西莱的一个城堡,对教会和封建专制制度发动全面的思想攻击,写成《形而上学论》、《牛顿哲学原理》、《恺撒之死》、《奥尔良的处女》等重要著作。1755 年迁居靠近瑞士与法国边界的瓦尔那。在那里,他写成《老实人》、《天真汉》等名著。

伏尔泰哲学思想的发展同他的宗教观密切相关。他同封建专制制度的支柱——天主教进行过坚决的斗争;他曾不倦地证明耶稣教教义和一切宗教的荒谬性。尽管他基本上仍然停留在自然神论的立场之上,但在对自然界一切最重要现象的阐述中,他却是一个自然神论范围内的唯物主义者。早期,他基本上接受牛顿和洛克的观点,后来,则越来越向比较彻底的唯物主义观前进。他认为,宇宙是一架巨大的机器;观念不仅来自于感觉,而且受感觉的制约;感觉绝不是主观自生的,而是外物作用于感官的结果;宗教是理性的大敌。在历史编纂学方面,伏尔泰号召抛弃当时占统治地位的“欧洲中心论”,并在自己的著作《试论通史和人民的风俗与精神》中，力图包容欧洲以外的世界各族人民(阿拉伯人、中国人、印度人)的历史。

2. 孟德斯鸠

孟德斯鸠(1689—1755)是法国启蒙时代重要的思想家，也是资产阶级国家和法学理论的奠基人。1705年，他到波尔多学习法律。1716年，他继承了伯父的财产、领地和男爵封号，并开始任波尔多市议院议长，同时被选为波尔多科学院院士。后来，他曾游历欧洲各国，考察各地的风俗民情。1728年孟德斯鸠被选为法兰西科学院院士。1730年被吸纳为英国皇家学会会员。1731年开始潜心整理所搜集到的大量资料，专事著述。1746年被选为柏林科学院院士。1755年2月在巴黎逝世。

孟德斯鸠对教会的贪婪、对封建专制统治深恶痛绝。他把君主立宪制度看成是理想的政治制度。他继承和发展了洛克的三权分立学说，把行政、立法和外交的三权分立发展为立法、行政和司法的三权分立，这一学说成为了法国大革命中资产阶级的政治纲领和理论武器，同时也奠定了资产阶级国家政权的理论基础。在社会学方面，孟德斯鸠最具影响力的观点是地理环境决定论。他认为气候是很重要的东西，气候决定人们的生活方式、宗教信仰、社会法律；另外，地域的性质、人口的密度、地域的大小也都会对民族的精神性格及政体性质产生巨大影响。孟德斯鸠十分重视教育，尤其强调教育的作用，认为无知使人违背人道主义，知识能使人减少粗野。孟德斯鸠的主要著作有《波斯人信札》、《论法的精神》、《罗马盛衰原因论》等。作为孟德斯鸠的代表作，《论法的精神》一书向人们提供了其同时代其他人所没有系统论及的重要理论问题和现实问题，既是封建专制制度的“哀歌”，也是新兴资产阶级政治制度的“晨曲”，在人类思想史上有着深远影响和重要地位。

3. 卢梭

卢梭(1712—1778)是哲学家、教育学家和文学家，更是著名的启蒙思想家。他从小就离开家乡，在法国、意大利等地流浪，做过学徒、仆役、家庭秘书、街头音乐家乃至乐谱抄写员。在对社会有了深刻认识的同时，他还凭自学掌握了丰富的知识，后来到了巴黎，被引进“上流社会”的“沙龙”中，结识了伏尔泰、孟德斯鸠、狄德罗、霍尔巴赫等许多启蒙思想家。1750年，他写了《论科学和艺术的复兴是否促进了风俗的淳厚》一书，并因此成名。1754年写成的《论人类不平等的起源和基础》被恩格斯看作是“辩证法的杰作”。该书的思想内容极其丰富，既让读者领略到了远古时代人类的生活状态，也让人们回味思考当前的生活境遇。作者指出，私有制是人类不平等和一切罪恶的主要根源，私有制的产生促进了人类“自然的不平等”的发展。研究者认为，卢梭的著作论证了被压迫人民用暴力推翻封建统治的合理性，并为法国资产阶级革命提供了重要的理论武器。1761年至1762年间，卢梭又接连发表《新爱洛绮丝》、《社会契约论》(旧译《民约论》)、《爱弥儿》等文学作品和学术著作。晚年的著作以《忏悔录》影响最大。

在整个的启蒙运动中，卢梭的社会政治思想是最为激进的民主主义思想，对法国大革命的实际进程起过巨大的推动作用。卢梭没有专门的哲学著作，他的哲学观点类似自然神论，包含有一些唯物主义因素，但同时又未摆脱唯心主义乃至传统宗教的有神论的观念，还包含有二元论、不可知论的一些观点。在教育、道德、文艺、美学等方面，卢梭也都有过论述和贡献。比如在儿童教育方面，他就提出过“回到自然”的口号，主张顺应儿童的本性，让他们的身心自由发展。

4. 狄德罗

狄德罗(1713—1784)是法国资产阶级革命准备时期的启蒙思想家、唯物主义哲学家、无神论者、文学家、《百科全书》主编和百科全书派领袖。其早期著作《哲学思想录》和《怀疑论者的漫步或小路》，站在自然神论的立场上反对基督教和教会，但尚未达到无神论的水平。后因发表无神论观点被捕入狱。出狱后，他立即着手组织编纂和出版《百科全书》(全名为《百科全书，或科学、艺术和工艺详解辞典》)，并亲自撰写了千余个条目。该书第一卷出版于1751年，1780年全部出齐，共35卷，从而把启蒙运动推向了高潮。除了编纂出版《百科全书》，狄德罗还撰有其他许多著作，哲学方面的著作如《论解释自然》、《关于物质和运动的哲学原理》、《达兰贝尔和狄德罗的谈话》、《达兰贝尔的梦》等。另写有小说《修女》、《宿命论者雅克和他的主人》、《拉摩的侄儿》等。

二 小说家

(一) 19 世纪批判现实主义小说家

批判现实主义是欧洲 19 世纪一个最为重要、最为壮阔的文学潮流,它是资本主义确立、发展时期的精神产物,也是这一时期尖锐复杂的阶级斗争的真实反映。法国是批判现实主义的发源地。批判现实主义的诞生并非对积极浪漫主义的否定,从某种意义上讲,还应是对它的继承和发展。不少批判现实主义作家都曾经历过浪漫主义创作阶段,一些浪漫主义作家后期也写出了具有明显现实主义倾向的作品。不容否认的是,法国的批判现实主义文学从一开始就显露出巨大的批判威力,其反映社会生活的深度与广度是浪漫主义文学难以企及的。19 世纪的批判现实主义文学是资产阶级文学史上辉煌的一页,也是世界文学宝库中一份十分珍贵的遗产。恩格斯在《致玛·哈克奈斯》的信中对"现实主义"有过这样的概括:"据我看来,现实主义的意思是,除细节的真实外,还要真实地再现典型环境中的典型人物。"[①]批判现实主义则在继承的基础上,把现实主义的创作方法推向了一个新的高度。以典型的社会环境为背景,批判现实主义作家们成功地塑造了一系列典型人物形象。这些形象是其所处时代社会生活的集中概括,其性格、行为和心理无不带着各自阶级的烙印。可以这样说,典型环境中的典型性格的塑造,是批判现实主义文学的一个重要贡献,在文学发展史上具有非同一般的意义。

1. 司汤达

司汤达(1783—1842)是法国第一位批判现实主义作家。他的文艺论著《拉辛与莎士比亚》提出了体现现实主义精神的文学原则,特别强调了艺术与时代的关系,被认为是批判现实主义诞生的宣言。1827 年出版第一部长篇小说《阿尔芒斯》,通过一对青年男女的爱情悲剧,揭露法国王政复辟时代贵族阶级的没落腐朽。接着,他又创作了法国第一部批判现实主义小说《红与黑》,并

---

① 《马克思恩格斯选集》第 4 卷,人民出版社,1976,第 462 页。

以此确立了自己在文学史上的地位。

《红与黑》主要描写于连·索黑尔的短暂一生。书名是有象征意义的："红"指的是红色军装，代表拿破仑帝国时代；"黑"指的是教士黑袍，代表教会势力复辟时期。于连是外省一个锯木场老板的儿子，从小野心勃勃、想出人头地，因精通拉丁文当上了德·瑞那市长家的家庭教师。与市长夫人发生不正当关系被发现后，他被迫进入一所与世隔绝的神学院学习。由于受派别争斗牵连，不久他又不得不离开神学院到巴黎，成为了木尔侯爵的私人秘书。他不凡的言谈举止赢得了侯爵小姐玛特尔的爱情。玛特尔怀孕后，侯爵不得不准备了军衔和封地送给于连。就在于连踌躇满志之时，市长夫人的一封"揭发信"，使他的辉煌前途顿时化为泡影。一怒之下，他用手枪打伤了市长夫人，结果被判处了死刑。作家以同情的笔调，塑造了于连这样一个小知识分子个人奋斗的典型，并通过于连的奋斗史鞭挞了罪恶的社会对像于连这样有才干的青年的摧残，表达了反对复辟社会的政治主题。小说背景广阔，形象鲜明，情节集中，结构严谨，具有浓郁的时代气息。

2. 巴尔扎克

巴尔扎克(1799—1850)是19世纪法国最伟大的批判现实主义作家，其创作具有划时代意义。巴尔扎克从巴黎大学法学院毕业后曾就职于律师事务所，通过事务所这个窗口看到了人间的千奇百怪，更看到了社会的黑暗与腐朽。从1819年至1829年的10年，是巴尔扎克文学上的探索期。1829年，巴尔扎克用自己的真名发表了第一部长篇小说《朱安党人》，迈出了走向现实主义的第一步，并由此进入了个人创作的鼎盛期。在不到20年的时间里，他先后创作小说91部，定总题为《人间喜剧》。《人间喜剧》分为风俗研究、哲学研究和分析研究，风俗研究为其主体。这些小说彼此联系，但又自成一体。

《人间喜剧》中包含着一部封建贵族的没落衰亡史和一部资产阶级的罪恶发家史，二者又彼此相关、密切相连。作家所塑造的2000多个人物组成了一个色彩斑斓的《人间喜剧》画廊，比如葛朗台、高老头等。《欧也妮·葛朗台》、《高老头》、《邦斯舅舅》等都是其中的名篇。

《欧也妮·葛朗台》问世于1833年，描写的是金钱毁灭人性并酿成家庭悲剧的故事。小说的中心人物葛朗台原以箍桶为生，在法国大革命的风暴中发迹。为了积累资本，他投机钻营、损人利己、唯利是图、不择手段。他成了金钱的奴隶，成了“吝啬鬼”的代名词。为了省钱，他让妻子和女儿也像仆人一样劳作；弟弟自杀，侄儿哭泣，他无动于衷；发现女儿送金币给侄儿，他竟把女儿幽禁起来；妻子死后，他又哄骗女儿放弃财产继承权。最后，女儿欧也妮也成了金钱的牺牲品。

《高老头》创作于1834年，是《人间喜剧》的序幕：在这部作品中，作家第一次使用了人物再现法，《人间喜剧》中的一些重要人物首先在这里亮相登场。作品以1819年底至1820年初王政复辟时期的巴黎为背景，叙述了一个多条线索交织在一起的故事，面包商高老头是其中的人物之一。在全部财产被两个女儿榨干之后，高老头孤寂而痛苦地死在了伏盖公寓的阁楼里。高老头的结局，恰恰是资本主义社会人与人之间赤裸裸的金钱关系的形象说明。

1850年8月18日，巴尔扎克离开了人世。作家雨果在其葬礼上发表了演说，对他的一生给予了崇高的评价。他说：

> 在最伟大的人物中间，巴尔扎克是第一等的人；在最优秀的人物中间，巴尔扎克是最高的一个。他的理智是壮丽的、颖特的，成就不是眼下说得尽的。……
>
> 他的一生是短促的，然而也是饱满的；作品比岁月还多。
>
> 唉！这强有力的、永不疲倦的工作者，这哲学家，这思想家，这诗人，这天才，在我们中间，过着暴风雨的生活，充满了斗争、争吵、战斗、一切伟大人物在每一个时代遭逢的生活。今天，他安息了。他走出了纷呶与仇恨。他在同一天步入了光荣，也步入坟墓。从今以后，他和祖国的星星在一起，熠耀于我们上空的云层之上。①

3. 福楼拜

福楼拜(1821—1880)生于一个世代为医的家庭，青年时曾学过法律，后因病辍学。靠父亲留下来的遗产，福楼拜得以专心从事文学创作。其早期作品

① 魏建主编《著名文学家演讲鉴赏》，山东人民出版社，1996，第45—46页。

《狂人回想录》、《十一月》等带有浓厚的浪漫主义色彩和忧郁情调。

1856年发表长篇小说《包法利夫人》，这是他花了五年时间完成的第一部现实主义杰作。小说描写了包法利夫人的爱情悲剧，向读者展示了19世纪中叶法国七月王朝时期庸俗丑恶的社会现实。爱玛本是一位外省富裕农民的女儿，曾在修道院受过贵族化教育。后遵父命嫁给了平庸低能的乡村医生包法利，平淡乏味的家庭生活使她厌倦；她向往浮华的上流社会，梦想着传奇式的爱情。于是，她开始偷情。然而这并没有给她带来幸福，相反却使她成了高利贷者盘剥的对象。最后，她在走投无路的情况下服毒自杀。显然，包法利夫人的悲剧是社会的悲剧，是浪漫主义理想与鄙陋的现实生活发生冲突的必然结果。作家对浪漫主义理想的批判，正是对客观现实的控诉；作家将自己对生活的感受与分析全部熔铸进包法利夫人的形象之中，让读者自己去审视、去领悟。小说以真实、客观、准确、完美的描写，在法国文坛上独树一帜。

此外，作家还写有历史小说《萨朗波》、以现实生活为题材的长篇小说《情感教育》以及极富艺术感染力的短篇小说杰作《纯朴的心》等。其小说语言简洁质朴、鲜明生动，被公认为法语的典范；其小说描写不仅追求艺术的完美，还追求科学的准确。有人说，和巴尔扎克、司汤达相比，福楼拜算不上历史家或思想家，却更是一位艺术家。

4. 左拉

左拉(1840—1902)早期追随浪漫主义，后信奉实证主义哲学并被自然主义创作方法所吸引。在创作的同时，他还写出了一系列理论著作，如《戏剧中的自然主义》、《实验小说》、《自然主义小说家》等，进一步发展并完备了自然主义创作理论。从1871年起，他伏案创作20余年，陆续发表长篇小说20部，并为其定总题为《卢贡—马卡尔家族》，副题为《第二帝国时代一个家族的自然史和社会史》。他声称，这部结构宏大的著作是“一个已死的朝代的画图，一个充满疯狂和耻辱的奇异时代的画图”。90年代，左拉又相继创作了长篇小说三部曲《三大城市》(《卢尔德》、《罗马》、《巴黎》)和《四福音书》。

《卢贡—马卡尔家族》是一部《人间喜剧》式的大型作品总集，长达600万字，出场人物多达千余，内容涉及法兰西第二帝国和第三共和国时期社会生活的方方面面。其中的主要作品有《小酒店》、《娜娜》、《妇女乐园》、《萌芽》、《金钱》、《崩溃》等,《萌芽》被视为左拉的代表作。

《萌芽》是世界文学史上第一部正面描写产业工人罢工斗争的小说,很能体现作者的创作风格,有着较高的文学价值。创作之前,作家不仅做了充分的理论准备,而且还曾亲自赶赴法国北部发生大罢工的昂赞采煤区进行采访和调查,返回巴黎后又听取了法国社会主义运动领导人盖德和龙格的讲话,读了马克思关于第一国际的宣言和纲领。由此,他自信地说:“我已经拥有了写一部社会主义小说的一切必要的资料。”作品成功地再现了罢工事件的前后过程,真实地描绘了煤矿工人的悲惨境遇及其斗争精神,从而提出了令人警醒的社会问题。左拉说,“萌芽”这个词语里包含了他要寻找的东西。“萌芽”作为孕育希望与前途的象征,在小说的情节中时隐时现且贯穿始终,直到小说结尾处的最后一句:“这支队伍的萌芽就要冲破大地活跃于世界之上了。”

左拉是一位具有民主倾向和共和思想的作家,以巴尔扎克为代表的批判现实主义传统对他的影响也是很大的,因此,尽管其创作实践与理论之间存在着矛盾,但他的主要创作应该说仍然属于批判现实主义范畴。需要指出的是,自然主义理论对他作品的社会意义和思想深度确实造成了一定的损伤,这也是不容忽视的。

5. 莫泊桑

莫泊桑(1850—1893)是法国 19 世纪后期颇有才华的批判现实主义作家。他从小喜爱文学,后拜福楼拜做他的文学导师。1880 年,莫泊桑发表成名作短篇小说《羊脂球》。此后的 10 年间,他以惊人的速度创作了 300 多个中短篇小说和 6 部长篇,其中最为出色的作品当属短篇小说《项链》、长篇小说《一生》和《漂亮朋友》。莫泊桑在其创作中表达了对资本主义社会秩序鲜明的否定态度和对社会中被侮辱、被损害者的深切同情,但自然主义的影响使他的作品缺少如司汤达、巴尔扎克那样的思想力量,逐渐增长的悲观情绪也使他后期的作品失去了先前的明快诗意。艺术上,莫泊桑继承了福楼拜的传统,擅长勾勒朴实、逼真的社会生活图景;作品题材多样、构思新颖、语言洗练、人物性格鲜明,具有很强的艺术感染力。

《羊脂球》以普法战争为背景，描写敌军占领下的里昂城里10个居民乘马车出逃的故事。10个人身份各异，因此，这一辆马车也就成了一个社会的缩影。作家通过众人出逃的不同原因、一路上的不同表现——特别是他们对待羊脂球态度的前后变化，刻画了各自的性格特征，暴露了所谓“上等人”的丑恶面目，而对所谓“下等人”的妓女羊脂球的爱国主义精神，则给予了颂扬。

《一生》是莫泊桑的第一部长篇小说。作品讲述了约娜一生的故事。约娜的幻想与客观现实之间的冲突及其幻想的不断破灭，构成了小说的主题。约娜带着鲜活的生命力和对幸福的渴望走进生活，但伴随她一生的却始终是伤心绝望。小说通过约娜一生的悲剧，揭示了在资本主义生产方式和资产阶级道德的冲击下，贵族文化传统必然灭亡的趋势。

《漂亮朋友》基本上沿用了《一生》的艺术手法，但比《一生》所表现的社会内容要广阔得多，现实意义也更为深刻。小说描写了乡镇小酒店老板的儿子杜洛华是如何凭借漂亮的外表以及狡诈阿谀的本领一步步成为政界与新闻界的重要人物的，通过这个无耻之徒的飞黄腾达，揭露了法国第三共和国时期政治生活的黑暗与腐败以及资产阶级的淫荡与堕落。

6. 罗曼·罗兰[①]

罗曼·罗兰(1866—1944)的文学创作始于19世纪末，是以戏剧创作为开端的，因为他认为戏剧是宣传群众的最好手段。其先后创作的以法国大革命为题材的剧本有《群狼》、《丹东》、《七月十四日》、《圣路易》、《哀尔帝》等。20世纪初，有感于世风颓靡，罗曼·罗兰把变革现实的希望寄托在了“英雄人物”的力量之上，先后写出了《贝多芬传》、《米开朗琪罗传》、《托尔斯泰传》和《甘地传》等传记文学作品。1904年至1912年，作家创作完成了他的代表作小说《约翰·克利斯朵夫》。凭借这部巨著，他获得了1915年度诺贝尔文学奖。诺贝尔奖评审委员会给他的评语是：“为了向他的文学作品中的高尚理想和他在描绘各种不同类型人物时所具有的同情和对真理的热爱表示敬意。”此后，他

① 罗曼·罗兰的小说创作始于20世纪初、集中于第一次世界大战前后，只是因为他出生于19世纪下半叶，因此，便也把他归在了“19世纪批判现实主义小说家”一列。

又先后写出了中篇小说《哥拉·布勒尼翁》、长篇小说《欣悦的灵魂》以及历史剧《罗伯斯庇尔》等。

《约翰·克利斯朵夫》全书4册10卷，各卷皆可独立。小说以第一次世界大战前二三十年间的欧洲生活为背景，描写音乐家克利斯朵夫孤身奋斗的一生。克利斯朵夫是德国人，生在莱茵河畔一座小城的一个穷乐师家庭。他性格倔强、鄙视豪门，敢于反抗贵族、攻击市侩；高贵的天性使他不能容忍德国音乐庸俗而伤感的情调，因此常与周围发生冲突，最终导致连生计都成了问题。为了寻找真正的艺术，他来到巴黎，结果却大失所望。他抨击法国资产阶级腐朽的文化和艺术，因而受到上流社会的敌视。他于是把目光投向下层，又因自视清高而与工人阶级格格不入。在一次五一劳动节游行时，出于自卫，他打死了警察，不得不逃亡瑞士，从此万念俱灰，躲避斗争，向现实妥协。当他从瑞士重新回到法国社会生活中时，先前的那种反抗精神早已消失殆尽，摇身而变成为一个守旧主义者。晚年，他避居意大利，专心致志于宗教音乐创作，再也不问世事，完全成了一个世故老人，最后在对往事的追忆中死去。小说揭露并批判了腐朽的资产阶级文化艺术和腐败政治，在客观上提出了改造社会的问题。克利斯朵夫这一形象的魅力，就在于它对资本主义社会的强烈的批判意义。作家傅雷在为小说中译本所写的《译者弁言》中说：

> 这部书既不是小说，也不是诗，据作者的自白，说它有如一条河。莱茵这条横贯欧洲的巨流是全书的象征。所以第一卷第一页第一句便是极富于音乐意味的、包藏无限生机的“江声浩荡……”。[①]

（二）19世纪浪漫主义小说家

浪漫主义作为曾经流行于欧洲的资产阶级文艺思潮，兴起于18世纪末，它既是对法国大革命和启蒙运动的积极反响，也是欧洲民主运动和民族解放运动不断高涨的产物。浪漫主义文学在欧洲各国的发展，是各具特色、不尽相同的。消极浪漫主义首先在德国产生，继而影响到英、法及其他一些国家；至19世纪初，积极浪漫主义取代了消极浪漫主义，并且得到了长足发展。浪漫

① 罗曼·罗兰《约翰·克利斯朵夫》(上)，傅雷译，人民文学出版社，1997，第6页。

主义文学的成就主要表现在诗歌方面，紧随其后的是小说和戏剧，其成绩也相当可观。与德国和英国比较起来，法国浪漫主义文学的发展显得晚了一些：它形成于19世纪20年代后期，其早期的代表作家一是夏多布里昂，一是史达尔夫人，特别是后者，作为倾向于积极浪漫主义的女作家，她在法国浪漫主义文学的发展中起过重要作用。法国积极浪漫主义文学的代表作家是雨果，除雨果外，较有影响的作家还有大仲马以及女作家乔治·桑和缪塞等。

1. 雨果

维克多·雨果(1802—1885)是法国浪漫主义文学运动的领袖和旗手，曾称雄于整个19世纪的法国文坛。他生于法国东部贝桑松一个平民家庭，母亲是虔诚的天主教徒，拥护波旁王室，她的态度和立场对雨果的影响是很大的。雨果很早就开始了文学创作，1827年发表剧本《克伦威尔》及《〈克伦威尔〉序言》，后者被视为浪漫主义运动的宣言，同时也标志着他从保皇主义到资产阶级自由主义、从古典主义到浪漫主义的转变。在这篇序言中，雨果提出了发展浪漫主义文学的主张，公开抨击保守的古典主义艺术观。1830年其剧作《欧那尼》首演便获成功，被认为是浪漫主义与古典主义"决战"的胜利。1831年长篇历史小说《巴黎圣母院》问世。1862年长篇小说《悲惨世界》问世。此后，作家又相继完成了小说《海上劳工》和《笑面人》。前者描写诺曼底渔民的悲惨境遇，歌颂了劳动人民与大自然的顽强斗争；后者则描写了17世纪末至18世纪初时英国贵族的残暴与腐化。1873年，雨果完成了他的最后一部小说《九三年》，小说描写的是大革命时期共和军镇压旺岱地区反革命叛乱的故事。此后，他又陆续创作了不少诗歌、剧本和散文。《巴黎圣母院》和《悲惨世界》是雨果的代表作。

《巴黎圣母院》借历史抨击现实，被誉为19世纪欧洲浪漫主义文学里程碑式的作品。小说以15世纪路易十一统治下的法国为背景，通过一个纯洁无辜的波希米亚女郎惨遭杀害的故事，描绘出了社会的黑暗、教会的虚伪和司法制度的残酷。小说通过对女主人公爱斯梅拉达和巴黎圣母院的敲钟人伽西莫多的完整塑造，使当时法国社会几乎所有阶层的人物都登台亮相。伽西莫多丑陋的相貌下有一颗善良的心，而相貌堂堂、正人君子般的巴黎圣母院主教克洛德·弗罗洛的内心却龌龊不堪。这是对法国普通民众善良美德的颂歌,也是对法国所谓的上流社会的丑恶行径的无情鞭挞。小说将美与丑的对照、将绝对的崇高与绝对的邪恶的对立推向了极致,因此具有一种撼人心魄的力量。

《悲惨世界》是最能体现雨果人道主义思想的作品,描写了工人冉阿让的悲惨生活史。冉阿让因偷了一块面包被送进监狱关了19年。出狱后他立志为善,却受到警探沙威的追捕。他带着收养的小珂赛特过着逃亡生活,但仍不改志向。最后,他崇高的舍己为人的精神使沙威精神崩溃而投河自杀。作为人类苦难的“百科全书”,《悲惨世界》结构庞大,情节曲折,其所表现出的民主主义倾向、其所蕴藏的丰富的历史内容及其不朽的艺术价值,在世界文学史上树起了一座丰碑。雨果在小说序言中向读者宣示了自己的“创作心曲”:

> 值此文明的鼎盛时期,只要还存在社会压迫,只要还借助于法律和习俗硬把人间变成地狱,给人类的神圣命运制造苦难;只要本世纪的三大问题:男人因穷困而道德败坏,女人因饥饿而生活堕落,儿童因黑暗而身体孱弱,还不能全部解决;只要在一些地区,还可能产生社会压抑,即从更广泛的意义来说,只要这个世界还存在愚昧和穷困,那么,这一类书籍就不是虚设无用的。[①]

2. 大仲马

大仲马(1802—1870)是小说家,也是剧作家。其戏剧作品主要有《亨利三世及其宫廷》、《拿破仑·波拿巴》和《安东尼》等。尽管这些作品不免粗糙、夸张,但在19世纪20年代末至30年代初的法国却受到了欢迎。从30年代末起,他开始致力于长篇历史小说的创作。1844年,长篇传奇小说《三个火枪手》出版;不久,又创作完成了长篇巨著《基督山伯爵》。此后,作家仍勤奋写作,陆续写出了不少作品,如《二十年后》、《黑色郁金香》等。大仲马的通俗历史小说,情节紧张曲折、场面惊险刺激、故事引人入胜。尽管作家在描写中从不顾及历史的真实,对人物心理的刻画也不完善;尽管这些作品从未获得过无可争辩的文学价值评判,但作家本人却由此赢得了盛誉。

① 雨果《悲惨世界》(上卷),李玉民译,北京燕山出版社,1999,第1页。

《三个火枪手》描写的是1624年红衣主教黎塞留出任首相期间四个英雄闹事的故事。黎塞留为打击国王路易十三，一心想抓王后与英国首相白金汉公爵私通的把柄。主人公达尔大尼央和他的好友三个火枪手——阿多斯、波尔朵斯和阿拉密斯——为解救王后，冲破了黎塞留设下的重重阻碍，到伦敦取回了王后送给公爵的信物，使黎塞留的阴谋彻底破产。

《基督山伯爵》写的是一个报恩和复仇的故事，其背景跨越了波旁王朝和七月王朝两个历史时期。水手邓蒂斯因为替密谋推翻复辟王朝的拿破仑党人传送信件，遭到效忠复辟政权的人的陷害，被打入死牢。侥幸越狱之后，他凭借一位狱友赠送的大宗财宝，化名基督山伯爵报答了他的恩人，同时也惩罚了陷害他的恶人。小说有鲜明的政治倾向性，有强烈的正义感和戏剧性；故事的两大主线并行不悖，报恩报得彻底，复仇也复得痛快。

三　画家和雕塑艺术家

（一）新古典主义画派代表画家

从18世纪末叶起，法国逐渐成为了欧洲的文化艺术中心，新兴的美术运动也随之出现。响应着资产阶级革命的呼唤，艺术家们从古典故事中寻找题材，并以古典的艺术手法作为自己的艺术语言进行创作，借以鼓动革命、教育公民、颂扬新兴阶级所需要的英雄主义精神。在艺术表现上，他们注重形象的塑造与构图的完整，强调理性而忽视感情，强调素描关系而忽视色彩。为与流行于18世纪的古典主义相区别，人们把盛行于19世纪初叶的这场艺术运动称为“新古典主义”。新古典主义的代表画家是大卫和安格尔。

1. 大卫

雅克—路易·大卫(1748—1825)18岁时入皇家美术学院深造。1775年前往意大利旅行，研究意大利艺术。1780年回到巴黎。他接受狄德罗的激进思想，对封建王朝的腐败深恶痛绝。在资产阶级革命风暴即将来临之时，大卫以《苏格拉底之死》、《荷拉斯兄弟的宣誓》呼唤自由，号召法国人起来革命。大革命中，他以《网球厅宣誓》和《马拉之死》等作品激励法国人民。拿破仑一世掌权后，大卫曾作《加冕式》和《授旗式》等为拿破仑唱颂歌。拿破仑失败后，大卫流亡布鲁塞尔，其间创作肖像画《根特三妇人》。其他重要作品还有《萨宾妇女》和《马尔斯与维纳斯》等。

《马拉之死》创作于1793年。1793年7月，革命领导人马拉遇害，引起全国人民的愤怒，许多人发表演说表示抗议，并要求大卫拿起画笔为马拉报仇。大卫用了三个月的时间完成了《马拉之死》。画家表现了马拉被刺杀在浴缸里的情景：行凶的匕首弃于地上，鲜血正从马拉的胸口流出。马拉握着鹅毛笔的右手无力地垂落在浴缸之外，脸上流露出一种悲恨而痛苦的表情。画面明暗对比强烈，具有一种纪念碑式的立体感，令观者对死去的英雄肃然起敬。

2. 安格尔

安格尔(1780—1867)年轻时曾从大卫习画，是大卫之后法国新古典主义画派的领袖。艺术上，安格尔代表保守的学院派，曾与当时新兴的浪漫主义画派相对立。他的绘画作品，线条工整、轮廓鲜明、色彩清晰、构图严谨，对后世不同风格的画家如德加、雷诺阿、毕加索等都产生过影响。其主要作品除《浴女》外，还有《自画像》、《泉》、《里维耶夫人肖像》、《画家格拉奈像》、《土耳其宫女与女奴》和《土耳其浴室》等。

《浴女》是安格尔在意大利学习时完成的作品。画面上，画家表现的只是一位全身裸露的刚刚出浴的女子的背部，她的周围，是绿色的帘子、白色的床单、白色带红花的绸子头巾，这些物品的褶皱恰好成了她光洁肌肤的陪衬，给人以一种特殊的美感。

《泉》是抽象的古典美与写实的少女裸体美完美结合的典范之作。画面上的少女恬静优雅、亭亭玉立。她双手倒拿着褐红色水罐，举于肩上，任泉水从罐中流出，洒向大地。整个作品清高绝俗、庄严肃穆，为后世留下了“永恒的美”。

(二) 浪漫主义画派代表画家

在新古典主义兴盛之时，有一批年轻的画家对冰冷的理性主义感到不满，于是提倡一种叫“浪漫主义”的绘画。浪漫主义美术运动持续的时间十分短暂，以19世纪30年代为最盛。该画派摆脱了当时学院派和古典主义画派的羁绊，主张发挥艺术家自己的想象和创造，以张扬艺术个性、宣泄激越的情绪。其创作题材除取自现实生活，也取自中世纪传说和文学名著等。该画派的代表画家是籍里柯和德拉克洛瓦。

1. 籍里柯

籍里柯(1791—1824)是法国浪漫主义画派的先驱。他从小爱马，喜欢画马，更善于表现马的各种动态。不幸的是他最终坠死于马下，死时年仅33岁。其史诗般杰作《梅杜萨之筏》，以悲剧性手法描绘"梅杜萨"号海轮沉没后，漂流在海洋上的人们挣扎求救的悲壮情景，动人心魄。其激昂动荡、激情澎湃的画风，打破了当时占统治地位的古典派绘画的静止肃穆，为浪漫主义绘画开辟了道路。其作品还有《赛马》、《奴隶市场》等。

2. 德拉克洛瓦

德拉克洛瓦(1798—1863)受同学籍里柯影响，从一开始便坚持浪漫主义，与古典主义决裂，决心从气势与色彩方面而不是从线条及轮廓方面发展自己的绘画。正是由于他的革新与成就，加强了浪漫主义画派的地位和影响。他的第一件杰作是创作于1822年的油画《但丁小舟》，依据的是但丁《神曲》中的描写，但其悲剧性感受却来自他对米开朗琪罗和鲁本斯的缅怀。他创作的另一幅杰作《希阿岛的屠杀》，以艺术的直观形式控诉了土耳其人对希腊人民的残酷杀戮。1827年至1832年在伦敦期间，画家创作了一大批传世之作，如《南希之战》、《普瓦捷战役》、《自由引导人民》等，并曾为大诗人歌德的《浮士德》作了一组石版插图。1832年，画家去摩洛哥旅行，创作了《阿尔及尔妇女》、《摩洛哥犹太人的婚礼》和《摩洛哥的雄狮》等一系列作品。1855年，其42幅作品在巴黎的世界美展上展出，引起巨大轰动。

名作《自由引导人民》表现的是1830年法国七月革命，自由女神居中站立，头戴红色弗里吉亚帽，左手持枪，右手高举三色旗，正召唤着人民向君主专政王朝冲击。她的左右和身后都有手持武器的人追随。画面前景是横躺竖卧的起义者的尸体；炮火硝烟中，隐约现出巴黎圣母院的远景。这幅伟大作品，气势磅礴、色彩绚烂、对比强烈，成了人们表露热爱自由、向往自由、争取自由情感的独特象征。塞尚说："德拉克洛瓦用画笔画出了我们的将来。"

（三）巴比松画派代表画家

19 世纪 30 年代至 40 年代，有一群青年画家活跃于离巴黎不远的枫丹白露森林之中，他们受浪漫主义运动从大自然中寻找安慰的启发，与大自然朝夕相处，坚持对景写生，以独特的艺术手法歌颂自然、赞美自然，并以此画出自己的内心感受与丰富情感。因该画派领袖卢梭和米勒先后定居于森林边缘的巴比松村，人们便称该画派为“巴比松画派”。

较早进入枫丹白露森林的是画家柯罗(1796—1875)。他热爱大自然，深入观察大自然，与巴比松画派的画家们共享自然写生的快乐，并且创作了一批描绘大自然的风景画，既淳朴又富诗意。柯罗被认为是使法国风景画从传统的历史风景画过渡到现实主义风景画的代表人物。其主要作品有《纳尔尼河桥》、《蒙特芳丹的回忆》、《枫丹白露林》、《芒特的嫩叶》、《芒特的远眺》、《沙特尔大教堂》和《村口》等。

1. 卢梭

卢梭(1812—1867)是巴比松画派的领袖，是以直接观察自然的方法开辟风景画创作的代表人物之一。他执著地向 17 世纪荷兰风景画家和同时代的英国画家学习，因与古典主义传统格格不入，曾长期地被排除在由官方垄断的沙龙之外，但他的作品却赢得了越来越高的声誉。1848 年革命后，官方终于承认了他在法国风景画中的地位；1855 年，其作品在国际博览会上展出。卢梭的主要作品有《桦树下的黄昏》、《森林中的路口》、《走下汝拉山的奶牛群》和《阳光中的橡树》等。

2. 米勒

米勒(1814—1875)生于农家，年轻时曾从事过田间劳动。1837 年到巴黎，曾从德洛罗什学画到 1839 年。1844 年创作《挤奶女人》获得成功。1848 年，其作品《簸谷女人》第一次得以在沙龙展出。1849 年，米勒离开巴黎定居巴比松，一边从事农耕，一边进行艺术创作，其许多重要作品都是在这里完成的，如《播种者》、《拾穗者》、《晚钟》、《倚锄的人》、《牧羊女》、《喂食》和《母与子》等。作品描绘并歌颂了农民的劳动生活和淳朴性格，画风质朴凝重，富有抒情气息。

《拾穗者》当是米勒的代表作。画面上，在刚刚收获过的田野上，三个农妇正弯腰捡拾散落在地上的麦穗。后景的田野十分开阔，是一派繁忙热烈的夏收场面。尽管画家从不在自己的农村风景画中寄予任何社会改革的愿望，但这幅作品还是引起了人们的种种议论。不容置疑的是，真实是米勒作品的力量之所在。

（四）现实主义画派代表画家

当浪漫主义绘画变成一种卖弄空洞情感的表现艺术、离真实越来越远的时候，在法国绘画界，现实主义绘画运动悄然兴起。画家们把注意力投向现实生活，把画笔直接对准普通人的命运和城乡的平民生活。

1. 杜米埃

杜米埃（1808—1879）1825年开始从事绘画艺术，先作石版画、漫画和雕刻，后转向印象派艺术。1848年后潜心研究新技法。1878年在巴黎举办画展，其油画作品受到社会好评。其主要作品有油画《三个律师谈话》、《共和国》、《酒徒们》、《洗衣妇》、《三等车厢》、《下棋者》、《堂吉诃德》，石版画《立法肚子》、《出版自由》，素描《两个人向左观看》、《行家》、《喝汤》等。

从《三等车厢》中，观者可以看到法国资产阶级民主年代下层人民真实生活的一个侧面：拥挤的车厢内，坐满了贫苦的人们，他们风尘仆仆、疲惫不堪；前景坐椅上坐着一个怀抱婴儿的农村妇女、一个满脸沧桑的老妇，还有一个正在打盹的男孩；从车窗外投射进来的光线，把两个女人的轮廓照得格外分明。应该说，类似这样的以下层人民生活为主题的美术作品，在当时的法国是极为罕见的。

2. 库尔贝

库尔贝（1819—1877）是一个完全的现实主义画家，其作品造型概括、笔触坚实、风格豪放，在一段时间里曾遭冷落。在1849年的画展中，他的《碎石工》和《奥南的葬礼》等遭到过评论家激烈的批评。巴黎公社成立后，库尔贝被选为公社委员，并任艺术家协会主席。公社失败后，画家曾被监禁半年之久。出狱后他回到家乡奥南。1873年被迫流亡瑞士。库尔贝的主要作品还有《与黑狗在一起的库尔贝》、《画室》、《筛麦的女子》、《叼烟斗的男人》、《塞纳河边的少妇们》和《海浪》等。

（五）前期印象派代表画家

当新古典主义、浪漫主义、现实主义绘画运动一个个告别法国画坛之后，从19世纪中叶起，法国绘画步入了一个新阶段。这是一场新的变革：艺术家们力图客观地描绘现实中的某些瞬间，以表现变化中“光”与“色”的特殊效果。1874年3月25日，这些艺术家在巴黎举办了他们的第一次画展。一家杂志用嘲讽的笔调给这种绘画艺术起名为“印象主义”，其缘由主要是青年画家莫奈的一幅参展作品《印象·日出》。嘲讽归嘲讽，评论却形象地概括了这些画家的艺术特点，即采取户外阳光下直接描绘景物的方法，抓住光与色瞬间的变化，画出景物的整体感及其氛围。印象派艺术分为前期印象派、新印象派和后期印象派。前期印象派的主要代表是莫奈、马奈、德加和雷诺阿，此外还有毕沙罗、西斯莱和摩里索等。

1. 莫奈

莫奈(1840—1926)是印象主义运动的发起人、领导者和积极鼓吹者，他对大自然的亲近与探索直至晚年也没有停止过。1865年至1870年为其创作的早期。这一时期，他主要在探索表现大自然的方法，并努力记录下自己瞬间的感觉印象以及所看到的充满生命力的、运动着的一切。1868年与雷诺阿等一起创作了第一批印象主义作品。70年代初，莫奈赴伦敦，并曾在荷兰画运河、船舶和风景，在勒阿弗尔创作了他的《印象·日出》。莫奈的主要作品还有《睡莲》、《白杨》、《干草垛》、《草地上的午餐》、《鲁昂大教堂》、《帆船》、《塞纳河之晨》、《伦敦风景》和《花园里的女人》等。

2. 马奈

马奈(1832—1883)1863年创作的《草地上的午餐》便已抛弃了传统画法，展出时招致舆论批评。60年代后期，其作品更加注意色调以及光度与气氛的关系。马奈与莫奈交谊甚厚，因与莫奈接触，其画风也曾有所改变。马奈善于运用鲜明响亮的色彩、简练准确的笔触，以及减少中间色调、加强明暗对比的方法进行创作，曾受到学院派歧视。晚年，马奈虽身染重疾，但仍不放画笔，所创作的最后一幅伟大作品是《福里—白热尔的酒吧》。其重要作品还有《喝艾酒的人》、《西班牙歌手》、《巴黎隆香的赛马》、《左拉像》、《奥林匹亚》、《吹笛少年》、《阳台》、《娜娜》和《划船》等。

3. 德加

德加(1834—1917)从年轻时起便崇拜安格尔的艺术并决心为绘画献身。德加的母亲是美国人,因此他有机会到过美国路易斯安那州的新奥尔良城。1860年后,德加个人的艺术风格逐渐形成。那时,他接触到了日本的版画,不同凡响的异国艺术给了他极大的启示。也就是从那时起,他与马奈建立起了深厚情谊。从70年代起,他开始画粉画,用色大胆。他最感兴趣的是画面的动态与动感,并在巴黎社会的各种场合找到了用之不尽的题材。使他赢得极大声誉的是“舞蹈画”,真可以说是变化莫测、多姿多彩,他也因此被誉为“表现人物动态的绘画大师”。其重要作品有《莫毕里公爵夫人像》、《斯巴达的姑娘们向青年们挑战》、《芭蕾舞排练场》、《芭蕾舞蹈课》、《菲奥克尔小姐表演芭蕾舞〈源泉〉》、《手持花束的女舞蹈演员》、《四舞女》、《新奥尔良棉花公司》、《洗衣妇》、《晨妆》和《浴后》等。

4. 雷诺阿

雷诺阿(1841—1919)是法国印象画派的先驱者之一。他曾从学院派画家格莱尔学画,后来又受到德拉克洛瓦和库尔贝的影响。其早期作品呈现出典型的印象主义风格,充满了闪烁的色彩与光线。1883年后画风发生变化,开始结合安格尔的技法进行创作,因此与印象主义决裂。其主要作品有《狄亚娜》、《游船上的午餐》、《舞蹈家》、《包厢》、《第一次郊游》、《戛莱特街的磨坊》、《雨伞》、《浴女》和《浴后》等。

(六)后期印象派代表画家

在前期印象派与后期印象派之间,曾经历过一个“新印象派”阶段,该画派又被称为“点彩派”或“分色主义”。因认为印象派表现光色效果的方法不够严格,该画派于是主张以科学方法追求色彩分析、用不同的色点排列组合作画。其代表画家主要是修拉和西涅克。与前期印象派和新印象派不同的是:后期印象派不仅注重光的效果,而且强调变形、强调画家内在的情感冲动和内心世界的表现。艺术史家认为,20世纪初以来西方一切新兴的美术流派,均以后期印象派为起点。后期印象派画家厌恶繁华的都市生活，崇尚、热爱美丽的大自然，喜欢用粗犷的线条和象征、夸张的色彩表现主题，求神似而不求形似，并为现代绘画开辟了一条新的道路。后期印象派的代表画家除了塞尚和高更，还有就是荷兰画家凡·高。

1. 塞尚

塞尚(1839—1906)生于法国南方的一个小镇，21岁时到巴黎学习绘画，常与印象派画家一起从事艺术活动。1870年普法战争爆发后，他离开巴黎，定居于南部沿海离马赛不远的一个名为埃斯塔克的小村庄。其间曾作有风景画《埃斯塔克的雪》和《酒市》。1874年回到巴黎，其作品先后参加了印象派的第一次和第三次正式画展。70年代末至90年代初，塞尚发展了他的成熟风格，其不朽杰作《埃斯塔克》就是在这一时期完成的。除风景画和静物外，塞尚也创作肖像画，重要作品有《坐在黄扶手椅上的塞尚夫人》、《女人与咖啡壶》、《玩牌者》等。1890年至1905年间，他的作品更具艺术深度，色彩浓郁、技法精湛。主要作品有《圣维克多山》、《穿红背心的男孩》和《女浴者》等。塞尚始终坚持个人表现与绘画自身的完整性，而对19世纪绘画的一切传统价值观提出挑战，因此被艺术史家称为"现代绘画之父"。

2. 高更

高更(1848—1903)的绘画在表现画家自身感觉时更进一步，他几乎是在凭自己的感觉作画，其作品可以说就是他的思想的反映，有时甚至带有神秘的色彩。由于厌倦都市生活、向往异国情调，高更曾于1887年前往位于西印度群岛中的马提尼克岛，并在那里发现了热带风景绚丽的色彩和动人的光；后又于1891年到过南太平洋上的法属殖民地塔希提岛，创作了一系列描绘当地风情的作品。他的重要作品有《黄色的基督》、《海滩上的两个塔希提女人》、《市场》、《我们来自何处？我们是什么？我们向何处去？》、《白马》、《女人胸部与红花》和《野蛮人的故事》等。

(七) 野兽派代表画家

野兽派(或称"野兽主义")是公元20世纪初在法国形成的一个画派。1905年，马蒂斯(1869—1954)等画家在巴黎举办画展，因其画法越出绘画常轨，被批评家讥讽为“野兽群”，“野兽派”由此得名。该画派存在时间极短，至1907年便已达到巅峰，尔后归于沉寂。该派画家使用直接从颜料罐中挤出的明朗的纯色，以直率、放纵的手法在画布上挥洒，从而造成一种迸发感；作品还表达了画家对所画题材的强烈反应。青年时代，马蒂斯曾在巴黎装饰美术学校学习，1895年进巴黎美术学院，师从象征派画家摩罗。后来，经过对修拉和凡·高等画家的系统研究，马蒂斯抛弃了传统的立体空间表现法，创造出了一种新的受色彩运动制约的绘画空间。他的绘画，还吸取了波斯绘画以及东方民间艺术的表现手法，形成了自己的画风。主要作品有《戴帽女人》、《白羽毛》、《爱看书的女人》、《青年水手》、《人生之乐》以及一些版画作品等。

（八）立方主义代表画家

立方主义亦称“立体派”、“立体主义”，是1907年至1914年间出现于法国画坛的一个现代艺术流派（也被称作一种视觉艺术风格）。该派画家抛开了传统的、许多由来已久的摹拟自然的艺术理论，完全从主观感觉出发，把有机而又相互联系的自然客体表现为支离破碎的、彼此孤立的东西；他们并非一定要复写自然的形式、组织、色彩和空间，而是通过描绘前后上下左右几面同时可见的物体来表现一个崭新的现实世界。“立方主义”得名于人们对布拉克1908年创作的组画《埃斯塔克之屋》的嘲讽，说它们简直就是由立方体组成的。一般认为，真正预示了这一新的艺术风格的作品是西班牙画家毕加索完成于1907年的《亚威农的少女》。立方主义虽然主要是一种绘画风格，但在诗歌中亦有所反映，同时对20世纪的雕塑艺术和建筑风格也产生了重要影响。布拉克（1882—1963）生于阿尔让特伊，从小随父学画。1900年到巴黎，1908年受塞尚影响，与毕加索共同发起立方主义绘画运动。其重要作品还有《弹吉他的男人》、《音乐》、《水果盘与玻璃杯》（拼纸画）、《静物与纸牌》、《画家和他的模特》、《海景》和《黑鸟》等。

（九）雕塑艺术家罗丹

罗丹（1840—1917）生于巴黎的一个穷人家庭。13岁入素描学校学习素描和雕刻。1864年创作完成第一件参展作品《伤鼻的男子》。1875年，罗丹游学意大利，深受米开朗琪罗作品的启发，从而确立了现实主义的创作方法。游学期间创作的《青铜时代》展出后曾受到激烈批评。1878 年，罗丹完成了《圣约翰的说教》并获得成功。1880 年，他开始为装饰艺术博物馆制作《地狱之门》，至 1917 年逝世时仍未完成。1884 年为法国北部港口城市加来制作《加来义民》纪念碑，以纪念 1349 年为了拯救全城居民而把自己作为人质交给英王爱德华三世的六位加来市民。1900 年在巴黎举办的万国博览会上，罗丹展出了他的 150 件雕塑作品和数量可观的素描，因而赢得了国际声誉。1916 年法国政府为答谢罗丹将全部作品捐赠给国家的行为，专门建立了罗丹博物馆。罗丹善于用丰富多彩的绘画性手法塑造出神态生动且富有力量的艺术形象，其主要作品还有《思想者》、《沉思》、《亚当》、《夏娃》、《吻》、《欧米哀尔》、《巴尔扎克》和《雨果》等。另有关于艺术的谈话集《艺术论》传世。《思想者》是罗丹的代表作。它是立于《地狱之门》横楣中央的一个坐像，象征的是《神曲》的作者但丁。人们看到：巨人痛苦地弯着腰，屈着膝，右手托着下颌，嘴巴咬着自己粗大的手，正默默注视着下面发生的悲剧；他的肌肉非常紧张，正陷入全神贯注的思考之中，同时也有着强烈的痛苦——他爱惜人类，因而不能对那些犯了罪的人做出最后的判决，其内心充满了矛盾。正是这深沉而痛苦的思索，体现了诗人但丁内心的极度苦闷；而这种苦闷，又通过艺术家对人物面部表情和四肢肌肉起伏的处理，生动而形象地表现了出来。

第三节 中法之间的文化交流

公元 17 世纪末，清康熙皇帝和法王路易十四互赠书籍礼品，拉开了中法文化交流的序幕。这里试从来华传教士的桥梁作用、法国文学在中国的传播与影响以及法国汉学的初创与发展等几个方面对历史上的中法文化交流做一回顾。

一 来华传教士的桥梁作用

明末清初，与利玛窦同来或紧随其后入华的耶稣会传教士，大多来自意大利、西班牙和葡萄牙,法国传教士来华则相对要晚一些,来华人数自 1685 年后才逐渐增多。其在中国的学术活动主要表现在两个方面:一是传播西方的科学技术知识,二是向欧洲介绍中国当时的情状及历史文化。《在华耶稣会士列传及书目补编》[①]一书中记有 150 余位法国来华耶稣会士的小传,这里只准备介绍其中的几位重要人物,从他们的生平事迹中,我们可以清晰地看到法国传教士在中法文化交流中所起的桥梁作用。

(一) 张诚

张诚(1654—1707),字实斋,既是神父,又是天文学家和地理学家。他 1687 年来华,先到宁波,翌年到北京。1689 年,作为清廷译员,他参加了《中俄尼布楚条约》的交涉谈判,并著《张诚日记》记录谈判始末。返回北京后,曾用满语为康熙皇帝上数学课。1689 年至 1698 年间,还曾八次陪同康熙帝出巡鞑靼地区。1692 年,康熙皇帝降旨允许天主教自由传播;几年后,张诚就任法国在华传教区的第一任总会长。1703 年,康熙皇帝赐建的蚕池口教堂(亦称"北堂",今西什库教堂前身)落成,命名为"救世堂",康熙帝亲笔为教堂题写"万有真原"匾额。除传播天主教义外,张诚还著有《满文字典》和《哲学要略》,并与白晋等传教士用满文合译有几何、三角、天文和哲学教本。1707 年 3 月 25 日,张诚神父逝世并安葬于北京。

(二) 白晋

白晋(1656—1730),字明远,为法王路易十四的六位数学家耶稣会士之一。与张诚一样,他 1687 年来华,先到宁波,第二年到北京,亦曾任康熙皇帝的数学老师。其所讲用之书,被编成《算法原本》行世。1693 年至 1706 年间,白晋曾多次奉康熙皇帝派遣出使法国;其间,亦曾奉诏与其他几名传教士一起绘制《皇舆全览图》。另外,他还著有《中国现状》(附有刻版描图)、《中国皇帝的历史画像》(即《康熙皇帝传》)、《天学本文》和《古今敬天鉴》等。1730 年 6 月 28 日,白晋神父逝世并安葬于北京。

---

① [法]荣振华《在华耶稣会士列传及书目补编》,耿昇译,中华书局,2000。

（三）马龙周

马龙周（1666—1736），字若瑟，世人多以其字为其名。他1698年来华，10月抵澳门，11月至广州，此后活动于江西饶州、建昌等地。因为看到慈善事业的重要性和拥有女信徒的必要性，他曾转达多位会士愿望，建议本国教会组织在中国几个比较大的省的省城建立收容孤儿的医院，并邀请巴黎的"贵夫人"们到中国创立一个女信徒的修道院。1714年，马若瑟应召进北京；1724年又曾被下放到广州。1726年左右被教廷传信部召回，原因是"他在鼓励学习汉籍《易经》的时候破坏了对《旧约》的崇拜"。1733年，他又被下放到澳门。1736年9月7日逝世于澳门学院。马若瑟被史家称誉为"最好的汉学家"，著有《基督教主要教理的残余》、《中国人论世界古代史》、《论汉语发音和用欧洲字母拼写的汉文字》、《中国语札记》[①]和《小游记》等。另外，他还曾将元曲《赵氏孤儿》译成法文，于1735年在巴黎出版，译文虽粗略，却在客观上促进了中国文学的西传。

（四）冯秉正

冯秉正（1669—1748），字端友，既是神父，又是地图绘制家和史学家。他1703年来华，先抵澳门，后达广州，1705年转赴江西九江。来华后，除传教外，他还努力学习汉文和满文。1710年绘制了河南、江南、浙江、福建和台湾地图。他曾任清廷官员，"把对耶稣圣心的崇拜传入了北京"。冯秉正曾将《资治通鉴纲目》译成法文，取书名为《中国通史》，于1777年起陆续在巴黎出版，共13卷。另外，他还写有有关中国孝道的著作。1748年6月28日逝世于北京。

（五）钱德明

钱德明（1718—1793）是天文学家，1750年来华，先抵广州，翌年到北京。1761年任法国传教区司库。1779年11月18日，法王路易十六为其签署法国中国传教区会长敕书，当晁俊秀神父不能行使职权时，即由他充任。因向法国介绍了中国的乾隆皇帝，他被委任替代杨执德和高仁修纂《文学书简集》和其

---

① 此书直到1831年才由英国新教传教士在马六甲出版，由此，古文和官话的区别就明显地划分出来。

他以《中国杂纂》而著称的文集。他居北京40年，著有《满汉词典》、《中国历代帝王纪年表》、《纪年略史》、《孔子传》、《列代名贤传》和《中国古代宗教舞蹈》等。1793年10月8日逝世于北京。

二 法国文学在中国的传播与影响

法国文学作品被译成汉语始于19世纪末。政论家王韬在其所著《普法战纪》卷一中翻译了法国资产阶级革命（通称“法国大革命”）时期的歌曲《马赛曲》，似是法国文学作品进入中国之初始。法国文学大规模地被译成汉语始自中国近代文学家林纾的翻译。

林纾（1852—1924）原名群玉，字琴南，号畏庐，福建福州人。他被称为“译林奇才”，但他却不懂外文，其所采用的是一种可称为“中译中述”的独特翻译法。从19世纪末至其辞世的1924年，通过与近20位口授者的合作，林纾共译出法、英、美、俄等11个国家近百位作家的作品159种（另有23种未刊印）。其翻译的第一本小说就是法国小说家小仲马的《茶花女》（其时译名为《巴黎茶花女遗事》）。《茶花女》写美丽聪慧但出身贫寒的农村姑娘玛格丽特不幸在巴黎沦为娼妓，但她的心依旧纯洁。她厌恶自己的生活，渴望真正的爱情。她与阿尔芒相爱，却遭到阿尔芒父亲的反对。阿尔芒父亲以阿尔芒的前程和阿尔芒妹妹的未来生活为借口，“恳请”玛格丽特离开。为了不玷污阿尔芒家的声誉，善良的玛格丽特选择了放弃，最终在爱情和疾病的双重折磨下悲惨地死去。阿尔芒从玛格丽特遗留下来的日记中得知了真相，痛断肝肠。哀婉动人的爱情故事，经林纾译笔的“讲述”，立即引起士林轰动，一时洛阳纸贵。[①] 1907年，中国早期话剧（新剧）的第一个演出团体春柳社在日本公演根据林译小说改编的《茶花女》，使观众心弦振荡，欷歔动容。严复曾写诗赞叹：“可怜一卷《茶花女》，断尽支那荡子肠。”林纾的翻译尽管“误译很多”，但不管从文学的角度还是从文化交流的角度讲，其价值都是永存的。译成了汉语言的欧美小

---

① 据记载，林纾是在极大的感动中翻译《茶花女》的，翻译过程中曾多次掷笔痛哭。友人回忆说：林纾在与王寿昌翻译此书（王读原文并口述小说内容，林当即笔译）时，适逢刘氏夫人过世，每译到缠绵凄恻处，二人便会情不自禁地相对而泣。

说，为人们开启了一扇通向西方精神世界的大门，也为中国知识阶级提供了别样的视角。人们开始从社会学的角度来认识西方社会，开始用全新的观念来认识西方文学、认识小说这一文学体裁。西方的许多作家开始为中国人所熟知、所仰慕，而译介他们作品的林纾的优美文笔，更对中国文坛、对五四时期的大批作家产生了重要影响，直接促进了中国新文学的诞生。

林纾之后，又出现了以伍光健和曾朴为代表的法国文学翻译家，他们翻译出版了大仲马的《侠隐记》（今译《三个火枪手》）、《续侠隐记》（今译《二十年后》）和《法宫秘史》以及雨果的《九十三年》（今译《九三年》）等作品。

至20世纪中叶，几乎所有法国知名作家，如雨果、巴尔扎克、福楼拜、莫泊桑、大仲马、司汤达、梅里美、法朗士、左拉、纪德和罗曼·罗兰等的作品都被陆续译成了中文，其中也包括诗人刘半农翻译的、法国诗人鲍狄埃创作于巴黎公社时期的《国际歌》，梁启超、鲁迅等翻译的凡尔纳的科学幻想小说。鲁迅曾依据日译本译出凡尔纳的《月界旅行》（今译《从地球到月球》）和《地底旅行》（今译《地心游记》），并于20世纪初在日本出版。对科幻小说的作用，先生是极其重视的，在《月界旅行·辨言》中，他这样写道：

> 故掇取学理，去庄而谐，使读者触目会心，不劳思索，则必能于不知不觉间，获一斑之智识，破遗传之迷信，改良思想，补助文明，势力之伟，有如此者！我国说部，若言情谈故刺时志怪者，架栋汗牛，而独于科学小说，乃如麟角。智识荒隘，此实一端。故苟欲弥今日译界之缺点，导中国人群以进行，必自科学小说始。①

新中国成立后，对法国文学的介绍与研究更加系统化，也更加广泛深入。更多的中国人知道了巴尔扎克，知道了雨果，知道了莫泊桑；数以亿计的中学生在自己的语文课本里读到了莫泊桑的短篇小说《项链》和都德的短篇小说《最后一课》。法国作家作品中的许多人物，都成为了人们熟知的艺术典型。

法国文学的汉译，还造就了像傅雷那样的大翻译家。傅雷（1908—1966）年轻时曾留学法国，从20世纪30年代起便致力于法国文学作品的翻译和巴

---

① 鲁迅《鲁迅全集》第10卷，人民文学出版社，1982，第152页。

尔扎克研究。傅雷一生共翻译作品30余部,其中包括巴尔扎克的长篇小说14部,罗曼·罗兰的《托尔斯泰传》、《米开朗琪罗传》和《贝多芬传》及长篇巨著《约翰·克利斯朵夫》,此外,还译有梅里美的小说《嘉尔曼》和《高龙巴》以及法国文艺理论家泰纳的著作《艺术哲学》等。傅雷博览群书,文史知识丰富,对美术、音乐、雕刻艺术又都有着很深的造诣,再加上他中外文功底深厚,翻译态度认真,因此其译作水平颇高,备受中国文学界推崇。

三　法国汉学的初创与发展

法国汉学同整个欧洲汉学一样,是在明清之际来华耶稣会士对中国了解、介绍与研究的基础上产生并发展起来的。相比之下,法国汉学起步要稍晚一些。1685年,白晋、张诚等首批法国耶稣会士奉派起程来华,并于1688年进入北京,比利玛窦晚了80余年。

1703年,巴黎出版《耶稣会士通讯集》(此后若干年中又陆续出版多集),发表有关中国历史、政治、地理、博物、风习等各方面的记述报告。对于当时的欧洲人来说,这些报告有着不同寻常的认识价值;对于研究者来说,这些报告则为他们提供了最为重要的参考资料。与此同时,法国传教士们撰写的有关中国历史文化的著作也相继在巴黎问世,如李明神父的《中国现势新志》和《中国礼仪论》,杜赫德的《中华帝国通志》,冯秉正的《中国通史》,宋君荣的《成吉思汗及蒙古史》、《大唐史纲》和《中国纪年史》,等等。当然,传教士们也翻译、介绍"四书"、"五经",甚至还尝试着把中国小说和戏剧译成法文,比如《今古奇观》中的故事,比如元曲《赵氏孤儿》等。伏尔泰曾据马若瑟《赵氏孤儿》译本创作名为《中国孤儿》的剧本,并于1755年在巴黎演出。

或许可以说,整个18世纪都是法国汉学的初创期。1742年,法国皇家学院正式开设汉语课,被认为是汉学在法国确立的象征。1796年,巴黎东方语言学校(今东方语言文化学院前身)的成立,则成为了法国汉学由初创走向发展的一个标志。1814年,法兰西学院(法国教学机构,1530年建立于巴黎)正式把"汉学"列为一个新学科,首任教授是年仅27岁的汉学博士雷慕沙(1788—1832)。雷慕沙还在巴黎发起成立亚细亚协会并任会长,同时创办《亚细亚学报》。他的学术贡献主要在于对古汉语文法的研究以及法显《佛国记》的翻译与注释方面。雷慕沙英年早逝，继承其事业的是他的弟子儒莲。

儒莲(1797—1873)被认为是19世纪中叶欧洲最优秀的汉学家。他年轻时从雷慕沙学习汉语和满语，曾借助满语将《孟子》译成拉丁文。接替老师成为法兰西学院专职教授之后，他曾编著有《新编汉语句法结构》一书，译有《大慈恩寺三藏法师传》、《玄奘大唐西域记》以及《景德镇陶录》和《蚕桑辑要》等。此外，还翻译有元杂剧《赵氏孤儿》、《灰阑记》和《西厢记》以及中国言情小说《白蛇精记》、《平山冷燕》和《玉娇梨》等。儒莲生前，曾与中国早期洋务派思想家王韬有过交往，二人曾在往还书信中讨论过梵学、文史等问题。儒莲弟子中颇有成就的人物一是德尼侯爵，一是巴赞。德尼侯爵(1823—1892)是儒莲的继任者，也是欧洲最早对中国诗歌感兴趣的人物之一，译有《唐诗选》和《离骚》；巴赞(1799—1863)是东方语言学校的第一任汉学教授，著有《官话语法》一书，译有《翰林风月》、《合衫记》、《窦娥冤》、《琵琶记》等元杂剧，编有中国元代文学作品目录。

儒莲之后，至20世纪上半叶，法国汉学界影响最大、成就最高的人物是沙畹和他的弟子伯希和、马伯乐及葛兰言。沙畹(1865—1918)年轻时即有机会来到中国，并以法国驻华使团自由随员的身份在北京逗留了三年。来华后，在一位中国学者的帮助下，他着手《史记》的翻译工作，并于回国后陆续出版。1893年，沙畹被聘为法兰西学院汉学教授，从此转入佛教研究，曾出版不少有关佛教的专著以及有关中国、印度和西域僧人的传记。伯希和(1878—1945)是文献学家。1900年被派往北京考察期间获取了一批中国典籍和收藏品，他利用这些史料进行了对印度支那历史的研究。在1906年至1908年间的中亚考古之行中，伯希和乘机攫取了大量敦煌壁画和文书。1911年，伯希和被聘为法兰西学院中亚语言、历史、考古教授。1920年至1945年间他曾主编《通报》杂志，发表过不少汉学论文和报告。马伯乐(1883—1945)是历史学家，也是语言学家。1908年，他曾奉命到北京参加了光绪皇帝和慈禧太后的葬礼。1914年，他还曾到浙江进行考古调查。这一时期马伯乐发表的论文有《唐代安南都护府——历史地理短评》和《唐代长安方言》等。1921年进入法兰西学院从事教学工作，其间著有《古代中国》一书。除研究中国经济史外，马伯乐也倾注心血研究中国道教史和中国天文学史。葛兰言(1884—1940)是社会学家。在博士论文《中国古代的节日与诗歌》中，葛兰言从社会学的角度对“国风”做出了全新的解读。他的主要著作还有《中国人的宗教》、《中国文化》、《中国思想》以及专门探讨中国古代家族关系的著作《古代中国婚姻类别和血亲关系》等。

思考与练习

1. 如何解读笛卡尔“我思故我在”这一哲学命题？谈谈你对笛卡尔哲学思想的理解。

2. 巴尔扎克被认为是19世纪法国最伟大的批判现实主义作家，请结合具体作品对其创作进行评价。

3. 你读过法国作家雨果的哪些作品？请结合某一具体作品谈谈你的读后感。

4. 从18世纪末叶至20世纪中叶，法国先后出现了无数绘画艺术大师，请结合某个画家的具体作品谈谈你的理解与感悟。

5. 法国来华传教士张诚、白晋的事迹——二人都曾做过中国康熙皇帝近臣和数学老师——可曾引起过你的什么联想？

6. 林纾是中国近代著名的文学家，以翻译外国文学作品著称于世，请谈谈他的事迹与贡献。

第八章 德 国

德国位于欧洲中部，这里土地肥沃，气候温和，雨水充沛。德国北临北海和波罗的海，四周与丹麦、荷兰、比利时、卢森堡、法国、瑞士、奥地利、捷克和波兰相毗连。从北至南，德国在地理上可划分为北德平原、中德山地、西南德梯地、南德高原和巴伐利亚阿尔卑斯山脉五个区域；国土面积约 35.7 万平方公里，海岸线长约 2400 公里。德国是联邦制国家，共由 16 个联邦州组成，各州拥有独立但却有限的国家主权。

第一节 德国历史文化概述

一 德意志历史开始前后的社会变迁

早在青铜时代晚期(公元前 500 年前后)，日耳曼民族就已在斯堪的纳维亚半岛南部、日德兰半岛、威悉河和奥得河之间的北德低地平原定居。公元前 2 世纪末，日耳曼各部族逐渐向中部和南部迁移，直抵多瑙河和莱茵河上游地区。公元前 1 世纪，日耳曼人开始和罗马人发生冲突。此时的日耳曼人“已处在文明的门坎上”(恩格斯语)。在后来日趋激烈的战争中，日耳曼人有效地阻止了罗马人的扩张。公元 4 世纪起，东日耳曼人中的汪达尔人、勃艮第人和哥特人为避战祸纷纷向西、向南迁移；而西日耳曼人则留了下来，在北海与阿尔卑斯山之间为自己开辟了生存空间。这里包括了六个大的部族群落，分别是佛里斯人、萨克森人、法兰克人、图林根人、阿雷曼人和巴伐利亚人。

法兰克墨洛温王朝的军事首领克洛维及其继任者于公元500年前后统一了法兰克人居住的地区，打败了罗马驻高卢的最后一任总督，征服了阿雷曼人并把西日耳曼其余各族的大部分统一在一个王国之中。由于克洛维皈依了基督教，基督教便得以在整个法兰克王国传布。法兰克王国加洛林王朝最重要的一位君主是查理大帝。公元800年，查理大帝由罗马教皇利奥三世加冕称帝，号称“罗马人的皇帝”并成为了基督教的保护人。

根据签订于公元843年的《凡尔登条约》，分得莱茵河以东地区的日耳曼路易又于公元870年通过《墨尔森条约》得到了阿尔萨斯与莱茵河下游两岸的大块土地。公元911年，该王国加洛林王朝的最后一位君主去世，各公国的公爵便推选康拉德为国王，是为康拉德一世。他的当选意味着德意志历史的真正开始。东法兰克王国境内的居民主要是日耳曼人，讲日耳曼语（德语），由此人们便称东法兰克王国为“日耳曼王国”。

康拉德一世并没有建立起实际上的王权来对付其他部落的公爵。年轻的德意志王国的统一与巩固是在萨克森公爵亨利和他的儿子奥托手中完成的。因此也有史家认为，德国历史开始于亨利一世取得东法兰克王国王位、建立德意志王国的919年。公元962年，奥托一世在罗马由教皇加冕称帝。作为所有基督教徒的世俗首脑和教会的保护人，奥托一世统治着原查理帝国的东部和意大利的大部。这个地区后来被称为“神圣罗马帝国”，这个帝国名义上持续了八个世纪之久。

1024年，萨克森王朝的最后一个皇帝亨利二世死去，德国历史进入法兰克尼亚王朝时期（1024—1125），其创立者是奥托一世的曾孙康拉德二世。该王朝不断加强王权，并继续实行对意大利的侵略政策，其与罗马教皇争夺主教授予权的斗争，于亨利四世在位时达到白热化程度。1122年8月，教皇卡利克斯特二世和亨利五世在今德国西南部城市沃尔姆斯召开宗教会议，订立《沃尔姆斯宗教协定》，规定德意志的主教不再由教皇任命；主教在其领地上的世俗权由皇帝授予，宗教权则由教皇授予。至此，神圣罗马帝国皇帝与罗马教皇之间的斗争暂告妥协。

法兰克尼亚王朝结束之后不久，德国进入了由康拉德三世创建的霍亨斯陶芬王朝(1138—1254)的统治时期，其影响最大的君主是腓特烈一世(红胡子)。腓特烈一世的一生都是在征战中度过的，他曾发动过六次入侵意大利的战争。65 岁时，红胡子还参加了第三次十字军东征，结果于 1190 年在小亚细亚溺亡。至康拉德四世在位的 1254 年，霍亨斯陶芬王朝终结。

二 德国的宗教改革运动与农民战争

霍亨斯陶芬王朝结束后，德国历史上出现了 20 年没有君主的“大空位时期”(1254—1273)，于是天下大乱，整个德国分裂为 300 多个大小诸侯国。“大空位”之后，德国皇位便在几个家族之间传来传去。1347 年，卢森堡家族的查理四世当选为神圣罗马帝国皇帝。1356 年，查理四世颁布诏书，确认皇帝必须由萨克森公爵、勃兰登堡侯爵、捷克国王、巴拉丁伯爵、美因兹大主教、科隆大主教和特里尔大主教七个选帝侯推举；选帝侯在其领地内享有司法、铸币、采矿、征税等特权。诏书上盖有金玺之印，因此被称为《金玺诏书》。诏书的颁布进一步削弱了德国的皇权，使封建割据和诸侯分立有了法律依据。皇权的颓靡不振和国家的四分五裂，也使德国成了天主教势力最为猖獗之地。大主教们凭借政治和宗教上的特权，聚敛财富，作威作福；教士们也大多腰缠万贯，荒淫无度。罗马教皇把德国当成了任意宰割的对象，极尽搜刮盘剥之能事，据说德国每年大约有 30 万古尔登(古币名)流入罗马，成了“教皇的奶牛”。更令人不能容忍的是一种所谓的“赎罪券”——教会称人人都有原罪，都应出钱赎洗，而赎罪的最好办法就是购买“赎罪券”。这种无耻行径，引发了人民激烈的反抗情绪。

首先向教皇和教会发起攻击的是德国宗教改革运动的前驱马丁·路德(1483—1546)。在取得维滕堡大学神学博士学位之后，路德被聘为该校神学教授。因为深受人文主义思想和人民情绪的影响，郁积在路德内心的不满终于爆发了：1517 年 10 月 31 日，他在维滕堡万圣教堂大门口贴出了题为《关于赎罪券效能的辩论》的 95 条论纲(又称《九十五条论纲》)，得到了人民的广泛支持。《论纲》于是成为了宗教改革的导火索。1520 年，路德又发表了关于宗教改革的纲领性论著,历数教会的贪婪、腐败和愚蠢,号召人民起来与教皇进行斗争,并当众焚毁了教皇开除他教籍的"谕令",以示同教皇"决裂"。在萨克森公爵的保护下,马丁·路德在瓦特堡的城堡中,将希腊文和希伯来文《圣经》全部译成了德文,其目的是要使德国的普通民众都能阅读并可直接利用《圣经》中的语言,借以剥夺教会的释经权。不仅如此,他的《圣经》译本还成了标准的德语经典,对德语的统一与规范起了巨大的推动作用。当然,马丁·路德的宗教改革并不反对宗教本身,他的新教对于劳动人民来说,不过是用信仰的奴隶制替代了信神的奴隶制。渐渐地,路德成了诸侯的代言人,当农民战争爆发的时候,他站在了起义农民的对立面。

领导了农民战争的是代表平民路线的宗教改革家闵采尔(1490—1525)。作为乡村神父,闵采尔起初是赞成路德的改革主张的。1520年,他迁居茨威考城,成为第一个宣扬新教教义的牧师。随着宗教改革的深入,他毅然与路德的妥协路线分道扬镳。他直接到平民中间进行政治鼓动并领导宗教改革,最终成为了农民战争的领袖。闵采尔认为信仰的主要源泉不是《圣经》,而是"活的启示",即人的理性;他提出并发挥了早期无产者的"千年王国"思想,主张废除封建制度,消灭一切诸侯和城市贵族,建立一个没有阶级差别、没有私有财产、人人完全平等的理想社会。德国的农民战争爆发于1524年至1525年,其声势之浩大,在德国历史上前所未有。尽管最终起义惨遭失败,闵采尔本人也慷慨赴死,但他的历史功绩却永存史册。

宗教改革和农民战争之后,德国经济衰退,而诸侯势力却更加强大,天主教与新教形成两大同盟,彼此间的斗争日趋激烈,皇帝与诸侯之间的矛盾也日益尖锐。在这样的背景下,1618年至1648年间,在德国本土爆发了欧洲历史上第一次大规模的国际战争,史称"三十年战争"。之后,在分崩离析的政治环境中,德意志境内兴起了两个大的邦国,一是普鲁士,一是奥地利。普鲁士王国的第二个国王弗里德里希·威廉一世在位期间(1713—1740),大力推行军国主义,拓展疆土;他的儿子弗里德里希二世在位时(1740—1786),军国主义成了国风。二世王对内实行"开明专制",极力扩充军队并对外扩张,从而提高了普鲁士在欧洲的地位。

三　古典人文主义时期的文化辉煌

一般认为，德国文化史上最辉煌的时期是古典人文主义时期，即从莱辛诞生的1729年到歌德逝世的1832年。兴起于法国的启蒙运动作为资产阶级革命的先导，最终把欧洲各民族的几乎所有学者都卷了进来。18世纪下半叶，启蒙运动也影响到德国，只是由于当时没有一个全体德意志人共同的政治和经济目标，这一运动的思想也便没能变为政治现实。德国依然是暴君当道，依然是邦国林立，其思想和政治生活中的深刻矛盾依然起着决定性作用。也正是在这样的情势下，德国古典人文主义才形成了自己的独特传统。

德国启蒙运动时期的主要思想家是莱辛(1729—1781)，作为开风气之先的伟人，他为建立德意志民族的现实主义文学和戏剧，为清除宫廷贵族的影响和盲目崇拜法国古典主义倾向进行了不懈的斗争。他的美学论著《拉奥孔》和《汉堡剧评》奠定了德国现实主义文艺理论的基础，他的理论和创作体现了资产阶级民主主义精神，对德意志文化的发展产生了极其重要的影响。

作为启蒙运动的继续和发展，18世纪60年代，德国文学界兴起了“狂飙突进”(因作家克林格尔的剧本《狂飙突进》而得名)运动。诗人歌德是这场运动的旗手，哲学家赫尔德则是这场运动的精神领袖和理论灵魂。狂飙突进运动反对封建割据，批评死气沉沉的封建文艺和虚伪的道德，其主要特点是：主张发挥人的主观能动性，实现个性解放；崇尚“天才”，认为“天才”体现了个性得到了充分发展的、完美的人的形象；提倡“回归自然”，与大自然一起生活。这一时期，青年歌德创作了小说《少年维特之烦恼》，青年席勒创作了剧本《强盗》和《阴谋与爱情》。

紧跟在狂飙突进运动之后，德国的古典哲学也诞生了。其代表人物是康德、费希特、谢林和黑格尔，当然也包括唯物主义哲学家费尔巴哈。康德把自己的哲学定义为“批判哲学”，为德国古典哲学发展认识的辩证法开辟了道路。费希特从康德哲学出发，清洗了康德哲学中的唯物主义成分，即“自在之物”，抓住了康德哲学中的“自我意识”或“自我”(即“我思”)，把它发展成“知识学”的主观唯心主义体系。因此黑格尔说“费希特的哲学是康德哲学的完成”。黑格尔本人则是德国古典唯心主义辩证法的集大成者。

德国古典哲学是马克思主义理论的来源之一。马克思、恩格斯批判地改造了德国古典哲学,尤其是黑格尔和费尔巴哈的哲学,吸取了黑格尔哲学的“合理内核”和费尔巴哈哲学的“基本内核”,创立了历史唯物主义学说,即马克思主义哲学,使哲学思想发生了革命性变革。

德国古典人文主义还创造了德意志音乐这一极其宝贵的财富。巴洛克音乐的代表人物巴赫、韩德尔,古典音乐的代表人物格鲁克、贝多芬等都是世界级的音乐大师。

从1790年起,浪漫主义开始走进德意志的精神生活。在文学和艺术领域,浪漫主义是对古典人文主义的反叛。实际上,德国浪漫主义远远超越了文学和美学运动的范畴,波及科学、语言、经济乃至政治等诸多方面,对后来的德意志历史进程产生过深远影响。德国浪漫主义的主要代表人物有施莱格尔兄弟、蒂克、诺瓦利斯、霍夫曼、克莱斯特、布伦塔诺、艾兴多夫以及格林兄弟等。1833年,诗人海涅出版了他的美学论著《论浪漫派》,为其时已经走向衰微的浪漫主义做了总结。

四 德意志的统一、强盛与对外战争

普法战争结束之后,普鲁士完成了德意志的统一,并于1871年建立了德意志帝国。这是“铁血宰相”俾斯麦的“杰作”,也是19世纪下半叶具有重大意义的历史事实。帝国创建之初,德意志的绝大部分居民还在农村及中、小城市中生活和劳作。随着工农业的飞速发展和城市化进程的加快,居民的职业结构和社会结构都发生了巨大变化。到19世纪末、20世纪初,德国在工业生产方面已经赶上了英国的领先地位,工农业生产总量已超过英国,仅次于美国居世界第二位。

俾斯麦的专横终于导致了他的垮台——1890年,他被年轻的威廉二世皇帝解职。他执政的最后几年,德国国内的政治生活陷于僵化,科学和工业的日益发达也要求社会走民主主义和议会主义道路。1896年,年逾八旬的俾斯麦参观了汉堡港,那里桅樯林立,数不清的起重机的巨臂在尽情挥舞,面对眼前

的一派繁忙景象，老人惊叹："这是一个新的、改变了的世界，是一个新的时代！"

从19世纪后半叶起的百余年间，德意志国家在世界舞台上扮演了越来越引人注目的角色。继承着一个伟大民族的精神和传统，在德意志那块丰饶的土地上，又产生了许多令人仰慕的哲学家、工业家、科学家和艺术家。他们用自己的聪明才智和不懈奋斗，为整个人类历史的前进做出了永难磨灭的贡献。

在资本主义过渡到帝国主义之后，20世纪上半叶，强大起来了的德国先后发动了两次世界大战(第一次是与奥、匈、意组成同盟国共同发动)，两次均遭失败。第二次世界大战之后，投降了的德国分裂成德意志联邦共和国和德意志民主共和国。40多年后的1990年10月，两德正式合并，德国重新统一，其历史也由此掀开了新的一页。

第二节 德国的历史文化名人及其文化成果

德意志文化以其独特性耀人眼目。几百年来，德意志土地上孕育出了难以数计的文化巨人和文化精英。不管是文学家还是哲学家，也不管是科学家(不在本书中评介)还是音乐家，他们创造的文化成果都曾影响了并继续影响着整个世界。

一 文学家

(一) 古典主义代表作家歌德、席勒

1. 歌德

歌德(1749—1832)是德国文学史上最伟大的作家和诗人，其生活的时代正是欧洲社会大动荡大变革的时代。青年时期，歌德曾在莱比锡大学学过法律，后又曾就读于斯特拉斯堡大学。就是在斯特拉斯堡，歌德在赫尔德的引导下开始了真正的文学活动，成为了狂飙突进运动的积极参加者。1771年至1775年间，在家乡法兰克福，歌德创作了剧本《骑士葛兹》和中篇小说《少年维

特之烦恼》。

1775 年,歌德应邀到魏玛,在那里做了 10 年权臣。他曾试图通过实际工作实现自己改良社会的理想,但是失败了。后来他摆脱了行政工作,全身心地致力于文学创作和自然科学研究。1794 年,他与席勒结下了亲密友谊,由此使德国文学进入了"古典主义"繁荣期。其间,歌德完成了长篇小说《威廉·麦斯特》(第一部)和叙事诗《赫尔曼与窦绿苔》等重要作品。其晚年的重要作品还有长篇小说《亲和力》和《威廉·麦斯特》(第二部)、抒情诗集《西方与东方的合集》以及散文集《意大利游记》等。歌德是一位具有世界眼光的思想家,他第一个提出了"世界文学"这一概念。在他的心目中,世界文学有两层含义:一是欧洲范围内的世界文学,一是世界范围内的世界文学。他在《诗与真》、《箴言与反思》、《论德国的建筑艺术》、《关于艺术的格言和感想》以及由秘书艾克曼辑录的《歌德谈话录》等著作中,提出了许多关于艺术与生活、艺术与政治,关于创作思想与创作方法,关于人与自然(包括艺术)的审美关系等方面的真知灼见,值得后人认真学习和借鉴。

成名作《少年维特之烦恼》是一篇书信体小说,通过维特的悲剧,表达了觉醒了的德意志青年一代的革命情绪,揭示了德国狂飙突进运动个性自由的要求与封建等级社会的尖锐冲突,具有强烈的时代精神。有人评价说《少年维特之烦恼》的价值在于它表现了一个时代的烦恼、憧憬和苦闷。

歌德的代表作当是诗剧《浮士德》。《浮士德》的创作前后延续了将近 60 年。其第一部 25 场,第二部 5 幕,共约 12100 行。诗剧以文艺复兴以来德国和欧洲的社会现实为背景,通过主人公浮士德不懈追求的一生,概括了资产阶级上升时期一个先进知识分子不满现实、积极探索人生意义和人生理想的全过程。诗人歌德赋予浮士德的使命,就是揭示改造社会、实现理想的方案和途径。作为一个理想的探求者,浮士德毕生奋斗,但却坎坷多舛。其一生经历了知识悲剧、爱情悲剧、政治悲剧、美的悲剧和事业悲剧五个阶段,最后其灵魂由天使接引升天。诗剧开头,浮士德以中世纪一个"饱学多闻"的"博士"、"导师"面貌出场。他意识到自己尽管学识渊博,却不能够救世济民,而书斋的生活又与"坐牢"无异,因此感到了一种无名的悲哀。他觉得大自然和人生正在向他召唤，确乎只有饮鸩自杀才能得到解脱。这时，魔鬼靡非斯特乘虚而入，他与浮士德订约：充任浮士德的仆人，而且将尽量满足主人的一切欲望；只要浮士德表示满足，说出"你真美呀，请停留一下"他就会立刻死去，奴役关系解除，浮士德的灵魂便永为魔鬼所有。靡非斯特把浮士德带到"魔女之厨"，借魔女的药汤使浮士德恢复了青春，完成了从精神到肉体的"复活"。由此，浮士德开始了他的追求与探索。他经历了与小市民家庭出身的少女葛丽卿的爱情以及由此带给他的悲剧；经历了在宫廷为官的徒劳奋斗和妥协迁就；经历了与古典美人海伦的幸福结合以及生子殒亡妻子飞逝带给他的信念（对美的追求）破灭和痛苦惆怅。最后，浮士德决心凭借自己的力量成就一番事业。因立有战功，他得到了海边的一块封地，他决定填海筑堤，在这里建立一个乌托邦式的人间乐园。此时的浮士德已是百岁高龄的老人，忧愁袭来，吹瞎了他的双眼，但他的雄心还在。他听到了魔鬼为他掘墓的声音，以为那是人们劳作的声响；他憧憬着"自由的人民生活在自由的土地上"，满怀幸福地失声叫道："你真美呀，请停留一下！"旋即倒地而死。靡非斯特根据契约，正要攫取他的灵魂，这时天使飞来，撒下玫瑰花，化为火焰，驱走魔鬼，将他的灵魂拯救上天。《浮士德》是现实主义与浪漫主义相结合的不朽杰作，既是当时德国现实生活的概括，也是资产阶级理想的颂歌。作为"歌德的精神自传"，《浮士德》结构宏伟，想象丰富，语言奔放，艺术手段多样，具有极强的艺术感染力和永恒的艺术魅力。

2. 席勒

席勒（1759—1805）是与歌德齐名的德国启蒙文学家。年轻时学过法律和医学，当过军医。在狂飙突进精神的鼓舞下，22 岁的席勒写出了他的第一个剧本《强盗》，该剧 1782 年初在曼海姆剧院公演，引起轰动，成为了德国戏剧史上的一个里程碑。两年后，他创作了另一个剧本《阴谋与爱情》，并被聘为曼海姆剧院专职剧作家。在生命的最后几年，席勒创作了《华伦斯坦》、《奥尔良的姑娘》以及《威廉·退尔》等多出名剧。作为德国古典美学时期的美学家，席勒的美学思想深受康德思想的影响，其美学论著主要有《审美教育书简》、《论素朴的诗与感伤的诗》、《给克尔纳论美的信》、《论优美与尊严》以及《悲剧艺术》等。席勒的诗以思想抒情诗见长，其早年所作的《欢乐颂》，充满了乐观主义和对人类和平的热烈向往。贝多芬作《第九交响曲》,把《欢乐颂》谱成独唱与合唱,用于第四乐章的结尾,由此传遍了全世界。

《阴谋与爱情》是席勒的代表作,是狂飙突进运动后期最为成熟的一部作品。它集中反映了德国市民阶层与封建统治者之间的矛盾,其剧情是:符腾堡公国宰相瓦尔特的儿子斐迪南爱上了穷音乐师米勒的女儿露易丝,并决定娶她为妻。瓦尔特为了巩固自己的地位,强令儿子娶公爵遗弃的情妇。斐迪南不从,并以揭露其谋杀前宰相的罪行迫使父亲让步。宰相秘书伍尔牧与宰相设计逮捕了米勒,并威逼露易丝给侍卫长写假情书。伍尔牧故意使假情书落入斐迪南手中,斐迪南出于嫉恨决定毒死露易丝,露易丝临终前说出了真情,斐迪南追悔莫及,也服毒自尽。剧情紧紧围绕"阴谋"与"爱情"展开,人物个性鲜明,情节曲折生动,令观者动容。《华伦斯坦》描写的是令人震惊的"三十年战争",揭露封建专制统治集团争权夺利的黑幕,反映了非正义战争给人民带来的灾难。《奥尔良的姑娘》以"百年战争"时期法国女英雄贞德的事迹为题材铺展剧情,借此为这位 17 岁的农家姑娘立起了一座不朽的纪念碑。《威廉·退尔》①是席勒的最后一部伟大剧作,描写瑞士人不愿从属于德意志帝国而为自由英勇斗争的故事。威廉·退尔是个著名的射手,为了逃脱奥地利人的追捕,他射杀了奥地利总督,瑞士人纷纷起义向他表示声援。统治者终于失败,国家由此得到了解放。

(二)革命民主主义诗人海涅

海涅(1797—1856)是诗人,也是政论家。青年时期曾先后在波恩、哥廷根和柏林读大学,学习法律和哲学。学习期间即迷恋叔父的女儿阿玛丽,并用诗歌记录了这种一相情愿的爱情。这些诗后来均被收入《歌集》中。诗极富浪漫

---

① 该剧剧情是:总督格斯勒有意侮辱他的"臣民",命人把他的帽子挂在杆子上,要求每个人都要向帽子敬礼。威廉·退尔拒绝这样做,恼羞成怒的格斯勒便让他做出这样的选择:要么用箭将放在自己儿子头上的苹果射掉,要么跟儿子一起去死。退尔在没有伤害儿子的情况下射掉了苹果,而此时他手里还有一支箭,当问他准备用这支箭干什么时,退尔回答说要用它射死格斯勒。结果退尔被抓了起来。在一次坐船摆渡中,退尔得以逃生。他埋伏起来,耐心等待格斯勒的到来。大道上,一位农妇向走近她的格斯勒请求给她被抓走的儿子以自由,却被人粗暴地拖到路旁,这时,退尔从埋伏处射出了自己的箭,将残暴的格斯勒射死。

主义情调且具民歌色彩，感情纯朴真挚，受到广大读者欢迎，同时也为诗人赢得了极高声誉。其中的不少诗作还被作曲家谱上乐曲在德国民间广为传唱。

海涅像

从1824年起，海涅在德国各处游历，并曾到过英国和意大利，由此加深了对现实社会的理解。他把自己的见闻感受写成四部散文，第一部名《哈尔茨山游记》。诗人既以幽默辛辣的语言描绘当时令人窒息的德国现状，同时也以抒情的笔调描绘自己祖国的壮丽山川。这四部游记作品标志着海涅已经成长为一个革命的民主主义者，在艺术上也已从青年时代对个人遭际和感情的描写转向对社会现实的思索与关注。1830年，当法国七月革命爆发的消息传来，海涅兴奋不已，在日记中写下“我是革命的儿子，我又重新拿起所向披靡的武器”等豪言壮语，并在著名的《颂歌》诗中写道：“我是剑，我是火焰！”

1831年5月，海涅移居巴黎。此后，他对政治和社会现实的关切日益深化，所写评述法国政治与文学斗争的政论文章于1832年辑成《法兰西现状》出版。接着，他又写成两本研究德意志文化的专著：《论浪漫派》和《论德国宗教和哲学的历史》。前者剖析了德国浪漫派的“反动”本质，公正评价并热情颂扬了莱辛、歌德与席勒；后者论述了德国古典哲学从康德到黑格尔的发展，于分析批判中也阐释了黑格尔唯心主义辩证法的革命意义。海涅坚信，在哲学革命之后，政治革命必将随之到来。

对于海涅来说，1843年在巴黎与马克思的结识具有特殊意义。在马克思的鼓励与影响下，海涅的创作思想和创作方法都发生了显著变化，不仅创作了许多政治抒情短诗(收入诗集《时代的诗》中),还创作了政治抒情长诗《德国——一个冬天的童话》。为声援西里西亚纺织工人起义而作的短诗《西里西亚的纺织工人》(1844 年),语言简洁质朴,节奏铿锵有力,表现了工人阶级埋葬旧世界的决心。诗的第一节这样写道:

忧郁的眼里没有眼泪,
他们坐在织机旁,咬牙切齿:
德意志,我们在织你的尸布,
我们织进去三重的诅咒——
　　我们织,我们织!

在具体的"三重诅咒"(上帝、阔人们的国王和虚假的祖国)之后,诗的最后一节与第一节紧密呼应:

梭子在飞,织机在响,
我们织布,日夜匆忙——
老德意志,我们在织你的尸布,
我们织进去三重的诅咒,
我们织,我们织!

《德国——一个冬天的童话》是 1843 年海涅在流亡法国 12 年之后第一次返回德国的产物,共 27 章。长诗激烈地抨击了普鲁士的封建专制,尽情表达了对它的切齿仇恨,并号召受到法国资产阶级思想影响的莱茵人民行动起来,推翻它的反动统治,在德国建立自由的人间乐园。在长诗中,诗人写了许多梦境与幻想,而这些梦境与幻想又都植根于现实的基础之上。现实与幻想相互交织,构成了长诗的独特风格与艺术特色。

从 1848 年春天起,海涅全身瘫痪,双目几近失明,于是他又重新走进自己的"诗歌",先后完成了诗集《罗曼采罗》和《1853 年至 1854 年诗集》。《罗曼采罗》中"充满了令人心碎的哀叹和对人类状况所作的悲观解释";《1853 年至 1854 年诗集》亦属同一类型。

(三) 享誉世界的童话"作家"格林兄弟

格林兄弟指的是雅各布·格林(1785—1863)和威廉·格林(1786—1859)两

兄弟。准确地说，他们不是真正意义上的作家，而是作为语言学家的民间故事的搜集整理者。格林兄弟年轻时曾在马堡大学攻读法律，其时即热爱民间歌谣。19世纪初，在浪漫主义作家阿尔尼姆和布伦坦诺的影响下，二人开始致力于民间文学研究。他们心无旁骛地搜集整理德国各地的民间歌谣、童话和传说，为的是“从过去寻求安慰”，并且“通过过去来复兴现在”(威廉语)。

格林兄弟像

他们陆续出版了三卷本的《儿童与家庭童话集》(《格林童话》)，内中包括童话故事200余篇，其中，《灰姑娘》、《白雪公主》、《小红帽》等都是家喻户晓的名篇。随着各国各地不同文字译本的出现，它们已经成为全世界儿童不可或缺的精神食粮。《灰姑娘》讲的是灰姑娘变成王子新娘的故事。母亲去世后，灰姑娘受到继母和两个姐姐的欺辱和虐待。继母故意不让灰姑娘参加国王为王子物色新娘而举行的盛大活动。神仙暗中帮助灰姑娘，她才得以参加舞会并赢得王子的爱情，而她的两个姐姐却受到了惩罚。《白雪公主》讲的是白雪公主死而复活，并与王子结婚的故事。美丽纯真的白雪公主遭到继母的嫉妒与迫害，在好心的猎人帮助下逃入森林，被七个善良的小矮人收留。继母寻入森林，两次杀害公主未能得逞，最终还是诱骗她吃毒苹果死去。钟情于白雪公主的王子来到森林，并使她复活。白雪公主幸福地与王子举行了婚礼。《小红帽》写的则是小姑娘“小红帽”的善良、天真与轻信以及狼的阴险、凶残与贪婪。最后，凶残的狼被猎人杀死，小红帽和奶奶得救，小红帽也从这次经历中得到了有益的教训。这些童话故事本来都是以日耳曼民族的各种方言在民间流传的，格林兄弟将其搜集起来，再做文字上的编辑与加工,使其在语言上规范化,成为具有高度文学性的儿童读物。从《格林童话》中,我们可以看到民间故事的特点,看到它们的“人民性”和文学性,看到现实主义与浪漫主义相结合的创作方法。格林兄弟用他们的艰巨劳动,将民间故事这一重要文学品种的收集整理工作向前推进了一大步,同时也为后世作家和研究者提供了宝贵借鉴。

继《儿童与家庭童话集》之后,格林兄弟又出版有《德国语言的故事》、《德国传说集》、《德国英雄传说》以及《德语语法》等。1840 年,二人应邀到柏林,任普鲁士皇家科学院院士。在这里,他们开始编纂《德语大辞典》。弟弟威廉仅编到 D 部即于 1859 年去世,哥哥雅各布 1863 年去世时则刚编至 F 部。整部大辞典经过几代人的不懈努力,终于在 1961 年编纂完成。

(四) 批判现实主义代表作家亨利希·曼和托马斯·曼

亨利希·曼和托马斯·曼是兄弟,二人同是批判现实主义作家,托马斯·曼是公认的德国20 世纪的语言大师、批判现实主义的杰出代表,而亨利希·曼的小说《臣仆》则被视为德国批判现实主义的代表作。

1. 亨利希·曼

亨利希·曼(1875—1955)1893 年起开始文学创作,1905 年完成著名长篇小说《垃圾教授》。小说主人公拉特教授是 19 世纪末北德汉萨城市某所男子文科中学的教师,因遭学生憎恶被称为“垃圾教授”。拉特是军国主义和沙文主义的忠实工具,小说描写了他的凶暴与堕落。20 世纪 30 年代,在德国有声电影的初创时期,该小说被改编拍摄成故事片《蓝天使》,在德国乃至整个欧洲轰动一时。这部在德国电影史上举足轻重的影片,也使其女主角的扮演者玛利亚·黛德丽一举成为明星。

除了《垃圾教授》,亨利希·曼还创作有10 余部长篇小说,主要如《在懒人的乐园里》、《亨利四世》和“帝国三部曲”(《臣仆》、《穷人》和《首脑》)等,其中尤以发表于 1918 年的《臣仆》最为文学界所推崇。小说主人公赫斯林是德国发展到帝国主义阶段臣仆的典型形象,他本是一家小造纸厂老板的儿子,考取了博士学位。在承继父业当上了老板之后,他的本质便暴露无遗。什么诗歌,什么哲学,在他看来都没有存在的必要;对他来说,无条件地服从皇帝就是最美的“诗”,夺取财富和权力就是最高的“哲学”。最后，他投靠保皇党，当上了市议员，成为了帝国的一个忠诚臣仆。小说对赫斯林这样一个“奴隶根性”十足的人物进行了无情的嘲讽、揭露与鞭挞，活画出了 19 世纪末 20 世纪初德国资产阶级的丑恶嘴脸。

2. 托马斯·曼

托马斯·曼(1875—1955)自认为是个古典主义者，是 20 世纪的歌德，这一点确乎得到了后世的公认——他是人们评论最多、拥有读者最多的德语作家之一，是 20 世纪德国最伟大的小说家。正因如此，他成了 1929 年诺贝尔文学奖的获得者。托马斯·曼1895 年后开始职业创作生涯。1900 年完成了他的代表作小说《布登勃洛克一家》;1912 年发表中篇小说《在威尼斯之死》;1924 年创作完成长篇小说《魔山》。正是早期的这三部作品，确立了他在德国文学史上的地位。

《布登勃洛克一家》通过巨商布登勃洛克家族的由盛而衰以及暴发户哈根罗姆的发迹，真实地反映了德国从自由资本主义走向垄断资本主义这一历史过程。作品向读者展示了一幅巨大的社会图画，让人们看到了资产阶级的腐朽与堕落，同时也揭示了人与人之间赤裸裸的金钱关系以及弱肉强食的资产阶级法则。也有研究者认为，与作家的初衷相反，“小说成了古老的中产阶级美德的一曲哀怨的挽歌”。作品结构严谨，语言凝练，对话生动，人物形象鲜明，具有很高的艺术成就。

《魔山》的故事发生在瑞士一所高山肺病疗养院，这里就是人们所说的“魔山”。小说通过主人公在“魔山”的经历和所见所闻，反映了第一次世界大战前资产阶级的病态生活及其精神的空虚。汉斯·卡斯托普本来是到疗养院来探望表兄的，结果却因被诊断出患有肺结核在山上住了下来，一住就是七年。最终，他抛弃了等待死亡的思想，选择了新的生活道路。“魔山”以它“热得透不过气”的氛围向读者表明，这里本应是一个使人健康愉快的地方，然而却将书中的那些人物诱向了地狱。

晚年，托马斯·曼写有《论歌德》、《论契诃夫》和《论席勒》等论文，创作有长篇小说《浮士德博士》和《骗子菲利克斯·克鲁尔的自白》等。

二 哲学家和思想家

(一) 古典唯心主义哲学家康德和黑格尔

1. 康德

康德(1724—1804)是德国古典哲学和古典美学的开创者,也是18世纪末至19世纪初德国哲学变革的发起人。日本学者安倍能成的评价是:“康德是一个蓄水池,前两千年的水都流进了这个池中,后来的水又都是从这个池中流出去的。”

康德生活在近代资产阶级启蒙运动时代,他的哲学思想深刻地反映了这个时代的要求和德国市民资产阶级的愿望。在他之前,西方哲学思想分成彼此对立的两大派:一是理性主义(唯理论)派,一是经验主义(经验论)派。康德企图从主观唯心主义出发对两派加以调和。康德一生的思想发展,以1770年为界划分为“前批判时期”和“批判时期”。

在“前批判时期”,康德主要从事自然科学的研究,他的自然哲学基本上是唯物主义的。其重大成果是依据牛顿力学提出了关于天体起源的“星云假说”和潮汐延缓地球自转的假说。这两个假说的建立,使基督教神学宣扬的一切天体自从被上帝创造出来之后就永远不变的荒谬观念受到沉重打击,从而在“这个完全适合于形而上学思维方式的观念上打开了第一个缺口”(恩格斯语)。然而,即使在这个时期,康德仍保留着上帝是宇宙的“原始原因”和生命现象不可知的唯心主义世界观。

1770年,康德发表《论感觉界和理智界的形式和原则》,由此进入了他思想的“批判时期”。在调和唯理论和经验论的基础上,康德形成了自己的“批判哲学”。他规定自己的哲学要在认识活动之前,先对人的认识能力进行“批判的”探讨和分析,以确定认识的能力、方式和限度。康德把人的心理功能分为知、情、意三方面,并针对这三方面分别写出了他著名的三大批判,即《纯粹理性批判》、《实践理性批判》和《判断力批判》。《纯粹理性批判》专门研究“知”的功能,推求人类知识在什么条件下才是可能的;《实践理性批判》专门研究意志的功能,研究人凭怎样的最高原则去指导道德行为。《判断力批判》是先验唯心主义美学著作,在这部著作中,康德企图沟通其在前两部“批判”中割裂开来的两个领域:“现象”和“本体”,或曰自然界和道德界。第三批判的发表,宣告了康德“批判哲学”体系的最终完成。

除了三大批判,康德的主要著作还有《宇宙发展史概论》、《未来形而上学导论》和《道德形而上学基础》等。“二律背反”的提出是康德的一大历史功绩。康德把整个世界分成“现象”的世界和“自在之物”的世界，他认为当理性企图对“自在之物”有所认识时，必然会陷入难以自解的矛盾之中。康德把这种矛盾称为“二律背反”。他举出四组“二律背反”：(1)世界在时间上与空间上是有限的；世界在时间上与空间上是无限的。(2)世界上的一切都是由单一的、不可分的部分构成的；世界上没有单一的东西，一切都是复杂的、可分的。(3)世界上存在着自由；世界上没有自由，一切都是必然的。(4)世界有始因；世界无始因。康德提出“二律背反”的目的是要说明人的认识能力是有限的，“自在之物”是不可知的。但他也接触到了辩证思维方法的特点，这对后来德国古典唯心主义辩证法的发展起了一定的促进作用。“有两种东西，我对它们的思考越是深沉和持久，它们在我心灵中唤起的惊奇和敬畏就会日新月异，不断增长，这就是我头上的星空和心中的道德律。”镌刻在康德墓碑上的他的这句名言，也铭刻在了后世一代又一代的人们的心中，在启示人思考的同时，也给人以感召。

2. 黑格尔

黑格尔像

黑格尔(1770—1831)是德国古典唯心主义辩证法的集大成者，是近代哲学体系的伟大奠基人。德国古典哲学由康德开创，经费希特、谢林等推进发展，尔后由黑格尔及其学生费尔巴哈将其推向了巅峰。黑格尔哲学是在对康德、费希特和谢林哲学的批判中形成和发展起来的，其所开创的哲学体系庞大而恢弘。黑格尔的思想内核是辩证法，其体系外壳却是客观唯心主义。他认为，世界的本质不是物质，而是精神。这个精神不是个人的或人类的精神，而是客观的、世界的精神。他把这种精神称之为“绝对观念”(又称“绝对精神”)，并把它作为自己“绝对唯心主义”的出发点。他还提出“实体即主体”的思想，并从这个原则出发，把“绝对观念”的全部过程展示为逻辑、自然和精神三个阶段。这是一个由浅入深的过程，是一个肯定——否定——否定之否定的过程。其著作《逻辑》（俗称《小逻辑》）、《自然哲学》和《精神哲学》所描述的就是“绝对观念”辩证发展的这一过程。

黑格尔的辩证法思想，是马克思主义哲学的理论来源之一。恩格斯在《反杜林论·引论》中，对黑格尔体系中的唯心辩证法精神做出了这样的评价：

> 这种近代德国哲学在黑格尔的体系中达到了顶峰，在这个体系中，黑格尔第一次——这是他的巨大功绩——把整个自然的、历史的和精神的世界描写为一个过程，即把它描写为处在不断的运动、变化、转变和发展中，并企图揭示这种运动和发展的内在联系。①

历史已经证明并将继续证明，黑格尔辩证法在人类理论思维发展史上有着永久的价值。除了《哲学全书》（包括《小逻辑》、《自然哲学》和《精神哲学》），黑格尔的主要著作还有《精神现象学》、《大逻辑》、《法哲学原理》、《宗教哲学》、《哲学史讲演录》、《美学或艺术哲学讲演录》和《历史哲学》等。其中，《精神现象学》被认为是黑格尔哲学体系的独立宣言。

（二）古典唯物主义哲学家费尔巴哈

作为欧洲哲学史上最大的唯物主义者，费尔巴哈（1804—1872）以对马克思的影响和人道主义神学研究而知名。1830 年，费尔巴哈匿名发表了自己第一部著作《论死与不朽》，因触犯了宗教当局而失去了在大学授课的权力。1837 年起他被迫移居乡间，发愤著述，以继续进行反宗教和反唯心主义的斗争，直至 1872 年在贫病交加中辞世。

1839 年，费尔巴哈发表《黑格尔哲学批判》，向老师的唯心主义哲学发起了攻击。他指出，黑格尔的哲学“是理性化和现代化的神学”，其根本错误是颠倒了现实的存在和关于存在的思维的关系。在同宗教神学和黑格尔唯心主义

---

① 《马克思恩格斯选集》第 3 卷，人民出版社，1972，第 63 页。

哲学的斗争中，费尔巴哈建立了人本学唯物主义。研究者认为，费尔巴哈的最大历史功绩就是在唯心主义统治德国哲学界达数十年之后，恢复了唯物主义的权威。当然，费尔巴哈的唯物主义，绝不是简单地回复到17、18世纪的机械唯物主义，而是将其提高到以自然和感性的人为基础的新的形态之上，并且已经接近于科学的唯物主义——辩证唯物主义。因此人们说费尔巴哈的唯物主义，是黑格尔唯心主义到马克思主义的中间环节；其"基本内核"，得到了马克思、恩格斯的批判继承。

费尔巴哈的主要著作还有《基督教的本质》、《宗教的本质》和《未来哲学原理》等。

（三）近代唯心主义哲学家叔本华

叔本华(1788—1860)是19世纪德国唯心主义哲学家、唯意志论的创始人。年轻时，叔本华曾游历欧洲，并在短暂地享受了生活的浮华之后成为了一名思想者。叔本华曾受教于哲学家费希特和施莱尔马赫。在接受西方哲学熏陶的同时，叔本华也钻研过印度哲学和佛学。1813年完成博士论文《论充足理由的四重根》，1819年发表著名的《作为意志和表象的世界》。

作为近代反理性主义的代表人物，叔本华赞赏柏拉图和康德，而称费希特、谢林和黑格尔是"哲学的空谈家"。他抹杀了康德哲学中关于"自在之物"的唯物主义成分，而代之以唯心主义的、神秘化了的"意志"。其哲学的基本内容可以用他自己的两个命题来概括：一是"世界是我的表象"，另一是"世界是我的意志"。他认为世界上一切东西都受主体的制约，都只为主体而存在；但同时又认为意志是世界的本质。

叔本华还是"英雄史观"的鼓吹者，认为历史是由出类拔萃的"才子"创造的，才子是"灯塔"，没有他们的指引，人类就会沦落在茫茫无际的大海里。在哲学史上，叔本华是悲观主义的典型代表，他否认历史是向前发展的，把历史说成是漆黑一团；他主张人要摆脱其烦恼，必须实行禁欲主义。其哲学被看成是"德国资产阶级政治上走向全面反动的标志"。

研究者认为，叔本华之所以重要，是因为他第一个触及了无神论和无意识的问题，并为现代思想家尼采和弗洛伊德开辟了道路。

（四）马克思主义创始人、世界无产阶级革命导师马克思和恩格斯

马克思像

马克思(1818—1883)早年曾先后求学于波恩大学和柏林大学，攻读法律、历史和哲学。19岁时参加“青年黑格尔派”俱乐部。1841年获耶拿大学哲学博士学位。离开大学后，马克思即投身政治，在《莱茵报》上发表一系列文章，抨击普鲁士的反动统治。恩格斯(1820—1895)在柏林服兵役期间在柏林大学旁听哲学课，曾参加“青年黑格尔派”小组。1842年奉父命参与经营英国曼彻斯特的一家棉纺厂，因此有机会同那里的工人广泛接触。

恩格斯像

1844年8月，恩格斯到巴黎拜访马克思，两位思想家从此结下深厚情谊，为无产阶级革命事业并肩战斗了终生。不久，二人合写的第一部著作《神圣家族》发表，批判青年黑格尔派的唯心主义哲学，阐明物质生产是历史发展的决定因素，人民群众是历史的创造者等历史唯物主义基本原理。1845年马克思因从事革命活动被逐出法国，迁居布鲁塞尔。在这里，他写出了著名的《关于费尔巴哈的提纲》。与此同时，恩格斯写出了《英国工人阶级状况》。1846年，二人合作写出了另

一部哲学著作《德意志意识形态》,尽管当时没有公开出版,但其主要思想却得到了广泛传播且产生了巨大影响。该书第一次科学地阐明了生产力与生产关系的原理,论述了经济基础与上层建筑的辩证关系,宣扬了阶级、国家和社会革命的学说,为整个马克思主义的理论体系奠定了基础。1847 年,马克思发表《哲学的贫困》。同年,二人加入德国秘密组织正义者同盟,并指导该同盟改组为共产主义者同盟。同年底,二人受同盟第二次代表大会委托起草纲领,该纲领于 1848 年 2 月以《共产党宣言》之名公开发表。这是科学共产主义的第一个纲领性文件,它的问世,正式宣告了马克思主义的诞生。

1850 年后,马克思在极端困苦的情况下埋头进行经济学研究,并于 1859 年发表第一部经济理论著作《政治经济学批判》。在恩格斯的资助下,几年后,马克思终于完成了经济学巨著《资本论》第一卷[①]的写作。《资本论》揭露了资本家剥削工人的秘密和资本主义社会的基本矛盾,揭示了资本主义必然灭亡、社会主义必然胜利的历史规律,从而把社会主义学说置于科学基础之上。

在写作《资本论》的同时,马克思领导创建了国际工人协会(即第一国际,1864 年 9 月成立于伦敦),成为了该组织的领袖和灵魂。1870 年,恩格斯从曼彻斯特来到伦敦,与马克思一起领导第一国际的斗争。巴黎公社失败后,马克思写了《法兰西内战》一书,揭露法国资产阶级反动政府的罪行,歌颂巴黎公社的斗争精神。70 年代至 80 年代,马克思在继续写作《资本论》的同时,抱病写出了《哥达纲领批判》;恩格斯则写出了《反杜林论》,对马克思主义的三个组成部分——哲学、政治经济学和科学社会主义——做了系统阐述,特别提出了"劳动创造了人"的著名论断。

1883 年 3 月 14 日马克思与世长辞。3 月 17 日,恩格斯在海格特公墓举行的马克思的葬礼上发表了演说,他概括了马克思的两个伟大发现——"人类历史的发展规律"和"现代资本主义生产方式和它所产生的资产阶级社会的特殊的运动规律"。在没有了马克思的日子里,恩格斯除了呕心沥血整理他的《资本论》手稿,还

---

① 该书于 1867 年出版,后两卷在马克思逝世后由恩格斯整理增补,分别于 1885 年和 1894 年出版。

写出了《家庭、私有制和国家的起源》、《费尔巴哈和德国古典哲学的终结》等重要著作,进一步丰富了马克思主义的理论宝库。1895 年 8 月 5 日,恩格斯病逝于伦敦。

(五) 现代思想家、"超人"哲学家尼采

尼采(1844—1900)是德国从自由资本主义向帝国主义过渡时期的哲学家,是唯意志论和生命哲学的代表人物之一。中学毕业后,尼采进入波恩大学学习神学和古典语言学;1865 年转入莱比锡就读。在莱比锡的年月里,尼采发现了叔本华的哲学,认识了歌剧作曲家瓦格纳。1869 年获莱比锡大学博士学位,随即被聘为瑞士巴塞尔大学古典语言学教授。1870 年成为瑞士公民。1872 年,尼采完成了他的第一部纯理论著作《悲剧的诞生》,这部著作"标志着他从古典学术成就的装饰中获得解放"(《不列颠百科全书》语)。

尼采像

1878 年,格言式作品《太有人性的人》问世。1879 年因健康状况恶化,尼采辞去教授职务。此后的 10 年,他一边承受着病痛的折磨,一边进行写作。其文学和哲学杰作《查拉图斯特拉如是说》,在 1883 年至 1885 年间分四部分出版。1888 年是尼采最光辉的一年,在这一年中,他撰写完成了《偶像朦胧》、《反对基督者》、《尼采对瓦格纳》和《你们看这个人》等多部著作。1889 年尼采完全陷入精神迷乱之中,11 年后的 1900 年 8 月 25 日逝世。尼采逝世后,他的妹妹伊丽莎白整理他的著作和手稿并编为《尼采文集》出版。[①]

① 内中也包括《权力意志》和她自己伪造的一些材料。有研究者认为,正是因为伊丽莎白出于贪婪及其沙文主义立场重塑了尼采的形象,才使后世几代评论家误入了歧途;也正因为她对希特勒的崇拜,才使尼采的名字与希特勒及法西斯主义联结在了一起。

《查拉图斯特拉如是说》是尼采的代表作。查拉图斯特拉是传说中的人物，隐居在洞穴中，与鹰和蛇为伍，宣扬宇宙乃善与恶的二元对立，并且创建拜火教。尼采笔下的查拉图斯特拉是教师，他只教两件事：一是超人，二是等同物的永恒回归。《查拉图斯特拉如是说》包含了尼采的各种基本思想。尼采以一个精神贵族的姿态藐视群众，崇拜英雄，认为开创未来的只是少数天才，他们将破坏一切现有价值，确立新的价值。尼采从英雄史观出发进行道德批判，尤其抨击基督教的道德观，鞭笞德意志市民的劣根性。在书中，尼采提出了"超人"说，认为人是桥，是向超人的过渡，是没落与灭亡亦即新生。

尼采的哲学大致包括强力意志说、永恒轮回说、超人说、反理性主义说和非道德说等许多方面，其影响是巨大的。在尼采精神失常到他去世的 10 年间，他的著作被译成了欧洲各种文字，19 世纪后期至 20 世纪前期的不少欧美著名作家和哲学家，都受到过他的影响。中国文学家鲁迅也关注尼采，不光翻译过《查拉图斯特拉如是说》的"前言"，还在一些文章中发表过对尼采的评价，无论褒与贬，都不乏中肯与深刻。

三　音乐家

（一）巴洛克音乐的杰出代表巴赫和韩德尔

"巴洛克"一词一说源于意大利语，一说源于葡萄牙语，19 世纪中叶前一直用作贬义，后多用来指称西方艺术史上的一个时期(起于 16 世纪后期，止于 18 世纪)，也用来概括这一时期的艺术风格。巴洛克时期的作品风格复杂，其艺术庄严高贵。巴洛克艺术表现在建筑、绘画、雕塑、文学和音乐等诸多方面，在意大利、法国、英国、德国乃至西班牙，都出现过不少艺术大师，也都产生过不少艺术杰作。进入 18 世纪，欧洲的音乐创作中心已逐渐由意大利北移到了德国。德国音乐汲取法国、英国和意大利音乐的精华，已经具有了典型的和声特征与全新的外在表现形式，从而占据了欧洲乐坛的统治地位，甚至成了世界音乐发展潮流的领导者。其杰出代表是巴赫和韩德尔。

1. 巴赫

巴赫(1685—1750)是 18 世纪前期德国最伟大的音乐家，是欧洲古典音乐的创始人，被后人誉为“欧洲音乐之父”。巴赫出身于音乐世家，从小就受到良好的音乐教育。除歌剧外，巴赫一生创作过大量各种体裁的音乐作品。但在他生前，人们似乎只承认他是一位了不起的演奏家，并不关注他的创作，因此他的作品不但不能出版，也不为世人所理解。直到他逝世近80年之后，经门德尔松的竭力推介，巴赫和他的音乐才得以“复活”。

在创作中，巴赫博采众家之长，善于从前人的成果中汲取营养，所写复调音乐真可以说是千姿百态，变幻无穷，优美异常。他的音乐有着鲜明的民族性和民族风格，真实地表达了18世纪德国人民的思想感情，也反映了德国市民阶级对幸福美好生活的追求和生气勃勃的精神面貌。在西洋音乐史上，巴赫是一位承前启后且影响深远的人物。恩格斯称他为德国黑暗时代的“闪光”；贝多芬曾称赞他说：“巴赫不是小溪(德文“巴赫”——Bach——一词的意思是“溪流”)，而是大海!”舒曼给他的评价是：“巴赫之于音乐正如创教者之于宗教。”

巴赫最有影响的作品有《勃兰登堡协奏曲》、《马太受难曲》、《平均律钢琴曲集》、《约翰受难曲》、《b小调弥撒曲》和《赋格的艺术》等。

2. 韩德尔

韩德尔(1685—1759)与巴赫齐名，被视为欧洲古典音乐的最高权威。其作品以清唱剧最为突出，因此也被称誉为“清唱剧大师”。韩德尔从小就显露出音乐天赋，七岁时父亲便让他拜在哈雷大教堂管风琴师门下学习音乐。1703年被聘为凯塞歌剧院小提琴师，同时从事歌剧创作。1706年赴意大利，游历了一些文化名城，并在那里潜心研究意大利歌剧、清唱剧、大型合唱和室内乐。1710年担任汉诺威选帝侯宫廷乐长。1712年赴英国演出歌剧，受赏识被聘为英国宫廷作曲家，也因此定居英国。1715年，韩德尔为王室在泰晤士河上游览创作了著名的《水上音乐》，旋律优美，令人陶醉。1759年4月6日，在伦敦指挥并参与《弥赛亚》演出时病倒，八天后与世长辞。

韩德尔的主要作品有交响组曲《水上音乐》，管弦乐曲《皇家烟火》(又译《焰火音乐》)，《C大调协奏曲》(《亚历山大之宴》)，《奏鸣曲》(共15首)，《三重奏鸣曲》以及清唱剧《弥赛亚》、《参孙》、《扫罗》、《塞墨勒》、《耶弗他》、《约书亚》、《犹大·马卡白》和《以色列人在埃及》等。

（二）近代欧洲最伟大的作曲家贝多芬

贝多芬(1770—1827)是近代欧洲最伟大的作曲家，是世界公认的音乐大师。正是这位“音乐巨子”，“以前无古人后无来者之势主宰着音乐史中的一个时代”(《不列颠百科全书》语)。

贝多芬出身于音乐世家。祖父曾是科隆选帝侯的宫廷乐长，父亲是宫廷乐团歌手。从幼时起，贝多芬就在父亲的威逼下学音乐，并曾师从宫廷管风琴师内夫。尽管没能成为像莫扎特那样的“神童”，但他却为日后的成功打下了坚实基础。1783 年，13 岁的贝多芬创作了三首钢琴奏鸣曲，并于同年在曼海姆出版。1787 年，贝多芬赶赴音乐之都维也纳，拜见了仰慕已久的莫扎特，并为莫扎特进行了即兴的钢琴表演，受到大师赞赏。1789 年，他进入波恩大学哲学系做旁听生，其间受到了启蒙思想的影响和法国大革命的激励。1792 年，贝多芬有幸见到了大音乐家海顿，海顿建议他去维也纳深造。同年底，贝多芬离开家乡至维也纳，从此在那里定居，直至逝世。

贝多芬像

在维也纳，贝多芬拜在海顿门下学习作曲法和音乐理论；后来，又曾先后拜多位音乐家为师，学习交响曲、四重奏和歌剧的创作方法。从 1795 年起，贝多芬便以钢琴演奏家的身份活跃于维也纳乐坛，其演奏技巧高超，别具一格。

1798 年，贝多芬因突患耳聋之症结束了演奏生涯。他战胜了绝望，全身心地投入到音乐创作之中，即使是在两耳完全失聪(1820 年)之后也没有中断。贝多芬为后世留下了一笔丰厚的音乐遗产，他的音乐作品主要有声乐套曲《遥寄远方的爱人》、《热情奏鸣曲》(《第二十三钢琴奏鸣曲》)、《皇帝协奏曲》(《第五钢琴协奏曲》)、《英雄交响曲》(《第三交响曲》)、《命运交响曲》(《第五交响曲》)、歌剧《菲岱里奥》、钢琴曲《赠爱丽斯》、《葬礼进行曲》(《第十二钢琴奏鸣曲》)、弦乐四重奏《大赋格》、《庄严弥撒曲》、《月光奏鸣曲》(《第十四钢琴奏鸣曲》)、《田园交响曲》(《第六交响曲》)、《悲怆奏鸣曲》(《第八钢琴奏鸣曲》)、《春天奏鸣曲》(《第五小提琴奏鸣曲》)和《合唱交响曲》(《第九交响曲》)等。

第三节 中德之间的文化交流

中国与德国之间真正意义上的文化交流,肇始自明末清初耶稣会士来华。此后,这种交流便日渐频繁,日趋密切。几百年间,先后出现了不少杰出人物,他们以自己的实践与实绩,为中德之间的文化交流架设了桥梁。

一 汤若望与他在中国的传教事业

有学者认为,对于欧洲来说,中国精神世界的真正发现者当属意大利人利玛窦,但第一个能够接近中国皇帝且以中国朝廷官员的特殊身份传播西学的,却是德国人汤若望。

汤若望像

汤若望(1592—1666)出生于德国莱茵河畔的科隆。中学毕业后,他离开家乡前往意大利,就读于罗马城的日耳曼学院。在那里,除了学习神学,他也学习伽利略天文学理论。学习期间加入耶稣会,确立并坚定了自己的终身信仰。在金尼阁神父的带领下,汤若望与其他几国的20余名传教士一起,于1619年抵达澳门。三年后的1622年,汤若望才得以进入中国内地,并于1623年抵达北京。1627年,他奉派前往西安传教。1630年,邓玉函神父在北京逝世,汤若望奉诏进京,接替邓氏参与修改历法(该项工程由徐光启主持)。经过中外科学家的共同努力,《崇祯历书》终于在1634年编纂完成,全书共46种,137卷;其中,由汤若望翻译、撰写的有近20卷。从来华到明朝灭亡的20多年间,汤若望所做的事情可以归纳为:努力研习中国语言,逐步接近士大夫阶层,为日后传教做必要准备;开始进行传教活动;在明朝抵御外患的过程中,奉崇祯皇帝之命参与了火炮制造;其天文学知识与才能得到朝廷的承认,因而被调入京城任公职。

1644年,中国改朝换代,汤若望以其理智、胆略和责任感很快赢得了清朝皇帝的信任。不久,他被正式任命为钦天监监正。作为钦天监的第一任洋监正,汤若望的工作具有开拓性意义。在任上,汤若望所做的一件重要工作就是对《崇祯历书》进行删正修补,编辑刻印成《西洋新法历书》103卷进呈朝廷,为中国的天文事业做出了贡献。

汤若望本来是想在中国弘扬天主教,不想却因精深的西学造诣和对事业的一片忠诚,受到明、清崇祯、顺治和康熙三位皇帝的赏识与信宠。比利时传教士南怀仁曾说,正是因为汤若望与中国皇帝的这种特殊关系,使得他的能力与影响超过了任何一位总督巡抚甚至亲王贝勒;也有学者认为,汤若望对于清世祖福临,"犹魏征之于唐太宗"。当然,汤若望也不总是幸运的,在顺治帝死后的1664年,因遭一位反对基督教的清廷官员毁谤,他曾被革去官职,关进大牢。1666年8月15日,汤若望逝世并安葬于北京。康熙皇帝亲政后,不顾保守派的反对,为汤若望等传教士平反,并亲自为汤若望撰写了祭文。祭文篆刻在汤氏墓碑的正面右侧,左侧是祭文的满文译文;墓碑正中刻"耶稣会士汤公之墓"几个大字。如今,汤若望墓与南怀仁墓就安然地分列在利玛窦墓两侧,构成了北京的一处独特风景。

二 莱布尼茨和他的《中国近事》

莱布尼茨(1646—1716)是德国古典唯心主义哲学的先驱,被后人称为"德国哲学之父"。除了哲学,在数学、物理学、逻辑学、历史学、法学、语言学以及地质学等许多方面,莱布尼茨都做出了重要贡献。因此可以说他是欧洲文艺复兴时期文化孕育出来的天才。特定的社会历史条件、特定的文化背景、加上个人的天资与勤奋，使莱布尼茨成了当时先进思想与先进理论的集大成者。不能不承认，在近代自然科学史、欧洲哲学史乃至中西文化交流史上，他都占有着特殊的地位。

莱布尼茨从很早就开始关注并思索中国哲学问题。通过欧洲来华传教士，他更多地了解了中国，并以开阔的视野和敏锐的洞察力提出了一系列中西文化交流的课题。在大量积累资料的基础上，他在51岁那一年(1697年)用拉丁文编辑出版了《中国近事》(两年后又增加了新内容，出了第二版)，向人们介绍他所搜集和掌握到的中国情况。对于莱布尼茨来说，编辑出版《中国近事》的目的在于，在西方与中国之间建立起真正意义上的文化交流。他认为，在中西文化交流中，没有单纯的施教者和给予者，双方其实也都是受教者和接受者。为此，他为《中国近事》撰写了长长的"序言"，除了介绍该书的内容，还分23点阐述了自己的看法与理解，申明了自己的理想与主张。他写道：

> 正如我所相信的那样，通过一种奇特的命运安排，人类最高度的文化和最发达的技术文明仿佛汇集在我们大陆的两端，即欧洲和位于地球另一端的"东方的欧洲"——支那(人们这样称呼它)。或许是天意要达到这样的目的，当着这两个文明程度最高(在地球上又相隔最远)的民族携起手来的时候，逐渐把位于它们两者之间的所有民族都引入一种更合乎理性的生活。……
>
> 那么，让我们来看看中华帝国：中国这一文明古国的面积同欧洲相比大致相同，而人口数量则已超过。在许多方面，他们与我们各有千秋，在几乎是"对等的竞争"中，有时我们超过他们，有时他们超越我们。……
>
> 然而，过去有谁相信，地球上还有这样一个民族，它比我们这个自以为在各方面都有教养的民族更具有道德修养。自从我们对那些中国人比较熟悉以后，便在他们身上发现了这点。如果说我们在手工艺技能上同他们相比不分上下，在理论科学方面还超过他们的话，那么，在实践哲学领域，即在生活与人类日常习俗方面的伦理道德和政治学说方面，我们肯

定是相差太远了。承认这一点几乎令我感到惭愧。……①

在“序言”中，莱布尼茨还盛赞了康熙皇帝：

中国的当朝皇帝康熙就是这样一位史无前例的伟大的君主。他对欧洲人一直怀有好感，但是最初仍不敢违抗朝廷最高当局的意愿，不敢以国家法律形式公开允许基督教在中国自由传播，直到他登基以后才实现这一点。事实无可辩驳地证明，康熙皇帝伟大而英明的蓝图终于使欧洲的技艺和科学更好地传入中国。从这个意义上讲，我认为康熙一个人比其他所有的官僚都更有远见卓识。我之所以把他看作一位英明的伟人，因为他把欧洲的东西与中国的东西结合起来了。……②

后来，《中国近事》先后被译成了法文、英文和德文，对于中西文化交流来说，《中国近事》无疑具有划时代意义。

三 卫礼贤笔下的“中国精神”

卫礼贤(1873—1930)是20世纪前期德国最重要的汉学家之一，原名里夏德·威廉，“礼贤”是他到中国后自取的汉名。学生时代，卫礼贤读到大诗人歌德的《中德四季晨昏杂咏》诗，由此对中国产生了一种特殊感情，这种特殊感情甚至影响了他的一生。

1899年，卫礼贤以德国同善会传教士的身份抵达中国青岛，其所肩负的是传播基督教义的使命，同时也是为了“呵护在殖民地的德国人的灵魂”(卫礼贤语)。他认真学习汉语，并在观察与体验中感受中国人的心理与文化。在那个腥风血雨的时代，他跟中国人一起经历了那正经历着巨大变革的岁月。

在闯过语言关之后，卫礼贤为中国浩瀚的典籍所吸引，并开始在一位“老大师”的帮助下尝试着把它们翻译成德文。从1910年起，他的中国经典译本陆续在德国出版，如《论语》、《道德经》、《冲虚真经》(即《列子》)、《南华真经》(即《庄子》)、《易经》、《孟子》以及《吕氏春秋》等。他的译本，内容准确，文字简洁，备受人们推崇，尤其是他的《易经》译本，在德语国家影响至深。在与中国

①② 张文珍等编译《莱布尼茨和中国》，福建人民出版社，1993，第103—105页，第106—107页。

文化的接触中，卫礼贤逐渐成为孔子的忠实信徒。辛亥革命后，他曾参加过陈焕章等在上海发起成立的“孔教会”活动，并曾在青岛成立“儒教协会”；他曾游历孔子的诞生地曲阜，参加过当时的衍圣公的婚礼。

第一次世界大战结束后，卫礼贤曾短期回国，后奉派到德国驻华使馆任学术顾问。1924 年，接受法兰克福大学邀请，卫礼贤启程回国，被聘为汉学讲座教授。此后的几年，他陆续完成了一系列研究中国文化的学术成果[①]，并策划成立了“中国学社”，竭尽全力促进中德之间的文化交流。在 1926 年出版的《中国心灵》(一译《中国精神》)的“前言”中，他对自己在中国的生活做了这样的总结：

> 我有幸在中国度过了生命中 25 年的光阴。像每一个在这块土地上生活了许久的人一样，我学会了爱这个国家，爱它的人民。过去的 25 年之所以特别重要，原因就在于这是一个新旧交织的时代。我见识过旧中国，它的一切那时看来还将世世代代延续下去；我也目睹了它的崩溃，看着新生活的萌芽怎么从废墟中生长出来。但是，不管是在新中国还是在旧中国，有一个因素是共同的，那就是处于进化过程中的中国人的心灵，这种心灵尚未失去它的文雅与冷静，并且我也希望，永远不要失去它。[②]

在《中国心灵》中，我们看到，卫礼贤并不满足于对中国社会生活的浮光掠影，也不满足于对中国文化的一知半解，他探究的是潜藏于中国社会各个阶层和中国社会生活各个层面的“中国精神”。在书中，他客观而公正地写到了自己所见到的下层劳动者，写到了对义和团运动的看法，写到了五四新文化运动的影响，写到了中国的节气、节日、十二生肖和日常习俗。当面对曲阜“三孔”(孔府、孔庙、孔林)时，卫礼贤发出了无限的感慨，因为他看到：孔子已经失去了他尊贵的地位，其所建立的精神世界正在受到新思潮的冲击。但卫礼贤似乎并不悲观，仍然执著地相信：

> 也许在新世界里，孔子思想中的某些东西注定要消亡。可是其中永

① 仅专著就有 10 余种，如《中国心灵》、《中国文学史》、《孔子与儒家》、《中国文化史》、《中国哲学》和《中国经济心理》等。

② 卫礼贤《中国心灵》，王宇洁等译，国际文化出版公司，1998，第 1—2 页。

恒的东西——自然与文化的和谐这样伟大的真理依然会存在。它将是新哲学和人类新发展的巨大推动力。从这个角度讲,孔子真正是不朽的。[①]

这带有预见性的话语,绝不仅仅源于他对孔子的崇敬与仰慕,恐怕更源于他对儒家学说的深刻领悟和透彻理解。读之令人感佩。

四 留学德国的中国精英

1872年至1875年间,清政府先后派遣了120名幼童赴美留学,是为中国官方派遣留学生之初始。几乎与此同时,清政府也向英、法、德等欧洲国家派出了留学生。最早赴德留学生所关注的多是军工技术和声光化电之学。其间及其后,除官方派遣之外,也有不少志向高远的青年自费留学德国,所学专业也不断扩大,除理化军事,也读哲学、法律、教育等诸多学科,以期凭借德意志"圣火"的指引,寻得强国之门径、救国之良方。德国当代汉学家哈尼施博士撰写的《在德国的中国留学生——1860年至1945年间中国人留学德国的历史与影响》,以翔实的资料和科学的态度对这一历史现象进行了总结与探讨。该书中所写到的许多人物,后来都成了中国某个学科或某个领域的代表或精英,在各自的学科或领域做出了成绩与贡献。当然,他们中也有可以作为反面教材的知名人物,如与王士珍、冯国璋并称"北洋三杰"的皖系军阀首领段祺瑞之流。从哈尼施博士所列的名单中,我们可以读到不少我们熟悉的名字。

包尔汉(1894—1989),政治家,新疆温宿人,维吾尔族。1929年留学德国,求学于柏林大学。1933年经苏联回新疆从事革命工作。1949年后曾担任新疆省人民政府主席、全国政协副主席等职务。

蔡元培(1868—1940),美学家、教育家,浙江绍兴人。1907年留学德国,就读于莱比锡大学。1911年底归国,出任南京临时政府第一任教育总长。1917年接任北京大学校长,号召学生研究高深学问,不要追求做官发财;强调"仿世界各大学通例,循思想自由原则,取兼容并包主义"。此外,还提倡白话文,反对文言文,使北京大学成为了新文化运动的发祥地。在新文化运动中,

① 卫礼贤《中国心灵》,王宇洁等译,国际文化出版公司,1998,第81页。

又提出“以美育代宗教”的著名口号。

陈寅恪(1890—1969),历史学家、国学大师,江西义宁(今修水)人。1910年赴德,求学于柏林大学,后先后转学于瑞士苏黎世大学、法国巴黎高等政治学校和美国哈佛大学。1921年重返德国,进柏林大学攻读梵文、巴利文和其他东方文字达四年之久。1925年底归国,先后任清华大学、西南联合大学、岭南大学和中山大学教授,并曾任中央文史馆副馆长。著有《隋唐制度渊源略论稿》、《唐代政治史述论稿》、《元白诗笺证稿》以及《柳如是别传》等。

冯至(1905—1993),诗人、日耳曼语言文学学者,河北涿州人。1930年秋赴德,就学于海德堡大学。归国后曾先后任教于上海同济大学和西南联大。1946年调任北京大学教授,1964年调任中国社会科学院外国文学研究所所长。出版过《昨日之歌》、《北游及其他》、《十四行集》、《西郊集》和《十年诗抄》等诗集;译有海涅的《哈尔茨山游记》、《德国——一个冬天的童话》和《海涅诗选》;著有《论歌德》、《德国文学简史》和《杜甫传》等。

傅斯年(1896—1950),教育家,山东聊城人。1920年赴英国留学,1923年转入德国柏林大学攻读哲学。1926年冬回国,任广州中山大学文学院院长。1928年开始长期担任中央研究院历史语言研究所所长,其间曾兼任北京大学教授。抗战胜利后曾代理北京大学校长。作为中央研究院历史语言研究所所长,傅斯年始终将“成就少年学者”当作自己的重要责任之一。1949年随中央研究院迁台湾,曾兼任台湾大学校长。

季羡林(1911—2009),语言学家、民族学家、翻译家、史学家、教育家、作家、印度史和佛教史权威,山东清平(今归临清)人。1935年至1945年留学德国,就读于哥廷根大学,学习梵文、巴利文、吐火罗文,研究印度古代文献和古典语法,1941年获哲学博士学位。1946年归国后即被聘为北京大学教授。几十年间,出版学术专著多部,主要有《印度古代语言论集》、《原始佛教的语言问题》、《中印文化关系史论文集》、《季羡林论印度文化》等;校注有玄奘《大唐西域记》。另创作出版有《留德十年》、《赋得永久的悔》、《牛棚杂忆》、《怀旧集》、《季羡林人生漫笔》、《季羡林散文集》和《耄耋新作》等多部散文集。

林语堂(1895—1976),文学家、语言学家,福建龙溪人。1919年赴美国留学,后转学德国,获莱比锡大学语言学博士学位。归国后,曾先后任教于清华学校、北京大学、北京女子师范大学和厦门大学。1932 年起在上海编刊物,提倡“幽默闲适”小品。1936 年移居美国。1966 年定居台湾,1967 年受聘于香港中文大学任研究教授,主持编写词典。1976 年 3 月病逝于香港。其中英文著作有《剪拂集》、《大荒集》、《我的话》、《京华烟云》、《苏东坡传》和《吾国与吾民》等。

马君武(1881—1940),翻译家、教育家,广西桂林人。1901 年赴日本留学,1905 年加入同盟会,1906 年回国。不久即转赴德国,入柏林工业大学学习冶金。民国成立后曾在南京临时政府任职。1921 年任孙中山非常大总统府秘书长。1927 年参与创办广西大学,并任校长。他爱好文学,喜欢作诗,著有《马君武诗稿》,并曾依旧诗格律译有英国诗人拜伦和德国诗人歌德、席勒的作品,为人们所传诵。

乔冠华(1913—1983),外交家,江苏盐城人。1933 年毕业于清华大学,1935 年赴德留学,1937 年获图宾根大学哲学博士学位。1938 年回国后不久即应邀到香港,参与筹办《时事晚报》,写出了一系列国际评论;后又曾参与编辑《世界知识》杂志。1946 年起任新华社香港分社社长。新中国成立后即到外交部工作,曾先后任局长、部长助理、副部长、部长和中国人民友好协会顾问等职。

王淦昌(1907—1998),核物理学家,江苏常熟人。从清华大学物理系毕业后即赴德国留学,先就读于哥廷根大学,受业于著名物理学家弗兰克和玻恩,后转学至柏林大学,1933 年获博士学位。回国后曾先后执教于山东大学和浙江大学,为中国实验原子核物理、宇宙射线及基本粒子物理研究的主要奠基人和开拓者。20 世纪 60 年代初起受命到戈壁滩上的试验基地,与同事们一起先后完成了原子弹、氢弹的研制以及地下核试验等重大任务,为中国核武器的制造和发展做出了重要贡献。

王光祈(1891—1936),音乐家,四川温江人。1920 年赴德国留学,先后在法兰克福大学和柏林大学学习经济和音乐。1932 年起任波恩大学讲师,1934 年获波恩大学音乐博士学位。以比较音乐学方法研究东西方音乐,完成音乐理论著作多种，主要如《中国音乐史》、《东西乐制之研究》、《西洋音乐史纲要》、《西洋音乐与戏剧》、《西洋音乐与诗歌》和《西洋音乐进化论》等。

萧友梅(1884—1940)，音乐教育家、作曲家，广东香山(今中山)人。早年曾留学日本，毕业于东京帝国大学文科。1912年底赴德留学，攻修音乐理论和作曲，获莱比锡大学博士学位。1920年回国，先后任教于北京大学、北京女子高等师范学校和北京国立艺术专科学校。1927年到上海创办国立音乐院(后更名为“国立音乐专科学校”)，任院长、校长，直至1940年逝世。为中国现代音乐史上新音乐教育事业的奠基人。所作器乐曲有《弦乐四重奏》、《哀悼进行曲》和《新霓裳羽衣舞曲》等；歌曲有《问》、《卿云歌》、《华夏歌》、《民本歌》、《五四纪念爱国歌》以及大型合唱曲《春江花月夜》等。

章伯钧(1895—1969)，民主人士，安徽桐城人。早年留学德国，1926年回国后曾任中山大学教授。1927年参加中国共产党领导的八一南昌起义。后脱离共产党，与邓演达、谭平山等组织中国国民党临时革命委员会。1947年任中国农工民主党主席。1949年参加筹备并出席全国政协第一届全体会议，后曾任中央人民政府委员、政务院委员、交通部长、全国政协副主席等职，并长期担任农工民主党中央主席和民盟中央副主席。1969年病逝于北京。

宗白华(1897—1986)，美学家、诗人，江苏常熟人。1920年赴德，先后就读于法兰克福大学和柏林大学，研习哲学和美学。1925年归国，任东南大学(1928年更名为“中央大学”)教授。新中国成立后被聘为北京大学哲学系教授，直至1986年逝世。毕生致力于“艺境”的探求与体验，著有《美学散步》、《美学与意境》、《艺境》和《流云小诗》；译有《判断力批判》、《欧洲现代画派画论选》以及《海涅的生活和创作》等。1994年，安徽教育出版社出版《宗白华全集》，共四卷。

名单上的有些人，后来成了中国多所大学知名的日耳曼语言文学教授，如董问樵、廖馥君、田德望、杨业治、姚可昆等。

思考与练习

1.《少年维特之烦恼》是第一部在其国内和全世界产生了重大影响的德

国文学作品，它同时也使歌德赢得了国际声誉。主人公青年维特爱上了一位名叫绿蒂的姑娘，而绿蒂已订婚；维特也想在事业中有所成就，但又与当时的社会格格不入。最终，他在痛苦与绝望中饮弹自杀。请谈谈维特形象成功塑造的意义。

2. 你读过歌德代表性诗剧《浮士德》吗？请谈谈你对其作品及浮士德形象的理解。

3. 在这个世界上，相信凡是接受过学校教育的人都读过格林童话。能否谈谈其中的某些作品给过你的影响？

4. 德意志民族是一个善于思辨的民族，产生过许多影响了世界的哲学家。请结合阅读谈谈你对德国哲学的认识。

5. 德国也是无产阶级革命导师马克思和恩格斯的故乡，请结合他们的革命实践与著作谈谈你对马克思主义的理解。

6. 如果你喜欢贝多芬且欣赏过他的音乐作品，就请你谈谈你对其作品的理解与感受。

7. 作为来华传教士，汤若望为什么能够得到明、清三位皇帝的信任和重用？请谈谈他对中国天文学发展做出的贡献。

8. 试述卫礼贤在中德文化交流中所起的作用。

第九章 俄罗斯

俄罗斯位于欧洲东部和亚洲北部，北滨北冰洋，西南分临黑海和里海，东濒太平洋，隔海与美国的阿拉斯加州和日本相望。陆疆从西往东，则与挪威、芬兰、爱沙尼亚、拉脱维亚、白俄罗斯、乌克兰、格鲁吉亚、阿塞拜疆、哈萨克斯坦、中国、蒙古和朝鲜等10余国接壤。国土面积约1700万平方公里，海岸线全长在4万公里以上。

第一节 俄罗斯历史文化概述

一 基辅罗斯公国的形成与衰亡

斯拉夫人分为东、西、南三支，其中，东斯拉夫人人数最多，分布在西起德涅斯特河和喀尔巴阡山，东至顿河、奥卡河和伏尔加河，南抵黑海，北达拉多加湖、面积辽阔的东欧平原。公元6世纪至8世纪，其社会生产力水平已经有了显著提高。9世纪初，原始公社解体，东斯拉夫人的雏形国家开始在重要的商道沿线出现。其时最大的商道是纵贯南北的"瓦希之路"，即北起"瓦里亚基人"[①]的波罗的海、南至希腊人国家拜占庭的水上大通道。大通道上最重要的城市国家北有诺夫哥罗德，南有基辅。

东斯拉夫人居住的地区被称为"罗斯"。公元9世纪中叶，北方的瓦里

---

① 一译"瓦兰吉亚人"，是东斯拉夫人对北方斯堪的纳维亚人的称呼。

亚基人在其首领留里克统帅下征服了罗斯南北各地。公元882年，继承了留里克王公之位的奥列格建立了以基辅为中心的"基辅罗斯"国家，他被尊为"大公"。[①] 通过与南面的文明大国拜占庭的长期贸易和相互征伐，基辅罗斯的文明水准迅速提高。罗斯的文字直接取自拜占庭，所采用的就是拜占庭僧侣创制的基立尔字母。基立尔字母共43个，经过后来的逐渐演变，最终形成了今天的由33个字母构成的俄文。除了文字，拜占庭对基辅罗斯最重要的文化影响是基督教。公元988年，基辅大公弗拉基米尔为迎娶拜占庭公主安娜为妃，决定改信基督教，并把基督教定为国教。其所信奉的属于希腊正教派。

13世纪，基辅罗斯的东斯拉夫民族逐渐分化，最终演化为俄罗斯、乌克兰和白俄罗斯，因此有人说，历史长达300余年的基辅罗斯公国曾经是上述三个民族的文化摇篮。1240年，蒙古大军攻克号称罗斯"众城之母"的基辅，基辅罗斯公国灭亡。

二　沙皇俄国的建立及其社会文化发展

莫斯科城堡建立于1156年(一说1147年)，13世纪初时已经繁华起来，成了莫斯科公国的都城。经过几代王公的苦心经营，公国版图也急剧扩展。至1340年伊凡一世去世时，莫斯科大公国已经成为全罗斯最强盛的国家。伊凡三世在位时，莫斯科大公国统一了东北罗斯，建立了中央集权的俄罗斯国家，国土面积已达280万平方公里。伊凡三世颁布法典，抑制大贵族特权，为俄罗斯的君主专制奠定了基础。1547年1月，17岁的伊凡四世在克里姆林宫圣安息大教堂举行加冕仪式，戴上了据说是拜占庭皇帝莫诺马赫当年赠给自己外孙的金冠。主持仪式的总主教宣布伊凡为沙皇，承续1453年亡国的拜占庭帝国的皇统，拥有至高无上的权力，而且神圣不可侵犯。伊凡四世既是莫斯科和全俄罗斯大公，也是俄国历史上的第一个沙皇。

---

① 有史家称，瓦里亚基人其时还处于较低的社会发展阶段，因此很快就失去了自己的语言，为东斯拉夫人所同化。

16世纪末，沙皇政府基本上完成了对全俄罗斯农民的登记工作，凡登记在某个地主名下的农民就永远成了该地主的农奴。农奴化遭到俄罗斯农民的反抗，反抗的主要形式就是逃亡——逃亡至地主鞭长莫及的南方大草原。为了抵御追捕，逃亡者按军队形式组织起来，自称“哥萨克”(突厥语的意思是“自由自在之人”)。在草原上的顿河、捷列克河和库班河沿岸，已出现了许多哥萨克营地和村落。哥萨克善于骑马，骠勇强悍，在后来俄国发生的多次农民战争中起了主力军作用。

17世纪初，混乱中的俄国曾遭波兰入侵。1613年2月，罗曼诺夫被选为沙皇，俄国历史上最后一个王朝——罗曼诺夫王朝就此建立。俄国东进的步伐加快，仅用了几十年的时间就把疆土扩展到了太平洋沿岸。1682年，10岁的彼得当上了沙皇，史称“彼得一世”，也就是人们通常所说的“彼得大帝”。

彼得一世在亲政之后，于1698年平定了国内的叛乱，接着便着手对俄国社会进行全面改革，以强化沙皇的专制权力。改革使俄罗斯迅速强大起来。1712年，彼得一世迁都圣彼得堡[①]。1721年，在战胜了瑞典且把它占领的波罗的海东南沿岸地区划归俄国之后，俄国参政院授予彼得一世“俄罗斯皇帝”称号，俄罗斯帝国就此形成。

根据彼得一世的敕令，1725年，俄罗斯科学院成立。1755年，女皇伊丽莎白的宠臣伊凡·舒瓦洛夫接受科学家罗蒙诺索夫的倡议，主持建立莫斯科大学，并出任大学的第一任学监。除了招收贵族子弟，莫斯科大学也招收平民子弟，为社会培养出了一批又一批的杰出人才。罗蒙诺索夫(1711—1765)是俄国唯物主义哲学和自然科学的奠基者，同时也是诗人。他提出了物质与运动守恒的理论，并进行过物质在化学反应中质量守恒的实验。他曾留学德国，回国后一直在科学院工作。在给友人的信中，他曾写道：“自然界中的所有变化都是这样发生的：一种东西增加多少，另一种东西就失去多少。”据认为这是对物质不灭定律的首次表述。

① 简称“彼得堡”，1914年改称“彼得格勒”，后曾更名“列宁格勒”。

三 俄罗斯帝国的专制统治及其对外扩张

1762年，出身于德意志贵族的叶卡捷琳娜以“逼宫”形式当上了女皇，是为叶卡捷琳娜二世。她标榜在俄罗斯实行“开明专制”，并跟伏尔泰、狄德罗等启蒙思想家保持着密切的书信往来，征求他们对革新俄国社会的意见。但她的“开明专制”丝毫没有触动农奴制度，因此农民的处境不但没有好转，反而急剧恶化。在这样的情况下，1773年，普加乔夫领导的农民起义在雅克河一带爆发。普加乔夫自称“彼得三世”，宣布解放农奴，分土地给农民，因此得到广泛响应。起义最终遭沙皇军队镇压。此后，“开明专制”不见了踪影，而贵族的特权却不断扩大，俄国的农奴制被推向了极致。

沙皇俄国野心勃勃，对外不断发动侵略战争。1792年，俄军入侵波兰，并最终与普鲁士和奥地利一起将波兰瓜分；1803年，格鲁吉亚被俄国兼并；1813年，在波斯被打败之后，阿拉斯河以北的七个阿塞拜疆汗国被割让给俄国；1828年，东亚美尼亚被划入俄罗斯版图；1829年，土耳其承认南高加索地区永归俄国所有；1884年，土库曼各部落被俄军征服。从1840年起，中国成了西方列强瓜分和宰割的对象，在这股狂潮中，俄国凭借武力强占了中国黑龙江以北、乌苏里江以东以及西北边境总共150多万平方公里的广袤土地。

俄法之间早在18世纪末就发生过冲突，后曾短暂休兵。1812年，拿破仑指挥42万大军入侵俄国，遭到俄国军民的顽强抗击。打败了拿破仑，俄国成了欧洲的霸主。战争当然也给俄国造成了巨大破坏，下层人民的生活愈加困苦。反抗情绪在民众中酝酿，批判农奴制度的“自由思想”也在广泛传播。参加过卫国战争和巴黎远征的部分青年军官受资产阶级民主思想的启蒙，秘密组织革命团体“南方协会”和“北方协会”，并在1825年12月乘新沙皇即位之机，分别在乌克兰和圣彼得堡举行起义，史称“十二月党人起义”。起义虽然在残酷的镇压下失败，但它却标志着俄罗斯人民民族意识的空前觉醒。据统计，1826年至1854年间，整个俄国共发生农民起义709次，平均每年在24次以上。

四 资产阶级民主主义者时期的革命斗争与文化繁荣

从19世纪40年代起,俄国解放农奴运动逐渐由贵族革命家时期进入资产阶级民主主义者时期。其代表人物是直接在十二月党人影响下成长起来的赫尔岑以及其他一些平民知识分子,如别林斯基、车尔尼雪夫斯基和杜勃罗留波夫等。赫尔岑(1812—1870)是革命民主主义者、唯物主义哲学家、作家,出身于大贵族家庭。在莫斯科大学读书时就组织过宣传革命思想的小组,毕业后曾遭流放,不得不亡命法、英等国。在国外办《北极星》杂志和《钟声》报,鼓吹农奴解放,号召人民推翻沙皇制度,并将杂志和报纸秘密送回国内。晚年写有回忆录《往事与随想》。别林斯基(1811—1848)是资产阶级民主主义者的先驱,在大学读书时,因写作反对沙皇政权的剧本被开除,后从事文学评论和编辑工作,毕生以文艺批评反对沙皇制度,著有《给果戈理的信》等。车尔尼雪夫斯基(1828—1889)在大学时代便接触空想社会主义理论,并研究黑格尔与费尔巴哈哲学。1856年起担任《现代人》杂志主编。1862年遭沙皇政府逮捕,流放西伯利亚,流放期间写有长篇小说《怎么办?》和《序幕》等。杜勃罗留波夫(1836—1861)是哲学家和文艺批评家,曾协助编辑《现代人》杂志,揭露农奴制度的反动性和自由派的欺骗性,号召人们为争取新生活、为消灭农奴制和沙皇统治而斗争。列宁对民主主义者给予很高的评价,称他们是"一群光辉的革命家"。

19世纪前期,俄罗斯文学也空前地繁荣起来,除了批判农奴制度和专制主义,这一时期的文学也表达对自由的热切追求。开创了这一新时代的是诗人普希金。在普希金旗帜的指引下,至19世纪中叶及后期,俄罗斯"批判现实主义"文学走向辉煌,出现了果戈理、莱蒙托夫、屠格涅夫、陀思妥耶夫斯基、托尔斯泰和契诃夫等一大批文学大师。与文学的繁荣相呼应,美术、音乐等也进入了它们的黄金时代。

五 十月革命的胜利与苏联时期的文学事业

在列宁的领导下,1903年,俄国社会民主工党第二次代表大会先后在布鲁塞尔和伦敦举行,大会通过了党的纲领和章程,选举了党的领导机构,完成了建党工作。因为列宁及其支持者占多数，所以称为“布尔什维克”(1918年改名为“俄国共产党”，简称“俄共(布)”)，居于少数的一派则被称为“孟什维克”(1912年被清除出党)。1917年3月上旬，圣彼得堡发生了工人罢工。布尔什维克号召工人起来革命，推翻沙皇的专制统治。尽管沙皇尼古拉二世命令军队镇压，并下令解散国家杜马，但已无济于事。军队开始转向革命，倒戈参加工人武装。在众叛亲离、走投无路的情况下，尼古拉二世不得不于3月15日宣布退位，至此，统治了俄国300余年的罗曼诺夫王朝宣告终结。这次起义被称为“二月革命”。

俄历1917年10月10日(公历10月23日)，布尔什维克党举行中央全会，通过了列宁提出的关于武装起义的决议。10月24日(公历11月6日)，圣彼得堡工人和士兵起义，占领首都各重要据点，并于次日深夜攻占临时政府所在地冬宫。同日晚，全俄苏维埃第二次代表大会宣布全部政权归苏维埃。这就是震惊世界的“十月革命”。革命的胜利和第一个无产阶级专政的社会主义国家的建立，对俄国乃至世界历史的进程都产生了重大影响。

十月革命的风暴摧毁了沙皇俄国这座“民族监狱”，在旧俄国的版图上，先后建起了10余个苏维埃国家。因为这些共和国都处于俄共(布)的统一领导之下，因此它们的统一便是大势所趋。1922年10月，俄共(布)中央通过决议，各苏维埃共和国在完全平等的基础上结成统一联盟。同年底，全联盟第一次苏维埃代表大会在莫斯科召开，宣布成立苏维埃社会主义共和国联盟。联盟开始时由4个加盟共和国组成，后来增加到15个。

无产阶级革命文学早在19世纪90年代即已诞生。在1905年爆发的资产阶级民主革命的感召下，在列宁思想的鼓舞下，1906年，高尔基创作出了著名的长篇小说《母亲》，成为了无产阶级革命文学的伟大旗手。十月革命后，苏联文学在新的形势下向前发展，一批无产阶级作家成长起来。20年代产生的优秀长篇小说作品主要有绥拉菲莫维奇的《铁流》，富曼诺夫的《恰巴耶夫》，法捷耶夫的《毁灭》。诗人马雅可夫斯基坚定地拥护十月革命，写出了不少讴歌十月革命和社会主义建设的诗篇，如《向左进行曲》、长诗《一亿五千万》、代表作长诗《列宁》和《好!》以及讽刺诗名篇《开会迷》等。

20世纪30年代，由于社会政治生活不够正常，苏联文学显得相对沉闷，但还是产生了一些影响较大的长篇小说作品，如阿·托尔斯泰的《彼得大帝》和《苦难的历程》(由《两姊妹》、《一九一八年》、《阴暗的早晨》三部曲组成)，奥斯特洛夫斯基的《钢铁是怎样炼成的》、潘菲洛夫的《磨刀石农庄》以及肖洛霍夫的巨著《静静的顿河》和《被开垦的处女地》(第一部)等。

卫国战争为文学创作提供了丰富的题材，直到20世纪70年代，以卫国战争为描写对象的作品仍然受到人们的关注，代表性作品有法捷耶夫的长篇小说《青年近卫军》、肖洛霍夫的短篇小说《一个人的遭遇》、瓦西里耶夫的中篇小说《这里黎明静悄悄》以及西蒙诺夫的长篇小说三部曲《生者与死者》、《军人不是天生的》和《最后一个夏天》等。

经过将近70年的风风雨雨，1991年12月25日晚，苏维埃社会主义共和国联盟正式解体。俄罗斯跟其他加盟共和国一样，各自成为了独立国家，并以新的形象呈现于世界民族之林。

第二节 俄罗斯的历史文化名人及其文化成果

一 文学家

(一) 开创俄国文学新时代的伟大诗人普希金

普希金(1799—1837)是19世纪俄国积极浪漫主义文学最优秀的代表，也是俄国批判现实主义文学的开拓者，被高尔基赞誉为“俄国文学之始祖”、“伟大的俄国人民诗人”。因为在思想上支持十二月党人，创作过反对专制暴政、歌颂自由的政治抒情诗，如《自由颂》、《致恰达耶夫》、《致普柳斯科娃》等。1820年，普希金曾被流放南俄。这一时期，他写出了《短剑》、《囚徒》、《致大海》等短诗和《高加索俘虏》、《强盗兄弟》、《茨冈》等叙事长诗。其中，长诗《茨冈》通过对茨冈人(即吉普赛人)生活的描绘，表现了俄国上流社会青年探寻出路的主题，被认为是诗人过渡到现实主义创作之前的最后一部浪漫主义诗篇。1824年创作了历史剧《鲍利斯·戈都诺夫》。1826年，新皇尼古拉一世把普希金召回莫斯科。不久，诗人便创作出了著名诗篇《致西伯利亚的囚徒》，并托人把诗带到流放地去，使那里的十二月党人备受鼓舞。1837 年，普希金迁居圣彼得堡，重新进入外交部任职，然而，沙皇政府对他的迫害却日甚一日。生命的最后几年是他创作的黄金期，其最主要的收获有诗体小说《叶甫盖尼·奥涅金》、童话诗《渔夫和金鱼的故事》以及中篇小说《上尉的女儿》等。

《叶甫盖尼·奥涅金》通过对奥涅金形象的塑造，展示了 19 世纪 20 年代俄国的社会生活图景，同时也提出了一个重要的社会问题：贵族青年知识分子尽管受过资本主义文明的熏陶，渴望社会变革，不愿与贵族社会同流合污，但他们因为受成长环境的制约，却永远站不到人民一边，只能成为于世无补的“多余人”。奥涅金是俄国封建农奴制社会贵族青年的一种典型，也是俄罗斯文学中第一个“多余人”形象。小说的发表，为俄国批判现实主义文学的确立奠定了基石。

童话诗《渔夫和金鱼的故事》主要写了两个人物：傲慢、贪婪、残暴的老太婆，老太婆的丈夫——勤劳、善良的老渔夫。全诗通过离奇的情节以及反复、对比手法的运用，把自私自利和贪得无厌必遭“恶报”的道理“讲”得有声有色。

小说《上尉的女儿》以贵族青年军官格利涅夫的个人遭遇为线索，通过第一人称的叙述，再现了普加乔夫暴动的那一段历史。因此小说虽名为《上尉的女儿》，但其真正的主角却是农民起义领袖普加乔夫。小说中的普加乔夫，性格刚毅、正直善良，抱负远大、酷爱自由，是深受人民爱戴的农民起义领袖。在他的内心中，也有幻想、希冀、忧思和痛苦，读者能真切地感受到他是一个有血有肉的、活生生的人。除了普加乔夫，书中所描写的所有人物都洋溢着一股前所未见的生气，既具心理真实，更具历史真实。因此有人说，《上尉的女儿》是为写普加乔夫而创作的，也是普希金创作的最高峰。

普希金死后，诗人莱蒙托夫写下了抨击当权者的著名诗篇《诗人之死》，因此被流放高加索。莱蒙托夫(1814—1841)可以说是普希金传统的继承者，他的创作被认为是“十二月党人情绪最后的也是极其深厚真挚的回声，渗透着对封建农牧制俄国的不满与抗议”。他的主要作品有《抒情诗集》，长诗《童僧》、《恶魔》以及长篇小说《当代英雄》等，其文学活动与成果，为俄国批判现实主义文学的发展与繁荣奠定了基础。

（二）批判现实主义文学代表作家

俄国批判现实主义文学在19世纪30年代形成之后，迅即走向了繁荣，直至20世纪初才徐徐落幕。近百年间，俄国涌现出了许多关注人民苦难的作家，写出了一大批反映现实黑暗的作品。他们中间包括果戈理、屠格涅夫、陀思妥耶夫斯、托尔斯泰和契诃夫等。

1. 果戈理

果戈理(1809—1852)在普希金和别林斯基的帮助与影响下开始创作生涯。他向往自由，憎恨专制，很快就成为俄国批判现实主义文学"自然派"的先驱。其描写"小人物"命运的中篇小说《狂人日记》和《外套》受到文学界推重。1836年，果戈理发表讽刺喜剧《钦差大臣》，上演后受到反动派的诽谤攻击，不得不离开俄国侨居罗马。侨居国外期间完成长篇小说《死魂灵》的第一部。1852年，果戈理在病中痛苦地烧毁了《死魂灵》第二部手稿（只剩下残稿几章），不久便辞世而去。

喜剧《钦差大臣》描述的是一座偏僻小城里的官场故事：钦差大臣即将到来的消息掀起了一场轩然大波，小城的官吏们错把路过此地的小文官赫列斯达科夫误当作钦差巴结逢迎，结果闹出了笑话。喜剧通过展示赫列斯达科夫浅薄、虚荣和欺世盗名的性格特征对沙俄官场进行了无情嘲讽，是俄国戏剧史上的一座里程碑，为俄国现实主义戏剧的发展开辟了道路。

《死魂灵》描写的是六等文官乞乞科夫想通过买卖死魂灵发财的故事。乞乞科夫出身于没落贵族家庭，从小就接受"金钱万能"、"讨好上司"的家训，养成不择手段投机钻营的心理。他向地主们廉价购买已经死去但尚未注销户口的农奴名单，准备到政府有关部门办理过户手续，再抵押给他人，从中牟取暴利。但罪恶勾当被人拆穿，乞乞科夫狼狈逃走。《死魂灵》的出版使整个俄国震撼。在果戈理笔下，地主们的吝啬贪婪、官吏们的腐化堕落以及广大农奴的悲惨境遇，被暴露得淋漓尽致。小说以其深刻的思想内容、鲜明的批判倾向和巨大的艺术力量，成为了俄国批判现实主义文学的奠基之作和讽刺文学的典范。

2. 屠格涅夫

屠格涅夫(1818—1883)出身于世袭贵族家庭。在莫斯科大学读书时即开始文学活动。其散文特写集《猎人笔记》写于1847年至1852年，以一个猎人的行猎为线索，刻画了各种类型的人物形象，真实地展现了农奴制度背景下外省城乡各阶层人民的生活面貌。有研究者把这些作品视为“散文化小说”或“诗化小说”的范例。《猎人笔记》是屠格涅夫的成名作，屠格涅夫也因在书中揭露农奴主的残暴、表现农奴的悲惨生活而遭放逐。50年代至60年代，作家又先后发表了多部长篇小说如《罗亭》、《前夜》、《贵族之家》、《父与子》和《处女地》，还创作有中篇小说《阿霞》、《多余人的日记》等，成功地塑造了一系列“多余人”形象，以此揭示出了贵族阶级行将退出历史舞台的必然趋势。屠格涅夫善于写景，擅长少女形象的塑造，语言风格清新、细腻，抒情的笔调中微含着哀愁，被列宁称誉为俄国的语言大师。

3. 陀思妥耶夫斯基

陀思妥耶夫斯基(1821—1881)25岁时发表成名作长篇小说《穷人》。小说由男女主人公的往来书信构成，主要描写这两个真诚相爱的人的悲剧结局及其周围穷人的悲惨遭遇，被认为是俄国文学史上“社会小说的第一次尝试”。此后，作家又写出了《双重人格》、《女房东》、《白夜》等中篇小说以及数量可观的长篇小说作品，主要有《死屋手记》、《被侮辱与被损害的》、《罪与罚》、《白痴》、《恶魔》、《少年》和《卡拉马佐夫兄弟》等。这些作品，一方面描绘了广阔的社会生活，表现了下层人民的真实遭遇和无尽苦难，暴露了贵族资产阶级社会的腐化，另一方面却又宣扬“灵魂净化”、“顺从命运”的荒谬哲学，鼓吹用宗教信仰和宗教道德来消解社会矛盾以拯救人类。在陀思妥耶夫斯基的作品中，可以说是精华与糟粕交织并存。艺术上，作家的成就令人瞩目：他擅长心理描写和心理剖析，更善于表现人物的内心矛盾和精神病态；作品中的主要人物身上，往往体现着作家的某种哲学思考。

4. 托尔斯泰

列夫·托尔斯泰①(1828—1910)是俄国批判现实主义文学的杰出代表，列宁曾称赞他是“俄国革命的镜子”，也有人称誉他为“19世纪世界的良心”。列

① 为了与后世著名作家阿列克塞·托尔斯泰相区分，中国文学界也称他为“老托尔斯泰”。

夫·托尔斯泰的小说可以分成两部分：一部分是对贵族和奴隶制度丑恶现象的揭露，主要包括自传体小说《幼年》、《少年》、《青年》三部曲等作品；另一部分主要体现作家对社会问题和贵族前途问题的思考和探索，代表作品包括《战争与和平》、《安娜·卡列尼娜》和《复活》。

列夫·托尔斯泰像

《战争与和平》以1812年俄国人民抗击拿破仑入侵的卫国战争为中心，以四个贵族家庭的主要成员安德烈、皮埃尔和娜塔莎的命运为贯穿始终的情节线索，展现了这场战争的波澜壮阔以及那个时代社会生活的丰富多彩。作品歌颂了人民和士兵的爱国热情和英雄气概，肯定了这场战争的正义性质。在刻画人物尤其是主要人物时，作家十分注重对其内心世界多面性和复杂性的揭示，使他们个个性格鲜明，真实可信。而小说的不足，也恰恰反映了托尔斯泰世界观矛盾的加深。他虽然肯定人民群众是战争取得胜利和推动历史前进的巨大力量，但同时却又宣扬“顺从天命、净化道德、爱一切人和积极行善是改革社会的良策”。尽管如此，《战争与和平》仍然不失为“一部热爱生活的乐观的小说”，一部现实主义的、英雄史诗般的长篇杰作。

《安娜·卡列尼娜》围绕两条情节线索铺展故事：一是安娜对爱情自由的追求，一是列文对社会出路的探索。安娜出身贵族，16岁时就由姑母做主嫁给了长她20岁的大官僚卡列宁，成了封建包办婚姻的牺牲品。在共同生活的八年中，安娜从未得到过真正的爱情。贵族青年渥伦斯基这时闯入她的生活，于是安娜背弃了丈夫和女儿跟渥伦斯基同居了。这招致了贵族社会的谴责。渥伦斯基的爱成了安娜的一切，成了她唯一的精神支柱。然而，渥伦斯基不过是个花花公子，安娜在看透了整个贵族社会的无耻和虚伪后，绝望地卧轨自杀。

列文作为一个长期生活在农村的地主，憎恨城市文明，看不起城市资产者，但他又不能不看到农奴制度行将崩溃、资本主义生产方式已经出现的事实。为了挽救封建贵族制度，他在自己的庄园里进行改革，试图保留地主土地所有制。但他失败了，最后皈依宗教。小说形象地反映了资本主义在俄国急剧发展的社会现实，同时也透露出了托尔斯泰内心世界的尖锐矛盾。[①]

在世界观发生了"转变"之后，托尔斯泰又写出了著名的长篇小说《复活》。尽管有人认为《复活》在艺术上要比《战争与和平》和《安娜·卡列尼娜》逊色，但仍可以看成是托尔斯泰的代表作。卡秋莎·玛丝洛娃是贵族地主家的养女兼婢女，女主人的侄子、青年公爵聂赫留道夫诱奸了她并一走了之。怀了孕的玛丝洛娃被赶出了庄园。后遭人诬陷被捕入狱，受到审判。作为陪审员的聂赫留道夫认出了玛丝洛娃，受到良心的谴责，并向她忏悔。玛丝洛娃被判刑，押送西伯利亚，聂赫留道夫陪她同行。途中苦役改为流放，玛丝洛娃为了聂赫留道夫的前程，拒绝了他的求婚，并与政治犯西蒙松结合。小说通过男女主人公的经历，表现了他们在精神上和道德上的"复活"。玛丝洛娃的命运其实就是千百万俄国农民的命运，小说把她作为主角来描写，并让公爵老爷向她忏悔，被认为是托尔斯泰转向宗法制农民立场的标志；而聂赫留道夫的形象里也融进了"勿以暴力抗恶"、"爱的宗教"等"托尔斯泰主义"思想。小说全面深刻地批判了沙俄政权，从而把俄国批判现实主义文学推向了高峰。

5. 契诃夫

契诃夫(1860—1904)被看成是俄国批判现实主义文学的"殿军"，一生创作小说 470 余篇。作为短篇小说巨匠，契诃夫的作品以语言精练、准确见长，而且

---

① 《安娜·卡列尼娜》创作完成后，托尔斯泰开始对自己感到不满。从青年时代开始的对人生目的的探索，使他的精神处于危机状态。在《忏悔录》一书中，他叙述了自己为寻求人生意义的答案而经受的道德和精神上的痛苦。这危机在 1879 年达到了顶点，有一段时间，他曾企图自杀。到了晚年，始终标榜"心口一致"、追求"言行一致"的托尔斯泰再一次地陷入了极度的苦闷之中，他的平民化思想与他的贵族家庭生活经常发生冲突。他戒烟戒酒，素衣素食，躬耕劳作，热衷慈善活动，且常与妻子因版权问题而争吵。1910 年，为了摆脱自己厌恶的贵族生活，82 岁高龄的托尔斯泰离家出走，希望找到一个能够安静地生活并能和上帝更加接近的藏身之所。伴他同行的只有他的医生和小女儿亚历山德拉。几天以后，11 月 7 日(公历 11 月 20 日)，托尔斯泰因肺炎逝世于梁赞省偏僻的阿斯达普沃火车站。

善于透过生活的表层进行探索，把人物隐蔽的动机揭示出来。有人说，他的小说不是“写”出来或“编”出来的，而是从心里“流”出来的；他无须编故事，甚至也不要构思；他能从任何角度开篇，又能从任何章节断流，都能做得天衣无缝。正因如此，他赢得了广泛的赞誉，也赢得了自己在俄国文学史和世界文学史上的崇高地位。契诃夫的代表作主要有《第六病室》、《变色龙》和《套中人》等。

中篇小说《第六病室》被认为是契诃夫创作进程中的一个重大转折点。故事发生在外省小城的一家医院的第六病室，这间病室是专为“精神病患者”准备的。病室里阴暗潮湿、臭气熏天、杂乱无章，看门人像狱吏对待犯人那样对待病人。医生拉京曾经想改变这种状况，但却无能为力，只得采取不闻不问的态度。多年之后，他在一次巡视第六病室时结识了一个名叫格罗莫夫的年轻“病人”，这位“病人”是因主张用斗争反抗专制压迫、争取自由而被关进来的，拉京与他交谈，而且谈得非常投机。不久，拉京也被诬为“精神病人”关进了第六病室，并遭到毒打。拉京此时才醒悟，认识到“不抗恶”是错误的，但为时已晚，被打的第二天，他就死了。小说揭露了沙皇俄国阴森恐怖、令人窒息的黑暗，批判了消极逃避、“勿以暴力抗恶”的危害，撼人心灵，发人深省。

（三）苏联社会主义文学的奠基人高尔基

高尔基（1868—1936）是俄国无产阶级革命文学最杰出的代表，原名阿列克塞·马克西莫维奇·彼什科夫。高尔基幼年丧父，由外祖父母代为抚养。从小，高尔基就受到艰辛生活的折磨，只读过两年小学，10岁时即走入“人间”，真切地看到了人民的苦难和社会的丑恶。19世纪80年代末、90年代初，他曾两度到俄国南方流浪，最后到一家铁路修配厂做工。1892年以“高尔基”的笔名发表第一篇小说，从此走上了文学创作的道路。

高尔基像

早期，浪漫主义占据高尔基创作的重

要地位,所发表的短篇小说《伊则吉尔老婆子》和《鹰之歌》使他有了文名。19世纪末,高尔基开始接触马克思主义,并积极投身于群众的革命斗争。1901年发表散文诗《海燕》,以寓言形式和象征手法鼓舞人们去迎接革命的暴风雨。这一时期,高尔基也开始创作剧本,其主要剧作有《小市民》和《底层》等。在1905年"流血星期日",作家目睹了沙皇政府对革命群众的血腥镇压。1906年,其代表作长篇小说《母亲》发表。1907年5月,在出席第五次党代表大会时,高尔基第二次见到了列宁,从此两人建立起了密切联系和深厚友谊。

从1913年至1923年的10年间,高尔基先后完成了他的自传体小说三部曲《童年》、《在人间》和《我的大学》。《童年》描写了阿廖沙(高尔基的小名)在父亲去世后寄居外祖父家时所度过的艰辛岁月;《在人间》叙述了作家少年时代在生活的逼迫下所经受的苦难与磨炼,这"人间"就是19世纪70年代至80年代俄国黑暗社会的一个缩影;《我的大学》记述了作家在喀山时期的生活与成长,描写了他如何从生活底层攀上文化高峰、走上革命道路的曲折历程。

在苏维埃时代,高尔基创作了一系列揭露资产阶级及其知识分子的作品,如长篇小说《阿尔达莫诺夫家的事业》、《克里姆·萨姆金的一生》以及剧本《耶戈尔·布雷乔夫及其他的人们》等。在其生命的最后10年,他还写出了大量特写和政论,如《苏联游记》、《英雄的故事》以及《给苏联"机械的公民"》、《论绦虫》、《论叛徒》等。1934年,高尔基主持了第一次苏联作家代表大会,做了题为《苏联的文学》的报告,并当选为苏联作家协会主席。1936年6月14日,高尔基在接受治疗期间溘然长逝。

《母亲》发表后曾反复修改,直至1922年才出版最后定本。小说通过青年工人巴威尔·符拉索夫和他的母亲彼拉盖雅·尼洛芙娜的成长与觉醒,描绘了俄国1905年资产阶级民主革命前夕无产阶级的卓绝斗争,真实地展示了俄国革命向社会主义发展的趋势与现实。巴威尔是无产阶级文学中最早出现的工人革命家形象,他经历了从自发斗争到自觉斗争的成长过程。母亲尼洛芙娜则是小说的"魂",作品中的重要人物和重大事件都是通过她的感受表现出来的。贫困艰辛的生活,使她饱经风霜,逆来顺受,如果不是时代的改变,她也许跟千百万劳动妇女一样默默无闻地度过苦难的一生。但儿子的革命活动,儿子讲给她的革命道理，改变了她的生活：她先是为儿子向上帝祈祷，然后逐渐地有了觉醒的意识。在儿子第二次被捕后，母亲更积极地投身革命斗争，并在斗争中锻炼得机智坚强，对革命充满信心。在法庭审判儿子的第二天，母亲把印有儿子演说的传单带到车站去散发。当宪兵毒打逮捕她时，她毫无惧色，依然挣扎着向着群众高喊："复活的灵魂——是杀不死的！""鲜血决不可能浇灭理性！""真理是用血海也扑不灭的……""你们一定要遭到恶报！"作为社会主义现实主义的奠基之作，《母亲》对俄国十月革命前的革命运动产生了积极影响，被视为无产阶级文学史上具有划时代意义的巨著。

（四）苏联社会主义文学时期的代表作家奥斯特洛夫斯基、肖洛霍夫

1. 奥斯特洛夫斯基

奥斯特洛夫斯基(1904—1936)是一位名副其实的无产阶级作家。他出身于贫苦的工人家庭，10岁开始做工，15岁参加红军，1924年加入苏联共产党。由于劳累过度，他的健康状况日益恶化，终于导致全身瘫痪、双目失明。1930年开始创作长篇小说《钢铁是怎样炼成的》，并于1934年出版。同年完成的另一部小说《暴风雨所诞生的》，以1918年末至1919年初的国内战争为背景，反映了乌克兰无产阶级和农民击败波兰侵略者的斗争。该书原计划写三卷，但只完成了第一卷。1936年12月22日，就在第一卷刚刚出版之际，作家便在病痛的折磨中辞世，时年32岁。

《钢铁是怎样炼成的》描写的是主人公保尔·柯察金从一个普通工人的儿子成长为一名无产阶级英雄的故事，是一部闪烁着理想光芒和革命激情的长篇小说。小说反映了俄国从第一次世界大战经十月革命、国内战争到恢复经济时期所经历的翻天覆地的变化。保尔出身贫困，屈辱的生活使他从小就养成了坚强的性格。十月革命爆发后，保尔家乡解放，他结识了老布尔什维克朱赫来，开始接受革命思想，在救出被匪徒抓走的朱赫来后，他参加了红军，英勇杀敌。在一次战斗中，身负重伤的保尔险些死去；他再不能重返前线作战，于是坚持参加修路，在冰天雪地中带头劳动，直至被伤寒击倒。在全身瘫痪、双目失明之后，他又拿起笔进行文学创作，为自己的理想和信仰顽强拼搏。显然，作家自己就是保尔的原型。书中，有一段激励青年自强不息的名言，为千千万万青年读者所熟悉甚至成为了他们的人生指南：

> 人最宝贵的东西是生命，生命属于我们只有一次。人的一生应当这样度过：当回首往事时，他不因虚度年华而悔恨，也不因碌碌无为而羞愧。这样，在他临死的时候就能够说："我已把我整个的生命和全部的精力都献给了世界上最壮丽的事业——为人类的解放而斗争。"[①]

这既是贯穿全书的中心思想，也是主人公保尔始终恪守的人生准则。小说把在战斗中建功立业的英雄主义与在和平劳动中的奉献精神有机地结合了起来，从而让读者看到了当时苏联的社会特点和时代氛围，看到了那个时代苏联青年的成长历程和精神风貌。小说中所塑造的朱赫来、托卡列夫等老一辈革命家的形象，以及对保尔与少年时代的恋人冬妮亚、与后来的同事丽达之间的爱情描写，都真实可信，生动感人。

2. 肖洛霍夫

肖洛霍夫（1905—1984）是一位亨誉世界的苏联作家。他出生于顿河地区维奥申斯卡亚镇。青少年时代经历丰富。1922 年，肖洛霍夫移居莫斯科，第二年便开始文学创作；1925 年加入"拉普"[②]，从此成为专业作家。其早期作品大部分收在短篇小说集《顿河的故事》和《浅蓝色的草原》中。1926 年至 1940 年的 10 余年间，肖洛霍夫创作出了两部长篇小说：《静静的顿河》和《被开垦的处女地》（第一部）。卫国战争时期，他曾以随军记者的身份奔赴前线，经受了战争的洗礼。1953 年后，作家又创作出版有短篇小说《一个人的遭遇》和长篇小说《被开垦的处女地》（第二部）。1965 年，肖洛霍夫以其巨著《静静的顿河》"有力的艺术和真诚的创造性描绘了俄罗斯人民生活中的一个历史阶段"获得了诺贝尔文学奖。

《静静的顿河》共四部，描写的是十月革命前后顿河地区哥萨克走向苏维埃的故事。小说以葛利高里的悲剧命运和他一家人的遭遇为中心，以 1912 年至 1922 年间复杂纷繁的历史事件为背景，真实地再现了顿河流域哥萨克社会的历史变迁以及布尔什维克逐渐取得胜利的过程。葛利高里出身于富裕农民

---

① 奥斯特洛夫斯基《钢铁是怎样炼成的》，大溪译，北京燕山出版社，1999，第 275 页。

② 俄文缩略词的音译，全称"俄罗斯无产阶级作家联盟"。

家庭,从娘胎里就带有一身哥萨克气质。他本是个任性而风流的小伙子,第一次世界大战时,他响应沙皇的征召奔赴前线,因作战勇敢获得过乔治勋章。在与共产党人的接触中他有所觉悟,于是在十月革命的内战中参加了红军赤卫队,与白匪英勇战斗。但在白匪"哥萨克自治论"影响下,葛利高里又脱离红军,参加了反对红军的暴乱。他就是这样三番五次地出入于红军与白匪阵营之间。他曾爬到白军师长的高位,也曾担任过红军布琼尼骑兵队的连长、副团长。他动摇于两个敌对营垒之间,试图找到一条超越革命与反革命的"哥萨克中间道路"即所谓"第三条道路",然而,这样的一条道路是没有的,其结果只能是离人民越来越远,最后以自己和自己情人的彻底毁灭而告终。艺术上,《静静的顿河》结构庞大,背景浩瀚,画面绚丽,内容宏阔;既有变幻莫测的政治风云,又有刀光剑影的战场厮杀,还有充满诗情画意的哥萨克人的劳动场面以及独具特色的爱情瓜葛。书中人物,既有历史真人,又有虚构形象,写得或大刀阔斧,或细腻丰满,多性格鲜明,各具特色。小说语言,既丰富生动,又幽默风趣,大量民歌民谣的引用以及对顿河大草原壮丽风光的描绘使作品洋溢着一股浓烈沉郁的抒情气氛。正是小说波澜壮阔的史诗性、粗犷苍茫的民族性和悲凉凄清的人物个性为肖洛霍夫赢得了世界性声誉。

二 画家和音乐家

(一) 巡回展览画派代表画家列宾

19 世纪 60 年代,一种新的艺术倾向已在俄国美术界出现。1863 年,圣彼得堡美术学院一批颇具才情的毕业生获得了参加金质奖章竞赛资格,他们之中的一些人不愿按官方规定的题材绘制参赛作品,要求自选题材。要求遭到拒绝后,有 14 名学生决定离开美术学院,另外组成"圣彼得堡画家协会",协会负责人就是在画家中颇有威望的克拉姆斯柯依(1837—1887)。1870 年,莫斯科也出现了一个进步美术团体——"巡回展览画家协会"。克拉姆斯柯依来到莫斯科,成了该协会的主要领导人。协会组织画家到俄国各大城市进行流动的美术展览活动,从而促进了画家与社会的对话和交流,推动了俄国现实主义绘画艺术的蓬勃发展。该画派的主要画家有希什金、苏里科夫、列维坦、谢罗夫和列宾等。其中，尤以列宾成就最高、影响也最为深远。

列宾(1844—1930)生于乌克兰哈尔科夫省楚古耶夫城的一个屯垦士兵之家，从小就与下层人民有着广泛的接触。1863年随全家移居圣彼得堡并进入美术学院学习深造，师从克拉姆斯柯依。70年代前期，列宾完成了一些肖像画以及风俗画《伏尔加河纤夫》的创作。1876年，他曾前往意大利和法国学习古典主义和现代派的绘画技艺。1878年加入"巡回展览画家协会"，自此进入了创作的辉煌期。在《列宾自述》中，画家不无骄傲地宣称："我是俄罗斯人民的儿子！""我庆幸我的画终于确立了俄罗斯在世界艺术中的地位。""我知道我是属于整个人类的。"油画《伏尔加河纤夫》是列宾的代表作。画面以狭长的横幅展现了骄阳下正在拉纤的伏尔加河纤夫群像。纤夫共11人，画家不仅画出了他们艰难的拉纤动作、他们的外貌与表情，甚至还刻画出了他们各自的性格和当时的内心活动，借此表达了自己对于劳动人民的深切同情。除了《伏尔加河纤夫》，列宾的其他重要作品还有《不期而至》(之一、之二)、《伊凡雷帝和他的儿子》、《查波罗什人给土耳其苏丹回信》、《祭司长》、《临刑前拒绝忏悔》、《音乐家莫索尔斯基肖像》和《蜻蜓》等。

(二) 古典芭蕾舞剧作曲家柴可夫斯基

柴可夫斯基(1840—1893)是19世纪俄罗斯最伟大的作曲家。他从小就显露出音乐才华。1862年，他成为了新建的圣彼得堡音乐学院首届学生，师从钢琴家、作曲家安东·鲁宾斯坦学习作曲。1866年起任教于莫斯科音乐学院，业余时间从事音乐创作。这一时期影响最大的作品有创作于1871年的《第一弦乐四重奏》(尤以它的第二乐章《如歌的行板》最是脍炙人口)、创作于1874年的《第一钢琴协奏曲》以及创作于1876年的《天鹅湖》舞曲等。

1877年至1891年，柴可夫斯基得到梅克夫人[①]资助，脱离教职，专事音乐创作。从1877年起的八年间，柴可夫斯基侨居国外，到过欧洲的许多国家，完成的主要作品有歌剧《叶甫盖尼·奥涅金》以及《第四交响曲》、《小提琴协奏

① 梅克夫人是柴可夫斯基的崇拜者，每年为作曲家提供6000卢布，供他从事作曲、旅游和印刷作品之用，同时约定仅以书信形式往来，永不见面。夫人对音乐家的资助长达14年之久。14年间，两人书信往来频繁，多达1000余封，这些书信为后人全面研究柴可夫斯基提供了极其珍贵的资料。

曲》、《1812年序曲》、《弦乐小夜曲》和《意大利随想曲》等。1855年起，柴可夫斯基定居莫斯科近郊的乡村。这一时期，他的艺术炉火纯青，所创作的主要作品如歌剧《黑桃皇后》、芭蕾舞剧《睡美人》和《胡桃夹子》、幻想序曲《罗密欧与朱丽叶》以及《第五交响曲》和《第六交响曲》等。1893年因染上霍乱，柴可夫斯基逝世于圣彼得堡。

柴可夫斯基被认为是“一位最具内省心态的作曲家”。其不少作品反映了俄国资产阶级知识分子在亚历山大二世及亚历山大三世统治下渴求个人幸福的意愿和惶惑苦闷的心情。作品汲取了俄罗斯民间音乐的营养，旋律、配器富于表现力，具有较为鲜明的俄罗斯民族色彩。文学家契诃夫曾给柴可夫斯基以极高评价，说自己准备在他的台阶前肃立，“当一名荣誉哨兵”；并且认为在俄罗斯艺术中，列夫·托尔斯泰名列第一，柴可夫斯基位列第二。

第三节　中俄之间的文化交流

中俄之间真正意义上的文化交流，至今已有大约300年的历史。中俄《恰克图条约》（签字生效于1728年6月25日）签订之后，清政府正式允许俄国定期派遣传教士到北京，并协助他们在北京建立了东正教堂；另外，清政府还在北京设立俄罗斯学馆，作为俄国留学生学习满、汉语文的学校。在传播俄罗斯文化的同时，传教士和留学生们也努力学习并掌握满、汉语言，努力学习并了解中国传统文化，从而为日后俄罗斯汉学的兴起与发展、为中国文化在俄国的传播做出了自己的贡献。

一　俄罗斯汉学的兴起与发展

俄罗斯汉学萌动于18世纪中后期，兴起于19世纪前期。罗索欣被认为是俄国东正教驻北京教团培养的第一位汉学家。他出生于1717年，1729年来华，1741年回国担任圣彼得堡皇家科学院通译，并负责汉语和满语教学。从此，他便把自己的一生献给了满、汉语教学事业，直至1761年逝世。他翻译了不少中国文献，可惜多未能发表。18 世纪下半叶出现的另一位出色的汉学家名叫列昂季耶夫，他 1742 年作为第三届东正教驻北京传教团成员来华，1755 年回国，次年被任命为外务院翻译。其主要译著有《大学》、《中庸》、《圣谕广训》、《三字经名贤集合刊本》、《大清律》、《大清会典》和《八旗通志》等。

俄罗斯汉学的奠基人是东正教神父比丘林(1777—1853)。比丘林原是喀山传教士学校的学生，毕业后留校任教，1800 年成为修道士，1802 年晋升为修士大司祭。1808 年，比丘林被任命为第九届俄国东正教驻北京传教团团长。他在北京生活了 13 年并在这期间开始了词典的编写工作，所编词典主要有《汉俄字典俄文韵编》、《满汉俄词典》、《满汉俄分类词典》、《蒙汉俄词典》以及《满汉俄钟表术语词典》等。归国后，比丘林潜心于与汉学相关的科学研究，陆续出版了《中华帝国详志》、《儒教》、《中国的民情和风尚》、《中国农业》、《蒙古纪事》、《准噶尔和东突厥斯坦志》和《古代中亚各民族历史资料集》等著作以及汉语教科书《汉字启蒙》。另外，还翻译出版有《三字经》、《御批资治通鉴纲目》(俄文译名为《中华帝国历史》)、《大清一统志》、《大清会典》、《北京志》、《中国钱币描述》和《西藏志》等。比丘林的汉学论著与译著，对纠正 18 世纪以来俄国人对中国认识上的矛盾与偏差发挥了重要作用。

随着科学和教育事业的发展，汉语进入了俄国大学的课堂。19 世纪 30 年代后期，喀山大学在蒙古语专业之后，又相继开设了汉语和满语专业。俄国历史上第一位汉语教授是出生于 1798 年的西维洛夫。西维洛夫曾作为东正教第十届驻北京传教团成员，在北京生活了 11 年。他编有《拉丁词典》、《拉汉词典》、《华俄常用词词典》等工具书，译有《道德经》、《金刚经》、《大学》、《论语》、《诗经》、《尚书》等中国典籍，撰写有《中国儒释道三教简述》、《中国通史》和《老子的道德哲学》等学术专著。

19 世纪下半叶，俄国汉学尽管遭遇到了很多问题，但还是没有停止发展的脚步。其间，成就最大者当推汉学家王西里(1818—1900)。王西里本名瓦西里·帕夫洛维奇·瓦西里耶夫，年轻时曾就读于喀山大学，师从西维洛夫学习汉语。1839 年以《论佛教的哲学原理》一文获硕士学位。1840 年随第十二届东正教驻北京传教团来华，在中国生活了 10 年。1850 年回国后不久即接替沃伊采霍夫斯基出任喀山大学汉满语教研室教授。1855 年因专业合并到圣彼得堡大学东方语言系工作，直至 1900 年逝世。其间，1864 年获东方语言博士学位，1866 年当选为圣彼得堡皇家科学院院士。王西里的研究范围很广，除了汉语言、中国历史地理和佛学，他也研究中国文学并曾在喀山大学开设中国文学史课程，出版有《中国文学史纲要》和《中国文学史资料》以及《东方的宗教:儒、释、道》等。因其成就卓著，王西里被人们奉为比丘林之后俄国最高的汉学权威。

圣彼得堡大学的汉语教研室随东方语言系一同成立。19 世纪下半叶，圣彼得堡大学成为了俄国培养中华语言人才的最重要的基地。这里汇集了那个时代俄国几乎所有最优秀的汉学家，他们在教学、教材编写以及学术研究方面都取得了令人瞩目的成就，并得到了后人的普遍肯定。1899 年，俄国政府在海参崴建立了一所名为"东方学院"的高等学府，该学院借助天时、地利，在不到 20 年的时间里便取得了飞速发展，为俄国各领域培养了大批翻译人才，并因此成为了俄国汉学的另一个基地。

苏联建立后，汉学也实现了从旧汉学到新汉学的转变。苏联新汉学的开创者是阿理克(1881—1951)。阿理克早年毕业于圣彼得堡大学东方语言系，后曾赴英国、法国和德国进修。他 1906 年来华，曾与法国汉学家沙畹结伴在华北地区考察民俗文化。1909 年，阿理克以论文《论诗人的长诗——司空图的诗品》获硕士学位，此后一直任教于圣彼得堡大学东方系。他生前曾发表汉学译著多种，在中国古典文学的翻译与研究以及中国民间文化研究方面，成就尤为突出。另外，他还在总结俄罗斯汉学和世界汉学历史经验的基础上，对有关汉学的一些重大理论问题进行了科学的思考与阐释，以自己的科研成果和教学实践，从根本上影响并改变了苏联汉学的面貌，因而成为了"阿理克学派"的主要代表。

二　俄、苏文学在中国的传播与影响

据记载，第一本被介绍到中国来的俄国文学作品是普希金的名著《上尉的女儿》，该书 1903 年由上海大宣书局出版，书名译成《俄国情史·斯密士玛利传》(一名《花心蝶梦录》)。1907年，鲁迅在日本东京写出了他的第一篇文学论文《摩罗诗力说》，对拜伦、雪莱、普希金、莱蒙托夫、裴多菲等许多欧洲浪漫主义诗人的作品与作用做出了自己的评价。鲁迅之所以称赞这些"摩罗诗人"①，是因为他们"立意在反抗，指归在动作"；在鲁迅看来，他们的诗歌，"无不刚健不挠，抱诚守真；不取媚于群，以随顺旧俗；发为雄声，以起其国人之新生，而大其国于天下"。对普希金，鲁迅的评价是："俄自有普式庚，文界始独立，故文史家芘宾谓真之俄国文章，实与斯人偕起也。而裴伦之摩罗思想，则又经普式庚而传来尔孟多夫。"②

普希金小说的翻译出版和鲁迅对普希金等作家的评介，当是俄罗斯文学传入中国之初始。辛亥革命后的几年间，上海中华书局和商务印书馆等出版机构又曾先后出版了80余种俄、苏文学作品，涉及的作家主要有托尔斯泰、契诃夫、普希金、屠格涅夫、高尔基等。这一时期的作品多是从日文和英文转译过来的，而且所用均为文言。

毛泽东在《论人民民主专政》一文中曾这样说："十月革命一声炮响，给我们送来了马克思列宁主义。"中国先进的知识分子，从十月革命的胜利中看到了"新世纪的曙光"。在十月革命的影响与感召下，1919年，中国爆发了五四运动。这既是一场反帝反封建的爱国民主运动，也是一场轰轰烈烈的新文化运动，它所高举的"民主"和"科学"两面旗帜，对于中国社会的发展产生了极其深远的影响。从那时起，中俄两国间的文化交流进入了一个全新的历史阶段，中国文化界也掀起了一个翻译俄、苏文学的热潮。瞿秋白、郑振铎、鲁迅、沈端先(夏衍)、曹靖华等许多文化名人，都投入到了翻译俄、苏文学的行列。

至20世纪50年代末，帝俄时代和苏联时代的主要作家及其作品几乎毫无遗漏地被介绍到了中国。中国知识分子对于俄、苏文学的关注与热爱，绝不亚于对于中国自己的文学。人们熟悉俄、苏作家和他们的作品。他们(作家、作品中的人物)和它们(作品)成了中国作家的榜样，成了中国学者的研究对

① "摩罗"，通作"魔罗"，佛教传说中的魔鬼，也就是《圣经》中的"撒旦"。

② 鲁迅《鲁迅全集》第1卷，人民文学出版社，1982，第66页、第89页、第99页。普式庚即普希金；芘宾通译佩平，俄国文学史家；裴伦即拜伦；来尔孟多夫即莱蒙托夫。

象，成了中国人日常谈话的内容。有研究者认为，中国现代小说的产生，在所受外国影响中，以俄、苏文学的影响为最大，这应不是虚言。在作于1940年的《中苏文化之交流》一文中，郭沫若就曾谈到过俄、苏文学对中国的影响，其中特别谈到了高尔基：

他的影响径直是超文学的。他被中国的作家们崇敬、爱慕、追随；他的生活被赋予了神性，他的作品被视为了《圣经》，尤其是他的《文学论》，对于中国的影响是决不亚于在苏联本国。文艺工作者的生活态度和创作过程，普遍而深切地受着了指示。我们借此不仅可以知道应该如何去创作或创作些什么，而且还学习了应该如何生活或成为一个怎样的人。[①]

在《契诃夫在东方》中，他这样评论契诃夫的作品与风格：

他的作品和作风很合乎东方人的口味。东方人于文学喜欢抒情的东西，喜欢沉潜而有内涵的东西，但要不伤于凝重。那感觉要像玉石般玲珑温润而不像玻璃，要像绿茶般于清甜中带点涩味，而不像咖啡加糖加牛乳。音乐的美也喜欢这种涩味，一切都要有沉潜的美而不尚外表的华丽。喜欢灰青，喜欢忧郁，不是那么过于宏伟，压迫得令人害怕。[②]

在《祝中俄文字之交》一文中，鲁迅谈到了他对俄国文学的认识与态度。先生的议论，对于今天的人们仍不乏认识价值和启示意义：

那时就知道了俄国文学是我们的导师和朋友。因为从那里面，看见了被压迫者的善良的灵魂，的酸辛，的挣扎；还和四十年代的作品一同烧着希望，和六十年代的作品一同感到悲哀。我们岂不知道那时的大俄罗斯帝国也正在侵略中国，然而从文学里明白了一件大事，是世界上有两种人：压迫者和被压迫者！[③]

文章最后，鲁迅在一段祝贺文字中，再一次对俄罗斯文学的影响与作用表明了自己的看法，他写道：

这可见我们的读者大众，是一向不用自私的“势利眼”来看俄国文学

---

① 郭沫若《沫若文集》第12卷，人民文学出版社，1959，第22页。

② 郭沫若《沫若文集》第13卷，人民文学出版社，1961，第167页。

③ 鲁迅《鲁迅全集》第4卷，人民文学出版社，1982，第460页。

的。我们的读者大众,在朦胧中,早知道这伟大肥沃的"黑土"里,要生长出什么东西来,而这"黑土"却也确实生长了东西,给我们亲见了:忍受,呻吟,挣扎,反抗,战斗,变革,战斗,建设,战斗,成功。[①]

思考与练习

1. 普希金既是19世纪俄国浪漫主义文学的优秀代表,也是俄国批判现实主义文学的开拓者。请结合具体作品谈谈他的贡献与成就。

2.《安娜·卡列尼娜》写的是一个贵族女子的家庭和爱情悲剧,研究者认为,安娜卧轨自杀,是"以美丽生命的毁灭向那个丑恶的社会提出的最后抗议"。你如何理解安娜形象的意义?

3. 列宁称赞列夫·托尔斯泰是"俄国革命的镜子",也有人称誉他为"19世纪世界的良心",对这样的评价你是如何理解的?

4. 请谈谈高尔基小说《母亲》的社会意义。

5. 据报载:在今天的俄罗斯和乌克兰,《钢铁是怎样炼成的》被定位为一部有严重错误的作品,有人认为它歪曲了历史,违反了生活真实。然而在中国,奥斯特洛夫斯基及其小说的名字却依然响亮,你如何理解这种现象?

6. 试述肖洛霍夫巨作《静静的顿河》的艺术特色。

7. 俄、苏文学曾对中国现、当代文学产生过重要影响,请举例加以陈述。

① 鲁迅《鲁迅全集》第4卷,人民文学出版社,1982,第462页。

第十章　欧洲其他国家

如果我们把近代欧洲300余年的文化史比成一条红线，那么，欧洲其他国家的历史文化名人跟前面已经介绍过的历史文化名人一样，都是穿在这条红线上的一颗颗光鲜耀眼的明珠。缺了他们，近代欧洲的美术史、文学史、音乐史是不完整的；从学术的角度讲，撇下他们不管，也是不科学的。故单立此章。

第一节　绘画艺术家

一　佛兰德斯画家鲁本斯

“佛兰德斯”是欧洲历史地区名，位于今法国东北部、比利时西部和荷兰南部，临多佛尔海峡。14世纪初时被法国占领。15世纪成为勃艮第公国领地。英法两国为争夺该地曾进行过“百年战争”。17世纪，在这个地区，曾产生过一位影响了整个欧洲的绘画艺术大师——鲁本斯。

鲁本斯(1577—1640)本是佛兰德斯人，出生于德国，10岁时随父母回国，被送到安特卫普一所拉丁语学校学习，后被送进贵族圈子中充当少年侍卫。充当侍卫为他日后活跃于上层社会包括从事外交活动奠定了基础。青年时，鲁本斯曾从凡·诺尔特等学画。1600年赴意大利，先后到过威尼斯、佛罗伦萨、罗马、米兰和热那亚等地。除了认真研究盛期文艺复兴大师的作品外，他也注意学习威尼斯画派的技法。1608年，画家回到安特卫普，从此开始了他作为宫廷肖像画家和宗教题材画家的生涯。大型巴洛克风格祭坛画《升起十字架》、《取下十字架》和《圣贝沃的奇迹》的成功创作，确立了鲁本斯作为佛兰德斯而且也是当时整个欧洲最重要的画家的地位。

从1621年起，鲁本斯作为外交使节奔走于荷兰、西班牙和英国之间，每到一地都要留下一些王公显贵的肖像画。1630年，他退出外交活动，专心从事艺术创作，并用大部分精力创作风景画。1640年5月30日，一代大师因痛风病逝世于安特卫普。

鲁本斯被公认为巴洛克绘画艺术的杰出代表，他的艺术成就是将佛兰德斯写实主义画风与伟大的文艺复兴传统结合在了一起，从而将欧洲绘画艺术发展到了一个新的高峰，其作品生动、雄浑、充满激情，有些作品如《猎河马》、《劫夺吕西普斯的女儿》、《亚马孙之战》等，甚至会令观者感到惊心动魄。《劫夺吕西普斯的女儿》表现的是宙斯的两个孪生儿子抢夺人间迈锡尼国王吕西普斯的两个女儿（做妻子）的情景：画面上，两个皮肤黝黑的粗壮男子将两个健美的裸女从睡梦中抢出，强行放到马背上去，由此形成强劲激烈的冲突和令人紧张的动感。作品富丽堂皇，色彩对比鲜明，既富戏剧性，又有装饰意味，被视为巴洛克艺术的典范之作。

其主要作品还有《天使簇拥下的抱孩子的圣母》、《正在化妆的维纳斯》、《苏珊娜·芙尔曼肖像》（又称《戴帽子的女人》）、《农民舞蹈》、《安狄洛美达》、《有虹的风景》和《身披皮大衣的女人》等。其中，尤以《苏珊娜·芙尔曼肖像》最为世人所称道。作品所绘是画家妻子海仑娜·芙尔曼的姐姐，色彩艳丽，线条流畅，笔调生动；人物神态安详，目光专注，性格鲜明，虽为贵族，却没有一丝傲气。艺术史家称，从这幅肖像画中，“观者可以感觉到画家所寄托的那种与禁欲主义完全绝缘的生活热情”。

二　荷兰画家伦勃朗和凡·高

（一）伦勃朗

伦勃朗（1606—1669）是17世纪荷兰最伟大的绘画艺术家，既作油画，也作铜版画，他的名字几乎就是那个时代荷兰绘画的同义语。伦勃朗少年时代曾从拉斯特曼习画,25 岁时离开家乡到阿姆斯特丹开拓艺术事业。他以油画《杜普教授的解剖学课》(又名《博士的解剖》或《解剖》)成名,成为了荷兰第一流的肖像画家。此后的几年间,他又陆续创作了《画家和他的夫人》以及以《圣经》故事和希腊神话为题材的《达那厄》、《参孙恐吓他的岳父》、《加尼米德被劫》等作品,此外还创作有《有石桥的风景》、《有尖塔的风景》和《阿姆斯特丹的风景》等风景画。1642 年,伦勃朗创作了著名油画《班宁·柯克大尉射击手连的出发》(通称《夜巡》或《夜警》)。作品构思独特,构图严谨,色彩丰富,明暗对比强烈,整个画面笼罩在一片紧张的战斗气氛里,所绘人物充满了英雄气概。40 年代至 50 年代前期,他创作的主要作品有《不贞的女人》、《圣家族》、《洗澡的女人》、《三棵树》和《戴金盔的人》等。此外,他还作有《凭窗的亨德丽吉》、《袖手而坐的亨德丽吉》和《入浴的女人》等肖像画。伦勃朗生命的最后 10 年尽管穷困潦倒,却依然创作了《大卫为扫罗弹琴》、《齐维利斯的宣誓》、《阿姆斯特丹织布工人行会的理事们》和《浪子回头》等作品以及多幅自画像。

1669 年 10 月 4 日,伦勃朗在贫病交加中凄然地离开了人世。在此后的几十年里,他的作品始终不为人们所重视,直到 18 世纪中叶之后,他的艺术才逐渐得到人们的承认与理解。

(二)凡·高

凡·高(1853—1890)是伦勃朗之后荷兰最杰出的画家,为"后期印象画派"的主要代表人物之一。因为将色彩解放,使绘画脱离了写实,所以也有研究者将他归为"现代派"之列。凡·高从16 岁起便在古匹尔画店当店员,并曾先后在海牙分店、伦敦分店和巴黎总店工作。1878 年起做矿区传教士。受下层劳动人民生活感染开始习画,初时主要靠自学,画过工人和农村生活。其间亦曾师从风景画家莫尔。1886 年随弟弟到巴黎,结识了一些著名画家,开阔了眼界。受印象画派和日本浮世绘影响,先用点彩法作画,后来,作品色调变得强烈而响亮,以跃动的线条、凸起的色块表达自己的主观感受和激动情绪,其画风后曾为野兽派及表现派所取法。1888 年 2 月,凡·高离开巴黎南下,居住于罗讷河畔的小城阿尔,其创作也进入了全盛期。在此期间,他曾两度被送进圣·雷米精神病院疗养。1890 年 7 月，在巴黎郊区的奥伏尔，凡·高自杀身亡，年仅 37 岁。凡·高的主要作品有《纺织工》、《吃土豆的人们》、《向日葵》、《农民》、《唐吉老爹》、《邮递员罗兰》、《囚徒放风》、《星夜》、《奥伏尔的台阶》、《雷雨前的田野》和多幅《自画像》等。

《向日葵》是凡·高的代表作。画中的向日葵正在盛开，尽情地享受着空气和阳光，生机勃勃；黄色——深黄、浅黄、橘黄——是它的基调，只用少量的绿色、蓝色和黑色表现花的枝叶和花蕊，灿烂而辉煌。《向日葵》里凝聚了凡·高全部的爱和全部的激情，令观者感动。凡·高生前并不为世人所欣赏，直到 100 年后，人们才读懂了他，看到了他的真正价值。

三　西班牙画家戈雅和毕加索

（一）戈雅

戈雅（1746—1828）是近代西班牙最为杰出的绘画艺术家之一，被认为是欧洲浪漫主义美术的伟大先驱。戈雅从小放羊，受大自然陶冶喜爱绘画。少年时代曾从卢赞习画，18 岁到马德里，在画家巴耶乌的画室工作，认真学习过委拉斯开兹等人的作品。1766 年游学罗马，潜心研究文艺复兴时期以来诸大师的绘画艺术。1771 年回到家乡萨拉戈萨专心从事艺术创作，1775 年重返马德里，进入皇家织造厂就职，除设计挂毯外，也创作肖像画。1780 年被举为皇家美术院院士，并被聘为宫廷画家。这一时期的主要作品有《在曼萨纳列斯河边的早餐》、《打阳伞的人》、《瓷器摊儿》、《婚礼》和《秋》等。随着 1789 年法国大革命的爆发，戈雅的思想也发生了巨大变化，对祖国前途与命运的担心使他忧郁、苦闷，社会的腐败和统治者的无能使他愤懑、不平。1792 年，画家在一场重病之后失聪，心情愈加沉重。他只能寄情于绘画，陆续创作了《裸体的玛雅》、《着衣的玛雅》、《多娜·伊萨贝拉·德·坡塞尔肖像》、《国王的一家》和《疯人院》等，此外，还创作完成了大型铜版组画《卡普里乔斯》。其中，《裸体的玛雅》和《着衣的玛雅》是戈雅影响最大的作品，被认为是画家对宗教禁欲主义和封建势力的挑战，也是画家对自由和理想追求的大胆表露。1808 年，拿破仑的军队侵入西班牙并夺取了西班牙政权。不甘做亡国奴的戈雅以画为武器，陆续创作了《巨人》、《1808年5月2日起义》和《1808年5月3日夜枪杀起义者》等著名油画，还制作有铜版组画《战争的灾难》，真实地反映了拿破仑的侵略和西班牙人民的反抗，借此歌颂了西班牙人民的爱国主义精神。西班牙第二次革命期间（1820年至1823年），戈雅创作了不少描绘、赞美劳动人民形象的作品，借以慰藉自己痛苦的心灵，主要有《铁匠》、《磨刀匠》和《汲水女》（又名《抱水罐的姑娘》）等。作品充满着浓郁的生活气息，色调柔和，色彩丰富，画面明快而清新。

戈雅是一位继往开来的艺术大师。他的艺术，对19世纪后期欧洲浪漫主义、现实主义和印象主义运动的领袖们产生过重要影响。直到20世纪，他的作品仍为表现主义和超现实主义艺术家所推崇。

（二）毕加索

毕加索（1881—1973）是法国现代画派的主要代表，也是20世纪影响最大的绘画天才。毕加索幼时便跟做美术教师的父亲学画，后曾先后就读于巴塞罗那美术学院和马德里圣费尔南多皇家美术学院。1897年因用象征手法创作油画《科学与仁爱》而崭露头角。1901年至1904年间，毕加索往返奔走于巴塞罗那和巴黎之间，并开始用“蓝色的画”表现街头艺人的生活和自己忧郁的心境，作品如《蹲着的女人》、《犹太老人与男孩》、《烫衣妇》和《穿衬衫的女子》（此画作于1905年）等。在自己的作品中，毕加索从不滥用色彩，其色彩整体上更趋向于西班牙式即单色，因此有人将他的这个时期称为“蓝色时期”。1904年春，23岁的毕加索正式定居巴黎，此后，蓝色逐渐被陶器、肉体以及大地本身的色彩所取代，形成了他创作上的“粉红色时期”（亦称“玫瑰红时期”），较为著名的作品如《与一只猴子在一起的杂技演员之家》、《站在球上的少女》等。1907年，画家创作完成了一幅大型油画——《亚威农的少女》，引发争议。这是因为画中的女人并不是传统的美的形象，而是几个“向诞生她们的传统本身挑战的娼妓”。

1909年至1912年间，毕加索与布拉克合作，共同发展了一种被称为“立方主义”的画风。早期立方主义绘画往往被批评家和观众所误解，被看成是“纯几何图形”而非绘画；然而画家自己却认为他们在创造一种新的现实，它摆脱了传统,特别是摆脱了透视法与对错觉的运用,比如在同一块画布上,画家从多重角度表现一个对象,比起单一、有限的视角,可以向观者传递更多的信息。毕加索创作的立方主义绘画作品主要有《三个音乐家》、《奥尔塔的工厂》、《手风琴师》、《坐着的女人》以及大型壁画《格尔尼卡》等。壁画《格尔尼卡》基本是单色构图,画面上有一匹将死的马、一个阵亡的士兵、一头受伤的公牛,还有发狂的母亲们和死去的婴儿,情景恐怖,充满着悲剧气氛。这是画家对法西斯暴行"无声胜过有声"的控诉。除了绘画,1912 年至 1924 年间,毕加索和布拉克还尝试用胶水将纸或其他各种材料拼贴在画布上,形成一种新的艺术形式——"综合立方主义"。两次世界大战之间,毕加索亦曾受到超现实主义运动的影响——或者说毕加索固有的一些观念与超现实主义不谋而合,从而开拓出了新的创作主题。另外,毕加索还是一位雕塑家,一生创作过许多作品,如《低音提琴》、《浴者》、《吉他》和《山羊》等。

毕加索一生都在刻意求新,孜孜探索。他工作起来如醉如痴,忘情忘形,似乎只是为艺术而生活。其影响较大的作品还有《跑在海滩上的两个女人》、《梦》以及《和平鸽》等。

第二节 文学家

一 西班牙作家塞万提斯

塞万提斯(1547—1616)是西班牙文艺复兴时期伟大的现实主义小说家、戏剧家和诗人,生于西班牙中部阿尔卡拉镇一个没落贵族之家。1570 年从军,1571 年负伤致残。1572 年至 1575 年仍在军队服役。1575 年归国途中在海上被土耳其人俘获,掳至阿尔及利亚,直至 1580 年才重获自由。回国后,塞万提斯开始文学创作,从 1582 年起的两年间,共写出八出喜剧和八个幕间短剧,主要表现基督教徒与伊斯兰教徒之间的宗教纠纷和战争故事。1584 年,他又创作了悲剧《努曼西亚》,以努曼西亚城四千居民抗击八万罗马侵略者的历史事件为背景，歌颂古代西班牙人民的英勇不屈和爱国主义精神。后来，作家还出版过《惩恶扬善故事集》，收短篇小说12篇，或反对封建偏见，或嘲讽西班牙的丑恶现实，或歌颂爱情自由和个性解放。

塞万提斯的代表作品长篇小说《堂吉诃德》（全名《奇情异想的绅士堂吉诃德·德·拉·曼却》），共两卷，分别出版于1605年和1615年。小说主人公是个穷绅士，因阅读骑士小说入迷而决意效仿中世纪骑士，改名"堂吉诃德"，外出行侠。他穿上纸糊的盔甲，手执长矛，骑一匹瘦马，物色了一个牧猪女作为意中人，发誓终生为她效劳。他找到贫苦农民桑丘·潘沙做侍从一起出行。由于对现实缺乏正确判断，一路上干了不少荒唐可笑的蠢事。作家笔下的堂吉诃德又是一个纯真善良、热爱自由、无私无畏、肯于见义勇为的人，在他身上，处处可见人文主义思想的闪光。小说成功地塑造了堂吉诃德和桑丘·潘沙两个艺术典型，其社会意义已远远超出了对骑士小说的嘲讽和抨击，而成为那个时代西班牙社会全面、真实的写照。这部现实主义杰作，为欧洲近代长篇小说的发展奠定了基础，18世纪和19世纪的许多作家，都曾直接或间接地受到过它的影响。

二　丹麦童话作家安徒生

安徒生（1805—1875）是享誉世界的童话大师，与格林兄弟不同的是，他不是童话的搜集、整理者，而是创作者。他19世纪30年代开始文学创作，写过小说和游记，同时也写童话。此后的30多年间，安徒生共创作童话170余篇，这些童话受到世界各国儿童和成年读者的喜爱。《丑小鸭》、《小克劳斯和大克劳斯》、《卖火柴的小女孩》、《皇帝的新装》、《海的女儿》、《夜莺》等，都是家喻户晓的名篇。

安徒生一生蹉跎坎坷，始终支持着他的是一种信仰，抚慰着他的是一种"爱"的理念。他的童话故事主要是诉说劳动人民的不幸与痛苦，歌颂他们的勇敢与智慧，揭露当时社会的黑暗和金钱支配一切的罪恶，抨击剥削者的残暴、虚伪和愚蠢。有些故事表现了对善与美最终必胜的乐观信念，有些则是以不幸和悲剧为结局，流露出寻不到出路的悲观情绪。安徒生童话之所以具有艺术魅力，除了因为作家使用了独特的叙述方法和打破了文学传统束缚的叙事语言，除了因为故事中丰富的想象、奇特的夸张与民间传说的普遍因素的有机结合，还因为作家在讲故事时不怕引入一些为儿童一时所不能理解的情感和思想，但又始终不偏离儿童的视角与心理；因为在作家笔下，童话世界与现实生活水乳交融；因为对那些身遭不幸的人，对那些为群体所摈弃的人，作家始终怀抱着同情，尤其是在那些忧郁伤感气息较浓的篇章中，更似有作家自我哀伤的投影。

三　匈牙利诗人裴多菲

裴多菲（1823—1849）是匈牙利最伟大的诗人、资产阶级民主主义革命家，有人说他是匈牙利人“渴望自由的象征”。裴多菲当过兵，做过流浪艺人。1842 年开始写诗，1844 年出版第一本诗集，并发表长诗《农村的大锤》和《勇敢的约翰》。前者讽刺资本主义社会的丑恶和贵族文学，后者则以神话故事的形式歌颂劳动人民勇于战胜一切邪恶的大无畏精神。1848 年匈牙利三月革命期间，诗人发表《给贵族老爷们》、《民族之歌》和《大海沸腾了》等政治诗，号召人民起来推翻反动统治，为民族独立和自由而战斗，并完成叙事长诗《使徒》。1849 年 7 月，诗人在抗击沙皇军队入侵的战斗中牺牲。①

在短暂的一生中，裴多菲共创作 800 多首抒情诗，其中最为中国读者所熟悉的是诗人作于 1847 年 1 月 1 日的那首题为《自由与爱情》的短诗，它是诗人走向革命的标志，也是诗人献身革命的誓言：

生命诚可贵，爱情价更高；
若为自由故，二者皆可抛。

由左联五烈士之一的中国现代诗人殷夫（白莽）以意译的方式译成的这首“不朽的自由颂歌”，语言凝练，质朴无华，朗朗上口，韵味深长，对其在中国的广泛流传起了至关重要的作用。

四　挪威戏剧家易卜生

易卜生（1828—1906）是挪威最著名的剧作家，被誉为“现代戏剧之父”。

---

① 一说在那次战斗之后，诗人被作为战俘押至西伯利亚，1856 年死于肺结核。

其早期创作属于浪漫主义，写有《厄斯特罗的英格夫人》、《赫尔格兰德的勇士》和《觊觎王位的人》等富有浪漫主义色彩的历史剧。1864 年后侨居意大利和德国长达 27 年之久，直至 1891 年才以名剧作家身份回国安度晚年。侨居国外时期的创作，已逐渐从浪漫主义转向了批判现实主义。1877 年后所创作的"社会问题剧"主要有《社会支柱》、《玩偶之家》、《群鬼》和《人民公敌》等。其中，尤以《玩偶之家》影响最为广泛、深远。

《玩偶之家》是一部反映妇女问题的剧作。主人公娜拉是一个美丽而又天真的年轻女子，幼时，她是父亲的玩偶——"宝贝女儿"；长大了，她又成了丈夫海尔茂的玩偶——"小松鼠"、"小鸟儿"。但当那件"有损于海尔茂名誉的事情"发生后，娜拉如梦初醒，不光看透了海尔茂的自私和虚伪，也认识到了自己在这个"幸福家庭"中的地位。为了要"做一个人"，她毅然决然地离开了这个"玩偶之家"。剧本通过对娜拉从依赖丈夫到与丈夫决裂并离家出走的自我觉醒过程的描写，表现了"打破资产阶级不平等的家庭关系、解放妇女、提高妇女社会地位"的基本主题。

娜拉的出走在当时的妇女解放运动中有着显而易见的积极作用。但是，怎样才能使妇女得到真正的解放呢？剧本中没有给出答案。尽管娜拉有着强烈的民主思想，不愿过寄生虫的生活，但她不过是一个资产阶级社会中的叛逆女性而已。然而由娜拉引起的对于妇女解放问题的探讨，似乎比剧本本身更有意义。20 世纪初，当易卜生被介绍到中国之后，第一个上演的就是他的《玩偶之家》。《玩偶之家》上演后，引起了知识界强烈的关注、热烈的反响。1923 年 12 月 26 日，鲁迅在北京女子高等师范学校发表演讲，题目就叫《娜拉走后怎样》。在讲演中，先生对此做出了精辟的分析，为人们正确认识娜拉这一形象以及由此引发的有关妇女解放问题的思考指明了方向。

五　爱尔兰剧作家萧伯纳

萧伯纳（1856—1950）出生于爱尔兰都柏林，20 岁时到伦敦以圆自己的文学之梦。初时曾写过五部小说，均未成功。1884 年发起组织主张以"渐进"方式取代暴力革命、在英国实现社会主义的"费边社"。其时，英国舞台上演出的多是模仿法国的戏剧,内容庸俗,题材狭窄。受易卜生影响,萧伯纳坚决主张艺术应当反映迫切的社会问题,反对"为艺术而艺术"。在戏剧应是"思想工厂"观念的鼓舞下,萧伯纳开始从事戏剧创作,到1950年去世时,共创作剧本51部,成为了一位颇负盛名的批判现实主义戏剧大师。

萧伯纳的第一个剧本创作于1892年,名为《鳏夫的房产》。剧本写资产者萨托里阿斯拥有大量房产,靠剥削贫民窟里的穷人大发其财。他的独生女儿被培养为高等人,但她不知道父亲财富的来源。姑娘的未婚夫是个青年医生,他知道了根底,认为姑娘家的钱来得不干净,便请求姑娘与父亲断绝金钱关系,遭到姑娘拒绝,二人的婚约随之解除。但当青年医生知道自己的收入来源同样不够清白时,他屈服了,不但与姑娘结了婚,还同意与岳父合伙经营房产。剧本所表现的,正是英国当时的社会现实,因此受到广泛关注。萧伯纳将其初期的剧本称之为"不愉快的戏剧",因为它们"迫使观众面对不愉快的事实"。除《鳏夫的房产》外,"不愉快戏剧"还包括《华伦夫人的职业》等。萧伯纳其他的著名剧作还有《魔鬼的门徒》、《人与超人》、《约翰牛的另一个岛屿》、《巴巴拉上校》、《真相毕露》和《皮格马利翁》①等。因为戏剧创作的巨大成就,1925年,萧伯纳获诺贝尔文学奖。

萧伯纳的戏剧与易卜生有许多相似之处,例如对资本社会问题的揭露与批判,例如对知识分子和孤独的反抗者的推崇,例如对人民群众的不信任甚至蔑视,再有就是人物形象的概念化和说教倾向等。当然也有不同,研究者认为:易卜生的剧本有较深刻较严肃的悲剧气氛,而萧伯纳的则往往接近于闹剧;易卜生的剧本似乎局限于提出社会问题,而萧伯纳却对垄断资产阶级的本质进行了无情的揭露与批判。

1931年,萧伯纳曾应邀访问了社会主义的苏联;1933年又曾访问中国,访问期间,他曾与鲁迅等中国文学家会晤。同年2月23日,鲁迅应日本改造社约,用日文写了一篇题为《看萧和"看萧的人们"记》的文章,在日本发表后,即由许广平译成中文在《现代》杂志上刊出。在这篇文章中,先生对萧伯纳做出

① 此剧1938年被拍成电影,后又被改编为音乐剧《窈窕淑女》,颇受欢迎。

了这样的评价：

我是喜欢萧的。这并不是因为看了他的作品或传记，佩服得喜欢起来，仅仅是在什么地方见过一点警句，从什么人听说往往撕掉绅士们的假面，这就喜欢了他了。还有一层，是因为中国也常有模仿西洋绅士的人物的，而他们却大抵不喜欢萧。被我自己所讨厌的人们所讨厌的人，我有时会觉得他就是好人物。①

第三节　音乐艺术家

一　奥地利作曲家海顿、莫扎特、舒伯特和约翰·施特劳斯

从18世纪起，维也纳已逐渐成为欧洲乃至世界音乐的中心。在那里，先后活跃着包括贝多芬、勃拉姆斯、海顿、莫扎特、舒伯特和约翰·施特劳斯等众多来自德国和奥地利本土的音乐大师。

（一）海顿

海顿(1732—1809)是维也纳古典乐派的重要代表。有人说他是“交响乐之父”，但也有人说他只是“交响曲的重要发扬者而非开创者”；有人说他是“弦乐四重奏之父”，但也有人说他只是“弦乐四重奏的完善者”。尽管说法稍有差异，但却没有人否定他在欧洲音乐发展史上的重要地位。海顿从小即被选入维也纳圣斯蒂芬大教堂唱诗班当歌童。海顿不是早熟的音乐家，27岁才写出第一部交响曲；直到1772年《第四十五交响曲》问世且被专家冠以“杰作”二字，他的名字才为更多的人所关注。

海顿一生共创作交响曲104部、弦乐四重奏83首、清唱剧2部，此外还有大量其他形式的音乐作品。其影响较大的交响曲有《告别交响曲》(《第四十五交响曲》)、《心不在焉》(《第六十交响曲》)、《时钟交响曲》(《第一〇一

① 鲁迅《鲁迅全集》第4卷，人民文学出版社，1982，第494页。

交响曲》)、《号角交响曲》(《第三十一交响曲》)、《狩猎交响曲》(《第七十三交响曲》)、《军队交响曲》(《第一百交响曲》)、《哀悼交响曲》(《第二十六交响曲》、《圣诞节交响曲》)和《受难交响曲》(《第四十九交响曲》)等;其影响较大的弦乐四重奏有《梦境四重奏》、《皇帝四重奏》、《青蛙》、《骑手四重奏》、《云雀四重奏》、《普鲁士四重奏》、《俄罗斯四重奏》和《太阳四重奏》等。清唱剧《创世记》和《四季》分别创作于1798年和1801年,前者使用的是由《圣经·旧约·创世记》和弥尔顿《失乐园》中辑出的歌词,堪与韩德尔的《弥赛亚》媲美。有人说,18世纪音乐发展的主要特点都汇集于海顿的音乐作品之中,其音乐风格既反映了一种乐观的性格,也表现了一种艺术的超脱。莫扎特曾经说过,从海顿那里,他学到了创作四重奏的真正方法。批评家这样形容海顿的弦乐四重奏:柔和、幽默、新鲜、优雅、迷人、洁净、机智,几乎无懈可击。

(二)莫扎特

莫扎特(1756—1791)也是维也纳古典乐派的重要代表人物之一。与海顿不同的是:海顿可以说是大器晚成,而莫扎特却曾以"音乐神童"之名轰动了整个欧洲;莫扎特英年早逝,寿命还不及海顿的一半。莫扎特出生于奥地利西部美丽的小城萨尔茨堡,父亲是作曲家,也是该城大主教乐团的小提琴手。莫扎特四岁开始弹钢琴,六岁即已成为小有名气的钢琴家和作曲家。也就是从这时起,他便在父亲带领下,先后到维也纳、法兰克福、巴黎、伦敦、罗马等地旅行演出,引起欧洲乐坛轰动。从1772年至1778年,莫扎特曾到欧洲各地求职,全无所获。回到家乡后担任大主教宫廷乐师。1781年,莫扎特迁居维也纳,由此进入其生命最后10年音乐创作的辉煌期。1791年12月4日,在完成歌剧《魔笛》和声乐作品《安魂曲》之后不久,作曲家便在贫病交困中辞世,年仅35岁。

莫扎特在其短暂的一生中创作了大量音乐作品,其中有歌剧、交响曲、钢琴协奏曲、小提琴协奏曲、弦乐四重奏、奏鸣曲、小夜曲,此外还有清唱剧、舞曲和歌曲等。著名歌剧如《唐璜》、《费加罗的婚姻》和《魔笛》;影响较大的交响曲如《哈夫纳交响曲》(《第三十五交响曲》)、《林茨交响曲》(《第三十六交响曲》)、

《布拉格交响曲》(《第三十八交响曲》)、《巴黎交响曲》(《第三十一交响曲》)、《第四十交响曲》和《朱庇特交响曲》(《第四十一交响曲》)等。其他较为著名的作品还有《加冕协奏曲》、《土耳其进行曲》、《阿黛莱德协奏曲》、《不协和四重奏》、《普鲁士四重奏》、《海顿四重奏》、《狩猎四重奏》、《哈夫纳小夜曲》、《小夜曲》、《加冕弥撒曲》和《音乐玩笑》(小交响曲)等。莫扎特的作品结构严谨,旋律优美,风格明朗,具有强烈的古典色彩和超然物外的特点;作品中充满着阳光和欢笑,“丝毫没有浮士德式的精神痛苦和内心冲突涉及其中”。海顿曾称赞他是“最伟大的作曲家”,歌德甚至说:“像莫扎特这样的现象是无法解释的。”

(三)舒伯特

舒伯特(1797—1828)的音乐以歌曲最为著名,数量多且影响大。他和德国作曲家韦伯(1786—1826)被公认为浪漫主义音乐的奠基人。舒伯特出生于维也纳近郊,8岁从师学习小提琴,10岁参加教堂唱诗班,11岁考进专为宫廷训练歌手而设立的声乐学校学习,同时充当维也纳宫廷合唱团小歌手。15岁开始尝试音乐创作。16岁起独立谋生,在家乡做过三年小学助理教师。其间,他在业余时间勤奋创作,完成了大量作品,其中有交响曲、弥撒曲、歌剧、钢琴奏鸣曲、弦乐四重奏以及歌曲等。1818年,舒伯特来到维也纳,以自由艺术家身份专心从事音乐创作,并从此进入了艺术的成熟期。这期间,与一些知名文艺家的结识,对舒伯特的成功起到了至关重要的作用。与好友和崇拜者在维也纳各种场合的非正式聚会①成了舒伯特音乐创作的中心,其作品多是通过这种方式传播于维也纳的。1828年11月19日,刚刚步入而立之年的作曲家染重疾辞世。

舒伯特在解释自己的作品时说:“我的音乐是我的天才与苦难的产物。”他一生创作有600余首艺术歌曲,将德语艺术歌曲带到了完美的顶点。其著名的歌曲有《纺车旁的格里卿》、《魔王》、《圣母颂》、《野玫瑰》、《春之信念》、《流浪者》、《鳟鱼》和《谁是西尔维亚》等。著名的声乐套曲(即组歌)《美丽的磨坊女》

---

① 这种聚会通常以舒伯特作品音乐会的形式出现,因此被称为“舒伯特之夜”。

和《冬之旅》，采用的均是德国诗人米勒的诗作，前者20曲，后者24曲。此外，《天鹅之歌》系作曲家绝笔，传说天鹅将死之前所唱之歌最为动人，所以出版商便以“天鹅之歌”名之。这组歌曲采用的是海涅等诗人的作品，虽然也被称为“声乐套曲”，但14首歌曲在内容上不相连属。有人说：德语的艺术歌曲汇集了浪漫主义的全部特点，是浪漫主义音乐中最完美、最独特的表现形式，而舒伯特正是以歌曲形式表达个人情感的第一人。对于舒伯特来说，和声、伴奏、旋律和歌词是同等重要的。他的歌曲结构美，旋律美，朴素真挚，自然舒展，每一首都是一件完整的艺术作品。

（四）约翰·施特劳斯

约翰·施特劳斯（1825—1899）一生以创作圆舞曲著称于世，因而赢得了“圆舞曲之王”的美誉。他出身于维也纳的一个音乐世家，与父亲同名。老约翰·施特劳斯有自己的圆舞曲管弦乐队，一生创作有150余首圆舞曲，较为著名的如《水妖——莱茵河上的传说》、《多瑙河之波》和《拉德茨基进行曲》等。他和其早期合作者、音乐家约瑟夫·兰纳（1801—1843）被人们公认为“维也纳圆舞曲”的奠基人。尽管父亲坚决反对并竭力阻止儿子学音乐，小约翰·施特劳斯最终还是走上了音乐的道路。

约翰·施特劳斯一生创作乐曲近500首，除少量进行曲和轻歌剧外，绝大部分是圆舞曲和舞曲。在他乃至老约翰·施特劳斯的时代，压制与压抑“逼”出了更加放纵、更加欢快的舞蹈——华尔兹舞；而舞蹈是需要音乐的，舞蹈音乐的创作同时又给了跳舞的人们以鼓励和激情。显然，正是这样的背景成就了约翰·施特劳斯。约翰·施特劳斯最为重要的音乐作品有圆舞曲《蓝色多瑙河》、《南国的玫瑰》（又名《南方的蔷薇》）、《维也纳森林的故事》、《维也纳气质》、《醇酒、女人与歌》、《艺术家的生涯》、《美丽的五月》、《春之声圆舞曲》和《皇帝圆舞曲》；轻歌剧《蝙蝠》、《吉卜赛男爵》和《威尼斯之夜》以及波尔卡舞曲《拨奏》、《狩猎》、《爆炸》、《闲聊波尔卡》和《闪电波尔卡》等。圆舞曲中，又以《蓝色多瑙河》最为世人所喜爱。《蓝色多瑙河》根据匈牙利诗人卡尔·贝克的一篇咏唱多瑙河的诗篇的意境写成，以诗的末句作曲名，初为合唱曲，后改编成管弦乐曲。当管弦乐曲1867年在巴黎公演时，顿时引起轰动；百多年来，久演不衰。有研究者说：只要演奏一下《蓝色多瑙河》，在15分钟左右的时间内就能淋漓尽致地展现出圆舞曲的全貌；它比任何作品都能更雄辩、更精妙地在形式和精神上体现出圆舞曲的精髓。

二　波兰作曲家肖邦

肖邦(1810—1849)是作曲家，也是钢琴演奏家，出生于华沙近郊。肖邦从少年时代起即开始学习钢琴和作曲，并深受波兰民间音乐的影响与熏陶。他16岁入华沙音乐学院深造，19岁毕业，不久即离开波兰到维也纳，开始在国外的旅行演出。1831年，华沙起义失败，祖国沦陷，肖邦归国无望，于当年9月抵巴黎，从此定居法国，成了一名“无国籍”的波兰流亡者，直至逝世。在巴黎，他从事创作、教学和演出，并与许多著名的法国文学家以及流亡于法国的浪漫主义文艺家交往。1936年年底结识法国女作家乔治·桑(1804—1876)并与之结为情侣，两人共同生活了10年，这10年，也是他创作的旺盛期和成熟期。1849年10月17日，创作才能已经枯竭的肖邦因肺结核进一步恶化在巴黎逝世。

肖邦像

肖邦毕生憎恨沙俄对波兰的民族压迫和奴役，亡国之痛对其思想影响至深，其不少作品都反映了他对故国家园的深切怀念、对民族独立的殷殷期待和伤时忧国的无限悲愤。后期思想有时陷于消极。其一生创作的重要作品除两部钢琴协奏曲外，几乎都是钢琴作品，这主要是因为“他满足于把自己的构思完全体现在钢琴的象牙键盘上”，因为“他达到了自己的目的而丝毫没有丧失表现力”。其钢琴作品主要有《叙事曲》4首、《练习曲》27首、《前奏曲》26首、

《谐谑曲》4 首、《圆舞曲》14 首、《波兰舞曲》10 首、《夜曲》19 首、《马祖卡》55 首、《钢琴奏鸣曲》2 首和《幻想曲》1 首。另外他还创作有多首艺术歌曲。肖邦的创作植根于波兰民间音乐的土壤之上，善于写作奔放的旋律和灵活多变的和声，其音乐细腻、幽婉、抒情，总是洋溢着一种为作曲家所独有的浪漫情感和抒情诗意，对后世西洋音乐特别是钢琴音乐的创作，产生过深远影响。

思考与练习

1. 你欣赏过佛兰德斯画家鲁本斯的作品吗？请结合具体画作谈谈你的感受。

2. 在西方画家中，荷兰画家凡·高的独特性是显而易见的，请谈谈你对凡·高作品的评价。

3. 毕加索在其漫长的一生中一直没有停止艺术探索。这种探索给了我们怎样的启示？

4. 有人这样评价安徒生：他“因着信念成为一只蜜蜂，哪怕在伤口之处也能采粉酿蜜，构筑一个美丽的童话世界，鼓舞着人们追求真善美爱。”对这样一个评价，你是如何理解的？

5. 试述莫扎特音乐的艺术特色以及你听后的内心感受。

6. 你听过维也纳新年音乐会吗？谈谈你对约翰·施特劳斯圆舞曲作品的理解。

第三编　美　洲

“美洲”全称“亚美利加洲”，习惯上称为“新大陆”。美洲位于西半球，东临大西洋，西濒太平洋，北接北冰洋，南隔德雷克海峡与南极洲相望。美洲总面积约 4220 万平方公里，由北美洲和南美洲两个大陆及邻近的许多岛屿组成，巴拿马运河为南、北美洲的分界线。有时，人们也称墨西哥、美洲中部和西印度群岛地区为“中美洲”。

美洲大致分为两个文化区：一是盎格鲁美洲，包括美国和加拿大；一是拉丁美洲，包括北美格兰德河以南、西印度群岛大部和整个南美。美洲在 1492 年被意大利探险家哥伦布“发现”之前，早已存在着一种文明——印第安文明。

第十一章　印第安文明概述

印第安人是美洲最早的主人，其祖先是在最后一次冰期（大约在 3.5 万年至 2 万年前）自亚洲东南部和东部穿越白令海峡的狭长陆地移入北美的蒙古游牧人种。他们制造石器，发明弓箭，钻木取火，垦地种植，狩猎捕鱼，驯养家犬，凿木做舟，制陶纺织，过着极其艰苦的原始生活。在他们身上，可以看到与同时代的亚洲人某些相同的文化特征。随着时间的推移，北美的印第安人祖先逐渐向南迁徙定居，以拓展自己的生存空间。这一迁徙过程也就是印第安人在美洲创造文明的过程。印第安文明诸分支中，又以玛雅文明、阿兹特克文明和印加文明最为辉煌。

第一节 以易洛魁人为代表的北美印第安文明

在欧洲人到来之前，北美的印第安人因地域、环境和生活方式的不同，在文化上也有差异，有学者将其划分为六种：东部森林地带流动的印第安人、东部森林地带从事农耕的印第安人、平原印第安人、太平洋沿岸印第安人、高原印第安人、马更些河和育空河盆地印第安人。其中尤以东部森林地带的农耕印第安人——易洛魁人的文化最具代表性。

易洛魁人原居于密西西比河中下游，后移居五大湖流域。易洛魁妇女从事锄耕农业，种植玉米、豆类和南瓜等；男子则从事狩猎，主要捕鹿，部分地区兼营畜牧。16世纪中叶，易洛魁人的五个部落结成“易洛魁联盟”，成为当时最为强大的部落集团。包括易洛魁人在内的北美印第安人主要信奉原始的萨满教，他们崇拜自然，相信万物有灵，而这些精灵又有着善良与邪恶之分。他们用舞蹈、击鼓和响铃打拍子等方式役使精灵为人治病、预示吉凶。除了信仰“萨满”，易洛魁人还崇拜农作物，视他们的三种主要农作物为“生命”，为“母亲”。北美印第安人能歌善舞，其艺术均带有明显的原始宗教和军事生活特征。较为流行的歌曲有《欢迎曲》、《草原舞曲》、《熊曲》和《棍棒曲》等；其最为重要的舞蹈是《太阳舞》，此外，他们常跳的还有与狩猎、农事、作战、娱乐等相关的各种舞蹈。

北美印第安人几乎没有文字，他们用刻记号、结绳等办法记事。记载大事则在野牛皮上画图画符号，这些符号可以看成是一种“象形文字”，这些“文字”具有极高的表现力。另外，他们还使用一种与图画符号很接近的“手势语”和“信号语”，以弥补“文字”无法表达的各种信息的不足。

第二节　玛雅文明

玛雅人是美洲印第安人中的重要一支，玛雅人创造的文明，被视为美洲印第安文明的源头和典型代表。玛雅文明以墨西哥东南部、危地马拉和洪都拉斯为中心，发祥甚早。据记载，公元前后，玛雅人就创造出了象形文字，这种文字由图形和符号构成，保存在石碑、石柱、雕像和陶器上。符号约850个，其中一半左右为基本符号，有音节和音标，可构成3万多个词汇。从公元3世纪末起，每隔20年，玛雅人就要立一根石柱刻记大事；至公元889年，这一传统才被抛弃。学者称，这主要是因为发明了“纸”的缘故——所谓“纸”，实际上就是经过加工了的野无花果树皮。自此，玛雅人有了自己的写本文献。西班牙殖民者入侵之后，天主教会以消灭“异端邪说”为名，几乎将玛雅人所有的写本文献付之一炬，现幸存下来的只有残缺不全的四部。

由于农业生产的需要，玛雅人十分重视对天象的观测，并在实践中逐渐掌握了丰富的天文知识。在对日月星辰的长期观测中，玛雅人发明了历法且多达四种，即所谓“玛雅历”、“太阳历”、“金星历”和“太阴历”。“太阳历”是玛雅人普遍使用的历法，已达到很高的水平。数学方面，玛雅人发明了原始计数法以及“二十进位”计算法，其记数符号有三个：点(·)、横(—)和一个椭圆形符号：一“点”等于1，一“横”等于5，一个椭圆形符号等于20进位。运用这三个符号可以写出任何数字。另外，玛雅人已经使用了“0”的概念，这一发明比欧洲早了约八个世纪。

建筑方面，玛雅人同样取得了巨大成就，他们用石料建起了高大神庙、金字塔和纪念碑。玛雅人的金字塔与埃及金字塔形制不同，作用也不同。塔面有石阶，祭司可拾阶而上接近“众神”，而“众神”据说也可沿着这些石阶下访人类。塔顶建有神庙，可以用来观察天体。在玛雅人看来，金字塔就是天与地的连接点。玛雅艺术的很大一部分是附属于建筑物的浮雕及石碑雕像。

公元9世纪末10世纪初，玛雅文明突然从繁荣鼎盛走向了衰亡，对其原因,学术界有各种各样的解说,至今难得定论。10世纪后,玛雅文明曾再度复兴,16世纪时被西班牙殖民者摧毁。

第三节 阿兹特克文明

阿兹特克人原居于墨西哥西部的海岛上,大约11世纪中叶才开始向墨西哥盆地迁移。按照战神给予他们的启示,迁徙中只要看到一只鹰站在仙人掌上啄食一条蛇,便可以在那里定居下来。据记载,1248年,阿兹特克人终于来到了与战神启示相吻合的墨西哥高原南缘的湖积平原——今墨西哥城的所在之地,并于1325年建立起自己的都城——特诺奇蒂特兰(今墨西哥城前身)。今天,墨西哥国徽上的鹰吃蛇图案,显然就源于阿兹特克人的这一传说。

15世纪前期,阿兹特克人征服了周围部落,建立起了强大的部落联盟。学者认为,这个联盟还不是一个健全完整的国家,随着氏族制度的不断瓦解和奴隶制的产生,其国家形态渐具雏形。尽管阿兹特克人占有的地域已相当辽阔——东至墨西哥湾,西达太平洋,但其"国力"并不强大,因此,当西班牙入侵者到来时,不堪一击的部落联盟很快土崩瓦解。

阿兹特克人的文化在许多方面继承了墨西哥地区原有居民托尔特克人和玛雅人的文化传统,但又独具特色。他们有自己的文字,主要是图画文字,用以记录重大的历史事件;至于象形文字,虽有但数量却很少。阿兹特克的历法有两种,与玛雅人的"太阳历"和"玛雅历"相近似,其准确度之高曾使西班牙殖民者惊叹不已。著名的"太阳历石"用整块岩石雕凿而成,不仅形象地反映了其中的一种历法,而且还是一座精美的浮雕艺术品。阿兹特克人认为时间是有始有终的,但只要虔诚地祭祀天神,就能使时间周而复始,在到了尽头之后又开始一个新的循环。

阿兹特克人的建筑和雕刻艺术已经达到相当水平。他们用自己的聪明才智建造了美丽的城市、高大的金字塔和壮观的宫殿群。其金字塔呈梯形,四周都有阶梯相通;塔顶建有平台,平台上建神庙。整个金字塔都用方形石块筑成,并用雕像和各种浮雕作为装饰。有人描述:著名的"太阳金字塔"共5层,高约65米,有140级台阶直通塔顶,每边长225米,塔底面积1万多平方米,其规模之宏大,气势之雄伟,令人叹为观止。

第四节 印加文明

印加人是南美印第安人的一支,原居于安第斯山的库斯科谷地(今秘鲁的的喀喀湖一带),12世纪开始向外扩张,占领了包括今厄瓜多尔、秘鲁、玻利维亚乃至智利北部在内的大片土地,并于1438年建立了奴隶制国家——印加帝国。印加人都认为自己是太阳神的子孙。"印加"一词本来就是"太阳之子"的意思。最初,只有库斯科谷地部落酋长才称"印加"——因为只有他才是太阳的直接后裔。后来,西班牙人用这一称号称呼整个印加部落,"印加"一词便一直沿用了下来。显然,印加帝国文化是在安第斯山地区各部落集团文化成就的基础上发展起来的,在西班牙人入侵之前,印加文明早已成为南美印第安文明的最高代表。正因如此,有学者才将印加帝国称为"新世界的罗马",印加人也便成了"新世界的罗马人"。

印加帝国是美洲农业文明的摇篮。印加人在十分恶劣的自然条件下从事农耕,他们在山坡上辛勤开垦,修造梯田;他们挖掘水渠,引水灌溉;此外,他们还学会了施肥。学者认为,以梯田为主要特征的农业是印加文明的根基。在长期的农业生产实践中,印加人培育出了包括玉米、马铃薯、番茄、花生、南瓜等在内的40多种农作物。在农业发展的基础上,印加人的手工业和畜牧业也发展了起来,其纺织、制陶和冶金等技术也都达到了较高的水平。

印加人崇拜祖先,崇拜自然,尤其崇拜太阳。在印加帝国,盛行以太阳神和月亮神为主的多神信仰。另外,印加人还崇拜木乃伊,对统治者的木乃伊更是崇拜得五体投地,因为他们认为,统治者的木乃伊具有超自然的威力,必须精心地将其保存在庙宇里。印加人没有留下文字遗迹,因此学术界一般认为印加人没有创造出文字。印加人使用一种叫"基普"的手段帮助记忆,这种手段实际上是一种结绳记事法。印加人的口头文学有颂歌、抒情歌和叙事诗，此外还有依据民间流传的故事改编而成的戏剧。

复活节岛是太平洋上的一个火山岛（今属智利），1722 年 4 月 6 日（正值复活节前后）被荷兰探险航海家洛加文发现并命名。在这个狭长的小岛之上，人们发现了或戴帽或光头的石像 600 多尊，多为半身胸像，一般有 6 米高，最大的一尊高 21.5 米，最小的仅 1.5 米。石像有些整齐地排列在海滨，有些则散落在长满荒草的山坡上。石像被认为是用来祭祀的，但它们是如何雕成的，又是如何竖立起来的等等，对今人来说仍然是个谜。另外，在岛山还发现了许多刻在木板上的象形文字，至今也仍然无法解读。复活节岛上的石雕，被认为是印加文明的遗存。

1539 年，印加帝国被西班牙殖民者征服，其灿烂文化也遭到严重摧残。

思考与练习

1. 美洲大陆充满了神秘色彩和独特魅力。谈谈你对玛雅文明的了解与认识。

2. 你如何理解印加文明？其最令你感兴趣的文明成果是什么？什么是造成印加文明消失的根本原因？

第十二章　美　国

第一节　美国历史文化概述

美国全称"美利坚合众国"，地处北美洲中部，是一个联邦共和政体。这是一个年轻的国家，从建国至今仅有200多年的历史。在1607年至1733年的100多年间，英国殖民者先后在北美大西洋沿岸建立了13个殖民地，并把资本主义制度直接移植了过去。1775年，这些殖民地人民发动了反对英国殖民统治的独立战争，决心以血肉来争取独立与自由。同年5月，第二届大陆会议在费城召开，宣称"决意死为自由人，不愿活着做奴隶"。在人民的支持与推动下，大会成了最高的权力机构。1776年7月4日，大会通过了由杰弗逊起草的、后来被马克思称为"第一个人权宣言"的《独立宣言》，宣告这13个殖民地脱离英国而"成为自由独立的合众国"，由此，7月4日便成了美国的独立日即国庆节。经过几年艰苦卓绝的斗争，美国人民终于取得了胜利，1783年9月，美英双方在法国签订《巴黎条约》，英国正式承认美国为自由、自主和独立的国家，密西西比河以东为美国领土。1787年9月，按照三权分立、互相制约的原则制定的《美国宪法》在费城制宪会议上诞生，从而宣告了联邦共和国的成立。1789年4月30日，华盛顿在纽约宣誓就任美国第一任总统。

1803年，美国从法国手里购得路易斯安那；1812年，美国向西扩张，侵占了印第安人土地。此后，美国继续通过购买、侵占和兼并等手段扩展自己的领土，逐步形成像今天这样一个拥有50个州的资本大国。19世纪中叶，美国南、北社会制度的矛盾以及由此引起的政治上和经济上的对立,集中地表现在支持还是反对黑奴制度问题上。1860 年,反对黑奴制的共和党人林肯当选为联邦政府总统。第二年,南方各州先后宣布独立,组成“南方同盟”并发动了内战。在林肯领导下,这场美国北部资本雇佣劳动制各州同南部反叛的种植园奴隶制各州之间的战争,终于在 1865 年以同盟军投降而告结束,这就是美国历史上著名的“南北战争”。这场战争维护了美国联邦的统一,使北部工业资本集团取得了政治优势,从而扫清了美国资本主义发展的障碍。在两次世界大战中,美国的垄断资本得到了迅猛发展,进而跃升为资本主义世界名副其实的霸主。

美国是一个移民国家,有人称其为“民族的万花筒”,也有人把美国社会形容为一座“大熔炉”,来自许多国家和不同文化背景的人都在这座“大熔炉”中变成了“美国人”。正如一位美国诗人所说的那样:“这片土地先属于我们,后来我们才属于它。”众所周知,正是悠久的欧洲文明为美国文化提供了广阔而丰厚的背景,其民族文化是随着民族经济的发展而发展起来的。美国文化造就了许多杰出的文学家和艺术家。

19 世纪上半叶至中叶,浪漫主义文学曾主宰美国文坛,小说家和诗人麦尔维尔(1819—1891)创作的长篇小说《白鲸》,描写了捕鲸的艰难和捕鲸人的智慧与勇敢,具有浓重的象征意味和神秘色彩,被视为浪漫主义杰作。南北战争前后,具有资产阶级民主主义倾向的现实主义文学已经萌芽。女作家斯陀夫人(1811—1896)站在当时进步的废奴派立场上,于 1852 年发表了著名的长篇小说《汤姆叔叔的小屋》(旧译《黑奴吁天录》),对反动的蓄奴制进行了无情的揭露和批判。小说引起强烈的社会反响,并在废奴运动中起了巨大的推动作用。这一时期,还出现了著名的民主诗人惠特曼。美国的批判现实主义文学是在西欧批判现实主义文学开始走向衰落的时候才发展起来的,代表作家主要有马克·吐温、杰克·伦敦和德莱塞等。美国黑人文学也是美国文学的重要组成部分。黑奴作家道格拉斯(1817—1895)的两部《自传》,生动地记述了南北战争前后美国社会各个方面的真实状况;黑人诗人邓巴(1872—1906)的一些诗篇,愤怒地揭露了种族主义者对黑人的残害;

黑人学者、政治活动家杜波依斯(1868—1963)的长篇小说《黑色的火焰》三部曲,反映了美国黑人的百年苦难以及他们的反抗与觉醒。20 世纪初至第二次世界大战结束,美国社会经历了急剧的变化震荡,一批杰出的文学家应运而生,他们从各自不同的角度对社会人生进行了生动的描述。20 世纪的代表作家当推海明威和密西尔。

美国最为流行并具有国际影响的一种艺术形式是电影。1895 年电影放映机发明之后不久,电影就成了娱乐和宣传的工具。第一次世界大战前夕,美国的电影工业已具雏形,分散在全国各地的制片商陆续落户洛杉矶西北郊的好莱坞,好莱坞因此成了美国电影业的代名词。1927 年,在塞纳特和卓别林开创的无声电影的喜剧时代的基础上,华纳兄弟公司拍摄了第一部有声故事片《爵士歌手》,使电影成了最受欢迎的艺术形式之一。20 世纪 30 年代至 50 年代是好莱坞电影的全盛时期,艺术家们拍出了如《疤面大盗》、《琼宫恨史》、《一夜风流》、《翠堤春晓》、《关山飞渡》、《乱世佳人》、《魂断蓝桥》、《鸳梦重温》、《蝴蝶梦》、《公民凯恩》、《卡萨布兰卡》(又名《北非谍影》)、《罗马假日》和《后窗》等一系列经典影片,创造了电影艺术的辉煌,同时也成就了卓别林、霍克斯、福特、希区柯克、休斯顿、莱罗伊和斯皮尔伯格等一批颇富才华的电影艺术家,造就了如嘉宝、盖博、褒曼、简•方达、费雯•丽、梦露、霍华德、泰勒、白兰度、奥黛丽 • 赫本、凯瑟琳 • 赫本、派克等一大批深受人民喜爱的电影演员。

第二节 美国的历史文化名人及其文化成果

一 民主诗人惠特曼

惠特曼(1819—1892)是具有世界影响的美国第一位民主诗人。他出身贫寒,曾做过木匠和排字工人,从青少年时代起就接受了民主思想。30 岁开始诗歌创作,1855 年出版《草叶集》。此后,《草叶集》不断再版,内容也不断扩展,作者生前已出至第 9 版,集诗 401 首。研究者认为:写我自己,以表现我的“特殊的时代和环境、美国、民主”，是《草叶集》的主旨，也是惠特曼当初的梦想。由此可以说《草叶集》记录了诗人一生的思想和战斗历程，是美国文学中第一部“个人史诗”，同时，它也是19世纪“美国的史诗”。诗集取名“草叶”，是因为“草是自然界最普通、最平凡的东西”，“在宽广的地方和狭窄的地方都一样发芽，在黑人和白人中间都一样生长”。在艺术上，惠特曼开创了被人们称为“滚滚波涛”的自由体和新的诗风，这种诗体和诗风对美国乃至世界上许多国家近百年来的诗歌运动都产生过影响。《草叶集》中较为重要的篇章有《自己之歌》、《大路之歌》、《欢乐之歌》、《斧头之歌》、《各行各业的歌》、《开拓者哟！啊，开拓者哟！》以及《向印度航行》、《红木树之歌》和《哥伦布的祈祷》等。

二　批判现实主义作家马克·吐温、杰克·伦敦和德莱塞

（一）马克·吐温

马克·吐温(1835—1910)原名萨缪尔·兰亭·克莱门斯，是美国批判现实主义文学的奠基人。12岁父亲去世，马克·吐温开始自谋生计，体验过各种各样的生活，接触过各式各样的人物，从而为日后的文学创作打下了深厚的生活基础。马克·吐温早期创作是从南北战争时期开始的，以短篇小说为主，表现了对美国民主所抱的幻想，主要作品有《竞选州长》、《高尔斯密的朋友再度出洋》等；中期创作以长篇小说为主，讽刺性加强，深刻描写了美国社会的龌龊，主要作品有《镀金时代》、《汤姆·索亚历险记》及其续篇《哈克贝利·费恩历险记》、《密西西比河上》和《王子与贫儿》等。后期作品由幽默讽刺转向揭露和谴责，但却流露出浓重的悲凉哀婉情调。《竞选州长》是马克·吐温的代表作，主人公“我”作为独立党的候选人参加纽约州州长的竞选，自以为“声望很高”，颇为自信。但是一开始他便遭到了报纸的诽谤和攻击，不久即被搞得声名狼藉，不得不退出竞选；而那些卑鄙无耻的政客却成了“民选”的代表。小说辛辣幽默，真实生动，为“美国的民主”描绘了一幅绝妙的讽刺画。《汤姆·索亚历险记》和《哈克贝利·费恩历险记》则借儿童的观察和感受暴露美国社会的庸俗虚伪，谴责蓄奴主的暴虐和种族歧视。

（二）杰克·伦敦

杰克·伦敦(1876—1916)出身于破产农民家庭，从小靠出卖自己的劳动力过活。早年接触进步思想，参加过工人运动。1898 年开始文学创作，1902 年以记者身份赴英国，发表特写集《深渊中的人们》，控诉英国资产者把工人当牛做马、肆意剥削的罪行。所作小说《老头子同盟》揭露了白人殖民者对印第安人的残酷掠夺；《热爱生命》则描写普通淘金者的生活和冒险以及他们在自然条件下同恶劣环境所进行的严酷斗争。此后创作的长篇小说有《海狼》、《铁蹄》以及带有强烈自传色彩的《马丁·伊登》等。《铁蹄》是一部社会空想小说，描写工人群众反对金融寡头统治的革命斗争，揭露美国资产阶级民主的虚伪，同时也展望了人民反对“铁蹄”(垄断资产阶级寡头政治的代名词)的斗争必然取得最后胜利的前景。《马丁·伊登》通过主人公马丁·伊登的一生，控诉了美国社会对一个有才华的青年作家的迫害，揭露了那个制度的腐朽以及拜金主义的市侩习气，同时也对马丁·伊登的个人主义做了一定的批判。1910 年以后，作家远离工人运动，在创作上放弃积极主题，回避现实斗争，作品有《毒日头》、《月谷》和《三颗心》等。

（三）德莱塞

德莱塞(1871—1945)生于印第安纳州一个破产的小业主家庭。1900 年发表长篇小说《嘉莉妹妹》，小说通过农村姑娘嘉莉到芝加哥谋生，偶然成为名演员的故事，描写了嘉莉对幸福生活追求的幻灭，揭露和批判了资本主义社会繁华表面下的黑暗。小说因被认为“有伤风化”而禁止发行，作家也被迫停笔 10 年。从 1911 年起，德莱塞又先后发表多部现实主义作品，主要有《珍妮姑娘》、《欲望三部曲》(《金融家》、《巨人》和《斯多噶》)、《天才》和《美国的悲剧》等。《珍妮姑娘》以一个来自民间的穷苦姑娘为主人公，描写了她在资本主义社会中一生的悲惨遭遇。小说对社会上的势利小人和有偏见的“宗教狂热者”所做的性格描写可以说是入木三分。《美国的悲剧》以复杂和同情的心情描写了一个名叫克莱德的美国青年为追求美国的生活方式而堕落成杀人犯的故事。这不仅是美国青年的悲剧，也是腐朽的美国社会本身的悲剧。小说极富艺术魅力，是德莱塞一生创作成就最高的一部作品。

三 20世纪的著名小说家海明威和密西尔

(一) 海明威

海明威(1899—1961)出生于伊利诺伊州,中学毕业后即到堪萨斯城做《星报》记者。1923年开始文学创作,1925年出版短篇小说集《在我们的时代里》,翌年出版成名作长篇小说《太阳照样升起》,作品所描写的都是战后"迷惘的一代",情调低沉但色彩缤纷。分别出版于1927年和1933年的短篇小说集《没有女人的男人》和《胜者无所得》,进一步确立了他短篇小说大师的地位。其间还出版有长篇小说《永别了,武器》和《乞力马扎罗的雪》等。1936年至1939年,海明威以记者身份参加了西班牙内战,发表过剧本《第五纵队》和长篇小说《丧钟为谁而鸣》(又译《战地钟声》)。1950年发表中篇小说《过河入林》,流露出悲观失望情绪。1952年发表著名中篇小说《老人与海》。1954年获诺贝尔文学奖,其"获奖评语"是:"因为他精通于叙事艺术,突出地表现在他的近著《老人与海》中;同时也因为他在当代风格中所发挥的影响。"

《老人与海》是海明威自20年代起描写"硬汉性格"的继续和发展。小说主要写饱经风霜的老渔夫桑提亚哥连续84天在海上打鱼都一无所获,然而在第85天却捕到了一条大马林鱼。不料在返航途中竟遭到群鲨的袭击,老人凭着一股不屈的精神与鲨鱼搏斗。当他疲惫地回到岸边时,那条大鱼只剩下了一副白色的骨架。这骨架似乎在无声地向人们宣告:"人生来不是为了给打败的。人可以被消灭,却不能被打败。"小说通过人与自然的斗争,表达了人应该勇敢地面对失败的主题。在艺术上,《老人与海》具有很高的概括性、寓言性和象征性。从一定意义上讲,老人桑提亚哥的形象正是海明威本人的形象;老人捕获大马林鱼的经历,正是海明威对他自己一生追求的概括。这不是用哲学术语写成的哲学,而是用一个普普通通的捕鱼故事写成的哲学。

(二) 密西尔

密西尔(1900—1949)出生于佐治亚州的亚特兰大,因长篇历史小说《飘》而闻名于世。1922年至1926年间,她为《亚特兰大日报》撰稿,后因脚部受伤而辞职。从此,她开始写作自己唯一的一部作品《飘》,用力10年。《飘》所展现的是美国南北战争时期南方动乱的社会现实。它以“乱世佳人”郝思嘉的爱情、婚姻、创业生活为主线，反映了一代青年人在动乱年代的生存状态。大庄园主的女儿郝思嘉年轻貌美却过于好强、自信、贪婪、自私，为了振兴家业，她把爱情和婚姻作为交易，结果三次婚姻均以失败告终。亲人和朋友最后或与她反目，或离她而去，她成了孤家寡人。小说通过对郝思嘉和白瑞德等人物形象的塑造，体现了在原始积累和自由竞争时期美国精神的三大支柱：必须富有；决不因潦倒而悲伤；支配他人，永不受任何人所支配。作品运用了浪漫主义和现实主义相结合的创作手法，塑造出的人物多姿多彩，因而富有永久的魅力。《飘》于1936年6月一出版，立即就成为美国出版史上到当时为止最为畅销的小说，六个月内就售出100万册，至1939年，其在美国国内的销售已达200万册。小说还被译成40多种文字在全世界出版发行。1937年，密西尔获普利策奖；1939年，《飘》被改编拍摄成故事片，由费雯·丽和盖博主演，取名《乱世佳人》。影片获得了第12届奥斯卡奖中的八项大奖。

四 电影艺术家卓别林

卓别林(1889—1977)是英国人，出生于伦敦。初为卡尔诺哑剧团演员，曾随团到美国巡回演出。1913年到美国拍电影，开始自己的电影生涯。所拍摄的影片，大多是自编自演的，因在美国无声片中创造了一个独特的流浪汉形象而成名。从第二部影片《威尼斯赛车记》起，卓别林给自己设计了一种固定的造型：圆顶礼帽、小得可怜的上衣、又肥又长的裤子、一双特大的皮鞋，加上一撮小胡子和一根细而短的手杖。在《流浪者》中，他又给这个人物加上了哀婉格调，不仅引人发笑，而且令人感动甚至落泪。这个“小人物”贯穿在《寻子遇仙记》、《淘金记》、《城市之光》、《摩登时代》等影片中，并一度重新出现在其自传性的《舞台生涯》中。1940年拍摄了有声片《大独裁者》，淋漓尽致地嘲笑了狂妄嚣张、不可一世的希特勒，伸张了正义，鼓舞了人心。1947年拍摄的影片《凡尔杜先生》曾激怒美国退伍军人协会。1952年，因受到麦卡锡主义迫害，卓别林不得不离开美国，并于次年定居瑞士。1957年，他在英国创作了讽刺美国众院非美活动调查委员会的影片《一个国王在纽约》，因此被指责为亲共。

1966年,卓别林自编自导自演了自己的最后一部影片《香港女伯爵》。1975年被英国女王授封为爵士。1977年12月25日,一代艺术大师在瑞士沃尔河畔的科尔西耶逝世。

卓别林曾嗟叹自己一直不能忘怀出身低微,担心受人轻视,暴富后只感到凄凉,成名后只觉得孤独。研究者认为,这恰恰说明卓别林生活在一个不合理的、可笑而又可悲的社会,而这些可笑又可悲的成分不但体现在他的身上,也反映在他的电影里,这就使怀抱同情的观众在笑的同时会禁不住流下泪来。

第三节 中美之间的文化交流

一 传教士——在中美之间架设文化交流的桥梁

中美两国人民之间的交往始于美国独立之后,以1784年美国"中国皇后"号商船来华进行贸易活动为标志。早期,为中美之间的文化交流架设桥梁的主要是来华传教士。在19世纪的大部分时间里,美国人是通过传教士的眼睛来观察中国、了解中国的。传教士们来华的直接目的是传播基督教,并传播包裹着基督教外衣的西方近代资本主义文化,即所谓"基督教化的西学"。设立学校、出版书籍、发行报刊和开办医院等,是美国传教士们从事的主要活动。

(一) 裨治文

裨治文(1801—1861)出生于马萨诸塞州,大学毕业后即进入神学院接受培训。1829年10月,他受美国公理会派遣启程来华,为美国派到中国的第一批传教士中的一员。1830年2月抵澳门,不久即到广州,随英国传教士马礼逊学习中文。1832年,裨治文在广州创办英文《中国丛报》,自任主笔,直至1847年。《中国丛报》除刊载教会消息外,还介绍中国的政治、法律、文学、历史和风俗,可以说是1832年至1851年间中美关系史的重要编年记录。1844年,裨治文曾作为翻译参加了中美两国关于《望厦条约》的谈判。1847年,他奉教会之派赴上海,参加修改《圣经》译本的工作,于1852年完成。其后,裨治文相继在南京、芜湖、厦门、福州、宁波等地活动。1857年被选为英国皇家亚洲学会华北支会会长。1861 年病逝于上海。

裨治文的主要著作是出版于 1838 年的《美理哥合省国志略》[①]。该书详尽地介绍了美国各方面的情况，成为那个时期中国人了解美国的主要来源。鸦片战争后，文学家梁廷枏作《合省国说》，主要依据此书；思想家魏源作《海国图志》，其中的美国部分同样取自此书；政治家徐继畬作《瀛寰志略》，此书也是其重要的参考资料。

（二）雅裨理

雅裨理（1804—1846）出生于新泽西州，祖籍荷兰。少年时代志在从医，青年时就读于教会学校，熟谙世界历史、地理。1829 年 10 月，他与裨治文一起奉派来华。1830 年 2 月抵广州，一边在海员中传教，一边学习中文。不久转赴东南亚，在巴达维亚随麦都思、杨威廉学习中文。1833 年，雅裨理曾赴英、法、德等国，为加强美欧教会之间的联系而奔走。1834 年回美国讲学、休养，四年后再次来到中国，1839 年 2 月抵澳门，1842 年转赴厦门传教，1844 年与福建布政使徐继畬多有交往，其所学世界历史、地理知识，对徐氏日后编著《瀛寰志略》颇有助益。在《瀛寰志略》中，徐继畬多次提到雅裨理，足见受其影响之深。1845 年，雅裨理返回纽约，次年辞世。

（三）伯驾

伯驾（1804—1889）出生于马萨诸塞州，27 岁时毕业于耶鲁大学，因有志于海外传教，复入耶鲁大学神学院，接受神学和医学教育，1834 年获博士学位。同年，伯驾奉派来华，于 10 月抵广州，一个多月后转赴新加坡，一边行医，一边补习中文。翌年 9 月，他重返广州，不久即在新豆栏街开设眼科医局，为人治疗眼疾等多种疾病，因而成为来华的第一个意图借医传教的传教士。他全心全意经营医局，使来诊人员由初时的观望迟疑转为踊跃就医。1836 年春，伯驾另租毗邻的丰泰行 7 号房产作为新局。新局进出口处悬挂“博济医院”招牌，因此，新豆栏医局也被称为博济医院。伯驾将西方医院的管理制度

---

① 该书初版于新加坡，1846 年在广州再版时更名为《亚美理驾合众国志略》。后又曾修订，易名为《联邦志略》。

移植过来:一是对所有前来就诊者建立医疗档案,二是对疾病进行分类。因为治疗效果明显,那些被治愈的病人便很自然地成了该医局的捐助者或宣传者。医局名声日显,前来求医者日多。1838年,中华医药传道会成立,伯驾任副会长。鸦片战争爆发后,医局被迫关闭,伯驾返回美国,并向美国政府汇报有关中国的局势问题。1842年11月,他重返广州,重开医局。伯驾在中国开办医局的实践,改变了人们对西医的认识。1844年,伯驾被任为美国驻华代办;1855年被任为美国驻华全权委员。伯驾于1857年回国,并于1889年1月10日以85岁高龄在华盛顿逝世。

(四)丁韪良

丁韪良(1827—1916)是美国长老会传教士。1846年毕业于印第安纳州州立大学,接着又入新阿尔巴尼神学院攻读神学,并于1849年毕业。1850年4月,丁韪良奉派来华,先抵香港,转而到宁波,在那里生活了近10年,不仅学会了中国"官话",而且还掌握了宁波方言。其间,他读完了"四书"、"五经"等中国典籍,还曾在宁波南门办过两所专收男孩的学堂,每所招收学生20名左右。1854年至1860年间,他用中文写成宗教读物多种并在宁波出版,如《天道溯源》、《喻道传》、《三要录》、《保罗垂训》和《救世要论》等,其中,《天道溯源》曾多次重版,还被译成了日文和朝鲜文。1858年,丁韪良作为译员参与了有关《中美天津条约》(原称《中美和好条约》)的谈判。1860年,他曾回国休假,两年后重新来华,先后在上海、北京、开封等地办学、传教。1865年,丁韪良被聘为京师同文馆英文教习,两年后又被聘为国际公法教习。1869年,清政府总理衙门聘请他出任同文馆总教习,在这个位置上,丁韪良工作了25年之久。1894年,他曾因健康原因回国,当三年后再度来到北京时,他应聘担任了京师大学堂总教习,直至1902年解聘。此后,他大部分时间在中国度过,教书或传教。1916年12月17日,丁韪良病逝于北京。

在洋务派主持的翻译事业中,丁韪良被认为是贡献最大的一个。由他翻译和审订的有关自然科学、法律、政治、经济、教育和语言学方面的著作多达数十种,其中,有关国际法的著作就有如《万国公法》、《公法便览》、《公法会通》、《公法千章》和《公法新编》等。在丁韪良等人的努力下,国际法成为继西方兵工技术和格致诸学之后在中国广为传播的一门学科，曾对中国近代史产生过多方面的影响。除了译书，丁韪良还应中国总理衙门之约，在游历了美国、法国、德国、瑞士、英国、意大利和日本之后，写成一本综合性著作，名《西学考略》。该书共两卷，内容极为广泛，对西方各国的地理、社会、文化、政治、经济、教育、哲学、科技等诸方面均有介绍，颇似一部袖珍百科全书，对当时中国人了解西方有着重要的参考价值。

（五）林乐知

林乐知（1836—1907）出生于佐治亚州，青年时代即参加了基督教美国南方监理会。1859 年年底奉派来华，1860 年 7 月抵上海，从此开始了他在中国长达 47 年的“传教”生涯。1864 年，林乐知被聘为上海广方言馆英文教习。1868 年，他创办《教会新报》（周刊，1874 年改称《万国公报》）。1871 年又被聘为翻译馆译员。此后 10 年，集教习、译员、编辑和传教士于一身的林乐知，据说是上午教书，下午译书，晚上编报，礼拜天说教，忙碌而充实。1881 年，林氏辞去广方言馆和翻译馆职务，根据美国监理会指示在上海创办中西书院，其宗旨是中学与西学并重。与一般教会学校不同的是，书院不设必修的宗教课，也不强迫学生当教徒。另外，林乐知还奉命在苏州开设博习书院和中西书院，并于 1901 年将上述三校合并改组为东吴大学。

1876 年，林乐知出版了他的《中西关系略论》一书，首次就中国外交、内政问题系统发表意见。尽管该书有很大的片面性，但内中对中国落后方面的批评却是击中要害的。他所批评的三个方面，一是迷信，二是鸦片，三是科举。他认为：科学兴则迷信除，科学衰则迷信盛；鸦片损害的不仅是人的健康，还会对国家经济和社会风气造成破坏；科举最大的弊端是一个“空”字，无病呻吟，不切实际，结果导致国家贫弱不振。在林乐知所译编的书中，最著名的一部是《中东战纪本末》。这是一本有关中日甲午战争的资料、评论汇编。中东所指，即中国和日本。书中对有关战争过程的披露，对中国落后方面的批评，令读者震撼。林乐知的批评与建议题为《治安新策》，批评了中国的八大积习，它们是骄傲、愚蠢、胆怯、欺诳、暴虐、贪私、因循和游惰。而这八大积习又相互联系，相互影响：骄傲必入于愚蠢，愚蠢则流于怯懦，怯懦必工于欺诳，暴虐则忘仁爱，贪私必昧于公廉，因循则难于振作，游惰又如何忠敬！该书在当时影响很大，曾受到李鸿章的好评，得到过光绪皇帝师傅孙家鼐的称赞。林乐知在《中东战纪本末》的“序言”中表白，他作为一个美国人译编此书的目的，就是为了促进中国的变法，绝无“私意”。

二 留学美国——踏着容闳的足迹

一般认为，广东学子容闳是中国近代史上的第一位留学生。这不仅是因为容闳系统地接受了西方的初等、中等和高等教育，并在美国取得了学士学位；还因为他早就立下改造中国的志向，并在归国后不遗余力，为实现自己“教育救国”的主张奔走呼号。正因如此，他成为了中国近代史上一位颇有影响的人物。1847 年年初，在香港马礼逊学堂读书的容闳、黄宽、黄胜三人，跟随他们的校长、美国长老会传教士布朗赴美国求学。经过自己的艰苦奋斗，容闳于 1854 年毕业于美国耶鲁大学文科；黄宽后转赴英国，入爱丁堡大学学医，并于 1857 年取得医学博士学位；黄胜因健康原因没能修完学业，提前回国。

容闳回国后，曾先后任职于香港高等审判厅、上海海关和上海英商公司。其间，他也曾投奔太平天国，希望实施自己的“教育计划”，结果失败。1863 年，洋务派领袖曾国藩筹建江南制造局，特派容闳赴美国采购机器，容闳因不辱使命赢得曾国藩的信任。1868 年，容闳曾通过江苏巡抚丁日昌向朝廷提出派人出国留学的建议，未果；1870 年，他再度通过丁日昌向曾国藩陈述自己的主张，得到曾国藩的支持。同年，曾国藩、李鸿章联名上呈《拟选聪颖子弟出洋学艺折》，很快就得到了同治皇帝的批准。计划是根据容闳的建议拟订的，即“派员在沪设局，访选沿海各省聪颖幼童，每年以三十名为率，四年计一百二十名，分年搭船赴洋，在外国肄习，十五年后，按年分起，挨次回华。”曾、李在奏折中还写道：“计回华之日，各幼童不过三十岁上下，年力方强，正可及时报效。”①

计划于 1872 年开始实施，至 1875 年中止。四年中派出的 120 名学生，年

① 史仲文主编《中国近代名人思想录·建业者言》，中国物资出版社，1997，第 85 页。

龄都在10至16岁之间，多选自广东、福建、浙江、江苏几省。在当时的社会背景下，能够派人出国留学，本身就是一种惊世骇俗的举动，恰如曾国藩、李鸿章所言，是"中华创始之举"，是"古来未有之事"。因此，它遭到了清政府中顽固保守势力的反对和破坏。其结果是：赴美留学生在绝大多数没能完成学业的情况下，不得不于1881年全部撤回，致使曾、李的设想化为泡影。尽管如此，回国学生中还是出了一些人才，他们为西方科技在中国的传播，为中国的军队、铁路和工业建设以及外交、教育等事业做出了重要贡献。他们中的佼佼者当推铁路工程师詹天佑。

詹天佑12岁被选赴美留学，1878年进入耶鲁大学，学习土木工程和铁道工程，1881年取得学士学位。回国后，詹天佑并没有马上得到重用，直到1888年才被委任为中国铁路公司工程师。此后，他先后参与或主持修建了多条铁路，其中，最知名的是他作为总工程师主持修建的中国人自建的第一条铁路——京张铁路。这一工程不仅为中国人赢得了荣誉，提高了中国人自办铁路的信心，而且培养了中国第一批铁路工程师。

曾国藩、李鸿章在《拟选聪颖子弟出洋学艺摺》中，曾着意强调派人出国留学的必要性及其长远功效，陈词恳切。从中我们可以清楚地看到洋务派对派遣留学生的态度和认识，对100多年前的洋务派官僚来说，当是十分可贵的。洋学堂的建立，已经向传统的封建教育制度提出了挑战；成批留学生的派遣，对于当时的守旧势力来说，不啻当头一击。

后来，容闳著成《西学东渐记》一书，对向美派遣留学生事做了总结，充分肯定了它的作用和意义。以洋务运动为起始，出国留学渐成风气。从甲午战争失败到辛亥革命前夕，中国出现了一个留学热潮。1908年，美国政府宣布退还庚子赔款的剩余部分，改充中国留美学生的教育经费。清政府于是于1909年设立"游美学务处"，并于当年夏秋招考、派遣了第一期庚款留美学生47名，第二年夏又派出第二期学生70名，第三年再派63名，都是20岁以下的青少年。从这时起，自费留美的学生也日益增多，到民国成立之前，在美求学的中国学生至少已达800人以上。

1911年，与派出庚款留美学生同时，清政府正式成立清华学堂，作为留美预备部并兼一般培育人才的学校。据统计，自清华学堂开办到1929年留美预备部结束(1928年，清华学堂正式改名为“国立清华大学”)，中国政府共派出留美学生1279人。加上特别官费生和自费生，留美学生人数总在1800名以上。当时的大多数留美生都深知中国的科学与工业比西方列强落后，都认为美国有许多地方值得中国取法，因此出去的目的多很明确，那就是学一点新东西回来，以在日后能对社会、国家尽一份责任。

这期间及其后(1931年至1949年)的留美学生中，有不少后来都成了知名的学者或科学家，如经济学家马寅初，中国化学工业奠基人侯德榜，中国气象学家、地理学家和教育家、中国近代气象事业的创始人竺可桢，中国新文化运动的代表人物之一胡适，中国桥梁专家、钱塘江大桥的设计者茅以升，现代哲学家、逻辑学家金岳霖，物理学家、教育家吴有训，儿童文学作家冰心，现代建筑学家梁思成，现代考古学家梁思永，中国导弹、火箭、人造地球卫星研制的主要技术领导人和组织者钱学森等。

思考与练习

1. 美国文化中，以电影的成就最为世人所瞩目。请谈谈你对美国电影的认识与评价。

2. 读过海明威的小说《老人与海》吗？谈谈你的读后感。

3. 简述美国传教士丁韪良在中国洋务派主持的翻译事业中做出的巨大贡献。

4. 美国传教士林乐知在其所著《中西关系略论》及所译编的《中东战纪本末》等书中，对中国的落后方面进行了尖锐的批评。对此你有何感想？

5. 容闳是中国近代第一个走出国门的留学生。请叙述一下他的事迹及其在中西文化交流中所起的作用。

第十三章　拉丁美洲的历史文化名人及其文化成果

美国以南的美洲地区通称拉丁美洲，包括墨西哥、中美洲、西印度群岛和南美洲。该地区（包括加勒比海地区）曾长期沦为西班牙、葡萄牙等拉丁语族国家的殖民地，故得“拉丁美洲”之名。其殖民地时期始于15世纪末新大陆发现之时，终于19世纪独立运动成功之后。现有33个独立国家，其中的19个通用西班牙语，巴西通用葡萄牙语，海地通用法语。

第一节　诗　人

一　智利诗人米斯特拉尔和聂鲁达

（一）米斯特拉尔

米斯特拉尔（1889—1957）是智利现代著名女诗人。米斯特拉尔14岁时即发表诗作。1909年丈夫自杀，她在精神上受到极大打击，立誓不嫁，从此专心创作。对死者的怀念和个人忧伤是她初期诗歌创作的主要题材，《死的十四行诗》（共3首）便是她的成名作。1921年，米斯特拉尔调至首都主持圣地亚哥女子中学的工作。1922年，美国纽约哥伦比亚大学西班牙研究院出版了她的第一本诗集《绝望》。这是她的代表作，共七章，其中五章是诗歌，另两章是散文诗和短篇小说。诗集题名《绝望》，依然是源于诗人自己的那场爱情悲剧。1924年，西班牙的马德里出版了她的第二本诗集《柔情》；1938年，其第三本诗集《有刺的树》问世。1945 年，米斯特拉尔获诺贝尔文学奖，获奖评语是："因为她那富有强烈感情的诗歌，使她的名字成为整个拉丁美洲理想的象征。"1955 年，她结集出版了自己晚年的诗作，名《压榨机》。这些诗作表明诗人已经完全摆脱了那种缠绵悱恻、悲哀伤感的情绪，成为了一个人民的歌手。

（二）聂鲁达

聂鲁达(1904—1973)本名巴索阿尔托，出生于智利中部小镇帕拉尔。13 岁时即用"聂鲁达"的笔名发表诗歌作品。1921 年，聂鲁达进入首都圣地亚哥教育学院攻读法语，其间曾染上无政府主义思想。1923 年和 1924 年，诗人相继出版了以爱情为主题的诗集《黄昏》和《二十首情诗和一支绝望的歌》，引起文坛热烈反响并一举成名。接着，诗人又出版了诗集《奇男子的引力》和《戒指》。1927 年，聂鲁达进入外交界，先后任驻仰光、锡兰（今斯里兰卡）、雅加达、新加坡、布宜诺斯艾利斯、巴塞罗那和马德里领事，驻墨西哥总领事和驻法国大使。其间，诗人运用超现实主义和象征主义手法写作，追求神秘的内心体验，代表作是《在地球上的居所》。1937 年，聂鲁达发表著名长诗《西班牙在我心中》，并出版代表作诗集《诗歌总集》。《诗歌总集》具有完整的结构且带有纪实的特征，被认为是诗人创作生涯的里程碑。《马楚·比楚高峰》和《伐木者，醒来吧》是集中两首特别著名的长诗。《诗歌总集》充分表现了诗人对自己祖国及其所在的美洲大陆的热爱，反映了诗人广阔的视野和博大的胸怀以及高超的艺术技巧。此后的若干年中，聂鲁达又陆续出版了《葡萄和风》、《元素之歌》、《新元素之歌》、《爱情十四行诗一百首》、《英雄事业的赞歌》、《智利的岩石》、《黑岛杂记》、《鸟的艺术》和《沙漠之家》等诗集多部。1971 年，诗人获诺贝尔文学奖，其获奖评语是："他的诗作具有自然力般的作用，复苏了一个大陆的命运和梦想。"

二　墨西哥诗人帕斯

帕斯(1914—1999)是诗人、散文家、文论家和翻译家。1914 年，帕斯出生于墨西哥城郊的米斯库克镇。他 14 岁开始写诗，17 岁时与一些青年诗人共同创办诗歌杂志《栏杆》，后又曾创办过《墨西哥谷地》和《诗歌车间》等文学刊物，刊登西班牙语国家诗人的作品，同时介绍英、法、德等国的文学成就。1937年，为使尤卡坦半岛上的农民子女能够受到教育，帕斯曾在当地创办一所中学。在那里，诗人发现了伟大的玛雅文明并获得了诗集《在石与花之间》的创作灵感。同年，他还曾应邀前往战火纷飞的西班牙出席反法西斯作家联盟代表大会，并陆续发表《不许通过》、《人之根》和《在法西斯的炸弹下》等诗作。两年后出版诗集《在世界的边缘》和《复活之夜》。

第二次世界大战结束后，帕斯进入外交界工作，曾先后在法国、瑞士、日本、印度等国任职。1953年至1959年间在国内从事文学活动。1960年重返外交界，先任职于法国，两年后出任墨西哥驻印度大使直到1968年。其间，他得以了解和研究东方文化，特别是印度的佛教思想、中国的儒家道家以及日本的传统文化。此后，诗人曾在英、美等国从事研究工作。几十年间，诗人出版的诗集还有《假释的自由》、《狂暴的季节》、《火种》、《回归》、《东山坡》和《向下生长的树》等，并于1958年发表具有史诗意义的长诗《太阳石》。其诗题材多样，内容新奇，风格独特，只是有些文字让人觉得晦涩深奥。1990年，帕斯获诺贝尔文学奖，评审委员会给予他的评语是："充满激情的文学作品视野广阔，是完整的人道主义和富于情感的聪明才智的结晶。"

第二节 小说家

一 危地马拉小说家阿斯图里亚斯

阿斯图里亚斯(1899—1974)是一位进步作家，也是一位献身于祖国独立和自由的战士。他生于危地马拉城的一个颇有名望的法官家庭，父亲因不满当时的独裁统治而遭迫害，全家于是迁居内地的一个印第安人聚居的小镇。因此，阿斯图里亚斯从小就受到反独裁思想影响，有机会了解和熟悉印第安人的古老文化与风习，并对他们的悲惨命运寄予深切的同情。

1923年，因与军方势力发生矛盾，阿斯图里亚斯被迫流亡法国，从事古印第安人文化和语言的研究。1925年至1932年完成长篇小说《总统先生》

(1946年才得以出版)的创作。1930年出版短篇小说集《危地马拉传说》。1933年,作家结束流亡生涯回到祖国,陆续出版长篇小说《总统先生》、《玉米人》、《疾风》、《绿色教堂》和诗集《云雀的鬓角》、《贺拉斯主题习作》等。1954年再度流亡国外,侨居阿根廷。其间,相继出版中短篇小说集《危地马拉的周末》、长篇小说《被埋葬者的眼睛》和《混血姑娘》等。1967年,作家获诺贝尔文学奖,获奖评语是:"由于他出色的文学成就,他的作品深深地植根于拉丁美洲印第安人的民族气质和传统之中。"

《玉米人》是阿斯图里亚斯的代表作,主要描写印第安人的生活和斗争,并以此为主线,真实地描绘了危地马拉社会广阔的生活图景。这是一部将印第安人的传统观念及神话与现实生活完美地结合在一起的作品。《玉米人》结构复杂,风格奇特,充满了象征和隐喻,因此被公认为是一部典型的魔幻现实主义杰作。

二 哥伦比亚小说家马尔克斯

马尔克斯(1928—2014)被认为是魔幻现实主义最杰出的代表,1928年3月6日出生于马格达莱纳省的一个小镇。① 马尔克斯从小是在外祖父家长大的。外祖父思想比较激进,外祖母善讲神话传说和鬼怪故事,这对作家日后的文学创作影响巨大。

大学时代,因受卡夫卡《变形记》的启发,马尔克斯创作了他的第一篇小说《第三次忍耐》。1955年后,陆续出版长篇小说《枯枝败叶》和《恶时辰》、中篇小说《没有人给他写信的上校》以及短篇小说集《格兰德大妈的葬礼》等。1967年,其代表作长篇小说《百年孤独》问世,引起文坛轰动。小说以虚构的小镇马贡多为背景,叙述了百年来布恩地亚家族七代人的命运,描绘了小镇从荒漠的沼泽地上兴起到最后被旋风卷走,以及布恩地亚家族的最后一代被蚂蚁吃掉,从而展现了哥伦比亚乃至整个拉美大陆百年来的历史进程。1975年,马尔克斯又出版了他的另一部重要的长篇小说《家长的没落》,再次引起轰动,进而确

① 一说生于1927年。

立了他在世界文坛上的地位。1982年，作家因《百年孤独》获诺贝尔文学奖，其“获奖评语”是：“他在小说中运用丰富的想象能力，把幻想和现实融为一体，勾画出一个丰富多彩的想象中的世界，反映拉丁美洲大陆的生活和斗争。”1985年后，马尔克斯创作发表的作品主要还有《霍乱时期的爱情》、《迷宫中的将军》、《爱情与其他邪魔》和《绑架的消息》等。

早在1948年，委内瑞拉作家彼特里便将“魔幻现实主义”这一术语从德国引进了拉丁美洲。学术界认为：拉丁美洲的魔幻现实主义始于20世纪30年代至40年代，成熟于50年代，60年代至70年代达到高潮，而把这种“变现实为幻想而又不失其真”的手法推向极致的就是马尔克斯。然而马尔克斯本人并不赞同“魔幻现实主义”一说，他认为这是用拉美人的认识方式去表现拉美客观现实的“真正的写实主义”。

思考与练习

1. 你读过米斯特拉尔、聂鲁达和帕斯等诗人的作品吗？说说你的评价。

2. 马尔克斯小说《百年孤独》被视为“魔幻现实主义”的代表作，而作家似乎自己并不认同，你的看法怎样？

第四编　非洲及影响了世界的其他文明

第十四章　非　洲

非洲是“阿非利加洲”的简称，位于东半球的最西部。“阿非利加”一词最早见于公元前2世纪中叶古罗马的文献中，指今突尼斯及与其毗邻的利比亚和阿尔及利亚的部分地区，到15世纪末才成为整个非洲大陆的名称。非洲是世界上仅次于亚洲的第二大洲，面积(包括附近岛屿)3020余万平方公里(《不列颠百科全书》记为3036.5万平方公里)，约占地球陆地面积的1/5。非洲东滨红海和印度洋，西临大西洋，北隔大西洋属海地中海与欧洲相望，南端的好望角则面对汇为一处的大西洋与印度洋。地理上，人们习惯于将非洲分为北非、东非、西非、中非和南非。

第一节　非洲历史文化概述

非洲被普遍认为是人类的发祥地。大约在1500万至2500万年前，非洲大陆许多地区就已出现了多种类人猿，一些科学家认为他们是人类与近代人猿的共同祖先。至更新世①末期，独特的非洲现代人种已经形成。

18 世纪上半叶，一个葡萄牙人旅行团在非洲撒哈拉地区发现了岩壁画，此后在非洲各地都有发现，但主要集中在撒哈拉地区和南部非洲。这些岩壁画的创作时间最早可追溯到距今一万年以前。岩壁画用尖状石器凿刻而成，有的还涂上了颜色，内容十分丰富。壁画上，除各种动物和树木外，还生动地表现了当时人类的经济活动、日常生活乃至爱情生活。它们是非洲史前艺术的象征，也是现代非洲艺术的灵感源泉之一。

非洲历史上第一个伟大的王国——埃及王国，建于尼罗河沿岸，公元前 3000 年前后完成统一大业。据说，这个由美尼斯开创的古埃及第一王朝一直延续到公元前 2686 年。公元前 146 年以后，整个北非地区沦为罗马帝国的统辖区，其影响一直持续到公元 7 世纪初阿拉伯穆斯林的入侵。

商业帝国兴起于西非，它们控制着横穿撒哈拉沙漠的黄金、柯拉果和奴隶贸易。据记载，第一个商业帝国是加纳，其都城在昆比，公元 5 世纪至 11 世纪为全盛期。其他如乍得湖周围地区的卡尔姆—博尔帝国，其国力也相当可观，17 世纪时达到鼎盛。与商业帝国同时兴起的还有一些穆斯林帝国，其中最具实力的是马里，其次则是建于公元 7 世纪、兴盛于 16 世纪的桑海王国（又称“加奥王国”）。

到 13 世纪，东非的阿拉伯居民区逐渐出现了一些势力强大的城邦，如摩加迪沙、蒙巴萨、拉穆、基卢瓦等。16 世纪时，这些城邦被葡萄牙人摧毁，而葡萄牙人又被阿拉伯阿曼人驱逐；阿曼人建立了一个贩卖奴隶的国家——桑给巴尔。东非和中非地区与非洲以外的国家，特别是阿拉伯国家有着较为密切的贸易往来。

南部非洲是操班图语的姆韦尼马塔帕帝国以及其他在靠近东非海岸内陆地区建立的王朝。刚果王国位于刚果河河口附近，其他王国则位于更南的地区。这些王国后来逐渐被早期到来的殖民势力所削弱、所毁灭。殖民者为控

① 第四纪的早期，代表符号为 Qp。延续时间自 160 万年前至一万年前。

制长途贸易,把许多商品从内陆市场转到海外市场,并且创造了新的贸易商品,其中最主要的是奴隶。

葡萄牙人是最早有系统地对非洲海岸进行勘察的欧洲人,时间是15世纪。荷兰人则从1652年起出现在南非,但对非洲内陆地区的考察主要是19世纪由几位英国探险家进行的。1471年,葡萄牙商人在几内亚湾沿岸的三尖角和海岸角之间登陆。他们发现当地的沙金贸易十分活跃,而且离海岸不远的地方就有金矿,于是称此地为“米纳”,意思是“矿藏”之地。这就是后来为人们所熟知的“黄金海岸”。从16世纪初起,每年从这里运回葡萄牙的黄金占世界黄金产量的1/10。英国、法国、荷兰等欧洲国家接踵而至。1672年,英国“皇家非洲公司”从几内亚湾运回大量黄金,铸造了英国第一批金币,币名就取作“几内亚”。为了掠夺黄金,英国、荷兰之间还进行过激烈的争夺战,最终英国人占了上风,并于1901年(一说1874年)在这里建立了殖民地,称“黄金海岸”。直到1957年,加纳人民赢得民族独立,作为殖民掠夺产物的“黄金海岸”地名才为“加纳”所取代。

15世纪中叶至19世纪末,非洲大陆经历了长达几百年的大灾难——黑奴贸易,损失人口约两亿。始作俑者是葡萄牙人,1441年,葡萄牙的一艘商船把从西非海岸地区捕捉到的12名黑人带回里斯本。此后,葡萄牙人便经常派船到西非掳掠黑人。17世纪后,荷兰、英国、法国、瑞典、丹麦等欧洲国家都参与了黑奴贩运。18世纪,英国已成为最大的奴隶贩子,所贩卖的黑奴竟达700万之多。进入19世纪,东非沿海则成了输出黑奴的主要地区。贩卖黑奴给欧洲国家带来了巨大财富,成为其资本原始积累的主要来源之一。而黑奴贸易带给非洲的,却是亿万人的死亡和长期的衰败落后。在西非塞内加尔的大西洋岸边有一处世界级的历史文物保护地每年都吸引着成千上万的人前往参观,这就是由荷兰人于18世纪下半叶修建的“奴隶堡”,它是当时关押奴隶的、建筑格局几与监狱无二的一处城堡。今天,仅存的这座奴隶堡,成了非洲历史上那段黑暗时期的见证,也是欧洲人贩运黑奴的罪恶的见证。

非洲各民族的语言复杂多样,共有约800至1000种,彼此互不相通。只有北非地区的语言最为接近,人们主要使用阿拉伯语。非洲大陆最南部居住着不少有欧洲血统的人。荷兰人从17世纪中叶开始向非洲移民;英国人最初于19世纪在今天的赞比亚、津巴布韦和东非地区定居;葡萄牙人在安哥拉和莫桑比克定居;而德国人则定居于今天的纳米比亚。

1960年1月1日,喀麦隆正式宣布摆脱法国殖民统治,成立独立的喀麦隆共和国。4月,多哥宣布独立。6月,马达加斯加和扎伊尔独立。7月,索马里独立。8月,独立运动达到高潮,先后有九个国家宣布独立,它们是:达荷美(今贝宁)、尼日尔、上沃尔特(今布基纳法索)、象牙海岸(今科特迪瓦)、乍得、中非、刚果、塞内加尔和加蓬。9月,原法属苏丹更名为马里独立。10月,尼日利亚独立。11月,毛里塔尼亚独立。这么多国家在同一年内宣布独立,不仅在非洲,就是在世界民族独立运动史上,也堪称奇迹,因此,1960年被称为“非洲年”。

有人认为,非洲的艺术就是雕刻,这种看法是不全面的。在非洲文化中,表演艺术(舞蹈、戏剧和音乐)与视觉艺术同样普遍。由多种多样的鼓来完成的复杂节奏形式和旋律形式与语言声调结构之间的关系,可能是非洲音乐最大的特色。

有研究者称,文学可能是非洲最普遍而且最受尊重的艺术,其中包括神话、民间故事、符咒、谚语和诗歌等。这些大多是口头文学。到了当代,非洲早已有了自己真正的文学家,其代表人物一是被称为“非洲的莎士比亚”的索因卡,一是埃及小说家马哈福兹。

索因卡(1934—)是尼日利亚最负盛名的诗人、剧作家和小说家,1934年生于一个知识分子家庭,20岁时,他前往英国,进入利兹大学研读英国文学。学习期间完成两部剧作:《沼泽地居民》和《狮子与宝石》。1960年回国,创建“奥里桑剧团”,并为尼日利亚独立庆典创作舞剧《森林舞蹈》,同年又创作完成剧本《裘罗教士的磨难》,赢得声誉。1965年,索因卡被聘为拉各斯大学文学教授,同年出版第一部长篇小说《阐释者》。60年代是他戏剧创作的黄金期,创作的主要作品还有《强种》、《孔其的收获》、《路》和《疯子与专家》等。1979年,索因卡曾率领剧团赴美国,演出由他创作并导演的《死神和国王的马夫》。1986年,作为非洲第一人,索因卡获诺贝尔文学奖,其获奖评语是:“他以广阔的文化视野创作了富有诗意的关于人生的戏剧。”

马哈福兹(1911—2006)生于开罗杰马耶勒老区一个商人家庭。1938年发表第一部小说《疯语》。至40年代中期,他主要创作历史小说,如《命运的嘲弄》、《拉杜比斯》、《塔伊布之战》等。第二次世界大战后,作家开始创作以开罗都市生活为中心、抨击时弊的社会小说,主要有《新开罗》、《米格达胡同》、《海市蜃楼》、《始与末》等。20世纪50年代,马哈福兹创作完成了他的代表作——“家族小说”三部曲:《宫间街》、《思宫街》和《甘露街》。至70年代中期,他相继出版的社会哲理小说有《小偷与狗》、《鹌鹑与秋天》、《道路》、《乞丐》、《尼罗河上的絮语》、《声名狼藉的家》和《我们街区的孩子们》等。1988年,马哈福兹获诺贝尔文学奖,其获奖评语是:“他通过大量刻画入微的作品——洞察一切的现实主义,唤起人们树立雄心——形成了全人类所欣赏的阿拉伯语言艺术。”

第二节 晚清之际:中国人笔下的非洲

最早,中国人是通过欧洲来华传教士的著述认识非洲的。拉开了西学东渐序幕的意大利传教士利玛窦是把西方地理知识传入中国的第一人,他自刻有世界地图,并曾作《坤舆万国全图图解》。他把世界分为五大洲,“曰欧逻巴,曰利未亚,曰亚细亚,曰南北亚墨利加,曰墨瓦蜡泥加”,同时给出了各洲所处的地理位置——南北东西所至。利氏图中绘出的山川、湖泊、岛屿以及国名、地名,比元代中国人绘制的世界地图要详细得多。利玛窦的《万国全图》成了来华传教士和中国有识之士绘制世界地图的范本。1610年来华的意大利传教士艾儒略,著有《职方外纪》一书,分五大洲叙述各国的风土、民情、气候、名胜以及哥伦布等远航新大陆事,并附有《万国全图》和各洲分图。其所仿照的正是利玛窦的绘法和译名,同时也做了若干增补。艾氏的《职方外纪》,又为比利时传教士南怀仁著述《坤舆图说》提供了依据。

自西方殖民者开辟了欧洲—好望角—雅加达—中国的海上航线之日起,

就已有中国水手在这条航线上做工了。见于记载的到过南部非洲的第一个中国人名樊守义(1682—1753),所著《身见录》当是中国人亲历好望角航线的最早文字。18岁即随外商海舶出洋的广东人谢清高(1765—1821),航海达14年之久,曾遍历多国且习其语言。后口述著成《海录》一书,多记耳闻目见之事,不仅记有南部非洲国家,而且还记有西非国家,因其所述较为准确,故被视为研究18世纪后期中西交通关系的重要资料。第一个对非洲进行全面介绍的中国人是曾任滨海边防要职的陈伦炯。他少年时代即从父亲那里熟闻海道形势,1730年以其所闻所见著成《海国闻见录》,上卷录天下沿海形势,下卷绘地图六幅。书中有对非洲民族的划分并附示意图,但因出自传闻,故不准确处颇多。

从19世纪中叶起,便有越来越多的中国商人、学者和清廷官员陆续到访非洲,而且写下了不少旅非游记,为近代中非友好关系留下了珍贵记录。伊斯兰教学者和译著家马德新(1794—1874),曾在穆罕默德·阿里统治时期两度访问过埃及,受到友好接待,并亲眼见证了阿里的改革。他著有《朝觐途记》,记述了自己在埃及的见闻。继马德新之后,湖北的天主教徒郭连城于1859年至1860年间也曾访问过埃及,回国后著有《西游笔略》一书。书中,郭连城这样描写他在埃及首都开罗城的见闻:

> 加以罗(即开罗)乃厄日多国(即埃及)京都。此处房屋高耸,树木差池。城外有河,名泥罗,可通亚立山(即今亚历山大)府,为厄日多国之佳壤。本地人身中面白,衣服古怪。妇女皆以长巾幪面,惟留眼睛在外。地多驴驼,甚至乞丐亦有乘驴者。①

书中也记述了开罗古城的兴衰:

> 加以罗古时名闻西土,乃古大国都城。其城有百门,高百尺,皆用本处一种脂膏,砌石成之,坚致无比。街衢行三日始尽。今其国已废,城亦为大水冲击倾倒。然目下尚有街,长三十里,悉为市肆,城中常有骆驼二三万。②

---

①② 艾周昌编注《中非关系史文选》,华东师范大学出版社,1989,第30页,第36页。

郭连城在开罗见到了一种奇特建筑，他写道：

加以罗城内，有最奇之古迹，状如塚，皆石为之，阔下而锐上。其最大者，即下之一隅量之，长约六十丈，高亦六十丈。内有古人之棺，不知何代所造。外有回回教之礼拜堂，华美可观。①

毕业于京师同文馆的张德彝(1847—1918)，1866年曾以八品官的身份随他人游历欧非10国，后长期在欧洲任外交官。从1867年起，他陆续将自己在海外的见闻写成游记，著成《航海述奇》一书，书中同样写到了埃及举世闻名的金字塔，也写到了斯芬克司：

后至一古埃及之王陵，其陵三尖形，周一百八十丈，高四十九丈，皆巨石叠起。相传前三千数百年建造，天下第一大工也，其次则数中国之万里长城矣。正面一洞，高约八丈，上有埃及文一篇，字如鸟篆，风雨侵蚀，模糊不复辨识。……王陵大小共三座，此大者居其中。前一大石人头，高约四丈，宽三丈许，耳目清晰。或云此古时蚩尤之头，在此已化为石矣。语殊妄诞不经，吾未之敢信。②

清末改良主义政论家王韬(1828—1897)，1867年至1870年间曾应英国传教士理雅各之邀赴英国译书，因此有机会游历英、法、俄和埃及等国，在其所写《漫游随录》卷一中，他描述了埃及的古文字：

西人以埃及所传为上古文字，曾经英法博学之士细为推究，而知其系象形为多，或间有同中国蝌蚪籀篆文者。可知原始造字之意，六者俱备，原无分于中外也。自后世杂学纷歧，竞趋浅易，而古意亡矣。③

清人王芝曾于1871年路经埃及，其时，苏伊士运河已经竣工通航，王芝在其所著《海客日谭》中记述了这条运河的开凿经过及其意义：

墨洗新河(指苏伊士运河)，通地中海、红海径也。先是红海与地中海不相属，欧罗巴轮船至亚细亚者，率由大西洋南行，东绕阿非利加之好汪歌(今译“好望角”)山，乃东北行，入印度极南之海，既纡且险，乃徙道地中

①②③ 艾周昌编注《中非关系史文选》，华东师范大学出版社，1989，第35页，第40—41页，第45页。

海。然至地中海东南岸之亚立可色他(今译“亚历山大”),即须登轮车,陆行八百余里,至苏夷苏(今译“苏伊士”),乃登红海轮船。虽较绕好汪歌捷二万余里,顾船车转运行旅,殊苦劳费。……至同治七年(应是同治八年,即公元1869年。——引者注)始竣工,是为墨洗新河。深五六丈不等,阔约二十丈,修约五万三千丈。自是红海与地中海遂相属,欧罗巴轮船自大西洋东行者皆便之,亚细亚西来亦便甚,既省纡绕阿非利加之好汪歌山与印度极南之海之荒险,又省苏夷苏、亚立可色他车船转运劳故。①

广东番禺人丁廉,曾以丹麦驻非洲亚德拉领事文案身份,于1877年随游东非内陆,沿途考察了那里的山川地理、社会状况和风土人情,所著《三洲游记》,是中国第一部详细记载非洲内陆的著作,为人们描绘了一幅欧洲殖民者入侵之前的东非社会生活图景,具有很高的史料价值。见到奴隶市场和贩奴现象,丁廉既感诧异,又颇不平:

贫家力微,生子女不能鞠养,亦来市中呼卖,其价甚廉。故奸贩之徒往往至该国,购买子女,出售他方,获利甚巨。然虽有此风,从未闻当道为之禁止者,甚可怪也。……

十五日,行抵一处,名打迦。遇一舟,上载妇孺约数十人,想欲载往他方为人奴婢者,拐贩之徒,殊属可恶。②

清末外交官、早期资产阶级改良思想家薛福成(1838—1894),1889年出任驻英、法、比、意四国公使,其间曾游历非洲。在《出使英法义比四国日记》中,薛福成记下了他的埃及印象:

此处为土耳其之埃及总督所辖。埃及即麦西也。麦西古称名国。观其山水清华,人亦明秀,颇有江浙景象,宜其开西泽文物之先声矣。惟地多沙漠,尚近红海之尾,每东南风一起,挟阿非利加之空气以俱来,令人异常烦热耳。③

鸦片战争后,面对西方列强的来势汹汹,一批爱国的知识分子为求富国强

---

①②③ 艾周昌编注《中非关系史文选》,华东师范大学出版社,1989,第47页,第99—100页,第120页。

兵，抵御外侮，提出“师夷之长技以制夷”的主张，开始认真了解西方、认识西方。林则徐（1785—1850）主持编译了世界地理著作《四洲志》，魏源（1794—1857）继其后编成《海国图志》，徐继畬（1795—1873）再继其后著成《瀛寰志略》。在这几部影响了中国近代史的著作中，不光有对非洲诸国更为详尽、准确的介绍，而且还有对非洲各国历史盛衰的研究，并从研究中寻出了有益于中国走向富强的教训和经验。

思考与练习

1. 非洲被普遍认为是人类的发祥地，请对非洲的历史文化认真加以了解和熟悉。

2. 请谈谈你对非洲艺术的了解与评价。

3. 晚清，中国文人、学者、官员对非洲的介绍与描写对中国人认识非洲起了怎样的作用？

4. 从中国文人、学者、官员对非洲的记述中你得到了怎样的启示？请结合自身经历加以陈述。

第十五章　影响了世界的其他文明

前面我们已经对古印度文明、古希腊文明、古罗马文明以及印第安文明，对这些文明留给后世的伟大成果，分别进行了或详或略的介绍与评说。这里，我们还准备对人类历史上曾经存在过且影响过世界的，以及兴起于过去且延续至今的其他几种文明——古埃及文明、两河流域文明、希伯来文明、拜占庭文明和阿拉伯文明——进行简要的述说，以便能更全面、更深切地感受历史给予我们的启示。

第一节　古埃及文明

一　古埃及文明概述

埃及地跨亚、非两洲，其大部分位于非洲的东北部，只有苏伊士运河以东的西奈半岛位于亚洲西南一隅。尼罗河是埃及文明的摇篮，它全长6670公里，由南向北流贯埃及全境，注入地中海。在漫长的岁月里，正是这条大河的汹涌奔腾和定期泛滥，才使大片的荒漠变成了绿洲，也才使沿岸的居民得以栖息、繁衍，因此古希腊历史学家希罗多德说："埃及是尼罗河的赠礼。"历史上，南部狭长的尼罗河河谷地区被称为上埃及，北部下游的三角洲地区则被称为下埃及。埃及与中国、印度、巴比伦一样，是世界四大文明古国之一。

大约在公元前5000年左右，古埃及居民逐渐向尼罗河谷地迁移，开始向定居的农业社会过渡。至公元前4000年左右，古埃及人创造了更新的社会文明，上、下埃及已经出现了几十个“州”国[①]。公元前 3100 年[②]，上埃及一位名叫美尼斯的国王完成了上、下埃及的统一，创立了埃及古代史上的第一个王朝，使埃及由此进入了一个文化兴盛期，并持续了将近 3000 年之久。所谓的古埃及文明，一般指的就是从埃及统一至公元前 332 年的这一时期，即通常所说的“法老[③]时代文明”。

历史学家将埃及古代史分为古王国、中王国和新王国三个时期，历经 31 个朝代，止于公元前 332 年。三个王国之间，出现过处于动荡分裂状态的所谓“第一中间期”和“第二中间期”。另外，公元前 525 年，古埃及为东方强国波斯所灭，其作为一个独立国家的历史其实已经终结。公元前 332 年这一年，野心勃勃的亚历山大大帝在打败波斯王大流士三世之后南进叙利亚，攻占腓尼基，进而转入埃及，结束了波斯人的统治，也终结了古埃及文明。亚历山大在尼罗河三角洲建立亚历山大城，开创了马其顿托勒密时期，法老的子孙由此沦为异族治下的臣民。亚历山大城不仅成为了希腊文化与闪米特学术的中心，而且很快成为希腊学术与科学高度发展的要地。

古埃及艺术反映了一种文化的宗教信仰，它源于这样的信念：与永恒的来生相比，现世的生命只不过是一个短暂的插曲。前王朝时期（约至公元前 2925 年）的艺术品都是由古墓保存下来的，主要有岩雕、美饰花瓶、赤陶小塑像和梳妆用具等。早期王朝时期（约前 2925—约前 2575）最著名的艺术品是“那尔迈板”——一种描绘那尔迈国王击败敌人情景的石板，刻画得十分清晰。

古王国时期（约前 2575—约前 2139），中央集权的专制统治已经在埃及牢固地建立了起来，一切行政、经济、军事和宗教权力都集中在国王手中。此时，人们开始用石头营造统治者的巨大陵墓——金字塔，周围则有由坟墓和神庙组成的建筑群。中王国时期（约前 1938—约前 1600），政治局势比较稳定，艺

---

① 古埃及人称之为“斯帕特”，希腊人称为“诺姆”，中文译作“州”。

② 有的书中表述为“公元前 3200 年至公元前 3000 年间”，《不列颠百科全书》则把这个时间确定为约公元前 2925 年。

③ “法老”一词的本义是“大房子”，在古王国时仅指王宫，后来才用于国王的称呼。现在，人们习惯上把古埃及国王通称为“法老”。法老对臣民拥有至高无上的权力，其意志就是法律。

术也随之复兴。尤其值得注意的是国王们的雕像大多愁容满面，与古王国时期人像的庄严安详形成鲜明对比。经过另一场政治混乱之后，新王国时期（前1539—前1075）王国又曾昌盛，其最引人注目的建筑物是敬奉众神的巨大石造神庙。

古埃及的象形文字最早出现在公元前3500年左右，用以记载狩猎、战争等活动。初时只是少数的图画符号，后来才日益增多。至公元前3100年前后，象形文字已成体系，具有了表意、表音的基本特征，虽然也在逐渐地简化，但它最终没有演变为字母。这种文字基本上以铭文、碑刻的形式存在，是埃及悠久历史与文明的见证。公元前332年，亚历山大在征服埃及后，确定希腊文为官方文字。因受希腊语影响，古老的埃及语言形式也逐渐发生了变化。公元前30年，罗马人占领埃及，埃及人在罗马人统治下改信基督教，埃及的书写文字有了重大改变，形成了科普特文字。公元642年，阿拉伯人征服了埃及，埃及人逐渐将伊斯兰教奉为主要宗教，科普特语也逐渐被阿拉伯语所取代。千百年来，古埃及文字早已成为一种死文字。1799年6月，法国士兵在尼罗河口的罗塞塔城修筑工事时发现了一块刻有三种文字的玄武岩石碑，碑文上部是古埃及象形文字，中间是世俗体文字[①]，下部是古希腊文。通过对古希腊文的辨读，人们得知此碑是公元前196年埃及祭司为年轻的托勒密五世刻写的颂词公告，而且三种文字的内容完全相同，这就为破解古埃及象形文字提供了可能。19世纪初，一位名叫商博良的法国年轻学者加入了破解行列，经过20多年的艰辛探索，终于找到了释读这种古老文字的正确途径并获得成功，使这个湮没了1000多年的古老文明重现在世人面前。1822年9月29日，商博良在巴黎科学院会议上公布了自己的研究成果。这一天，也因此成了国际公认的新学科——埃及学的诞生之日。

二　古埃及文明留给世界的历史文化遗产

古埃及文明留下的历史文化遗产中，除了象形文字，主要还有金字塔、太

---

① 据考证，世俗体、僧侣体和象形文字是一种文字的三种形式。

阳历、墓壁画、法老与太阳神雕刻、阿蒙神（即太阳神）庙以及帝王谷中法老们的另一种形式的陵墓等。其中，世人皆知的金字塔，可以说是古埃及文明最重要的表征。

埃及人自古就有灵魂不灭的观念，认为人的肉体和灵魂是不可分离的。他们最惧怕的就是死后肉体无存，灵魂无所依附，因此对墓葬格外重视。在他们心目中，死后的归宿似乎比现世生活更为重要。为了使离去的灵魂能够与肉体会合，就必须完好地保存死者的遗体，古埃及人经过摸索，发明了木乃伊的制作方法。

在第三王朝之前，无论王公大臣还是平民百姓，死后都被葬入一种以泥砖砌成的名为“马斯塔巴”的长方形坟墓中。从第三王朝起，建筑师开始采用新的方法为法老营建陵墓，即用从山上采下的石块取代泥砖，建成由六级高低不等的“马斯塔巴”垒叠起来的陵墓，外观呈金字塔形，故称“阶梯金字塔”，塔高约 60 米，底边东西长约 120 米，南北长约 110 米，由此开创了埃及建筑史上修造金字塔形陵墓的先河。

到第四王朝时，真正的金字塔取代了阶梯金字塔，埃及最伟大的金字塔都是在这个时期建造完成的，因此有人将第四王朝称为“金字塔时代”。第四王朝的金字塔中，最具代表性的是该王朝第二任法老胡夫的大金字塔。它建在开罗附近的吉萨，基座呈正方形，边长约 230 米，高达 146.5 米，整座金字塔约由 230 万块巨大的石料砌成。经过几千年的风雨侵蚀，如今，胡夫金字塔外表的石灰石已经全部剥落，塔高只剩 137 米，周围的附属建筑也已荡然无存。胡夫之后的两代国王也都为自己建造金字塔，一为哈夫拉金字塔，一为孟考拉金字塔。哈夫拉金字塔就建在胡夫金字塔的南面，其规模仅次于胡夫金字塔。哈夫拉金字塔东面，紧靠下庙的西北处，还有一座由天然岩石雕刻而成的狮身人面像，希腊人称之为“斯芬克司”，它是天国门户的守护神。而今，这座巨大的雕像依然屹立在尼罗河畔，与金字塔一起，作为世界奇观供后人瞻仰。

金字塔的建造大量消耗了古埃及王国的国家财力，第四王朝以后，一代代王朝的金字塔不得不越造越小。到第十八王朝时，一世王终于放弃了金字塔这种墓葬形式。在古城底比斯（今卢克索城建在这座古城南半部的遗址之上）

附近的一条幽深山谷的悬崖上，他为自己开凿了一个墓穴，由此开始了王室墓葬建筑的一个新时代。在此后的整个新王朝时期，法老们都将自己的陵墓建造在这条山谷之中，这条山谷由此得名“帝王谷”。

第二节　两河流域文明

“两河”指的是底格里斯河和幼发拉底河，均发源于土耳其东部山区。底格里斯河向东南流入伊拉克境内，幼发拉底河则先流经叙利亚而后进入伊拉克。在离哈马尔湖不远处的库尔纳，两河汇为阿拉伯河，注入波斯湾。古代的两河流域，北部称亚述（由亚述城而得名），南部称巴比伦尼亚（由巴比伦城而得名）。巴比伦尼亚又分为南北两部：南称苏美尔，北称阿卡德。古希腊人称两河流域为美索不达米亚，因此，两河流域文明又称美索不达米亚文明，也有人泛称其为巴比伦文明，是人类最古老的文明之一。

一　苏美尔文明概述

两河下游即美索不达米亚南部地区最早的居民在考古学上被称为“欧贝德人”。公元前 5000 年至公元前 4000 年间，欧贝德人就已铜石并用，在那一片沼泽地带从事着农业耕作了。公元前 3500 年前后，苏美尔人部落来到了这里并逐渐融合了欧贝德人，成了南部美索不达米亚的主要居民。也就是从这时起，这一地区原始公社逐渐解体，奴隶制国家开始形成，其社会和文化生活也已依托于城市的存在而向前发展。公元前 3200 年左右，苏美尔人发明了文字，由此进入了一个文明时代——苏美尔时代。

苏美尔地区的独立城邦中，较为重要的有乌鲁克、基什、乌尔、埃雷克和拉格什等。公元前 2320 年前后，整个苏美尔地区曾被一个来自北部阿卡德的神勇武士所征服。这个武士给自己的头衔是“萨尔贡”，意思是“真正的王”，臣民们则称他为“萨尔贡大帝”。萨尔贡开创的王朝统治着由阿卡德和苏美尔两部分组成的一个帝国。据记载，公元前 2130 年前后，苏美尔曾重新获得独立，享有“复兴”的荣耀一直到大约公元前2000年。

苏美尔文明在许多方面开人类文明之先，比如农业的灌溉、国家的形成、法律的制定、学校和图书馆的设立以及宫室庙宇的建筑等。其最重要的发明是车辆、历法和文字，这是苏美尔人留给后世西方文明的珍贵礼物。苏美尔时代刚刚开始之时，苏美尔人就发明了车辆以供运输，这项发明比埃及人大约早了1500年。尽管埃及人早在公元前2700年时即已制造了陶轮，但把轮子用于运输却是1000年以后的事。苏美尔人最早的运输工具是两轮战车和四轮货车，皆以牛牵引。苏美尔人的另一个重要发明是太阴(月亮)历。太阴历是为农业生产服务的，苏美尔人把两次新月出现的时间作为一个基本的计时单位(即一个月)，或29天，或30天。他们推定，当月亮运行经过12个这样的计时单位时，“一年”就过去了，播种的时间于是复又开始。由于每年比太阳年少11天多的时间，因此必须置闰月加以调整。楔形文字被认为是苏美尔文明最伟大的成果。公元前3500年前后，苏美尔人开始在石头上刻上图画或把图画印在泥版上作为标志或表达某种观念。经过1000年的演化，大约在公元前2500年时，苏美尔地区的书写系统已经得到了充分发展，文字正式诞生。因为这些符号是用芦苇做成的带有三角形笔尖的笔刻在湿泥版上的，笔画呈楔形，所以得“楔形文字”之名。楔形文字共有500个符号，遗存至今的泥版大约有90%的内容是有关商业和行政事务的，其余的10%大致可以归于文学的范畴，除了谚语，还有一些赞美诗和神话传说。楔形文字后来为阿卡德人、巴比伦人、亚述人以及更多的族群所接受并“改造”利用，具备了可以准确或比较准确地表达语言的功能。楔形文字对西亚各国文字的形成，对整个文明的发展，起了巨大的促进和推动作用。

公元前1950年，苏美尔东方的劲敌埃兰在苏美尔走向衰落之际，大举入侵美索不达米亚。阿摩利人则利用苏美尔各城邦因长期混战精疲力竭之机，在北方建立了自己的帝国，并把默默无闻的小镇巴比伦作为王朝的都城。经过一个多世纪的苦心经营，巴比伦终于把包括苏美尔在内的美索不达米亚融为了一个国家，从而宣告了苏美尔在政治上的终结。公元前75年，楔形文字也最终退出了历史舞台。直到19世纪中叶，西方学者才找到解读楔形文字的途径,亚述学由此诞生。亚述学是研究两河流域及其附近地区使用楔形文字各族(包括苏美尔人、巴比伦人、亚述人、波斯人及赫梯人等)的语言文字、社会历史及其他文化的一门学科。因最初以发掘和研究亚述的泥版文书为主,故称"亚述学"。亚述学的诞生,为人们揭开了西亚历史上的许多奥秘。

二 巴比伦文明概述

两河流域历史上的苏美尔时代结束之后,紧随而至的是古巴比伦时代。古巴比伦时代始于公元前2000年,终结于公元前1600年。在苏美尔时代,美索不达米亚地区经济最繁荣、文化最发达的城邦都在该地区的最南端。随后的400年间,文明的重心渐次北移到了阿卡德地区,而且主要集中在位于幼发拉底河中游东岸的巴比伦城。有学者认为,即使在公元前18世纪巴比伦王国如日中天之时,巴比伦文化与它前面的苏美尔文化也没有实质性的不同,除了地域和语言,似乎很难在两者之间划出明显的界限来。由此可以说:苏美尔文明是巴比伦文明的前导,巴比伦文明则是苏美尔文明的继承和发展。

建国之初,巴比伦不过是一个小小的城市国家。直到第六代王汉穆拉比统治时期(前1792—前1750),情况才大为改观。汉穆拉比统一了两河流域中、南部地区,同时兴修水利,发展农业,把巴比伦王国建成了一个空前强大的奴隶制大帝国。为了巩固中央集权的统治,为了维护私有制度和奴隶主阶级的利益,汉穆拉比在执政30年时制定颁布了《汉穆拉比法典》,并命工匠将法典条文镌刻在一块高2.25米的黑色玄武岩石柱上(故亦称《石柱法》)。从立法的角度讲,这是汉穆拉比最伟大的功绩之一。石柱上端有汉穆拉比从太阳神沙马什手中接过权标的浮雕,下面用楔形文字铭刻法典全文。石柱竖立于巴比伦马尔都克大神庙里,1901年在埃兰(古国名)古城苏萨(今伊朗迪兹富勒西南)被发现。

《汉穆拉比法典》是建立在苏美尔人的法律原则之上的,但又混合了闪族人自己提出的新原则。整部法典由序言、正文和结语组成。"序言"宣扬"君权神授"思想,说汉穆拉比受命于神,是"众神之王";"结语"则颂扬汉穆拉比"言词卓越,功业无双"。正文共282条,内容包罗万象,基本上把当时已经形成的社会生活中的各类关系都用法律条文的形式固定了下来，当是目前所知的人类历史上第一部较为完备的成文法典。

《汉穆拉比法典》中包含两个最重要的理念：一是“以眼还眼，以牙还牙”，一是“小心提防卖方”。“以眼还眼，以牙还牙”原则体现在对伤害行为的报复上，如“倘人毁他人之目，则毁其目”，“倘人断他人之骨，则断其骨”的精确表述。法典中也强调孝道，规定“儿子打父亲，则断其手”。显然，《汉穆拉比法典》所追求的目标与现代法律不同，在这部法典中，还没有“法律面前人人平等”的现代观念，特别是对奴隶，法典没有赋予他们任何权利，不仅如此，其哪怕是微不足道的犯罪行为都会招来断肢的可怕惩处。

在巴比伦文明中，与《汉穆拉比法典》一样享有不朽地位的文化遗产是史诗《吉尔伽美什》。史诗讲述的是公元前2600年执政的苏美尔王吉尔伽美什的故事，他的英雄功业激发了人们的想象力。经过几个世纪的口耳相传，这位国王的故事不光富有了传奇性，而且还带有了某些神秘色彩。公元前1900年前后，一个民间艺人将有关他的四五个故事编织在了一起，成了一部结构松散的“史诗”。现存的《吉尔伽美什》是亚述时期的抄本，作品中还记述了有关大洪水的传说。有学者认为，这部史诗最显著的特征是其诗句的穿透力和令人惊异的世俗精神——因为它不记载任何别的内容，只记载在一个忍受死亡必然性支配的世界上，一位人类英雄的冒险和渴望。

公元前1600年前后，北方占据着小亚细亚大部分地区的赫梯人已经建立起了一个统一的奴隶制王国，并不断向外扩张，于公元前1595年以闪电般的进攻摧毁了巴比伦城，灭掉了古巴比伦王国。此后的几个世纪，美索不达米亚南部的大部分地区则处在加喜特人的统治之下。公元前1250年左右，亚述已成为整个美索不达米亚北部的主人，不久即征服了已经奄奄一息的加喜特王国。亚述人在底格里斯河上游岸边建立了新都尼尼微(在今伊拉克摩苏尔附近)。尼尼微城雄伟壮观，城墙周长7.5英里，城内建有许多神庙，还有一座庞大的王宫[①]。城

① 王宫废墟后来被考古学家掘获，另外还发掘出亚述巴尼拔王统治时的图书馆，馆内藏有大量楔形文字泥版文书。

墙外建果园和动物园,内有很多珍稀树木和奇禽异兽。亚述人尚武,有学者认为,在人类历史上亚述人的最大贡献就是战争的艺术。公元前612年,尼尼微被以迦勒底人为主的联军攻陷并被夷为平地,亚述灭亡。新巴比伦王国建立,迦勒底人则被称为新巴比伦人。新巴比伦王国的第二位国王尼布甲尼撒二世(公元前605—前562)不断对外用兵,几十年中先后征服了叙利亚以及巴勒斯坦地区诸小国,使新巴比伦王国政治稳定,经济繁荣。

尼布甲尼撒二世的最大"功绩",似乎主要是他主持重建的新巴比伦城和建于王宫之中的"空中花园"。新巴比伦城被认为是西亚和两河流域文明的最高成就,它所体现的是当时的奢靡之风。城墙的底色是明快的蓝色,黄、白两色相间的狮子、公牛和龙的图像,俨然散步一般点缀在整个城墙之上。据考古学家推测,城墙厚达7.8米,可供六匹马拉车并行。伊什塔门是新巴比伦城的主门,高12米的墙门和塔楼上镶嵌着琉璃砖,有575个独角兽或雄狮的图案点缀其上,个个阔步远视,十分逼真。被希腊人称为"世界七大奇迹"之一的"空中花园",实际上就是建在由下而上排列的花园平台之上的一座宫殿。底层建筑呈正方形,然后向上层层递减,以使每层种植的花草均能享受阳光。内部置有水管,可以直接把水抽到上面,以保证花草的浇灌。

公元前539年,波斯人攻下了巴比伦,标志着美索不达米亚文明的终结。此后,伴随着希腊人取代波斯人,罗马人取代希腊人,阿拉伯人取代罗马人,外来的艺术和建筑风格接踵而至,楔形文字停止使用,旧的城市渐渐沦为废墟。公元2世纪以后,巴比伦城被完全废弃,并逐渐被附近的水流和泥沙掩埋,直到1900年以后才被发掘出来。

第三节 希伯来文明

一 希伯来文明概述

希伯来人本是古闪米特人的一支。据《圣经》记载,希伯来先祖亚伯拉罕就出生在美索不达米亚。大约在公元前1900年,亚伯拉罕率领他的部落从两河流域迁往“上帝应许之地”——迦南(今巴勒斯坦、叙利亚和黎巴嫩沿海地区),并由此获得了“希伯来人”的称呼。然而迦南气候恶劣,饥荒不断,并非理想的安居之所,于是在接下来的一个世纪里,希伯来人的很大一部分都陆续移居埃及。据《圣经·创世记》,亚伯拉罕之孙雅各在与一个天使较量了一个通宵之后取胜,并接受了“以色列”①这个名号。此后,雅各的后代便称自己为以色列人。在寄居埃及几个世纪之后,以色列人遭到了埃及统治者的奴役。大约在公元前1250年,以色列人找到了自己的领袖——摩西,并在他的带领下逃离埃及返回迦南。途中,他们滞留在埃及与迦南之间的荒漠之地——西奈半岛(今为埃及在亚洲的领土和行政区),在那里的旷野中漂泊、流浪。其间,在西奈山上,摩西接受了上帝写在两块石板上的“十诫”,并代表希伯来人与上帝立约,确立了整个以色列民族都是上帝的“选民”的观念。摩西说服族人信奉被称为“耶和华”的上帝,同时接受上帝颁布的律法。在律法的保障下,以色列人的一神信仰得以确立并巩固了下来。后来,犹太教将《圣经》的首五卷称为“律法书”,并称出自摩西之手,故又称《摩西五经》。

然而摩西和他带领的那一代人并没能回到迦南,实现了摩西遗愿的是他的继承人约书亚。40年后,以色列人终于征服了占据着迦南肥沃之地的腓力斯丁人,成功地返回本民族的“故土”。此后的两个世纪,以色列进入士师执政时期,史称“士师时代”②。公元前1030年前后,为了应付外敌,一个名叫撒母耳的部落士师以其个人力量将所有以色列部落聚集在一起,选出国王扫罗,自此,以色列进入了一个统一王国时期(约前1030—约前931)。20年后,王位更替,撒母耳贬斥扫罗,另立大卫为王。大卫定都耶路撒冷,在位约40年,曾多次打败强邻,受到臣民爱戴。公元前970年(一说公元前960年),大卫之子所罗门即位为以色列王国国王。所罗门智慧过人,在位期间大力发展工商业,划分行政区域,建立征税征贡制度,并大修宫室。相传《圣经》中的《箴言》、《雅歌》等均出自他的手笔。

① “以色列”一词的意思是上帝的卫士。

② 所谓“士师”,指的是以色列历史上自进入迦南到君主制度成立前这一时期,领导人民抵抗外族入侵的民族英雄,其所起的常常是“拯救者”的作用。

公元前931年前后，以色列统一王国分裂为两个王国：北方称以色列王国或北方王国，南方称犹太王国或南方王国。北方王国维持了约两个世纪，公元前722年，首都撒玛利亚被亚述攻陷，王国灭亡；王国境内10个支派的以色列人被流放到亚述各地，此后便逐渐消失于历史舞台。南方王国存在了350年左右，公元前586年，首都耶路撒冷陷落，王国为新巴比伦所灭。新巴比伦王尼布甲尼撒二世对以色列人恨之入骨，他下令拆毁耶路撒冷城墙，焚烧神庙、王宫和民宅，并把全城活着的居民全部掳到巴比伦。这就是历史上有名的"巴比伦之囚"事件。从此时至公元前538年，以色列人度过了近半个世纪的囚虏生活。也就是从这时起，"以色列人"这一称呼逐渐被"犹太人"所取代。有学者指出，这一段历史尽管短暂，但在犹太民族史上却影响巨大。空间归属感的丧失可以说是犹太人最大的精神创伤。正因如此，囚虏生活对犹太民族凝聚力的加强，对犹太民族民族性的养成，对犹太教的进一步发展，乃至对犹太复国主义思想的根植，都起了至关重要的作用。

公元前8世纪至公元前5世纪，是犹太民族史上的"先知[①]运动"时期。《圣经》中收录有16位先知的言论。希伯来先知是在风云变幻而又动荡不安的时代背景下登上历史舞台的。先知们是真诚的爱国者，也是痛苦的清醒者，当他们看到国势衰颓而人们却浑然不觉，看到人们背离上帝之道且多行不义之时，神圣的使命感便驱使他们大声疾呼，以唤醒民众通过社会改革改变国家命运。当北、南两国相继灭亡后，先知们又为民族的存亡而担忧，为国家的沦丧而哀哭，同时也不忘给国民以抚慰、以鼓舞、以信心。当波斯人称霸时，先知的预言则多是对未来的描绘与憧憬。直至公元前5世纪下半叶，希伯来先知运动才告结束。这主要是因为此时的犹太教已经形成，其根本大法《摩西五经》也已编纂成书，研读《摩西五经》已成为认识上帝、领会神意的主要途径。犹太教相信雅赫维为"独一真神"，其教义、教规均由雅赫维通过摩西传授而来；主要经典称《圣经》，包括《律法书》、《历史书》、《诗歌·智慧书》和《先知书》等几个部分，后由基督教承继而称为《圣经·旧约全书》。该教原以祭司掌管的

---

① 所谓"先知"，在《圣经》中，是指那些获得神召、与神沟通并传达神意的人。

耶路撒冷圣殿为其宗教和政治活动中心。

公元前538年,新巴比伦为波斯所征服,波斯王居鲁士二世(公元前558年至前529年在位)颁布《解放法令》,允许帝国各地的犹太人返回耶路撒冷,重建圣殿。重建工作至公元前516年完成,史称“第二圣殿”。应该说,重建过程本身就是一个将犹太人逐渐凝聚在一起的过程。波斯人的统治于公元前331年结束,接着便是希腊化时代,再接着则是罗马统治时期。公元66年,犹太人发动了第一次犹太战争,以反抗罗马人的暴虐统治和对犹太教的迫害。公元70年,起义军占领的耶路撒冷陷落,500年前重建的圣殿被罗马军队摧毁,犹太历史上的第二圣殿时期就此终结。当公元135年犹太人的第二次起义被镇压之后,犹太人被迫向世界各地流散,犹太史上长达1800多年的“散居时代”由此开始。

先后被称为迦南、以色列和巴勒斯坦的这块土地,是孕育希伯来文明的摇篮,是犹太教的诞生地。散居时期,犹太人的宗教活动受到限制,甚至被迫改宗,犹太教因此便日益向心灵化和抽象化的方向发展,耶路撒冷及其圣殿也因此被理想化,成了犹太人的精神支柱和精神家园。

希伯来文明是世界文明的一个源头,自3000多年前发端,至今从未中断,尽管创造了这个文明的民族曾经饱受灾难。这主要应归因于他们独特的一神信仰和传统的生活方式。研究者认为:民族宗教化和宗教伦理化是该文明别具一格的文化特色。希伯来文明不仅孕育了基督教,哺育了伊斯兰教,推动了人类文明的进程,而且还影响到人类的思维方式、认知理念和生活习俗,比如每周都有固定休息日的做法就源自犹太人与众不同的时间观。

有人说犹太人是时间的创立者,把基本的时间单位定为“周”是犹太人对世界做出的独特贡献。《圣经·创世记》开头便是上帝在六日内创世的神话:第一日创造的是昼夜,第二日是空气,第三日是海洋和花草树木,第四日是太阳和星辰,第五日是天空和海洋中的一切生物,第六日是人类。至此,上帝“造物的工已经完毕,就在第七日歇了他一切的工,安息了”。上帝还“赐福给第七日,定为圣日”。在安息日这一天,所有犹太人必须停止一切工作和世俗活动,并要通过礼拜、祈祷、反思历史、重温教义等宗教活动,把自己完全地献给上帝。

二 希伯来文明留给世界的历史文化遗产

《圣经》被认为是希伯来文明奉献给世界的最珍贵的文化遗产。我们现在通常所说的《圣经》，指的是基督教的正式经典。而这里的《圣经》，指的则是犹太教的经典，其所记录的是圣父耶和华的启示。

原始基督教最初只是犹太教的一个分支，因此它把犹太教的《圣经》继承过来作为自己的经典，但又认为犹太教的《圣经》是上帝耶和华与犹太人订立的盟约，而犹太人"不恒心守约"，因此它已陈旧，故称之为《旧约全书》。相反，基督教自身的经典则是耶稣基督以他的流血受死而在上帝与人之间建立的新约，故称《新约全书》。两"约"相合，便构成了一部完整的《圣经》[①]，在基督教看来，它是上帝启示的记录，是永恒的真理，是其信仰的依据和其宗教生活及日常生活的规范。

《旧约全书》是犹太教的祭司们为巩固神权统治、强化一神信仰而编订的经典，编订工作历经1000余年的时间，至公元1世纪时才最后定型。祭司们把历史上希伯来人流传下来的有关律法、历史、宗教、传说、神话以及诗歌等资料，按照犹太教的教义进行加工、编撰、增删，陆续收入了《圣经》，因此，所谓《圣经》，并非仅是宗教的经典，也并不神秘，它涉及巴勒斯坦地区1000余年的政治、经济、文学艺术、伦理道德以及自然科学等诸多方面内容，可以说是一部百科全书式的作品。这部记录着犹太人信仰体系的大书，历来被看成是反映人类早期生活和思想的"文化母本"。它影响了世界文化，更影响了西方文化的方方面面。

《旧约全书》共39卷，过去犹太人按传统将其分为《律法书》、《先知书》和《圣卷》。现在，人们则将其分为《律法书》、《历史书》、《诗歌·智慧书》和《先知书》，其分法似更科学。

《律法书》又称《经书》，即《摩西五经》，是犹太教的理论基石，公元前444年成书，被定为不可更改的上帝之语和教诲。它包括《创世记》、《出埃及记》、

① 汉译名"圣经"乃取其"天经地义"、"神圣典范"之意。

《利未记》、《民数记》和《申命记》。《创世记》记载的是上帝创造天地万物和人类始祖，以及伊甸乐园、大洪水、诺亚方舟、上帝与以色列人祖先亚伯拉罕订立圣约等神话传说。《出埃及记》记载的是以色列人在埃及的处境和从埃及出走，在摩西率领下、历经40余年回到巴勒斯坦的情形。《利未记》又名《祭司法典》，所记主要是犹太教的教仪、教规、道德规范以及有关节日的规定，同时对各种祭祖以及割礼、食物禁忌等也做了较为详细的说明。"爱人如己"一说便是其中最为著名的道德标准；另外还规定了敬重老人，帮助聋人、盲人以及诚实待人等道德原则。《民数记》的内容包括两个方面：一是以色列人离开埃及后的户口、财产调查清单；二是记述以色列人回到巴勒斯坦、进入农业社会后吸收迦南人多神信仰时的情况。《申命记》的"申命"是重申法律之意，此卷主要记述关于公元前621年犹太国王约西亚进行宗教改革、法律改革的情况。约西亚曾重申唯有耶和华是上帝，除他之外再没有别的神，同时规定拜多神者处死；耶和华的要求很高，希伯来人只有"完全公正"地生活才值得继承这片希望之乡。

《历史书》包括《约书亚书》、《士师书》、《路得书》、《撒母耳记》(上、下)、《列王记》(上、下)、《历代志》(上、下)、《以斯拉记》、《尼希米记》和《以斯帖记》12卷。分别记述军事民主制时期犹太人征服迦南人和征服后按部落抓阄分配土地的情况以及犹太民族从部落联盟向国家过渡的历史；以色列—犹太王国建立的经过及扫罗和大卫的事迹；大卫死后列下的情况特别是所罗门盛世的政绩；从亚当开始直至亡国被掳和重建耶路撒冷的经过；"巴比伦之囚"被释之后重建圣殿、确立一神论犹太教信仰、整顿律法、编订《摩西五经》的史实等。《历史书》是研究犹太史和犹太教的重要参考资料。

《诗歌·智慧书》包括《约伯记》、《诗篇》、《箴言》、《传道书》和《雅歌》。其中，《诗篇》收诗150篇，由民间的歌集和祷文组成，在西方文学史上具有一定的地位。《箴言》用格言形式记述古希伯来圣贤立身处世的智慧，歌颂他们谦逊、忍耐、对朋友忠诚等美德，许多赞美智慧的格言在西方至今仍为人们所熟悉。

《先知书》包括《以赛亚书》、《耶利米书》、《耶利米哀歌》、《以西结书》以及

《玛拉基书》等17卷。这里的"先知"指的是以色列、犹太王国行将灭亡前涌现出的一批了不起的社会改革家和思想家，年代大约在公元前8世纪至公元前5世纪之间。先知们被认为是神的代言人，他们谴责社会的不平等，他们大声疾呼以唤醒众生，他们预言上帝将派一位"弥赛亚"来做犹太人的"复国救主"[①]，他们还设计出复国后理想中的耶路撒冷城的蓝图。

可以这样说，《圣经》既是一部宗教书，又是一部历史书，同时也是一部内涵丰富、形式多样、文风简约、文字优美的文学作品。这是因为，它首先宣扬和阐释的是犹太教的教义，希伯来人的宗教思想和宗教精神弥漫于全书；而同时，它又与古希伯来民族的历史息息相关，内中记述了从人类起源到犹太人流放归来重建圣殿的重要史实；再次，它确确实实可以作为文学作品来欣赏，来品味，来解读。正因如此，也才有了"圣经文学"之说。

第四节　拜占庭文明

一　拜占庭文明概述

拜占庭本是古希腊的一个移民城市，位于巴尔干半岛东端，临博斯普鲁斯海峡，扼黑海出入门户，当欧亚交通要冲，地理位置十分重要。该城建于公元前657年。公元2世纪时曾遭近于毁灭性的打击。公元330年，罗马帝国皇帝君士坦丁迁都于此，并改城名为君士坦丁堡(即"君士坦丁之城")，别称"新罗马"。君士坦丁大帝不惜倾全国之财力，且按照罗马的模式重建并装点拜占庭，还在该城背后的巴尔干丘陵地区修建了著名的君士坦丁长城以加强防卫。在此后的1000余年间，即在整个中世纪，君士坦丁堡成了欧亚大陆上最繁华、最富有的城市，成了西欧各国公认的"基督教世界的东方前哨"。

公元395年，罗马帝国正式分裂为东、西两部，君士坦丁堡于是成了东罗

① 基督教沿用此说，称耶稣就是弥赛亚，即"基督"，但他不是犹太人的"复国救主"，而是"救世主"。

马帝国的首都。东罗马帝国以巴尔干半岛为中心，领属包括小亚细亚、叙利亚、巴勒斯坦、埃及以及美索不达米亚和南高加索的一部分，因其都城君士坦丁堡系由“拜占庭”更名而来，故又称“拜占庭帝国”。多数史家把公元330年新都君士坦丁堡的确立作为拜占庭文明的起点。也有学者认为，只有到了公元610年之后，一个新的王朝（希拉克略王朝）出现——它来自东方，讲希腊语，所推行的政策也全是东方化的、“拜占庭”的政策，拜占庭文明才正式起步。

查士丁尼统治时期（527—565），拜占庭对外用兵，消灭了东、西哥特王国，占领了意大利、西班牙东南部、北非以及西地中海各岛，帝国因此成为了地中海地区经济、文化的中心。尽管查士丁尼一世本人依然讲拉丁语，而且一直梦想着恢复罗马帝国，但他的统治却为中世纪拜占庭奠定了基础，尤其是他的立法，是对古代罗马法的归纳和总结。在他主持下编纂完成的《民法大全》[①]是欧洲历史上第一部系统完备的法典，不仅对后世欧洲各国的法律产生过重大影响，也为人类文明史留下了一份弥足珍贵的财富。

从希拉克略王朝（610—711）建立起直至1071年，拜占庭的军事史与政治史，都与不断抵抗来自东方的侵略行为密切相关。来自东方的威胁，先是波斯，后是阿拉伯。

公元7世纪上半叶，阿拉伯帝国兴起并向外扩张，把攻击矛头直指波斯、拜占庭。拜占庭很快丧失了叙利亚、巴勒斯坦和埃及等大片领土，所剩下的部分基本限制在希腊语区之内。7世纪下半叶，由于拜占庭人民的顽强抵抗，与阿拉伯人战和，保住了自己基本的生存条件，从而决定了地中海地区两大文明——基督教文明和伊斯兰文明以欧亚交界处为基本分界线的大致格局，这一格局直到奥斯曼帝国兴起之后才有所改变。

公元717年，利奥三世创立伊苏里亚王朝（717—802）。利奥三世在位时击退了进攻君士坦丁堡的阿拉伯陆军和舰队，并顺从民意（主要是城市贫民和农民）在国内实行圣像破坏政策，反对宗教仪式和宗教活动中的圣像崇拜，封

① 《民法大全》是编成于公元529年的《查士丁尼法典》以及其后编成的《法理汇要》、《法学总纲》和《法令新编》的总称。

闭寺院,强迫僧侣还俗,并没收教会和寺院土地,将其分赐给军事贵族。[①] 圣像破坏运动时期,拜占庭出现了世俗艺术与宗教艺术同时发展且同时繁荣的局面。

在拜占庭历史上,伊苏里亚王朝是它的强盛时代,而公元867年巴西尔一世建立的马其顿王朝(867—1056)则被认为是它的黄金时代。巴西尔一世和他的儿子利奥六世曾通过补充、更新编定《帝国法典》,完成了将《查士丁尼法典》希腊化的目标。巴西尔二世死后,拜占庭开始走向衰落。1204年,第四次十字军东征,君士坦丁堡陷落,拜占庭曾为拉丁帝国所取代。1261年,米凯尔八世赶走了拉丁人,恢复了拜占庭帝国,建立巴列奥略王朝。但此时的拜占庭领土已大大缩小,国势非昨,声威难振。14世纪末,奥斯曼帝国迅速崛起并不断入侵,终于在1453年5月攻克君士坦丁堡,随即迁都于此并将城名改为伊斯坦布尔。1461年,希腊人的最后一块领地——小亚细亚东北部由科穆宁家族统治的特拉布松小朝廷投降,拜占庭从此正式退出历史舞台。

拜占庭帝国存在了1000余年,研究者认为,拜占庭之所以能够如此"长寿",主要是因为:(1)统治者继承了罗马帝国后期皇帝们的衣钵,宣称"君权神授,不可侵犯"。尽管拜占庭政治声名狼藉,常被作为"肮脏的政治阴谋"的代名词,但不时产生出几个英明强干的皇帝,使它得以发展并保持稳定。(2)行之有效的官僚体系在宫廷动乱期间发挥了重要作用。(3)11世纪之前的帝国经济一直相当发达。(4)拜占庭人热衷于宗教,他们经常能为一条教义中的几个词语而大动干戈。但在宗教和谐时期,臣民们又多具有强烈的自信心和使命感。

对基督教的信奉与虔诚,在拜占庭,并不意味着对古希腊的文化遗产的放弃。这是因为教会权力始终没能超越世俗政权,其对文化的垄断也远不如西欧教会之甚。据记载,在拜占庭的学校里,主要就是学习古希腊的文学作品,受教育者对荷马史诗的熟悉程度远远胜过今天人们对莎士比亚的了解。不仅

---

① 历史上称之为"圣像破坏运动"或"破坏圣像运动",这个运动断断续续持续了一个多世纪,公元843年,统治当局终与教会妥协,恢复圣像崇拜。

如此，学者们还研究与评析柏拉图和亚里士多德的哲学，作家们还模仿修昔底德写作散文。这样，既丰富了拜占庭人的精神生活，也为后世保留了许多古希腊的经典。今天人们所能看到的许多古希腊文学作品，大多是由于拜占庭书吏的传抄才得以保存下来的。

拜占庭帝国的版图一度横跨三大洲，因此深受东西方诸文明的影响，也因此形成了自己独特的文化景观，成为沟通东西方文明的纽带和桥梁。拜占庭文明的发展水平远远超过了当时的西欧，并对基辅罗斯和南斯拉夫各族产生过巨大影响。

二 拜占庭文明留给世界的历史文化遗产

拜占庭文明的成就与它的来源密切相关。有研究者将其来源归结为如下几个方面：一是古典时期和希腊化时期的文化传统；二是公元4世纪时成为了其国教的基督教；三是与拜占庭有着密不可分关系的东方文化传统——对亚洲文化因素的吸收，不但丰富了拜占庭文明的内容，而且使其具有了东西方融会、交织的特色。

拜占庭人信奉的宗教是基督教三大派别之一的东正教。在拜占庭文明的黄金时代，最能体现其影响的便是一些斯拉夫民族，特别是俄罗斯人的皈依。10世纪末，基辅罗斯的统治者决定放弃对异教的信奉，改信认为上帝是“生活在人世间”的拜占庭基督教。从此，俄罗斯的文化和宗教，便深深地打上了拜占庭的烙印，而且从那个时候起至今，俄罗斯一直是东正教的重要阵地。

1453年君士坦丁堡陷落后，俄罗斯人便接过了拜占庭的旗帜，他们觉得自己不仅要在信仰上，而且要在行动上行使拜占庭帝国应尽的天职。在他们看来，莫斯科就是“第三罗马”。不仅如此，1547年，莫斯科大公伊凡四世还正式称自己为“沙皇”（意为“恺撒”）。研究者称：正是这样的信念，导致后来沙皇俄国大肆的侵略扩张；而拜占庭的传统，也使得沙皇俄国的统治者获得了至高无上的权力。此外，拜占庭的艺术风格给了俄罗斯的宗教艺术以巨大影响，而拜占庭人的思想观念，甚至影响了陀思妥耶夫斯基、托尔斯泰等作家的思想和创作。

除了法学、哲学、数学、医学、地理学、史学和文学等诸多方面的成果，拜占庭文明的一个巨大成就是它的建筑艺术，或者说拜占庭文明艺术上的主要成就集中体现在建筑之上。拜占庭建筑兼有古典时代和东方各国的建筑风格。建于公元6世纪的君士坦丁堡圣索菲亚大教堂便是典型的拜占庭艺术的结晶；建于意大利威尼斯圣马克广场上的圣马克大教堂也是拜占庭文明留给世界的辉煌遗产。

圣索菲亚大教堂的设计者是希腊人的后裔，但人们看到，这座建筑本身却与希腊神庙有着明显的区别。研究者认为：这座教堂的建造目的显然不是为了炫耀个人的权势，而是要表现基督教着重内在精神的特点，因此建造者似乎不大顾及它的外表。教堂外墙所用全是普通的砖块，砖块之上涂以灰泥；另外，也没有大理石贴面以及优雅的廊柱和雕花的柱顶。然而，教堂内部却被装饰得富丽堂皇：五颜六色的镶嵌壁画、包金的门窗、绚丽的大理石石柱；无数的彩色小玻璃片反射出宝石般灿烂夺目的光芒。值得称道的还有它的采光效果：尽管阳光不能直接照进大厅，但教堂内却通透明亮，令人觉得满目生辉。

圣索菲亚大教堂沿袭了罗马风格，但设计却十分新颖。其最突出的一点是：把一个圆顶(即圆形穹窿)建造在四个柱墩之上，从而构成一个方形的空间。据介绍，其建造方法是：在中央大厅的四角建起四个柱墩，然后做出四个半圆的拱弧，再后将巨大的圆顶笼罩其上。圆顶的边恰好落在拱弧的顶端，拱弧与柱墩之间的三角形空间则以砖石砌之。整个建筑呈现出宏大的气势和优雅的风格。圆顶直径约达33米，最顶点距地面约60米。圆顶下部周边并列开了许多小窗，因此给人的感觉是：圆顶似乎没有借助任何支撑，像是悬浮在空中一般。拜占庭帝国崩溃后，土耳其人把圣索菲亚大教堂改成了清真寺，并在周围加建了四座尖塔(亦称“邦克楼”)，因而使这座建筑艺术丰碑显得更加壮观。

艺术上，拜占庭人十分擅长象牙雕刻、浮花彩饰和宝石加工。此外，他们还创造了一种新的艺术形式——镶嵌画，这种画由许多色彩斑斓的碎玻璃片和小石片镶嵌而成，别具一格。圣索菲亚大教堂内的《查士丁尼大帝和随从》以及《皇后西奥多拉和随从》等就是镶嵌画的代表作，作品体现了拜占庭早期的艺术倾向。由于受到教会的束缚，拜占庭后期艺术呈公式化、概念化趋势，许多作品均为宣传基督教而作。拜占庭艺术在形式上追求高贵、豪华，内容上强调神性。其艺术形式对中世纪欧洲各国，尤其是信仰东正教国家的艺术，影响较大。

第五节　阿拉伯文明

季羡林教授认为世界上延续时间长、没有中断过且真正形成独立体系的文化只有四个，除了中国文化体系，印度文化体系和由希腊、罗马开始的西欧文化体系，再一个就是阿拉伯伊斯兰文化体系。阿拉伯伊斯兰文化体系，我们称之为“阿拉伯文明”。

一　阿拉伯文明概述

阿拉伯文明诞生于阿拉伯半岛。阿拉伯半岛是世界上最大的半岛，位于亚洲西南，东滨波斯湾和阿曼湾，西隔红海与非洲大陆相望，南濒亚丁湾和阿拉伯海，北与美索不达米亚平原接壤。从地质学上讲，阿拉伯半岛被认为是非洲撒哈拉大沙漠的延展，其1/3地区是沙漠。公元7世纪前，由于自然环境和气候条件恶劣，生产力低下，无论物质生活还是精神生活，整个阿拉伯半岛都处于相当落后的社会状态。

在阿拉伯半岛西部红海沿岸，有一个狭长地带，自古就是跨洲贸易的重要商道。公元5世纪至6世纪，商道上陆续出现了一些市镇，其中最著名的一个就是麦加城，它不光是几条商路交汇的商业中心，而且也是当地的宗教中心。其时，阿拉伯人主要信奉原始宗教，尤其崇拜自然神。麦加城内有一座石砌的立方体形神庙，叫作“天房”（阿拉伯语称之为“克尔白”），天房内墙壁上镶有一块黑色陨石（亦称“玄石”，据说它具有一种神奇的力量），被人们当成“天降神物”加以崇拜。对于不同的阿拉伯氏族和部落而言，天房就是他们朝拜的圣地。这主要是因为人们把战胜灾害和苦难的希望寄托于一种超自然的力量，热切企盼有救世主出现。

救世主果然出现了——他就是伊斯兰教的创立者穆罕默德。穆罕默德(约 570—632)生于麦加城古来西部落的一个破落贵族家庭,因父母早亡,由祖父和伯父养育成人。25 岁时,穆罕默德受雇于富孀赫迪杰为其经商,凭自己的机敏和才能赢得了她的爱慕,不久二人成婚。这桩婚姻不光使穆罕默德有了财富和地位,而且也为他创教和传教提供了必要条件。据记载,穆罕默德经常到麦加以北五公里的希拉山上的一个洞中"避尘隐居祈祷"。静默沉思的结果使他认识到,只有一种简明扼要的真理才能拯救误入了歧途的阿拉伯人,这个真理就是:安拉(中国伊斯兰教徒称之为"真主")是唯一的、全知全能的、大慈普慈的真正主宰,是宇宙万物的创造者;世界上存在着天堂和地狱,人们将因各自不同的行为遭到不同的"报应"——或升入天堂,或坠入地狱。这种报应会在"末日审判"时兑现。据说,公元 610 年回历 9 月下旬,穆罕默德首次得到了安拉的"启示",从此他作为"安拉的使者"开始在古来西部落中宣传自己的主张,并由此创立了伊斯兰教①。公元 622 年 9 月,穆罕默德率少数门徒出奔位于麦加北方的雅特里布城,该城从此更名为"麦地那"(阿拉伯语的意思是"先知之城"),并成了伊斯兰教的第二圣城。② 以麦地那为中心,穆罕默德联合一切反对麦加贵族的力量,通过"圣战"建立起了一个政教合一的神权国家,并借此向周围部落传播伊斯兰教,使越来越多的阿拉伯人放弃了原始宗教崇拜,成了安拉的信徒。这就为阿拉伯统一帝国的建立奠定了基础。公元 632 年,穆罕默德到麦加正式朝觐,从众达 10 余万人。回到麦地那不久,公元 632 年 6 月 8 日(回历 11 年 3 月 13 日),穆罕默德逝世。此时,阿拉伯半岛已基本形成为一个以麦地那为首都的统一国家。

穆罕默德的继承者被称为"哈里发",阿拉伯语的意思是"安拉使者的代理人"。哈里发既是阿拉伯最高宗教领袖,又是阿拉伯国家的最高行政统治者、最高立法者和军队的最高指挥官。公元 661 年,叙利亚总督穆阿维叶杀死哈

① 伊斯兰教的信徒称为穆斯林,阿拉伯语的意思就是信仰安拉、服从先知的人。

② 后来,按伊斯兰教历,公元 622 年被定为纪元元年。

里发阿里，自称哈里发，建立倭马亚王朝(661—750)，并把首都从麦地那迁到大马士革。从此，哈里发不再由选举产生，而改为世袭。倭马亚王朝继续走对外扩张道路，阿拉伯军队几乎同时向北、东、西三个方向出击。就这样，穆罕默德去世后的整整一个世纪，通过一系列战争，阿拉伯人已经建立起了一个东起印度河流域、西临大西洋、地跨亚、非、欧的庞大帝国①，同时把自己信仰的伊斯兰教传遍帝国势力所达之地。

公元751年，在与中国唐朝军队于中国西北边境一带发生过一次冲突之后，阿拉伯帝国停止了大规模的对外战争。同年，穆罕默德叔父阿拔斯的后裔推翻倭马亚王朝，夺取了帝国政权，建立阿拔斯王朝(751—1258)。公元762年，王朝将首都迁往巴格达，从此，巴格达成为了帝国政治、宗教和工商业中心。此时，帝国境内的绝大多数居民都已皈依了伊斯兰教，各民族之间的差异逐渐缩小，帝国也逐渐走向繁荣。至公元9世纪中叶，阿拔斯王朝达到了繁荣的巅峰，因此许多历史学家把这时的阿拉伯帝国称为“伊斯兰帝国”。

然而，宗教和政治的纷争早就埋下了分裂的种子。统治者对境内人民的残酷压榨和剥削引起了人民的强烈反抗。在接连不断的人民起义打击下，阿拉伯帝国开始走向分裂，10世纪初时，帝国的领土只剩下了两河流域。1055年，塞尔柱突厥人侵入巴格达，哈里发丧失了政权，仅保住了宗教领袖地位。1258年，蒙古大军攻占巴格达，杀死了阿拔斯王朝末代哈里发，阿拉伯帝国至此宣告灭亡。帝国虽已灰飞烟灭，但伊斯兰世界却并未消亡，它的范围还在不断扩大，阿拉伯文明也仍在各地延续发展。

伊斯兰教的教义简单明了，“伊斯兰”一词本身就含有顺从的意思，它要求人们对安拉绝对服从。对广大穆斯林来说，安拉就意味着全能的上帝。他们认为：除了安拉之外没有其他的神；穆罕默德是真主最后的一位也是最伟大的一位先知，但他并不是安拉自身。《古兰经》是伊斯兰教最具权威的经典，信奉者可以从中找到进入天堂的答案。《古兰经》据说是由安拉传授给穆罕默德的，它是穆罕默德在23年传教生涯中以“安拉启示”的名义发布的言论汇编。

① 中国史书中称之为“大食”，西方史书中则称之为“萨拉森帝国”。

穆罕默德宣称:《古兰经》是"宗教权威的终极源头",但他也认为,《新约》和《旧约》都是神的旨意的体现。从基督教教义中,穆罕默德吸收了"末日审判"、"躯体复活"、"后世的奖惩"以及对天使的信仰等诸多方面内容,以充实、丰富自己的思想。

《古兰经》经后世圣门弟子搜集、整理、编排而最后成型,共30卷,114章,6200多节。经注家通常把经文分为"麦加章"(共90章)和"麦地那章"(共24章)两部分。其内容主要有:规定穆斯林的基本信仰和基本功课;规定穆斯林应遵守的一系列伦理规范、禁戒或禁令;规定穆斯林在家庭生活和社会生活中应遵循的律例或法规;有关伊斯兰教创立时期的一些社会主张;在信仰、经典和传说上,力求与基督教和犹太教认同;根据传教的需要,借鉴半岛古阿拉伯人的有关故事、传说和谚语;与多神教徒、基督教徒、犹太教徒以及"伪先知"、"不信者"的种种辩论的记述;等等。研究者认为,比起其他宗教的经典来,《古兰经》世俗性更强,神秘性更少;而且,它的语言生动,词汇丰富,表达流畅,文学色彩浓郁。

伊斯兰教的另一部经典名《圣训》,也就是《穆罕默德言行录》。对《古兰经》已规定的法则,《圣训》进行具体阐释;《古兰经》中没有明确规定的事情,《圣训》则予以补充。与《古兰经》比起来,《圣训》的世俗性更强。到公元9世纪时,在穆斯林中长期流传的《圣训》被编为六部经典,称"六大圣训集"。其中最权威的是《布哈里圣训实录》和《穆斯林圣训实录》,合称为"两真本"。

西方学者认为,从穆罕默德所处的时代直至16世纪,伊斯兰的文化与社会都具有鲜明的世界主义特征,并且充满着生机。这一是因为伊斯兰文化继承了拜占庭和波斯文化的精华,二是因为穆罕默德的学说鼓动着由贸易活动带起的社会流动,再一个原因就是伊斯兰教对其他宗教的宽容——在穆斯林的统治范围内,总是给犹太教和基督教保留一席之地。在穆斯林看来,《圣经》是《古兰经》的先驱。

伊斯兰的艺术灵感,主要来自于拜占庭和波斯艺术。建筑是伊斯兰艺术最主要的组成部分,除了庄严肃穆的清真寺,还有许多宫殿、学校、图书馆、私人住宅和医院等。与中世纪欧洲的建筑相比较,伊斯兰建筑更具世俗的特点,其主要特征表现为球形圆顶、尖塔、马蹄形拱门、螺旋形柱子、石刻花饰门窗、黑白相间的线条、镶嵌画以及阿拉伯文字书法等。

除了哲学、文学和语言，阿拉伯的自然科学在中古时期也曾取得过巨大成就。在医学、天文学、历法、数学、光学、物理学、化学、矿物学和生物学等诸多方面，阿拉伯人都做出了卓越贡献。近代西方的许多自然科学成就，都或多或少地吸收了阿拉伯的自然科学成果。

早在公元7世纪中叶穆罕默德逝世后不久，伊斯兰教内部就在争夺哈里发权位的斗争中分裂为两大派别：什叶派和逊尼派（全称“逊奈和大众派”）。什叶派是由穆罕默德的堂弟兼女婿阿里（伊斯兰教历史上第四任哈里发）及其支持者组织起来的，“什叶”意为党人、党徒，后转意为追随者，专指拥戴阿里的人。该派只承认阿里及其后裔为穆罕默德的合法继承者，称之为“伊玛目”，认为他们受安拉保护，具有超凡神力。因为什叶派是少数派（占穆斯林总数的10％强），所以长期受压，直到16世纪才开始在伊朗建立永久性政权。其分布以伊朗为主，另外，伊拉克也有一半以上的穆斯林属什叶派。逊尼派则与什叶派相对立，是伊斯兰教最大的派别，大约占全世界10亿穆斯林的85％。这一派被认为是伊斯兰教的正统派，是“遵循先知的圣行而行动的人”。该派承认包括阿里在内的前四位哈里发都是先知的合法继承者。其分布主要在东南亚、中国、西亚、北非和东非广大地区。

伊斯兰教的传统节日中，最重大的两个是开斋节[①]和宰牲节[②]。伊斯兰教规定该教教历9月为“斋月”，因为这一月既是安拉初次下达启示之月，又是先知穆罕默德迁徙麦地那之月。斋月有29日或30日之分。斋月第29日傍晚观看新月初显，如看到即为29日，次日为10月1日，也就是开斋节；如看不到则顺延一日，第三日为开斋节。节日这一天，穆斯林沐浴盛装，举行会礼，相互祝贺；各穆斯林家庭要全家团聚，向安拉祈祷，然后一起进食斋饭。宰牲节原是穆斯林朝觐圣地时举行的宗教仪式之一，后来才演变为节日。时间定在回

① 在中国新疆，开斋节也称“肉孜节”，“肉孜”是波斯语的音译，意为斋戒。

② 在中国，通用汉语的穆斯林中俗称小尔德，也称忠孝节。

历12月10日,即朝圣者在麦加的最后一天。该节也称“古尔邦节”。过节这一天,穆斯林要举行集体礼拜,各家也要效法古圣,宰牲献祭。

伊斯兰教早在唐代就已传入中国。蒙元帝国兴起,大批穆斯林向东方迁徙,伊斯兰文化因此在中国广泛传播。明清之际,伊斯兰文化与中国传统文化开始了更深层次的接触与交融,出现了伊斯兰教经典的汉文译本,产生了有中国特色的伊斯兰文化。目前,中国有10个少数民族信仰伊斯兰教。

中国伊斯兰文化学者认为:阿拉伯文明是阿拉伯帝国各民族共同创造的文明,它是在广泛继承和吸收阿拉伯、波斯、印度以及希腊古典文化的基础上形成的;伊斯兰文化不是古代文化的机械组合,而是一种融合了别种文化的新的创造;伊斯兰文化包括宗教的和世俗的两个方面,而这两个方面又紧密结合在一起,很难截然分开;阿拉伯帝国阿拔斯王朝时期出现的“百年翻译运动”,不仅促进了阿拉伯文明走向繁荣,也为欧洲文艺复兴运动的兴起奠定了文化基础。

在对伊斯兰文化的研究与探讨中,中国学者对先知穆罕默德的历史贡献给予了极高的评价:

> 他倡导学习知识,追求智慧,崇尚理性。为此,还推出一种新的思维方法,就是要人们善于观察,勤于思考。从对天地的形成,日月的运转,四时的更迭,社会的兴衰治乱,人的生老病死等自然、社会、生命现象的观察思考中,寻求迹象,探索规律,获取知识,谋求现实幸福。这是暗夜中的闪电,夏日的雷鸣,黎明的启明星,振聋发聩。一个粗野无文的人群终于被教化成了有道德、讲文明的民族。①

二 阿拉伯文明留给世界的历史文化遗产

(一)哲学

尽管有学者认为,阿拉伯没有出现过极富独创性的哲学家,其哲学不过是对古希腊罗马哲学的整理和吸收,但不容否认的是:阿拉伯哲学依然有其自身

① 杨怀中、余振贵主编《伊斯兰与中国文化》,宁夏人民出版社,1995,第1页。

的特点,比如它带有明显的折中主义倾向,它力图把柏拉图、亚里士多德、毕达哥拉斯乃至新柏拉图主义的思想糅合为一。当希腊哲学家的大量著作被译成阿拉伯文之后,其思想便逐渐走入了伊斯兰教徒的生活。阿拉伯哲学家认为,宇宙是理性的,对生活的哲学思考是安拉的“最高启示”。在他们的许多著作中,人们都可以见出其对亚里士多德思想的深刻领悟。

阿拉伯哲学家所面临的一个最重要的问题就是使希腊哲学与伊斯兰教的宗教思想协调一致。公元 850 年至 1200 年间,阿拉伯哲学处于全盛时期,其哲学思想逐渐形成,产生了不少有影响的哲学家,其中最具代表性的是法拉比、伊本·西拿和伊本·路西德。

法拉比(870—950)的拉丁名为阿尔法拉比乌斯,出生于土耳其,长期生活在巴格达,因此受西方的哲学影响很小。作为阿拉伯亚里士多德学派的主要代表,他承认外部世界的存在,认为世界由物质构成,运动是物体的特性;但同时,他又宣扬灵魂不灭之说。他曾告诫人们:一个开明杰出的人物应该不受大众信仰的影响,而应独立地进行哲学思考。他的学说对欧洲中世纪学术文化的发展产生过较大影响。他既是哲学家,也是音乐理论家,其主要著作有《论理智》、《论灵魂》、《知识全书》、《音乐全书》和《科学的分类》等。

伊本·西拿(980—1037)的拉丁名为阿维森纳,出生于古波斯布哈拉城(当时属阿拉伯帝国,今属乌兹别克斯坦),既是哲学家,也是医学家和自然科学家。他做过御医,当过大臣,所著《医典》是 17 世纪前欧亚地区的主要医学教科书和参考书。哲学上,他也是阿拉伯亚里士多德学派的主要代表人物之一,所传播的是一种更少理性色彩的哲学思想。据说他把亚里士多德的《形而上学》读了几十遍,几乎可以背诵。他认为永恒存在的物质(质料)不是真主创造的,但又主张从真主的泉源中“流”出精神,精神将形式赋予质料,然后形成万物。他的学说建立在两种基本的观点之上,那就是:第一,真主的理性先于事物,而人的理性却存在于事物之中;第二,物质是“个别”的原则,理性是“一般”的原则。其主要著作还有《知识之书》和《隐喻故事》等。

伊本·路西德(1126—1198)的拉丁名为阿威罗伊,出生于西班牙的科尔多瓦城,既是哲学家,也是自然科学家、医学家和法学家,同样是亚里士多德的忠实信徒。据记载,他过着双重生活:私下里,他是一位极端的理性主义者;而在公共场合,他又是一位伊斯兰教的信奉者。他被认为是最后一位具有重要影响的伊斯兰哲学家。阿威罗伊主义哲学认为:世界是永恒的,世界的运动和时间都是永恒的;世界不是上帝从虚无中创造出来的,上帝只在"顺序"上先于世界,而不是在时间上先于世界;形式与物质不能割裂,在物质之外没有东西存在;有一个统一的理性存在于一切人的灵魂之中,只有它是不朽的,而一切个人的灵魂都是有生有死的,因此,来世报应是无稽之谈。阿威罗伊还曾提出"双重真理"说,它有两方面的意思:一方面是说同一个真理可以用两重形式即哲学的理性思辨形式和神学的隐寓象征形式来表述;另一方面则是说有两种对立的真理,即哲学的真理和神学的真理——被神学说为荒谬的东西,在哲学上则可以为真理;反之亦然。此说对西欧中世纪和16世纪至17世纪哲学和科学摆脱宗教的束缚而获得发展起过一定的作用。其主要哲学著作除关于亚里士多德一些书籍的提要、注释外,还有《驳〈哲学家的矛盾〉》,对神秘主义的苏非派[①]哲学家安萨里著作《哲学家的矛盾》进行了批驳。

(二)文学

阿拉伯文学同样为世界留下了不朽的遗产,除了诗歌和散文,最具代表性的一是宗教经典《古兰经》,一是民间故事集《一千零一夜》。

《古兰经》是最早的用文字记载的阿拉伯文学作品,其所使用的语言被认为是最纯正的阿拉伯语,其叙述风格以及文法、语气等所依照的完全是阿拉伯语的规范;其中的隐喻法、暗示法等所遵照的也完全是阿拉伯语的习惯。从文学体裁上讲,《古兰经》属于有韵律的散文。它成了后来阿拉伯语散文的标准文本,至今仍是一些阿拉伯语作家努力模仿的散文风格典范。在"麦加章"中,为了宣传对安拉的信仰和伊斯兰教的基本教义,穆罕默德沿用了当时流行的"天启"式文体,即在一连串与天体现象有关的句子后面,紧接着使用两三句押韵的、深奥的短语。比如在写到世界末日到来之时,经文便有对不同作为的人所受到的不同待遇的精彩描述,让人们通过寻味与感受得到"启示",以约束自

① 伊斯兰教的一个派别,以神秘主义和禁欲主义为主要特点。

己的言行。除使用大量文学色彩很浓的、散文诗般的语言描述安拉对世界万物的创造以及他的无所不知和无所不能，《古兰经》还讲述了许多脍炙人口的故事，这些故事不仅是为了宣传伊斯兰教教义，而且更有从道德上引导和教化人的作用。在表现手法上，《古兰经》里的故事也是多种多样、不拘一格，不仅不让人感到乏味，还往往给人留有想象和回味的空间。作为宗教经典，《古兰经》不但影响了一代代穆斯林的思想观念、文化教养甚至语言习惯，同时也对阿拉伯文学产生了深远影响——其思想、风格、语言、手法等，都或多或少地渗入到后世的阿拉伯文学作品中；其丰富深邃的内涵和奇妙瑰丽的文采，给了后世阿拉伯语文学家以无尽的启示和不竭的营养。

《一千零一夜》在中国又译为《天方夜谭》，是尽人皆知的阿拉伯文学名著，讲的是一个国王及王后的故事：相传古代印度与中国之间有一个萨桑国，国王山鲁亚尔因痛恨王后与他人私通，将其杀死，此后每日娶一少女，翌晨即行杀害。宰相的女儿山鲁佐德为拯救无辜的女子，自请嫁给国王，并用每夜讲故事的方法引起国王的兴趣，因而免遭杀害。她的故事一个接着一个，一直讲了一千零一夜，终使国王受到感化，愿与山鲁佐德白头偕老。山鲁佐德的故事内容十分广泛，有神话传说、寓言童话、爱情传奇、宫廷趣闻、名人轶事，也有航海冒险和仗义行侠；山鲁佐德的故事背景也十分广阔，时在埃及，时在巴格达，时在法兰西，时在中国；山鲁佐德故事中的人物更是各种各样，有国王大臣、魔鬼精灵、富商巨贾，也有庶民百姓。研究者称，《一千零一夜》的故事来源主要有三个部分：第一部分是波斯故事集《赫左尔·艾夫萨乃》，这是全书的核心。据考证，这一部分可能源自印度，最初是梵文，后被译成波斯文，再由波斯文译成阿拉伯文。第二部分产生于 10 世纪至 11 世纪的伊拉克，讲的是黑衣大食的故事。第三部分写成于 13 世纪至 14 世纪的埃及，讲的是埃及的故事。全书直至 16 世纪才在埃及编定成型。《一千零一夜》采用的是东方文学中常见的大故事套小故事的形式，变化多端，色彩斑斓，引人入胜。其中绝大多数故事是古代阿拉伯劳动人民口头流传、口头创作、逐步积累完善起来的。故事与人物交织，勾勒出了中世纪阿拉伯帝国及亚洲一些国家社会生活的绚丽画面，具有浓郁的生活气息和鲜明的民族特色，当然也带有浓厚的宗教色彩。其中广为人们所熟悉的篇章很多，如《国王山鲁亚尔及其兄弟》、《阿里巴巴和四十大盗》、《裁缝与驼背人》、《巴格达剃头匠》、《阿拉丁与神灯》、《三个苹果》、《渔夫与魔鬼》、《脚夫与三个女人》、《阿布·哈桑的梦》、《哈桑奇遇记》、《辛伯达航海历险记》等。

（三）语言

阿拉伯文明成果的主要载体是阿拉伯语（其次还有波斯语和突厥语等）。研究者认为，阿拉伯语与伊斯兰教和《古兰经》密切相关：正是伊斯兰教的产生与传播，才确立了阿拉伯语作为阿拉伯民族共同语言的地位，并使其得到完善和发展；借助阿拉伯语，《古兰经》才得以记录和保存，而《古兰经》作为伊斯兰教的最高经典，又对阿拉伯语的发展起了重要的推动作用。

阿拉伯语中有很多短语——谚语、成语和格言等，被认为是短小精悍的文学形式。谚语和成语既反映了阿拉伯社会日常生活中的一些现象，带有鲜明的地域特色，同时又揭示了某些深刻的自然和社会哲理，显示了阿拉伯民族的性格与智慧；格言则多是“翻译运动”中的舶来品（主要来自波斯、希腊和印度），有的还被赋予了伊斯兰教色彩，因其简洁、齐整、易记且能给人以启迪，同样受到各阶层人民的喜爱。

经学者整理、加工并汇集于某些著作（如《故事的泉源》、《古代帝王的明灯》和《小文学》等）中的格言，早已经成了阿拉伯人民的精神财富。为人们熟悉的格言如：

防君子于饥时，防小人于饱时。（波斯王）

裁判犯小过的人，应如处理犯大罪的人一样严格。

智慧为人之天赋，学问为人之厚利。（苏格拉底）

国家进步，则欲望服务于理智；国家落后，则理智服务于欲望。（柏拉图）

揭人阴私者，鲜能成大业。（亚里士多德）

钱最怕不用；兄弟之间最怕背信弃义；君主的不义莫过于无辜百姓的恐惧；国家的灾难则在于没有财富和安定。（印度哲人）

有志气的人即使不得志，也决不肯屈服，就像火焰一样，不管人们怎

样改变它的方向，火苗总是向上的。（印度智者）

学者远游，需要有足够的学问，正如狮子外出，需有赖以生存的力量。（印度学者）

思考与练习

1. 试对古埃及文明进行概括性叙述并给出自己的评价。

2. 为什么说金字塔是古埃及文明最重要的表征？请谈谈你对金字塔的了解与认识。

3. 请对苏美尔文明进行概括性描述并给出自己的评价。

4. 请对巴比伦文明进行概括性介绍，并请结合后世的历史发展谈谈自己的感想。

5. 希伯来文明是世界文明的一个源头，请谈谈你对希伯来文明的了解与认识。

6. 为什么说犹太教《圣经》是希伯来文明献给世界的最珍贵的文化遗产？请简要地加以评述。

7. 请对拜占庭文明的始末及内涵进行概括性介绍与评述。

8. 拜占庭文明留给了世界哪些珍贵遗产？请分别加以叙述。

9. 请对阿拉伯文明进行概括性介绍。

10.《古兰经》的主要内容是什么？对于广大穆斯林来说，其意义何在？

11. 阿拉伯文明留给后世的主要文化遗产是什么？请分别加以介绍。

主要参考文献

[美]罗伯特·E.勒纳等《西方文明史》,王觉非等译,中国青年出版社,2003
[日]忽滑谷快天《韩国禅教史》,朱谦之译,中国社会科学出版社,1995
[意]利玛窦《利玛窦中国札记》,何高济、王遵仲、李申译,中华书局,2001
艾周昌、沐涛《中非关系史》,华东师范大学出版社,1996
安文铸、关珠、张文珍编译《莱布尼茨和中国》,福建人民出版社,1993
陈尚胜《中韩交流三千年》,中华书局,1997
陈玉龙、杨通方、夏应元、范毓周《汉文化论纲》,北京大学出版社,1993
邓蜀生、张秀平、杨慧玫主编《影响世界的100本书》,广西人民出版社,2003
关森胜夫、陆坚《日本俳句与中国诗歌——关于松尾芭蕉文学比较研究》,杭州大学出版社,1996
贺圣达《东南亚文化发展史》,云南人民出版社,1996
蒋非非、王小甫、翁天兵等《中韩关系史(古代卷)》,社会科学文献出版社,1998
李小兵主编《文化的力量:影响人类的一百本书》(上、下),团结出版社,2000
林金水《利玛窦与中国》,中国社会科学出版社,1996
令狐若明《走进古埃及文明》,民主与建设出版社,2001
刘保金《中国佛典通论》,河北教育出版社,1997
楼宇烈、张志刚主编《中外宗教交流史》,湖南教育出版社,1998
彭诗琅、廖隐邨主编《诺贝尔文学奖金库》(全五卷),中国社会出版社,1998
宋瑞芝《走进印第安文明》,民主与建设出版社,2001
王立新《美国传教士与晚清中国现代化》,天津人民出版社,1997

王树英《中印文化交流与比较》,中国华侨出版社,1994
巫乐华主编《华侨史概要》,中国华侨出版社,1994
吴泽义等《文艺复兴时代的巨人》,人民出版社,1988
吴泽义《近代西方文化巨擘》,人民出版社,1993
夏国梁、夏冰主编《新编世界五千年》,南京大学出版社,2003
熊月之《西学东渐与晚清社会》,上海人民出版社,1994
徐新《走进希伯来文明》,民主与建设出版社,2001
徐家玲《走进拜占庭文明》,民主与建设出版社,2001
许嘉璐主编《世界史画卷》(10卷),海南国际新闻出版中心,1996
薛克翘《佛教与中国文化》,中国华侨出版社,1994
晏绍祥、杨巨平《走进古希腊文明》,民主与建设出版社,2001
杨怀中、余振贵主编《伊斯兰与中国文化》,宁夏人民出版社,1995
杨共乐、陈凤姑《走进罗马文明》,民主与建设出版社,2001
杨周翰、吴达元、赵萝蕤主编《欧洲文学史》(上、下),人民文学出版社,1979
易宁《走进古印度文明》,民主与建设出版社,2001
张光璘、李铮《季羡林论印度文化》,中国华侨出版社,1994
郑殿华、李保华《走进巴比伦文明》,民主与建设出版社,2001
周一良、吴于廑主编《世界通史》(四卷),人民出版社,1972、1973
朱维之、赵澧主编《外国文学简编》,中国人民大学出版社,1991
邹英《走进阿拉伯文明》,民主与建设出版社,2001

后　记

从接受总主编赵金铭教授的正式邀约，到这样一本教材写作完成修改完成且将出版，转眼已四易寒暑。尽管就自己而言这四年多的时光该不算是虚度，但回首时却依然无端地生出了许多的感慨。

当初，之所以乐意并敢于接受这一"任务"，主要是因为自己对于要写的东西虽少研究，却不陌生。特别是从20世纪末起，根据领导要求和教学需要，我为我校（北京语言大学）汉语学院中国语言文化专业本科四年级留学生开设了一门新课——中外文化交流史，于是在系统关注2000多年来的中外文化交流的同时，也在不知不觉间更多地接触了中国之外的"世界"文化。而今，要编写一本可供我国大学对外汉语专业本科使用的以世界文化为内容的教材，对我来讲，虽然不敢说是所谓的"能量释放"，但却应该是一个极好的学习机会。这样，在将近两年的准备阶段，在教学之余，脑子里思考最多的就是与这本教材相关的一切，并在阅读、梳理资料的过程中，遵照总主编与出版社的意图、要求与建议，逐渐形成了全书的写作提纲。

2007年年初，春节前后，在王府井大街36号商务印书馆大楼，在赵金铭教授和商务印书馆周洪波编审主持下，连续召开了两次由全体责任编辑和在京几册待编教材主编参加的座谈会，就各自拟出的写作提纲进行讨论。尽管彼此间对于他人的东西并不一定十分熟悉，但与会者给我的自拟提纲提出的意见与建议，在我看来也还是恳切而有益的。

正式的写作也便从这时——2007年春节开始，直到2008年国庆节才告完成——因有"保证"在先，写作期限未敢延宕太久。除了在"绪论"中表明的意愿与态度，作为编写者，在写作过程中，我自然也还有其他的追求：比如总想使自己所用的材料更丰富，所写的内容更充实，所要传达的信息更多、更开阔……好在，作为本书责任编辑的戴军明同志，自始至终保持着冷静头脑，他牢牢地把握着方向，认真地掌握着尺度，坚持让教材在内容上免于琐细，在整体表述上保持清晰、简明，他的原则是：作为教材，一定要为开设这门课的主讲教师留有充分的发挥余地。

世界文化万花筒般绚丽多彩，要想在这样一本规模有限的教材中把它全面、系统、真切、鲜活地展现出来，几乎是不可能的。正因如此，教材本身的缺憾以及编写者的遗憾也便不可避免，从这个角度讲，编者真诚地希望听到有益的批评与建议，更希望日后还有弥补与完善的机会和可能。

对于历史，对于那些为人类进步做出过不朽贡献的世界历史文化名人，我始终怀有一种敬畏，一种感佩，因此写作是认真的，从不敢对历史作任何臆想，更不敢对历史人物作娱乐化的“戏说”。敬畏和感佩，不仅规定了我的写作原则，也增加了我的写作动力。

在这里，我还要向给过我信任、鼓励、建议和帮助的所有人，表示诚挚的谢意，恕不一一。

马树德

2009 年 7 月 14 日